"十三五"普通高等教育会计专业规划教材

政 府 审 计

张凤元　　孟丽荣　**主　编**
　　　　　　连艳玲　**副主编**

中国财经出版传媒集团
经济科学出版社
Economic Science Press

图书在版编目（CIP）数据

政府审计/张凤元，孟丽荣主编.—北京：经济科学出版社，2020.8

"十三五"普通高等教育会计专业规划教材

ISBN 978-7-5141-8325-2

Ⅰ.①政… Ⅱ.①张…②孟… Ⅲ.①政府审计-高等学校-教材 Ⅳ.①F239.44

中国版本图书馆 CIP 数据核字（2020）第 028696 号

责任编辑：边 江
责任校对：刘 昕
责任印制：邱 天

政 府 审 计

张凤元 孟丽荣 主 编
连艳玲 副主编

经济科学出版社出版、发行 新华书店经销
社址：北京市海淀区阜成路甲28号 邮编：100142
总编部电话：010-88191217 发行部电话：010-88191522
网址：www.esp.com.cn
电子邮箱：esp@esp.com.cn
天猫网店：经济科学出版社旗舰店
网址：http://jjkxcbs.tmall.com
固安华明印业有限公司印装
787×1092 16开 23.5印张 520000字
2020年8月第1版 2020年8月第1次印刷
ISBN 978-7-5141-8325-2 定价：68.00元
（图书出现印装问题，本社负责调换。电话：010-88191510）
（版权所有 侵权必究 打击盗版 举报热线：010-88191661
QQ：2242791300 营销中心电话：010-88191537
电子邮箱：dbts@esp.com.cn）

前　言

新常态下，我国政治、经济、社会等各领域均发生了深刻的变革，国家治理出现了新动向、新变化，政府审计发展面临新的机遇与挑战，政府审计必须顺应时势、适时变革、创新发展。为适应国家治理的新变化，政府审计在理念观念、功能作用、范围重点、方式方法等方面均需突破原有限制，朝着价值理性审计、建设服务型审计、数字信息化审计、公权力全覆盖审计的方向积极变革与创新发展。政府审计在完善国家治理、保障国家安全、维护经济秩序、促进生态文明建设、完善宏观调控、加强廉政建设、推动依法治国以及促进深化改革等方面发挥着越来越重要的作用。

从1982年《宪法》确定设立政府审计至今，政府审计作为国家的"经济卫士"，作为政府加强经济管控的"眼睛"，作为民主法治的工具，作为国家的"免疫系统"，在加强对于国家权力的制约和监督、维护国家经济安全、从战略高度维护和保证国民经济的良好运行等方面发挥了重要作用。自1983年国家恢复审计制度至21世纪初，我国审计机关主要扮演着"查账"的角色，审计事业在探索与实践中不断发展。2003年，审计结果公告制度的推出催生了社会瞩目的"审计风暴"。2006年，《审计法》进行了自颁布以来的第一次修订，从而在法律制度上对政府审计有了根本的改善和突破。2008年，时任审计长刘家义提出了"审计是国家经济、社会健康运行的'免疫系统'"这一重要论断，并指出"审计工作的重点是揭示重大体制性障碍，关键在于完善制度"。2011年，时任审计长刘家义进一步明确了审计的本质，即审计在本质上是内生于国家治理这个大系统中的一个"免疫系统"，而预防、揭示和抵御功能是该"免疫系统"的主要功能。国家治理的需求、目标和模式决定了政府审计的产生、方向及制度。

党的十八大以来，调结构、转方式、稳增长成为我国经济社会发展的主题。政府审计在维护经济秩序、监督制约公共权力运行、惩治贪腐以及推进国家经济社会健康稳定发展中都发挥了极其重要的作用。党的十八届三中全会提出了国家治理体系和国家治理能力现代化、完善和发展中国特色社会主义制度的全面深化改革总目标。这不仅表明我国的治国理政已步入一个崭新的发展阶段，而且意味着国家治理环境将更加复杂多变，治理风险会进一步加大，政府审计面临的挑战也将更加严峻。党的十八届四中全会进一步提出了对公共资金、国有资产、国有资源和领导干部履行经济责任情况实行审计"全覆盖"的总体要求，《国务院关于加强审计工作的意见》也强调要推进审计监督"全覆盖"。为了适应国家治理方式的新变化和新要求，政府审计出现了"环境审计""领导干部自然资源资产离任审计"等新的审计工作内容。党的十八届五中全会通过的"十三五"规划建议中指出，破解发展难题，厚植发展优势，必须牢固树立创新、协调、绿色、开放、共享的发展理念。在2015年11月10日召开的中央财经领导小组第十一次会议上，习近平总书记进一步强调要在适度扩大总需求的同时，着力加强"供给侧结构性改革"，着力提高供给体系质量和效率，增强经济持续增长动力，推进我国社会生产力水平实现整体跃升。然而，在我国审计工作实践中，当前的审计制度本身依然存在一些阻碍稳增长、调结构、转方式等政策措施顺利落实的因素，比如审计覆盖范围仅限于财政收支领域，审计人员职业化水平不高、知识结构单一，审计工作的独立性依然不强等。2015年12月8日，中办、国办印发了《关于完善审计制度若干重大问题的框架意见》，这为进一步完善审计制度、加大审计力度、创新审计方式、提高审计效率提供了重要的制度保障。党的十八届六中全会强调，各级党委应当支持和保证同级人大、政府、监察机关、司法机关等对国家机关及公职人员依法进行监督，人民政协依章程进行民主监督，审计机关依法进行审计监督。2018年5月，中央审计委员会正式成立，是中国审计发展史上的里程碑，对于推进国家治理体系和治理能力现代化具有重要作用，是加强党对审计工作领导的重大举措。针对党和国家提出的新要求，政府审计应为产业发展、民生建设、环境保护等重点工作保驾护航，更好地发挥审计监督在国家治理中的重要作用。党的十九大对健全党和国家监督体系也作了深刻阐述，提出"改革审计管理体制"，强调"构建党统一指挥、全面覆盖、权威高效的监督体系，把党内监督同国家机关监督、民主监督、司法监督、群众监督、舆论监督贯通起来，增强监督合力"。

随着国家全面深化改革与创新发展，政府审计必须主动适应国家治理的新动向和新变化，在理念观念、功能作用、范围重点、方式方法等方面均需突破原有限制，朝着价值理性审计、建设服务型审计、数字信息化审计、公权力全覆盖审计的方向积极变革与创新发展，着力推进政府审计与国家治理各领域的相互渗透与融合，通过"审计革命"确保经济社会健康稳定运行，进而推动实现国家良治。

随着时代的进步与发展，政府审计组织、会计师事务所、内部审计机构和其他监管部门对审计人才的需求不断加大。为了适应社会对审计专业人才不断增长的需求，自2003年开始，我国一些高等院校陆续恢复设置了审计学本科专业，以培养通晓审计基本理论、基本知识，熟知政府审计、内部审计和民间审计技能的应用型高级审计专门人才。

为了满足审计学专业、会计学专业和其他相关专业学生对政府审计理论和实务知识的需要，也为了满足广大政府审计从业人员学习和工作的需要，我们编写了这本反映现代政府审计基本理论与实践的教材。

本教材由张凤元、孟丽荣担任主编，连艳玲担任副主编。教材编写分工如下：第一、二、三、五、七章由张凤元编写，第四、六、八、十二、十三章由孟丽荣编写，第九、十、十一章由连艳玲编写。主编负责拟定大纲，并在一定范围内征求意见，由主编、副主编负责修订、总纂、定稿。

在本教材的编写和出版过程中，得到了经济科学出版社的关心和支持，审计专业硕士研究生陈阳森、谷晓琳、吴淑琦、王爽、彭耀等同学对书稿所涉及的资料做了大量的搜集、整理和审阅工作。在此对他们的支持和关心表示衷心的感谢。

由于我们的学识和认识水平有限，因此对某些问题可能理解得不够透彻，教材中不妥和谬误之处在所难免，恳切希望有关专家和广大读者批评指正！

编　者

政府审计

目 录

第一章 政府审计绪论 ……………………………………………… 1
  第一节 政府审计的产生与发展 ……………………………… 1
  第二节 政府审计概述 ………………………………………… 8
  第三节 政府审计的职能与作用 ……………………………… 13
  复习思考题 …………………………………………………… 17

第二章 政府审计组织与规范体系 …………………………………… 18
  第一节 政府审计体制 ………………………………………… 18
  第二节 政府审计的职责权限、管辖及法律责任 …………… 22
  第三节 政府审计人员 ………………………………………… 33
  第四节 政府审计规范 ………………………………………… 35
  第五节 政府审计质量控制 …………………………………… 38
  复习思考题 …………………………………………………… 40

第三章 政府审计项目业务流程 ……………………………………… 41
  第一节 审计项目计划阶段 …………………………………… 41
  第二节 审计项目准备阶段 …………………………………… 44
  第三节 审计项目实施阶段 …………………………………… 47
  第四节 审计项目终结阶段 …………………………………… 55
  复习思考题 …………………………………………………… 65

第四章 政府绩效审计 ………………………………………………… 66
  第一节 政府绩效审计概述 …………………………………… 66
  第二节 政府绩效审计标准 …………………………………… 73
  第三节 政府绩效审计的主要内容 …………………………… 79
  第四节 政府绩效审计的方法和程序 ………………………… 87

第五节　政府绩效审计的成果 …………………………………… 99
复习思考题 ………………………………………………………… 100
案例分析题 ………………………………………………………… 100

第五章　财政审计 …………………………………………………… 101
第一节　财政审计概述 …………………………………………… 101
第二节　本级财政预算执行情况及决算草案审计 ……………… 105
第三节　对下级财政预算执行情况和决算审计 ………………… 121
第四节　其他财政收支审计 ……………………………………… 127
第五节　税收审计 ………………………………………………… 129
第六节　海关审计 ………………………………………………… 134
第七节　国库审计 ………………………………………………… 139
复习思考题 ………………………………………………………… 146
案例分析题 ………………………………………………………… 146

第六章　金融审计 …………………………………………………… 147
第一节　金融审计概述 …………………………………………… 147
第二节　金融监管部门审计 ……………………………………… 150
第三节　商业银行审计 …………………………………………… 158
第四节　非银行金融机构审计 …………………………………… 171
复习思考题 ………………………………………………………… 179
案例分析题 ………………………………………………………… 179

第七章　国有企业审计 ……………………………………………… 180
第一节　国有企业审计概述 ……………………………………… 180
第二节　国有企业财务收支审计 ………………………………… 184
第三节　国有企业领导干部经济责任审计 ……………………… 196
第四节　管理审计 ………………………………………………… 208
复习思考题 ………………………………………………………… 213

第八章　固定资产投资审计 ………………………………………… 214
第一节　固定资产投资审计概述 ………………………………… 214
第二节　投资项目资金筹集与使用审计 ………………………… 220

政府审计

　　第三节　建设项目开工前审计 …… 223
　　第四节　建设项目在建审计 …… 229
　　第五节　建设项目竣工决算审计 …… 236
　　复习思考题 …… 241
　　案例分析题 …… 241

第九章　行政事业单位审计 …… 242
　　第一节　行政事业单位审计概述 …… 242
　　第二节　行政单位财政财务收支审计 …… 248
　　第三节　事业单位财务收支审计 …… 255
　　第四节　行政事业单位的其他审计 …… 263
　　第五节　行政事业单位常见问题的审计 …… 272
　　复习思考题 …… 284
　　案例分析题 …… 284

第十章　外资审计 …… 286
　　第一节　外资审计概述 …… 286
　　第二节　国外贷款项目审计 …… 291
　　复习思考题 …… 302

第十一章　经济责任审计 …… 303
　　第一节　经济责任审计概述 …… 303
　　第二节　经济责任审计的内容 …… 307
　　第三节　经济责任审计的程序 …… 311
　　第四节　经济责任审计评价 …… 314
　　第五节　经济责任审计报告与结果运用 …… 320
　　复习思考题 …… 325

第十二章　资源环境审计 …… 326
　　第一节　资源环境审计概述 …… 326
　　第二节　资源环境审计的内容及作用 …… 327
　　第三节　资源环境审计的程序及方法 …… 337
　　复习思考题 …… 340

第十三章　计算机审计	341
第一节　计算机审计概述	341
第二节　数据审计与大数据审计	349
第三节　信息系统审计	358
复习思考题	361

参考文献 ……………………………………………………… 362

第一章

政府审计绪论

学习目标
1. 了解政府审计的起因。
2. 了解中外政府审计产生和发展的过程。
3. 掌握政府审计的含义。
4. 重点掌握政府审计的基本分类。
5. 熟悉政府审计的其他分类。
6. 熟悉政府审计的作用。

重要概念： 政府审计；受托经济责任；政府审计目标；审计分类；监督体系；财政审计；财务审计；政府绩效审计；经济责任审计

第一节 政府审计的产生与发展

当前世界上已有180多个国家建立了适合各自国情的审计组体系，一般包括政府审计机关、社会审计组织和内部审计组织，它们开展的审计分别称为政府审计、民间审计和内部审计。综观世界各国审计的产生过程，一般表现为政府审计的产生要远远早于民间审计和现代内部审计，因此，研究政府审计的产生和发展的动因，有利于正确理解审计的本质，进而有利于解决审计的其他理论问题。

一、政府审计的起因

关于审计的产生和发展的动因，理论界有许多观点，如代理理论、信息理论、保险理论、受托经济责任理论、冲突理论等。这些观点从不同的角度阐述了审计的历史形象，反映了审计在国家政权结构和运作中的地位和作用，各有侧重和偏向，突出了审计的政治功能、经济功能或社会功能，但是以下两项基本定论是上述观点所不悖的，得到理论界的广泛肯定或赞同：

第一，政府审计是经济发展到一定阶段的产物，是与国家政权伴生并且成为国家机器的重要部件，其功能主要是从经济方面保护或维系国家机器的正常运转，维持了国家政治、经济的安全。早在我国奴隶制的西周时期，奴隶主的国家内就出现了审计的雏形，审计成为统治者监督和强制保障财政收入、控制财政支出的统治工具。早期的审计是与政府的行政监察、会计检查和司法活动结合在一起的，但是随着社会分工的深化及对审计需求的增多，审计部门逐渐从司法、监察和事务管理等部门分离出来，成为独立的、特殊的经济监督和管理组织。在我国宋朝时期，政府内出现了独立的"审计院""以辅国家经济之策"，政府推行"开垦新田、复浚水利、疏理官道"等兴国之策，官府为了保证有足够的财政银存支撑国家经济政策，不得不动用有力的审计手段，审核库存，新开财源，节俭支出，以此督促官办产业兴盛，保证国家经济之基本格局，维护中央集权统治的稳定。在近现代史上，1928年4月19日，国民政府根据国民党中央政治会议的决定颁布了《审计法》，这是我国历史上第一部审计法。该法规定各政府部门的财政支付命令，都要经过审计院的核准，如果支付命令与预算案或支出法案不相符，审计院有权拒绝核签。据此国民政府审计院对政府"实业计划"实施及其实现进展进行核查或盘对，对实业报告不实之处提出修正案，对产业计划的制定和实施提供了审计支持或保障。

第二，政府审计随着市场经济的成长而得以长足发展，市场经济被称为自由经济，经济的民主导致政治民主的诉求，随着民主的进步，法制的要求相继提出，民主与法制都成为普遍的社会要求，政府审计便成为民主和法制的工具而得到进一步强化。同时，随着市场经济的深化，社会审计和内部审计相继出现，其作用越来越重要，且与政府审计形成了明确的审计分工：社会审计服务于市场经营主体的审计、鉴证的需要，内部审计服务于企业事业单位的经营管理目标和价值增值的要求，而政府审计仍旧服从和服务于国家的政治、经济目标，特别是特定时期的政治目标、经济目标和社会发展其他目标。三种类型审计主体构成了审计组织体系，标志着审计已稳健地立足于社会政治经济舞台，其地位和作用不可撼动，已不能为其他部门、行业和其他职能工作所取代。我国古代的"官厅审计"在各个朝代屡遭裁撤，审计机构可以并入其他政府部门，其职能可以为社会部门所替代，而在现代社会经济生活中，政府审计机构的独立设置和独立运行已是经济发展、社会管理和国家治理的必然选择。

在现代社会中，政府审计的社会分工和所扮演的角色是：将监督的触角伸向宏观经济各个角落，监控市场经济运行过程，规范市场经济主体的行为，维护市场经济竞争，强化市场经济秩序，保证资源配置效率不受伤害，以保障一定时期国家政治经济和社会发展目标的实现。理论推演与实践运行的结果证明，审计作为政府规制和宏观经济调控的重要手段之一，还能够在弥补市场失灵的缺陷、促进市场竞争、避免政府失灵等方面发挥独特的作用。

从对世界各国审计实践的横向观察中可以发现，政府审计与市场经济及政府规制和国家治理联系紧密、互动频繁、相得益彰。世界各国政治、经济、社会和文化的发展是不平衡的，政府审计发展的规模和水平自然也非一致，各国对政府审计的职能定位不可避免地存在较大差异：有的政府审计是政治竞争的工具，是在野党制衡执政党行政权力的利器，每到大选期间，竞选党就拿审计报告中所披露的执政党经济政策及其执行中存在的问题加以放大，将审计查出的政府失灵和政治腐败的丑闻频频曝光，并以审计报告中的数据资料作为把柄质询执政党，以图给自己在大选中加分；有的国家将审计与司法监督结合在一起，将审计查出的问题直接进入司法程序，以维护政府清廉的形象，同时通过审计进行市场规范与引导，让其作为政府经济政策的论证者和代言人；有的以审计作为民主的象征，标榜审计使纳税人有了监督政府的渠道，有了经济的公正和道义，政府不能为所欲为；有的则将审计作为政府宏观与中观经济管理的工具，以清除经济发展中的矛盾和问题，保证国家经济安全与稳定。虽然世界各国的审计体制千差万别，审计的政治与经济色彩浓淡相间，审计在不同时期的中心工作体现了国家政治、经济和社会发展的不同需要，但市场经济与社会发展以及政府宏观调控的需求始终主导了政府审计的运行，政府审计规范、监督社会运行与经济活动的主题始终没有改变。例如，加拿大在20世纪70年代，国家从经济的混沌状态（不透明、经济发展目标不清晰）逐渐艰难地走向规范市场经济，由于受到经济发展周期的影响，市场经济出现了低迷和竞争不足，为了促进企业增强市场竞争力，审计机关从以规范经济行为的财务收支审计转向了以提升经济效果为目的的"综合性审计"（comprehensive audit），推动企业面向市场，准确定位，提高经营能力和管理水平，促进了国家经济的整体复苏。再如，澳大利亚在20世纪80年代后，随着经济发展，生态环境出现不断恶化的趋势，审计机关作为政府社会性规制的重要力量和补充手段，不失时机地开展了大规模的环境审计，促进政府和民间一些重大环境保护项目的投资和开工运行，规制了一些污染源企业的经营行为，保护了国家环境资源和生态健康，并开辟了世界各国大规模开展环境审计的先河；如此，等等。

总之，政府审计是国家基本政治制度和经济制度之一，是国家治理的工具，是国家政权组织系统的重要组成部分，它的产生是与国家职能相适应的，是一定社会政治经济条件的产物，有着深刻的政治、经济与文化背景。政府审计在各个国家和各个历史时期的发展是不同的。

二、国外政府审计的发展

国外政府审计的发展历史依据所依存的社会制度不同，也可以划分为古代政府审计、近现代政府审计两个历史时期。

（一）古代政府审计

国外古代政府审计从公元前3000多年前的古埃及到17世纪后半期资本主义制度确立。这一时期的政府审计存在于奴隶社会和封建社会，以维护王权和皇权统治为目标。

据史料记载，早在奴隶制度下的古埃及、古罗马和古希腊时代已有了官厅审计机构。如在约公元前3000年的古埃及，政府机构中设置监督官，行使审查监督权，会计官员的收支记录，各级官吏是否尽职守法，均置于监督官的严格监督之下。公元前6世纪古希腊的雅典，由选举产生的执政官通过抽签组成审计机构，对卸任官员任期内的会计账簿进行审查，通过审计证明其没有贪污、行贿之后，方可离职，否则，交人民大会裁决。公元前3世纪的罗马，在元老院下设审计机构，对即将卸任的官员进行审计，检查他们在任期内是否很好地履行了所承担的经济责任，并进行相应的奖惩。当时，审计方法主要是"项目听证会"，audit一词就是从拉丁文auditus（听证会）演变而来的。

在中世纪西方国家的封建王朝中大多设置审计机构和审计官员，对国家财政收支进行审计，英国亨利一世（公元1100～1135年在位）为巩固专制王权，在财政部内设上下两院，下院为收支局，上院为收支监督局，实施王权审计，审计机构没有独立性。公元1256年法王路易九世颁布法令，规定各城市的官员在圣马丁节（11月11日）以前携带其所辖城市的年度收支账目来巴黎接受王室审计官的审计，德国威廉一世创建了独立于行政部门的"总会计院"，后称"最高审计院"，负责审计国家的财政收支，并将审查结果和建议报告给国王，国外古代政府审计无论是组织机构还是方法，均处于很不完善的初始阶段。

（二）近现代政府审计

在资本主义时期，随着资本主义国家经济的发展和资本主义制度的确立，政府审计也有了进一步的发展。西方实行立法、行政、司法三权分立，议会为国家最高立法机关，并对政府行使包括财政监督在内的监督权。为监督政府的财政收支，保护公共资金的安全和合理使用，大多在议会下设有专门的审计机构，由议会或国会授权对政府及其各部门的财政、财务收支进行独立的审计监督。

1. 英国近现代政府审计的发展

随着资本主义的迅速发展，1215年英国颁布著名的《大宪章》，以此约束国王的权力，标志着英国步入民主时期，同时也成为英国产生现代政府审计的法律基础。1689年，英国国会通过了《权利法案》，规定财政权属于国会。此后，提出由国会审查国家预算和决算，财政大臣必须将上年度的财政决算、下年度的财政预算和征税项目交国会审议，接受监督。为此，1785年依据《更好检查和审计国王公共账目的法案》，成立五人审计委员会，负责审计各部门的公共账目。1834年，修订了有关审计法律，设置了实行终身制的审计院长，负责对国家财政资金的审计监督，没有审计院长的批准，财政部不得支付国库公款。这就形成了审计委员会和审计院长对财政收支的双重监督。1861年，决算审查委员会在下议院诞生。1866年，国会通过《国库和审计部法案》，规定政府的一切开支都必须经独立于政府之外的、代表国会的审计院长的审计。1867年，国库和审计部成立。1912年，国会通过了《国库和审计部法修正案》。进入20世纪80年代，绩效审计在政府审计中日益重要。1983年，国会通过了《政府审计法》，规定设立政府审计署以取代国库和审计部，并就政府审计署对政府部门和公共机构进行绩效审计，作了一系列明确规定。

2. 法国近现代政府审计的发展

1789年，法国审计法院在资产阶级革命中被取消。1791年，国民议会通过法令，责令审计法院停止行使一切权力，建立国家会计署。国家会计署隶属于国民议会，独立于行政部门。但是国家会计署成立后其权威性未得以建立，处理处罚权缺乏强制性措施，导致国家会计署不能及时有效地监督政府部门。1807年，拿破仑颁布法令，重新建立了政府审计法院。1814年法国议会成立后，审计法院与议会关系开始密切起来。1822年，审计法院接受议会的委托，对国家预算执行情况进行审计。1869年，审计法院摆脱了皇帝的控制，彻底成为一个独立的介于立法和行政之间的最高审计司法机构。1958年，法国新宪法规定，审计法院协助议会检查国家财政法令的执行情况。

3. 美国近现代政府审计的发展

1789年，美国联邦政府成立之初，就依据宪法的有关规定在财政部设置了6名审计官，分别负责财政部、陆军部、海军部、内政部、邮政部、国务部和其他各部的审计工作。由于这种审计工作缺乏应有的独立性，没能发挥应有的作用，1921年美国国会通过了《预算与会计法案》，并依据该法案在国会设置了美国审计总署（General Accounting Office）。1945年，依据《政府公司管制法案》的规定，审计总署应对与国防有关的国营公司的财务和经营状况进行审计。1974年，依据《国会预算与留存控制法案》，审计总署应设置专门机构，负责对联邦政府各部门的预算执行情况和使用拨款的效果进行审计。2004年美国审计总署更名为美国政府责任署（Government Accountability Office），突出了对政府的责任审计，反映了其未来的发展方向。

4. 日本近现代政府审计的发展

日本明治维新时期，在财政部内建立了监督司，负责批准和监督各政府机关的开支。此后，随着各部在财政开支方面权力的膨胀，财政部内设的检查机构已无法起到有效的监督和控制作用，迫切需要一个独立的检查机构，以监督包括财政部在内的所有各部的财政开支。1880年，日本成立会计检查院。1889年，日本明治宪法实施，规定一切权力属于天皇。因此，同年制定的《会计检查院法》规定，会计检查员直属天皇，独立于内阁。会计检查员主要对国家财政决算进行审计，年度审计报告呈送天皇，也通过内阁呈送议会。1947年，日本实施了新的宪法，同时实施的《会计检查院法》规定，会计检查院是一个独立的不属于国会、内阁或者司法机关的机构。

5. 德国近现代政府审计的发展

德国的政府审计走过了一个由司法型向立法和独立型转型的历史过程。1871年，建立"德国审计法庭"，对皇家会计账目进行审查。1950年，根据《德意志联邦共和国基本法》成立了联邦审计院。1985年修改的《联邦审计院法》彻底改变了西德政府审计的地位，从司法型转为独立型。该法第一条规定："联邦审计院为最高联邦机构，它作为审计监督的独立机构只受法律的约束。在其法律任务范围内，联邦审计院协助联邦议会、联邦参议院和联邦政府做出决策。"

三、中国政府审计的发展

依据政府审计机构所从属的社会制度不同，我国政府审计的历史可以划分为古代审计产生、封建王朝审计昌盛衰弱、近代审计逐步演进和现代审计振兴发展四个阶段。

（一）古代审计产生

西周时期是我国政府审计的产生阶段，其主要标志是履行审计之责的"宰夫"官职的设置。当时周王是奴隶阶级的最高统治者，其下设天、地、春、夏、秋、冬六官，以地官为首的大司徒系统负责掌管财政收入、钱粮税赋的征收及入库工作。以天官为首的冢宰系统负责掌管财政支出。天官之下设置中大夫小宰、司会，中大夫小宰掌管财务，司会掌管会计。中大夫小宰之下设天府、宰夫之职，天府掌管国库，宰夫掌管审计。《周礼》记载宰夫行使"考其出人，以定刑赏"之权，宰夫司职百官及地方的业绩、政绩的审查工作，并将审查结果向冢宰或直接向周王报告，以决定对朝廷百官及地方官员的奖惩。从宰夫的工作来看，其独立于财计部门之外，具有审计的性质，是我国政府审计的起源，也称为古代官计审计。

（二）封建王朝审计昌盛衰弱

秦汉时期是我国政府审计的确立阶段，其主要标志是"上计"制度的推行和法律确认。所谓"上计"，就是皇帝亲自参加听取和审核各级地方官吏的财政会计报告，以决定赏罚的制度。这种制度始于周朝，至秦汉时期日趋完善。秦中央政府设"三公""九卿"辅佐政务，御史大夫为"三公"之一，主持上计，掌管全国的民政、财政以及财粮的审计事项。汉承秦制，仍由御史大夫兼上计的职责，行使监督审计大权。汉朝制定了《上计律》，使上计制度有法可依，是我国审计立法的开始。这一时期，御史大夫行使审计职权，审计的地位和权威都有所提高，但还未设有专门的审计机构，因为御史大夫行使的监督权涉及政治、经济、军事等各个方面，具有一揽子监督的性质。

隋唐时期是我国政府审计的鼎盛阶段，其主要标志是"比部"审计体制的健全和完善。隋朝将始于魏晋时期的"比部"（"比"有考核、审查之意）设置于都官或刑部之下，掌管国家财计监督，行使审计职权且具有司法监督的性质。唐朝设三省六部，六部之中的刑部掌天下律令、刑法、徒隶等政令，比部仍设置于刑部之下，凡国家财计、军政内外，均施以钩稽，进行考核审理。唐代的比部审查范围极广、项目众多，而且具有很强的独立性和较高的权威性。比部审计之权通达国家财经各领域，而且一直下伸到州、县。此外，唐朝还建立了一些审计制度，规定了审计程序、送审时间和审计处理要求，尤其是制定了考核官员的标准。这一时期，我国有了专门的审计机构——比部，其隶属于刑部，具有审计职权和司法性质，制定了审计制度。所以说，隋唐时期是我国政府审计的鼎盛阶段，也居当时世界领先水平。

宋朝时期的政府审计工作先后由附属于三司（户部、度支、盐铁）的内部审计机构、"审计院""审计司"等机构负责，这一时期的审计也称为三司与审计院审计。宋朝初年，设有户部、度支、盐铁三个主管财政的部门，各部门内设众多审计机构，如都磨勘司、都薄由司等，负责审核三司账籍，验证收支是否正确，都磨勘司履行实施是内部审计工作。由于没有专职的政府审计机构，致使宋初一度财计混乱。宋元丰改制（公元1078~1085年），废除三司，恢复了唐朝的财计官制。实现了财审分离，审计重归刑部下的比部，比部掌管中央及各地的账簿审计之事。南宋高宗建炎元年（公元1127年）在太府寺中设"审计司"，南宋初年出现审计院的设置，专职审查财政收支。宋审计司（院）的建立，是我国对"审计"的正式命名，从此，"审计"一词便成为财政监督的专用名词，对后世中外审计建制具有深远的影响。

元明清时期以科道审计为主，监察机关集监察与审计职权于一身，形成了高度集权、机构庞大、制约严密的强有力的监察体系。元代取消比部，户部兼管会计报告的审核，户部设参政左右两司，下设七科，其中第四科"置计"是专门的审计机构，掌管对左、右参政司的钱粮税赋等的审计工作。明初设比部，不久即取消，洪武十五年设置"督查院"，设"左右都御史"，审查中央财计。下设十三道监察御史，对十三个地方行政区实行检查职责，形成了一个独立的检查系统。清袭明制，仍设"督察院"为中央最高监察机关，并在全国设十三道监察御史，"督察院"还设六科给事中，分管吏、户、礼、兵、刑、工六部的监察工作。无论是六科给事中，还是科道官，都负有财政经济监察的职权。尽管明清时期的都察院制度有所加强，但其行使审计职能，却具有一揽子性质。由于取消了比部这样的独立审计组织，其财计监督和政府审计职能严重削弱，与唐代行使司法审计监督职能的比部相比，后退了一大步。

（三）近代审计逐步演进（自1912年中华民国北京政府至1949年前南京政府时期）

1911年，孙中山领导的辛亥革命推翻了清王朝的封建统治，建立了中华民国。政府审计不再服务于王权和皇权的统治，开始步入近代政府审计时期。1912年，在南京成立的中华民国临时政府制定了《中华民国临时约法》，规定实行国家预决算制度，为建立审计监督制度奠定了基础。北京政府时期设立了临时审计机关——审计处，隶属于国务院；随后于1914年，根据《中华民国临时约法》，审计处改为审计院，隶属于大总统，同年颁布了《审计法》，确立了审计监督的法律地位。1927年南京国民政府成立后，设置审计院，隶属于国民政府。"军政时期"转入"军训时期"后，正式确立行政、立法、司法、考试、监察五院，审计院改组为监察院审计部审计职权由监察院掌理。1928年，南京国民政府颁布《审计法》和实施细则，次年还颁布了《审计组织法》，审计人员有审计、协审、稽察等职称。抗日战争爆发后，国民政府迁至重庆，1938年修订了《审计法》，扩大了审计职责范围，强化了对国库、银行和建设事业拨款的审计。抗战胜利后，国民政府迁回南京，1947年公布《宪法》，确定监察院是最高监察机关，行使同意、弹劾、纠举及审计权，改审计部长为审计长，由总统提名，经立法院同意任命。这一时期政府审计的特点是审计法规达到了空前完备的程度，主要表现为在刑法之外，公布了大量的专门的审计法规；所颁布的审计法规涉及审计的各个领域，形成了较完备的审计法规体系。此时的政府审计已接近欧美发达国家的审计发展水平。

（四）现代审计振兴发展（1949年至今）

从1949年中华人民共和国成立到改革开放，我国一直没有设置独立的审计机构，由行业主管部门对所属单位进行不定期的会计检查，对财政、银行、税务进行业务监督。党的十一届三中全会以来，党和政府把工作重点转移到经济建设上来，并意识到实行审计监督是加强宏观经济控制不可或缺的一项制度安排。1982年修改后的《中华人民共和国宪法》规定设立审计署，随后我国于1983年9月在国务院设立了审计署，在县以上各级人民政府设置各级审计机关。从此我国政府审计工作的开展有了法律的保障，政府审计工作呈现出蓬勃发展的良好态势。之后，我国政府审计的法规体系开始建立和完善，1994年8月颁布的《中华人民共和国审计法》规定了政府审计监督的基本原则、审计机关和审计人员、审计机关的职责和权限、审计程序和法律责任等，使我国政府审计正式步入法制化轨道。1996年到2004年，审计署发布了包括《中华人民共和国政府审计基本准则》在内的 28 项准则类、业务类和管理类规范，为政府审计机关开展审计工作和审计管理提供了可供遵循的技术规范，为了适应变化了的政府审计环境，2006 年新修订了《中华人民共和国审计法》，2010 年 2 月修订通过了《中华人民共和国审计法实施条例》，2010 年发布了《中华人民共和国政府审计准则》，取代原来颁布的 28 项准则类、业务类和管理类规范。这一时期政府审计的特点是建立了完善的政府审计组织体系，制定了具有中国特色的社会主义政府审计法规体系，除传统审计业务外，还开展了经济责任审计、经济效益审计、绩效审计、环境审计等新型审计业务。

第二节 政府审计概述

一、政府审计的含义

"审计"在各国的表述迥然不同，众说纷纭。针对"审计"的社会活动也是各抒己见，千姿百态。我国理论界对"审计"含义的解释更多的是站在注册会计师财务报表审计的角度进行探讨，对"政府审计"的含义鲜有论及，也未形成公认的观点。

1974 年版《大英百科全书》指出："审计是指由原负责编制账表的会计人员以外的会计专家，对企业活动、账册和报表所进行的检查。"

1972 年美国会计学会（AAA）在颁布《基本审计概念说明》的公告中，把审计描述为："为确定关于经济行为及经济现象的结论和所制定的标准之间的一致程度，并对与这种结论有关的证据进行客观收集、评定，将结果传达给利害关系人的有组织的过程。"

1989 年中国审计学会在一次审计理论研讨会上，将审计的概念表述为："审计是由独立的专职机构或人员，依法对被审计单位的财政、财务收支及其有关经济活动的真实性、合法性、效益性进行审查，评价经济责任，用于维护财经法纪，改善经营管理，提高经济效益，促进宏观调控的独立性经济监督活动。"该定义认为政府审计的本质是独立性的经济监督活动。

1994 年管锦康在其所著的《现代审计学原理》（1994 年）中指出："审计是资源资产的拥有者或主管者，授权或委托专门机构或人员，对于资源资产经营管理人承担或履行的经济责任，即由此而引起的经济活动真实性、合法性、效益性进行审查，并向授权人或委托人提出报告，以维护授权人或委托人权益的具有独立性的监督活动。"

2010 年《中华人民共和国审计法实施条例》第二条规定："审计法所称审计，是指审计机关独立检查被审计单位的会计凭证、会计账簿、财务会计报告以及其他与财政收支、财务收支有关的资料和资产，监督财政收支、财务收支真实、合法和效益的行为。"

但由于政府审计含义在政府审计概念体系中处于非常重要的位置，有必要对政府审计的含义进行界定。上述定义中，前两个定义分别认为政府审计的本质是查账和方法过程，二者解释的均是审计的现象，而非实质，虽然容易理解和接受，但没有触及审计的本质，不利于说明审计的其他概念，如审计关系、审计对象、审计目标、审计职能等，也不能更好地解释政府审计组织开展的新型审计，如经济责任审计、绩效审计、环境审计等。后三个定义均认同审计的本质是经济监督活动，体现了审计主体和被审计单位、审计对象和审计目标等。

2016年刘三昌在其所著的《政府审计》（2016年）中依据政府审计产生和发展的动因，结合我国政府审计的审计法律法规，考虑审计实务，借鉴后三个定义，提出政府审计的定义如下："政府审计是指，审计机关依法对受托人的财政、财务收支及其有关经济活动以及反映它们的会计资料和其他相关资料的真实性、合法性、效益性进行监督、评价和鉴证，以解除受托人经济责任为最终目的的独立性经济监督活动。"

具体来说，应从以下几个方面来理解政府审计的含义：

1. 政府审计的本质

政府审计的本质是政府审计本身所固有的，它决定了政府审计的目标方向，对政府审计职能及其发展有着重要的影响，借助对政府审计的本质探讨可以更好地回答政府审计是什么的问题。在现代社会，由于公共资源财产所有权和经营权的分离，所有者与经营者之间就产生了公共受托经济责任。经营者（政府及公共部门）必须如实向所有者（社会公众）报告公共受托经济责任的履行情况，并接受监督，这样在客观上提出了经济监督的要求。由于监督范围的广泛性和监督的专业性，所有者没有能力对经营者的受托经济责任进行监督，需要委托独立于所有者与经营者之外的第三者（即政府审计机构）实施监督；因此，可以明确政府审计的本质为一项具有独立性的经济监督活动。由此衍生出经济卫士论、免疫系统论、国家治理理论、受托责任论、经济监督等学说，这些学说的论点集中阐明了政府审计本质的两方面含义：其一政府审计是一种经济监督活动，经济监督是其基本职能；其二是指政府审计具有独立性，独立性是政府审计监督的最本质的特征，是区别于其他经济监督的关键所在。

2. 政府审计的主体

审计主体是审计行为的执行者，是直接组织指挥参与审计现场工作的组织机构和人员，主要包括政府审计机关、内部审计机构和社会审计组织及其工作人员。政府审计的主体是指政府审计机关及其工作人员。

3. 政府审计的对象

政府审计的对象是指政府审计活动的作用对象，包括政府审计的范围和政府审计的内容。依据《中华人民共和国宪法》和《中华人民共和国审计法》规定，必须接受审计的部门和单位包括：国务院各部门、地方人民政府及其各部门；国有的金融机构；国有企业和国有资产占控股地位或者主导地位的企业；国家事业组织；其他应当接受审计的部门和单位，以及上述部门和单位的有关人员。审计的内容是这些部门和单位的财政收支和财务收支。接受审计监督的财政收支，是指依照《中华人民共和国预算法》和国家其他有关规定，纳入预算管理的收入和支出，以及预算外资金的收入和支出。接受审计监督的财务收支，是指国有的金融机构、企业事业单位以及国家规定应当接受审计监督的其他各种资金的收入和支出。财政、财务收支的划分不是截然对立的，在某些方面它们是重合或交叉的。

4. 政府审计的目标

政府审计的目标是审计目的的具体化表现，从"受托经济责任理论"中可以得知，政府审计的目的应该是评价受托责任的履行情况。根据《中华人民共和国审计法》（以下简称《审计法》）第二条的规定，审计机关对国务院各部门和地方各级人民政府及其各部门的财政收支，国有的金融机构和企业事业组织的财务收支，以及其他依照本法规定应当接受审计的财政收支、财务收支的真实、合法和效益，依法进行审计监督。由此可见政府审计的目标有三个：真实性、合法性和效益性。该审计目标在《审计准则》中得到更加全面的阐述。具体为：审计机关的主要工作目标是通过监督被审计单位财政收支、财务收支以及有关经济活动的真实性、合法性、效益性，维护国家经济安全，推进民主法治，促进廉政建设，保障国家经济和社会健康发展。

真实性是指反映财政收支、财务收支以及有关经济活动的信息与实际情况相符合的程度。其目标为确定被审计单位对外提供的信息是否真实，所作承诺有无如约兑现，经济责任是否履行，财务收支活动是否真实存在，有无虚假舞弊行为等。

合法性是指财政收支、财务收支以及有关经济活动遵守法律、法规或者规章的情况。其目标为确定财政、财务收支程序是否合法合规，财务收支的发生有无违反法律规定，对政府是否依法行政进行审计监督。

效益性是指财政收支、财务收支以及有关经济活动实现的经济效益、社会效益和环境效益。其目标是着重解决被审计单位财政财务收支活动是否符合经济性、效率性、效果性（即3E审计）的要求。

政府审计的目标概括为评价各级财政、财务收支及有关经济活动的真实、合法与效益。三者之间相互联系、相互影响。真实性是基础，真实性的目标实现了，在很大程度上能够帮助解决合法性的问题，从而促使被审计单位的真实的效益也清晰的反映出来。

新形势下的政府审计目标应该与时俱进，具体来说就是在坚持真实、合法、效益的框架要求下，应以贯穿供给侧结构性改革这条主线为基础，贯彻党政同责、同责同审要求，对公共资金、国有资产、国有资源和领导干部履行经济责任情况实行审计全覆盖，做到应审尽审、凡审必严、严肃问责。以此更加充分发挥审计在保障国家重大决策部署贯彻落实、维护国家经济安全、推动深化改革、促进依法治国、推进廉政建设中的作用。

通过对政府审计的含义分析可以得出：政府审计的本质是一项具有独立性的经济监督活动，审计主体是国家各级审计机关，审计的对象是被审计单位的财政财务收支及有关的其他经济活动和会计凭证、账簿和报表等会计资料以及其他载体，审计的职能是经济监督、经济评价和经济鉴证，审计的目标是通过监督被审计单位财政收支、财务收支以及有关经济活动的真实性、合法性、效益性,维护国家经济安全,推进民主法治,促进廉政建设,保障国家经济和社会健康发展。

二、政府审计的分类

政府审计按审计的内容和目的分类,可以划分为财政收支审计、绩效审计、经济责任审计和专项审计调查等。具体可细分为:财政审计、财务审计、金融审计、民生审计、企业审计、资源环境审计、政策落实跟踪审计、经济责任审计、涉外审计等类别。

财政收支审计是指政府审计机关对本级财政预算执行情况和下级政府财政预算的执行情况和决算,以及预算外资金的管理和使用情况的真实性、合法性进行的审计监督。财务收支审计是对金融机构、企事业单位的财务收支及有关的经济活动的真实性、合法性所进行的审计监督。以企业财务收支审计为例,审计内容主要有:企业制定的财务会计核算办法是否符合《企业财务通则》《企业会计准则》以及国家财务会计法规、制度的规定;对企业一定时期内的财务状况和经营成果进行综合性的审查并做出客观评价。

政府绩效审计是指政府审计机关对政府及其部门、其他组织所发生的经济活动进行的经济性、效率性和效果性审查和评价。从政府绩效审计的评价层次分析,可以将我国的绩效审计划分为以下内容:公共部门绩效审计、公共项目绩效审计和公共资源绩效审计。

经济责任审计。政府审计对权力制约和监督的一个重要方面,就是建立和完善领导干部经济责任审计制度。经济责任审计是财政财务审计的人格化,是中国特色的一种审计形式。近年来,我国各级审计机关按照"积极稳妥、量力而行、提高质量、防范风险"的原则,全面推进了县以下党政领导干部和国有控股企业领导人员经济责任审计,扩大了县以上党政领导干部经济责任审计覆盖面,其作用越来越为世人所共识。

专项审计是指审计机关主要通过审计的方法,对国有企业、与国家财政收支有关或者本级人民政府交办的特定事项,向有关地方、部门、单位和个人进行的专门调查活动。通常情况下,企业审计由社会审计完成,但对于人民群众特别关注、政府特别关心的特定事项,则由政府审计机关成立专项调查组进行专项审计调查。相比一般项目审计,专项调查程序相对简化,审计调查覆盖面大,能及时发现并纠正被审计单位出现的问题,这一方面及时地缓解了矛盾,对被审计单位是一种建设性作用;另一方面对其他政府审计对象也具有一定的威慑力。

除了按照审计的内容和目的进行分类外还可以按照其他标准进行分类,主要包括:按审计实施的时间分类;按审计执行的地点分类;按实施审计的具体方式分类;按审计是否通知被审计单位分类;按审计的范围分类。

按照审计工作进行的时间分类,政府审计可分为事前审计、事中审计和事后审计。

(1)事前审计,是指经济业务发生以前所进行的审计,即对计划、预算的编制,以及对基本建设项目和固定资产投资决策的可行性研究等所进行的审计。其着眼点在于促进被审计单位的经济活动达到预期的效果,避免决策和计划制定不科学所导致的经济恶果出现。

（2）事中审计，也称期间审计、跟踪审计，是指在计划、预算或投资项目执行过程中对其所发生的经济活动进行的审计。它主要作用于对审查目标、计划、预算、决策、合同、方案等的实施情况的监督，以便及时发现问题，予以纠正，从而保证目标、计划等的顺利实施。

（3）事后审计，是指经济业务发生以后进行的审计。其目的主要是审查目标、计划、预算、决策、合同、方案等的执行结果，以评价经济业务是否合法、公允、有效。它是一种传统审计方式，包括年后审计和年中审计，既可以定期进行也可以不定期进行。

按审计执行的地点分类，政府审计可分为报送审计和就地审计。

（1）报送审计，也称送达审计，是指由被审计单位按照审计机关规定的期限（月、季或年度），将需要审查的有关资料送到审计机关所进行的审计，一般适用于对规模较小、业务较少、会计资料不多或地域分散的单位进行审计。这种审计方式有利于提高审计机关的权威性，节约审计经费，却不利于彻底查清问题。

（2）就地审计，是指审计机关派审计人员或者审计组直接到被审计单位所在地进行的审计。这种审计主要适用于对企业开展的财务审计、财经法纪审计和效益审计，大多数属于定期的年度审计。这种审计方式主要作用在于节约资料运输时间，保证资料安全，可以深入现场开展调查实际情况，审计全面深入，保证审计质量。

按实施审计的具体方式分类，可分为委托审计、联合审计、驻地审计、巡回审计。

（1）委托审计，是指由审计委托人委托注册会计师审计组织，按委托方的要求对被审计单位所执行的审计。

（2）联合审计，是指两个以上的审计组织或审计组织与有关经济监督机构联合进行的审计。

（3）驻地审计，是指审计机关派出审计机构或审计人员驻在被审计单位对其进行经常性的审计。

（4）巡回审计，是指审计组织按规定的时间和先后次序轮流到几个被审计单位进行的审计。

按审计是否通知被审计单位分类，可分为预告审计和突击审计。

（1）预告审计，也称通知审计，是指审计组织在进行审计之前，将要进行审计的目的及主要内容等，预先通知被审计单位及其有关人员的情况下所进行的审计，它主要适用于一般性财务审计和效益审计。

（2）突击审计，是指审计组织在进行审计之前，不预先把审计的目的、日期及主要内容等通知给被审计单位及有关人员，而采用突然袭击的方式所进行的审计，它主要适用于保密性较强的专案审计。

按审计的范围分类，可以分为全部审计、局部审计和专项审计。

（1）全部审计，是指对被审计单位一定期间内全部经济活动及其经济资料进行全面的审计，这种审计主要适用于企业的财务报表审计。此种审计具有范围广、内容多等特点，在进行时需要耗费较多的人力、物力、时间等，由此对其一般采取定期进行的方式开展抽样审计。

(2) 局部审计,是指对被审计单位一定期间内的部分财务收支或经营管理活动及其资料进行有目的、有重点的审计。如对企业进行的库存现金审计、银行存款审计等。

(3) 专项审计,又称专题审计,是指对某一特定项目所进行的审计,该种审计方式具有范围小、针对性强、审查细致等特点,可以根据需要随时进行,扶贫专项资金审计就是典型的专项审计。

审计人员在进行日常的工作过程中不应局限于上述分类,而应该根据不同的审计目标及要求,再结合被审单位的实际情况恰当地进行选择,使其达到相辅相成的效果,避免机械式的运用,从而人为地割裂这种分类之间的相互补充。

第三节 政府审计的职能与作用

一、政府审计的职能

政府审计的职能是指政府审计本身所具有的职责与功能,其伴随着时代的发展和环境的变化而改变。政府审计的职能一方面明确政府审计是做什么的,另一方面也决定了政府审计的职责。

在当前不断深层次推进供给侧改革的背景下,政府审计的职能要以实现好、维护好、发展好最广大人民根本利益为根本出发点,围绕党和国家工作中心,服务改革发展大局,从国家治理与经济安全角度入手,在高效发挥审计在财政财务收支的真实、合法和效益监督作用的基础上,做好两个关注:一是关注扶贫、教育、医疗、社保等民生政策落实情况;二是关注公共资源、公共资产、公共服务的公平合理分配,维护社会公平正义,推进共享发展。

具体来说政府审计具有经济监督、经济评价和经济鉴证等多重职能。

经济监督,是指审计人员通过审核、检查被审计单位的经济活动,发现其中存在的问题,督促被审计单位加以纠正,保证被审计单位的经济活动在规定的范围内或正常的轨道上进行。它通常包括三个环节:(1) 通过审查,了解被审计对象的真相;(2) 以一定的法规或其他既定标准,判断事件是否真实、合法、有效;(3) 督促被审计单位合法、合理、有效地进行经济活动,公允、真实地处理经济业务,反映经济活动情况。在我国政府审计机关开展的财政财务审计、财经法纪审计体现了审计的经济监督职能。

经济评价,是指审计组织和人员通过审核、检查,客观、公正、权威地评定被审计单位的经济决策、计划和方案等是否先进、可行,经济活动是否按照既定的决策和目标进行,是否有经济效益,有关经济活动的规章制度是否健全、有效,有关管理人员的经济责任履行是否圆满等。政府审计评价一般包括下列步骤:(1) 通过审核、检查,确定需要评价资料的真实性;(2)按照评价目的的要求,确定评价指标,并计算其实际数值;(3)将评价指标的实际数值与事先确定的标准数值进行比较,确定是否存在差异;(4)本着客观、公正、全面、积极的原则进行分析评价,并出具评价意见。

经济鉴证是指审计机关和审计人员对被审计单位会计报表及其他经济资料进行检查和验证,确定其财务状况和经营成果是否真实、公允、合法、合规,并出具书面证明,以便为政府提供确切的信息,并取信于社会公众的一种职能。审计的经济鉴证职能,包括鉴定和证明两个方面。例如,政府审计机关对国家机关法人的离任审计,对承包、租赁经营的经济责任审计,对国际组织的援助项目和世界银行贷款项目的审计等,都属于经济鉴证的范围。

二、政府审计的作用

(一) 政府审计在国家治理中的作用

政府审计具有促进经济和社会发展的职责和使命,这是由其本质所决定的。政府审计是适应国家治理的客观需要产生和发展的,是国家治理大系统中一个内生的具有预防、揭示和抵御功能的"免疫系统",是国家治理的基石和重要保障。在推进国家良治的进程中,政府审计通过对治理过程的良好监控、对治理绩效的实时跟踪、对治理问题的及时揭示,促进治理制度机制的改革和治理现代化,进而促进经济和社会健康发展。

政府审计是推进国家治理现代化的基石。首先,政府审计作为以权力监督制约权力的一项制度安排,地位独立、职责法定,能够不受利益羁绊,对公共资金、国有资产、国有资源分配、使用和管理进行审计监督,当好国家利益的捍卫者和公共资金的守护者。其次,政府审计作为一种专职和专门监督,客观公正、专业权威,能够从宏观全局、前瞻视角,对被审计事项的资金流、业务流、物资流、信息流进行审计监督,反映真实情况、揭示风险隐患、查找突出问题、对症下药地提出建议,为国家治理现代化提供重要决策信息和依据。最后,通过对法律法规的执行情况的不断关注,能够有效地揭示有法不依、执法不严等问题,从而促进依法行政;同时,借助反映法律法规不适应、不衔接、不配套等问题,提出加强法治建设的意见建议,可以促进加快建设法治经济和法治社会,为国家治理法制化进程保驾护航。

政府审计是国家治理现代化的重要保障。健康有效的国家治理体系必须要形成和维护良好的治理秩序、有效抵御治理中的各种风险、实现良好的治理绩效,审计在这三个方面都有明显作用。第一,政府审计通过监督和制约行政权力运行状况、市场经济规则执行状况,查错纠弊,促进依法行政、依法管理国家事务,保障国家治理秩序。第二,政府审计以其独有的地位优势、组织制度优势、技术方法优势,通过跟踪审计,把风险防控的关口前移,能够及时发现问题,揭示潜在风险,防控国家治理风险。第三,政府审计通过对政府预算、行政部门运行绩效等的监督,促进提高财政资金绩效和行政运行效率,保障提升国家治理效能。

(二) 政府审计在保证国家经济安全中的作用

政府审计是经济社会运行的"免疫系统",是国家经济安全保障体系的重要组成部分。政府审计与国家经济安全之间的关系是相互依存、互为补充的关系。国家经济安全得不到保证和维护，必然会导致政府审计环境的恶化，不利于政府审计的良性发展；国家经济安全得以有效维护，有助于社会的和谐发展和审计内外环境的改善，促进审计事业的健康发展。

（1）监测作用。政府审计机关既是国家的经济监督者，同时也是一支庞大的信息队伍，所获取的经济信息和其他相关信息来自国民经济第一线的各地区、各部门、各行业和各单位，既有宏观的、中观的，也有微观的，并具有真实性、权威性和可开发利用性。对这些信息进行专业性、系统性和综合性的分析评价，可以发现经济运行的内在规律、普遍存在的问题以及经济发展态势等宏观方面的问题，监测威胁国家经济的各种因素。将这些不同类别的信息分析研究，提供给不同的管理层和决策机构，可以提高决策的正确性；能及时发现和调整偏离目标的行为，及时修正决策的失误，因而，政府审计在维护国家经济安全中具有强大的信息监测作用。

（2）预警作用。一般来讲，经济安全状态连续变化的过程，往往是各种风险因素缓慢恶化，并对整个经济安全状态发生作用的过程。因此，能够在一种经济安全状态转向不安全状态的过程中发现这样的变化，及时提示、预警这种变化，果断采取措施使其转向安全状态是最优选择。政府审计部门利用监测经济活动运行所形成的信息，及时发现经济社会运行中的薄弱环节，尤其是涉及财政、政府债务、金融、能源、矿产资源、水资源、粮食、生态环保等方面的风险隐患，利用审计的威慑力构筑防范系统性和区域性风险的制度堤坝，从而达到政府审计对国家经济安全的预防和警示作用。

（3）抵御作用。危害国家经济安全的风险来自诸多方面，国内的、国际的、经济的、社会的，需要协调各种经济主体和监管机构，实现全面、协调、可持续的经济发展。政府审计可以通过对国家宏观经济政策的实施和效果的审计来抵御国际市场风险向国内的蔓延和传导，促进国民经济的健康发展；可以通过对国家预算执行、政府部门财政财务收支和国有企业的审计来规范国家经济行为；可以通过对关系国计民生的行业和资金的审计防范可能引起国家和社会不稳定的重大风险。

（4）修复作用。政府审计依据《审计法》履行职责，监督国家经济安全运行，能够跨越部门、行业、区域的利益羁绊，客观地反映国民经济运行中出现的各种异动，前瞻性的反映各种倾向性、苗头性问题。通过这种全方位的监测，一方面可以发现国家有关经济制度设计、经济政策制定中的缺陷，从而为政府部门修复经济制度、经济政策中的缺陷提供依据；另一方面，政府审计部门也可通过行使处理权等方式来发挥修复作用，维护国家经济安全。

政府审计在发挥国民经济安全作用的过程中，一方面，要适应新常态，践行新理念，正确把握改革和发展中出现的新情况新问题；另一方面，要在坚持依法审计、推动改革的基础上做好两个围绕：一是围绕国家重大政策措施和宏观调控部署的贯彻落实，始终关注重大项目落地、重点资金保障、重大政策落实等情况，促进去产能、去库存、去杠杆、降成本、补短板，促进经济结构转型升级，推动协调发展；二是围绕加快推进生态文明建设的重大部署，始终关注资源节约集约循环利用和环境保护政策落实情况，促进形成绿色发展方式和生活方式，推动绿色发展。

（三）政府审计在反腐倡廉中的作用

（1）预防作用。从腐败问题产生的根源、滋生的环境、发展的轨迹来看，最根本的原因是权力的过于集中和决策的不民主，以及制度的缺失和监督疲软缺乏。通过审计监督，可以从体制、机制、制度层面及时向有关方面反映问题和提出改进建议，健全制度、消除隐患、防范风险、堵塞管理上的漏洞，有效地预防腐败犯罪行为的发生，降低腐败产生的机率，使权力得到制约，促进行政行为的公开透明。

（2）揭露作用。国家审计具有经济监督、经济评价、经济鉴证职能。从国家审计机关的法律地位和审计机关的特殊使命来看，审计是加强反腐倡廉的有力工具。审计监督能够覆盖所有公共资源、公共财政、公有资产。可以说，国家审计是保障国家经济安全的守护神。在审计过程中，审计人员是发现经济问题、查找腐败线索、查处违法违纪案件的"经济卫士"。通过审查账目，查找漏洞，发现问题，分析问题，为纪检、监察和司法机关进一步查处和惩治腐败提供线索。

（3）惩治作用。反腐败是审计机关的一项法定职责，也是一项重要使命。对审计中发现的腐败线索，审计机关都将其作为重点予以追踪审计。对追踪查实的腐败行为，分不同情况进行处理：一是对审计机关处理权限内的腐败行为，依照法律规定，以下达审计决定的方式，直接作出通报批评、罚款和没收非法所得等处理；二是对审计机关处理权限以外的腐败行为，依照法律规定，移送纪检监察或司法机关处理。

三、政府审计与内部审计、民间审计的关系

政府审计机关、内部审计组织和会计师事务所是三种不同的审计主体，它们开展的审计工作分别称为政府审计、内部审计和民间审计，三者既有区别又有联系，共同构成我国的审计监督体系。

（一）政府审计与内部审计、民间审计的区别

（1）审计主体不同。政府审计的主体是政府审计机关；内部审计的主体是单位内部的审计机构及人员；注册会计师审计的主体是由国家有关部门审核批准的注册会计师事务所。

（2）法律依据和审计准则不同。政府审计主要依据《中华人民共和国审计法》和政府审计准则；内部审计主要依据《审计署关于内部审计工作的规定》和内部审计准则；注册会计师审计主要依据《中华人民共和国注册会计师法》和中国注册会计师审计准则。

（3）审计的独立性不同。政府审计和内部审计是单向独立；而注册会计师审计是双向独立。

（4）审计方式不同。政府审计和内部审计是授权审计；而注册会计师审计是委托审计。

（5）审计的对象不同。政府审计的服务对象是同级国家及其相关管理机构；内部审计的服务对象是本单位主要领导及其相应管理层；注册会计师审计的服务对象是委

托单位即一切营利及非营利单位。

(6) 审计服务的有偿性不同。政府审计和内部审计是无偿审计；而注册会计师审计是有偿审计。

(7) 审计实施的手段不同。政府审计根据审计结果发表审计处理意见，如被审计单位拒不采纳，政府审计部门可以依法强制执行；注册会计师审计根据其审计结论发表独立、客观、公正的审计意见，以合理保证审计报告使用人确定已审计的被审计单位会计报表的可靠程度；内部审计根据单位相关规定进行审计。

(二) 政府审计与内部审计、民间审计的联系

在我国的审计监督体系中，政府审计、民间审计、内部审计三者之间，相互独立，在不同审计领域中各司其职，相互不可替代，同时三者之间又是相互联系的。具体体现在以下几个方面：

(1) 政府审计、内部审计和注册会计师审计都是审计工作并共同构成审计监督体系，相互不可替代。

(2) 三者的工作方法具有一致性。

(3) 外部审计的结果对内部审计工作具有指导作用。

(4) 三种审计的结果对内部审计工作具有指导作用，外部审计可以使用内部审计的结果。政府审计与注册会计师审计之间的审计结果也可以互相参考，以提高工作效率。

复习思考题

1. 如何理解受托经济责任是政府审计产生和发展的动因？
2. 何为政府审计的本质？
3. 简要说明政府审计的目标、对象和职能。
4. 政府审计按其内容进行分类，包括哪些类型？
5. 简要说明政府审计与内部审计、民间审计的区别与联系。

第二章
政府审计组织与规范体系

学习目标
1. 了解国内外政府审计的组织模式和领导关系。
2. 了解我国政府审计人员的组成和素质要求。
3. 熟悉我国政府审计的职责、权限和法律责任。
4. 熟悉我国国家审计准则的内容。
5. 掌握我国政府审计的组织模式和领导关系。
6. 掌握政府审计人员的职业道德。
7. 掌握政府审计的法律法规体系。

重要概念： 组织体系；法律规范；职责；权限；管辖；法律责任；审计准则；职业道德

第一节 政府审计体制

政府审计体制，是指国家根据政治、经济发展的需要，通过国家宪法和审计法所规定，将国家审计机关中各层次、各部门之间的关系予以制度化的表现形式。一般该体制在宪法和审计法的规定中涉及了审计机关的组织模式和领导关系。政府审计体制的组织模式是指政府审计机关的隶属关系，即政府审计机关归谁领导、对谁负责。政府审计体制的领导关系是指地方审计机关与国家审计机关的关系。

一、政府审计组织模式

目前世界上有180多个国家或地区设立了政府审计制度，由于各国政治体制、经济体制和文化传统等方面的不同，其政府审计体制也存在较大差异。根据国家审计机关的职能和隶属关系，世界各国的政府审计模式可以划分为以下四种模式类型。

（一）立法模式

立法型政府审计模式是审计机关隶属于立法部门（议会或国会），依照法律的权限，独立于政府部门之外，直接向立法部门负责并报告工作的一种政府审计模式。该种模式下，审计机关拥有调查权和建议权，但没有处理权。政府审计机关独立行使审计监督权，对议会或国会负责并报告工作，完全不受行政当局的控制和干扰，其地位较高，独立性和权威性较强。

实行立法模式的国家，基本上都是立法、行政、司法三权分立的国家，具有较为完善的立法机构体系与立法程序，目前以英国、美国、加拿大为代表的50多个国家都实行该模式。

这种模式下，审计机关的职责定位于立法监督，或者说代表国家最高权力对政府的宏观经济管理行为进行规范和管理，同时对影响重大的经济问题进行直接介入，协助政府做好经济决策论证和管理工作，在社会经济运行中发挥平衡和监督作用。在立法型模式下，审计规制较多为立法机构采用，作为政府的外部制衡力量，对政府规制进行再规制，同时弥补政府规制可能出现的失灵，将市场失灵与政府失灵并发的概率降至最低。

（二）司法模式

司法型政府审计模式是国家审计机关被赋予司法权，审计官员享有司法地位，强化国家审计职能，并体现审计机关的独立性和权威性的一种政府审计模式。有些国家还在审计机构内部设置审计法庭，直接对违反财经法纪和造成重大经济损失的案件进行审理，具有很高的权威性。这种模式相对于立法模式而言，更侧重于审查和追究当事人的财务责任，而不注重于向议会提供建设性的批评和建议。代表国家主要有法国、意大利、西班牙等20多个国家。

在此种模式下，审计规制的性质定位于司法监督或法律规制。社会习惯于从法律的高度来理解和认识社会经济问题，坚信完善的法律能够梳理和解答各种复杂的社会经济问题，因而常常着力于不断完善和细化法律、法规，设计庞大的、覆盖面极广的法律、法规体系，使其尽可能地无所不及，从而使法律触及社会经济运行的各个程序和环节中。在此背景下，政府审计的目标就是捍卫法律的尊严，保证法律、法规的贯彻，防范有损于市场竞争和社会福利水平的非理性经济行为的发生，维护基本经济秩序。这种规制主要侧重于强有力的预防和监控，将社会经济风险控制在萌芽状态，而非侧重于事后的检查和处罚。在司法型政府审计模式下，市场失灵和政府失灵常常被认为法律的失灵，是法律出现死角，或者执法者的失误所致，通常会积极地通过法律、法规的手段来解决。

（三）行政模式

行政模式的政府审计机构从属于政府行政部门。审计机关根据国家法律赋予的权限，对政府所属各部门、各单位的财政预算和财政收支活动进行审计监督，保证政府财经政策、法令、计划和预算的正常实施。同时，审计机关作为行政部门，不仅能独立地行使经济监督和行政监督，而且还有直接的处理处罚权，对违反国家规定的财政、财务收支行为采取纠错、矫正、补偿和惩罚等措施。此种政府审计模式独立性虽不如上述三种审计模式强，独立地位往往在宪法或有关法律中予以明确规定，但是其时效性、权威性和约束力较强。

目前采取这种模式的国家不多，我国的审计署和地方审计机关分别隶属于国务院和各级地方政府，在国务院总理和各级政府行政首长的领导下，独立行使审计监督权。

属于这种模式的国家还有瑞典、巴基斯坦、泰国、越南等。

在该种政府审计模式下,审计规制的性质定位于行政监督,审计监督作为政府经济管理的自然延伸和必要补充,与政府经济管理的定位高度吻合。政府审计机构既是政府的职能部门,执行政府的指令,完成政府交办的任务,在政府授权下直接实施审计监督,或直接为政府经济管理服务;同时,它又是政府的监督部门,代表社会公众利益监督政府的经济管理行为,制约和规范政府的行政权力,在法定范围内对政府这一规制者进行再规制。

(四) 独立模式

在独立型政府审计模式下,政府审计机构不属于任何国家机构,独立于立法、司法和行政体系之外,单独形成国家政权的一个分支,以民间或半民半官方的身份从事独立的审计监督和审计规制活动。审计机关独立地或与监察部门结合,对国家的财政收支、预算执行情况及国家经济活动进行检查规制,对政府的经济管理行为进行监督,且直接向国会或总统负责。审计机关在履行职责过程中不受任何干涉,能够根据自己在审计过程中发现的问题和收集的资料,进行客观的分析,做出公正的判断,从而向立法、司法和行政部门提供有价值的建议和信息。因此,同立法型政府审计一样,政府审计机关也具有较强的独立性和宏观服务职能。

在实行该种政府审计模式的国家,政府都是民选的,民意对政府具有巨大的影响力,同时企业又受制于政府产业政策和市场调控,因此独立型政府审计成了表达民意、制约政府、引导企业的重要方法,并发挥了相应的作用,代表国家有德国、日本、韩国等。

在该种政府审计模式下,审计规制的定位主要是社会性规制,旨在代表社会公众利益对政府经济活动和产业规制实施监控,或协助政府解决市场经济运行和产业规制中涉及公众利益或公众关注的难点、疑点、热点问题。独立型政府审计是对政府经济行为的体外监控,这种规制或监督不代表任何政党和利益集团,而只能代表大多数公众的利益,所以规制的力量来源于社会公众,这样才能保证其明确的价值取向和独立的地位。

二、政府审计组织间的领导关系

政府审计机关的领导关系是政府审计组织体制的重要组成部分,指审计机关在国家组织结构中的地位,受哪个国家机构领导,以及上下级审计机关的领导关系等。综观世界各国的政府审计体制,审计机关的领导关系存在较大差异,主要分为以下三种:

(1) 分级领导。此种关系是指中央审计机关和地方审计机关各自独立,没有任何领导或指导的关系。这种领导关系适用于联邦制国家。在联邦制国家,地方有独立的立法权,地方审计机关对当地的立法机关负责,不受联邦审计机关的领导。例如,美国地方审计机关主要对当地的立法机关负责,其在实现各自的审计职能与向各州和地方议会报告方面所起的作用跟审计总署基本相同,但并不接受联邦审计总署的领导。

(2) 垂直领导。该关系是指地方审计机关受其上级审计机关的领导,中央审计机关与地方审计机关之间的关系是上下级之间的关系。在垂直领导体制下，中央审计机关与地方审计机关可以分别对中央与地方的财政资金进行监督，但地方审计机关在业务上要接受中央审计机关的领导。例如印度各邦的主计审计长是主计审计长公署驻所在邦的代表，在主计审计长公署的领导下，审查所在邦的财政收支和公共企事业的财务收支。

（3）双重领导。双重领导关系是指审计机关在本级行政首长和上一级审计机关的指导下，负责本行政区域内的审计工作，地方审计机关审计业务以上一级审计机关领导为主，而行政管理以地方政府领导为主。中央审计机关不存在"双重"问题，因为审计署是最高国家审计机关，向政府总理负责并向其报告工作，其责任关系是单向的，双重领导体制使地方政府审计机关面临着业务管理和行政管理的双向领导，存在着发生矛盾的可能性，由于地方审计机关的经费来源于地方政府，对其独立性产生影响。我国地方审计机关实行的是双重领导关系，我国《宪法》规定：地方各级审计机关对本级人民政府和上一级审计机关负责。

三、我国政府审计组织概况

（一）中国政府审计机关的组织模式

我国的审计机关是根据《宪法》第九十一条、第一百零九条的规定建立起来并实施审计工作的，《宪法》规定我国实行审计监督制度，国务院设立审计机关，县级以上的地方各级人民政府设立审计机关。由此看出，我国设立国家审计机关和地方审计机关，它们分别隶属于国务院和地方人民政府，属于行政模式。

目前，我国仍实行行政型政府审计模式。我国的政府审计制度始建于20世纪80年代初，在过去的几十年里，我国的政府审计实现了审计监督与政府经济监管职能的高度吻合，在维护经济秩序、保障经济健康发展等方面发挥了重要的作用。

（二）我国现行政府审计模式的主要内容和特点

（1）统一领导，分级审计。根据《宪法》规定，我国县和县级以上人民政府设立审计机关，国家审计机关分为最高审计机关和地方审计机关，前者指审计署及地方和部门的派出机构，后者指各地方人民政府依法设立的审计机关。审计署隶属于国务院管理，受国务院总理的直接领导，执行国务院的行政法规、决定和命令，组织和领导全国审计工作，同时，审计署和各地方审计机关独立地从事审计工作，对政府财政收支及其他经济管理活动进行监督、评价和报告。

（2）实行"双重领导"制。根据《宪法》和《审计法》规定，我国审计机关实行"双重领导"体制，审计署在国务院总理领导下主管全国的审计工作，地方审计机关同时接受上一级审计机关和本级人民政府行政首长领导，对其负责并报告工作。该体制包括两层含义：一是业务垂直领导，地方审计机关的审计业务以上级审计机关领导为主；二是行政领导，审计机关是政府职能部门，直接受国务院总理或本级政府行政首长领导。

（3）"上审下"与"同级审"并存。在实施审计过程中，实行"上审下"和"同级审"并存,审计署和各地方审计机关分别在国务院总理和地方各级行政首长的领导下,依法独立开展审计工作,对本级政府各部门财政预算执行情况及其他经济管理活动进行审计监督,对下级政府预算执行情况和决算进行审计监督。

(4) 实行"两个报告"制度。审计机关向本级人民政府作审计结果报告,同时,受政府委托,每年向本级人民代表大会常委会作预算执行和其他财政收支的审计工作报告。

另外,我国行政型政府审计模式还具有其他特点。如审计机关负责人依照法定程序任免,不得随意罢免,地方各级审计机关正职和副职负责人的任免,应当事先征求上一级审计机关的同意;审计机关履行职责所必需的经费,应列入财政预算,由本级人民政府予以保证;审计机关独立地行使审计监督权,不受其他政府机关、团体、企事业单位和个人的干扰。

第二节 政府审计的职责权限、管辖及法律责任

一、审计机关的审计职责

审计职责是通过法律的形式表达的某一时期社会公众对政府审计机关提出的要求。我国《宪法》对审计机关的职责、权限作了原则性规定,《审计法》则对审计机关的职责、权限作了具体性规定。审计职责具有法定性和排他性的特点,法定性是指审计职责是《宪法》和《审计法》赋予审计机关的任务,相关部门必须确保审计机关认真执行,不得擅自扩大、缩小甚至推卸。排他性是指审计职责只有审计机关才能履行,其他单位、团体不能也不得行使审计监督职责。

根据《审计法》和《审计法实施条例》的规定,审计机关的职责如下:
(1) 审计署和地方审计机关直接进行下列审计:
①本级财政预算执行情况和其他财政收支。
②下级人民政府预算的执行情况和决算以及预算外资金的管理和使用情况。
③与本级人民政府财政部门直接发生预算缴款、拨款关系的国家机关、军队、政党、社会团体、国有企业和事业单位的财务收支。
④国有金融机构的资产、负债、损益。国有金融机构包括:国家政策性银行、国有商业银行、国有非银行金融机构、国有资产占控股地位或者主导地位的银行或者非银行金融机构。
⑤国有资产占控股地位或者主导地位的企业。这些企业包括:国有资本占企业资本总额的50%(含本数)以上的企业;国有资本占企业资本总额的比例不足50%,但是国有资产投资者实质上拥有控制权的企业。
⑥国家建设项目(包括基本建设项目和技术改造项目)预算的执行情况和决算,

以及与国家建设项目直接有关的建设、设计、施工、采购等单位的财务收支。

⑦政府部门管理的和社会团体受政府委托管理的社会保障基金、社会捐赠资金、环境保护资金及其他有关基金、资金的财务收支。这里的社会保障基金包括养老、医疗、工伤、失业、生育等社会保险基金，救济、救灾、扶贫等社会救济基金，以及发展社会福利事业的社会福利基金。

⑧国际组织和外国政府援助、贷款项目的财务收支。

⑨法律、行政法规规定应当由审计机关进行的其他审计事项。

（2）中央银行的财务收支只能由审计署进行审计，地方审计机关不能审计。

（3）各级审计机关分别在本级政府行政首长的领导下，对本级预算执行情况进行审计后，向本级人民政府和上一级审计机关提出审计结果报告。

（4）受本级人民政府的委托，向本级人大常委会提出本级预算执行和其他财政收支的审计工作报告。

（5）审计机关对与国家财政收支有关的特定事项，可以向有关地方、部门、单位进行专项审计调查，并向本级人民政府和上一级审计机关报告审计调查结果。

（6）审计机关受干部管理部门的委托，对党政领导干部和国有企业领导干部进行任期经济责任审计，审计结果作为干部升降、任免等的依据之一。

（7）指导、监督内部审计。

（8）监督社会审计（审计事务所、会计师事务所）的审计业务质量。

二、审计机关的权限

审计机关的权限，是指宪法和法律赋予审计机关在实施审计监督过程中享有的权能，是审计机关的执法手段。至于审计机关的内部管理权限，则不在此列。审计机关的权限主要有如下四个特征：第一，法定性。审计机关的权限是《宪法》和法律所规定的。《宪法》第九十一条和第一百零九条规定，审计机关"依照法律规定独立行使审计监督权"，这是审计机关享有权限的基本依据。审计监督权是审计机关的总的权限，具体权限由法律、法规规定。《审计法》和《审计法实施条例》对审计机关的权限作了具体规定，将《宪法》的规定具体化了。第二，行政性。审计机关是行政机关，而且是行政执法机关，审计机关的权限是行政权，是行政执法权，不是司法权，也不是立法权。第三，主体恒定性。享有审计监督权的只能是审计机关，其他机关、社会审计机构（审计事务所、会计师事务所）等不得享有，否则即为越权，要承担法律责任。第四，种类广泛性。审计机关的权限种类较为广泛，共有十几种权限，不像其他行政机关的权限比较单一。

审计机关享有的审计权限应当与其所承担的审计职责相适应。《审计法》和《审计法实施条例》及有关法规赋予审计机关的审计权限主要包括：

（1）要求报送资料权。

要求报送资料权，即有权要求被审计单位按照审计机关的规定提供预算或者财务收支计划、预算执行情况、决算、财务会计报告，运用电子计算机储存、处理的财政收支、财务收支电子数据和必要的电子计算机技术文档,在金融机构开立账户的情况,社会审计机构出具的审计报告,以及其他与财政收支或者财务收支有关的资料,被审计单位不得拒绝、拖延,同时要求被审计单位负责人对本单位提供的财务会计资料的真实性、完整性负责。该项权力是履行审计监督职责的前提条件。

(2) 检查权。

检查权,即有权检查被审计单位的会计凭证、会计账簿、财务会计报告和运用电子计算机管理财政收支、财务收支电子数据的系统,以及其他与财政收支、财务收支有关的资料和资产。审计机关依法行使检查权时,被审计单位不得拒绝,不得转移、隐匿、篡改、毁弃有关的资料,不得转移、隐匿所持有的违反国家规定取得的资产。它是审计权限的核心,是审计机关享有的重要权利,因此,从一定意义上讲,审计就是一种检查。

(3) 调查取证权。

调查取证权,即有权就审计事项的有关问题向有关单位和个人进行调查,并取得有关证明材料;经县级以上人民政府审计机关负责人批准,有权查询被审计单位在金融机构的账户;有证据证明被审计单位以个人名义存储公款的,经县级以上人民政府审计机关主要负责人批准,有权查询被审计单位以个人名义在金融机构的存款;调查取证时,审计机关应持县级以上人民政府审计机关主要负责人签发的协助查询个人存款通知书。调查取证权是审计机关享有审计监督权的必要条件。

(4) 行政强制措施权。

行政强制措施权,即对被审计单位正在进行的违反国家规定的财政财务收支行为,有权予以制止或通知暂停拨付款项、责令暂停使用款项;对被审计单位转移、隐匿、篡改、毁弃会计凭证、会计账簿、财务会计报告以及其他与财政收支或者财务收支有关的资料,或者转移、隐匿所持有的违反国家规定取得的资产的行为,经县级以上人民政府审计机关负责人批准,有权封存有关资料和违反国家规定取得的资产。其目的是维护国有资产的安全完整,保证审计工作的顺利进行。采取强制措施权,不得影响被审计单位合法的业务活动和生产经营活动。

(5) 建议权。

审计机关的建议权,是指审计机关建议给予有关责任人员行政处分或者纪律处分或者就被审计单位执行的违法规定建议有关主管部门纠正的权力。包括建议给予行政处分或者纪律处分权、建议纠正违法规定权。所谓有关责任人员是指被审计单位的对违法行为负有直接责任的主管人员和其他直接责任人员。

(6) 处理处罚权。

审计机关的处理处罚权,是指审计机关对被审计单位违反国家规定的财政收支、财务收支行为依法予以处理、处罚的权力,具体为分为处理权和处罚权。处理权是指审计机关对被审计单位违反国家规定的财政收支、财务收支行为采取纠正措施的权力。审计处理具有矫正性,不具有制裁性和惩戒性,不属于行政处罚的范畴,但也是审计机关的具体行政行为,其主要形式为责令限期退还违法所得、责令限期缴纳、上缴应当缴纳或者上缴的财政收入、责令限期退还被侵占的国有资产，等等。处罚权是指审计机关对被审计单位违反国家规定的财务收支行为和违反《审计法》的行为采取行政制裁措施的权力。审计处罚具有制裁性和惩戒性，属于行政处罚的范畴，主要包括警告、通报批评、没收违法所得等。

（7）移送权。

移送权，即需要给予有关责任人员行政处分或者纪律处分的，有权移送纪检监察机关；需要追究有关责任人员刑事责任的，有权移送司法机关；有权建议有关主管部门纠正被审计单位执行的违法规定；有权向有关立法机关、政府及有关部门提出修改完善有关法律法规、政策措施和加强与改进宏观调控的建议。这项权力的规定有利于发挥审计在促进规章制度建设中的作用，有利于发挥审计对宏观管理的影响作用。

（8）通报或公布审计结果权。

通报或公布审计结果权，即审计机关有权向政府有关部门通报或者向社会公布审计结果和专项调查结果，审计机关通报或者公布审计结果和专项调查结果时，应当依法保守国家秘密和被审计单位的商业秘密，遵守国务院的有关规定。审计机关可以向社会公布下列审计事项的审计结果：①本级人民政府或者上级审计机关要求向社会公布的；②社会公众关注的；③法律、法规规定向社会公布的其他审计事项的审计结果。

（9）提请协助权。

提请协助权，是指审计工作遇到困难时，有权提请公安、监察、财政、税务、海关、价格、工商行政管理等机关予以协助。

三、审计管辖

审计管辖，是指审计机关之间如何确定各自审计对象的范围划分制度。确定审计管辖，具有什么重要的意义，其主要体现在以下几个方面：第一，有利于审计机关明确各自的审计职责，做到各司其职，加强审计监督，避免互相推诿和互相争执，防止不必要的重复审计；第二，有利于被审计单位明确自己应当接受哪一个审计机关的审计监督，增强其接受审计的自觉性，更好地配合审计机关的工作；第三，有利于被审计单位和社会各界有针对性地监督审计机关的工作，评价审计机关的工作，促进审计机关不断提高审计质量和工作效率。审计管辖与法院的管辖都叫管辖，但二者是不同的。法院的管辖是指法院之间受理第一审案件的权限分工。第一审案件包括第一审刑事、民事、行政案件。二者的不同主要表现为：第一，主体不同。审计管辖的主体是审计机关；法院管辖的主体是人民法院。第二，管辖的内容不同。审计管辖的内容是审计项目；法院管辖的内容是第一审案件。第三，确定管辖的原则不同。审计管辖是按照被审计单位的财政、财务隶属关系或者国有资产监督管理关系的原则确定；法院管辖的原则主要有便于当事人诉讼原则、便于人民法院办案原则等，刑事案件管辖与民事、行政案件管辖的原则又有所不同。

确定审计机关之间的审计管辖，应当依照《审计法》第二十八条第一款和第二款的规定办理。按照规定，审计机关应当根据被审计单位的财政、财务隶属关系或者国有资产监督管理关系确定审计管辖范围。审计机关之间对审计管辖范围有争议的，由其共同的上级审计机关确定。这就是通常所说的确定审计管辖的三项原则，即财政、财务隶属关系原则；国有资产监督管理原则；指定管辖原则。在实际运用中，一般是按照财政、财务隶属关系确定审计管辖范围的；在财政、财务隶属关系不清或没有财政、财务隶属关系时，按照国有资产监督管理关系确定；审计机关之间对审计管辖有争议的，由其共同的上级审计机关指定管辖。依照审计署《审计机关审计管辖范围划分的暂行规定》的规定，对国有资产占控股地位或主导地位的被审计单位，按国有单位所占股份确定管辖范围。

（一）财政、财务隶属关系原则

根据《预算法》的规定，我国实行一级政府一级预算的财政管理体制，共设立中央，省、自治区、直辖市，设区的市、自治州，县、自治县、不设区的市、市辖区，乡、民族乡、镇五级预算。中央政府预算（简称中央预算）由中央各部门（含直属单位，下同）的预算组成。这里的中央各部门是指与财政部直接发生预算缴款、拨款关系的国家机关、军队、政党组织和社会团体，不限于国务院各部委；直属单位是指与财政部直接发生预算缴款、拨款关系的企业和事业单位。地方预算由各省、自治区、直辖市总预算组成。地方各级总预算由本级政府预算（简称本级预算）和汇总的下一级总预算组成；下一级只有本级预算的，下一级总预算即指下一级的本级预算。没有下一级预算的，总预算即指本级预算。地方各级政府预算由本级各部门（含直属单位，下同）的预算组成。这里的本级各部门是指与本级政府财政部门直接发生预算缴款、拨款关系的地方国家机关、政党组织和社会团体，不限于本级人民政府各部门；直属单位是指与本级政府财政部门直接发生预算缴款、拨款关系的企业和事业单位。这样，就构成了本级各部门与本级政府之间的财政隶属关系。本级各部门的预算，由本部门所属各单位的预算组成，从而构成了所属各单位与上级部门之间的财务隶属关系。《预算法》规定的决算组成，与预算组成是一致的。按照财政、财务隶属关系原则，某一部门的财政关系隶属于哪级政府，某一单位的财务关系隶属于哪级部门，则该部门、单位就是该级审计机关的审计管辖范围。如中央各部门的财政关系隶属于中央财政，则属审计署的审计管辖范围。省级各部门的财政关系隶属于省级政府财政，则是省级审计机关的审计管辖范围。依此类推。在地方的中央部门的下属单位，由于其财务关系隶属于中央部门，所以应是审计署的审计管辖范围，而不是地方审计机关的审计管辖范围。如中国人民银行在地方的分支机构，财务关系隶属于中央部门的企事业单位等，都是审计署的审计管辖范围。同时应当明确的是，按照财政隶属关系原则，各级审计机关的审计管辖范围除了本级各部门的财政收支外，还包括下级政府的财政收支；由于乡级政府不设审计机关，所以乡级政府及其各部门的财政收支属于县级审计机关的审计管辖范围。

（二）国有资产监督管理关系原则

这是《审计法》新规定的一项确定审计管辖范围的原则，是适应经济体制改革和建立社会主义市场经济体制要求的。实行政企分开，要求政府转变职能，不再直接管理企业。这样，无主管部门的国有企业逐渐增多，这些企业与政府及部门不存在财政、财务上的隶属关系，不能用财政财务隶属关系原则确定审计管辖，但其国有资产接受国家授权投资的机构或者国家授权的部门的监督管理，这就形成了国有资产监督管理关系。某单位的国有资产受哪级国家授权投资的机构或者国家授权投资的部门的监督管理，其财务收支就属于对该授权投资的机构或者授权的部门有审计管辖权的审计机关审计管辖。某单位的国有资产属中央部门监督管理的，由审计署审计管辖；属地方部门监督管理的，由地方审计机关审计管辖。

（三）指定管辖原则

指定管辖原则是指两个以上审计机关对审计管辖范围的划分发生争议时，由其共同的上级审计机关确定审计管辖的原则。审计机关之间发生审计管辖争议的原因很多，如使用的审计管辖标准不一，或互相争夺管辖权，或互相推诿等。这就必须由其共同的上级审计机关指定管辖。如 A 县审计局与 B 县审计局就审计管辖权发生争议，如果两县同属一设区的市，则由市审计局指定管辖；如果不属于一市，但同属一省，则由省审计厅指定管辖；如果两县不属一省，则由审计署指定管辖。指定管辖原则，体现了审计业务以上级审计机关领导为主的审计管理体制。

（四）审计管辖权的转移

除了上述三项原则外，《审计法》第二十八条第三款还规定了审计管辖权的转移。该款规定："上级审计机关可以将其审计管辖范围内的本法第十八条第二款至第二十五条规定的审计事项，授权下级审计机关进行审计；上级审计机关对下级审计机关审计管辖范围内的重大审计事项，可以直接进行审计，但是应当防止不必要的重复审计。"需要说明的是，上级审计机关将其审计管辖范围内的审计事项授权下级审计机关进行审计，仅限于《审计法》第十八条第二款至第二十五条规定的审计事项，即对国有金融机构、国家的事业组织、国有企业、国家建设项目、政府部门管理的和社会团体受政府委托管理的社会保障基金、社会捐赠资金、国际组织和外国政府援助或贷款项目的财务收支进行审计的事项。对财政收支和中央银行的财务收支，不能授权下级审计机关进行审计。上级审计机关直接审计下级审计机关审计管辖范围内的审计事项，没有更多的限制，只是要防止不必要的重复审计。此外，《审计机关审计管辖范围划分的暂行规定》根据《审计法》的规定，结合具体情况，对审计管辖范围的划分作了具体规定。需要说明的是：第一，国有资产占控股地位或主导地位的被审计单位，按股份确定审计管辖范围。如果属于中央和地方共同投资的，中央单位所占股份大于或等于地方单位所占股份的，由审计署审计管辖；中央单位所占股份小于地方所占股份的，由占主导地位的地方审计机关审计管辖。第二，国家建设项目（含技术改造项目），实行业主制的，审计管辖归属与业主的审计管辖一致，业主的审计管辖按其财政、财务隶属关系或国有资产监督管理原则确定。未实行业主制的，或中央与地方共同投资的建设项目，以及国有企业、事业单位兴办的经济实体，比照上述规定确定管辖。第三，中央统借统还或按贷款协议规定应当由审计署审计的世界银行、亚洲银行以及其他国际组织和外国政府的贷款、援款项目，由审计署审计管辖，但可以授权下级审计机关进行审计。

四、法律责任

（一）政府审计法律规范中的法律责任

法律责任是指行为人违反法律规定而应承担的法律后果。这里的法律是广义的法律。行为人既包括个人，也包括单位。所谓违反法律规定，是指违反法律规定中的禁止性规范和义务性规范，不包括授权性规范。如《审计法》第三十四条第一款关于被审计单位不得转移、隐匿会计凭证等的规定就是禁止性规范。义务性规范是指人们必须作出一定行为的规范，它规定必须作出一定行为，若不作出一定行为则违法。如《审计法》第三十八条第二款关于被审计单位应当配合审计机关工作的规定就是义务性规范。授权性规范是指人们有权作出一定行为的规范，它规定可以作出一定行为，也可以不作出一定行为，都不违法。如《审计法》第十条关于审计机关可以设立派出机构的规定就是授权性规范。

（二）法律责任的作用

《审计法》和《审计法实施条例》都以专章的形式规定了法律责任，具有重要作用。表现为：

（1）完善了审计立法体例。一部部门行政法的立法体例一般第一章为总则，最后一章为附则，倒数第二章为法律责任，这已形成定势，审计法作为部门行政法也不能例外，否则就不完善，就有缺陷，就不是一部完整的法律。

（2）为惩处违反禁止性规范和义务性规范的行为人提供了法律依据。《审计法》和《审计法实施条例》都有大量的禁止性规范和义务性规范，若没有相应的违法后果的规定，则大量的禁止性规范和义务性规范就会成为一纸空文，有违法行为也无法惩处。只有规定了法律责任，才能使违法行为得以惩处，禁止性规范和义务性规范才能发挥法律作用。

（3）可以使行为人事先知道违法的法律后果，促使其自觉守法，积极配合审计工作。

（4）为审计机关行使处理处罚等权限提供了法律依据。审计机关的一些权限，如审计处理处罚权、建议给予行政处分或者纪律处分权等，都分别在《审计法》和《审计法实施条例》的"法律责任"中予以体现。

（三）法律责任的主要内容

《审计法》和《审计法实施条例》规定的法律责任的内容包括两个方面：一是违反《审计法》的法律责任；二是违反国家规定的财政收支、财务收支的法律责任。

1. 根据《审计法》第四十一条至第四十四条、第四十八条的规定以及《审计法实施条例》第四十九至第五十一条、第五十四条的规定，被审计单位违反《审计法》的行为和法律责任如下：

（1）被审计单位拒绝或者拖延提供与审计事项有关的资料的，或者拒绝、阻碍检查的，由审计机关责令改正，可以通报批评，给予警告；拒不改正的，对被审计单位处以5万元以下的罚款。对被审计单位负有直接责任的主管人员和其他直接责任人员，审计机关认为应当给予行政处分或者纪律处分的，向有关部门、单位提出给予行政处分或者纪律处分的建议，有关部门、单位应当依法及时作出决定，并将书面结果通知审计机关。构成犯罪的，由司法机关依法追究刑事责任。追究责任后，被审计单位仍需接受审计机关的审计监督。

（2）被审计单位转移、隐匿、篡改、毁弃会计凭证、会计账簿、会计报表以及其他与财政收支或者财务收支有关的资料的，审计机关有权予以制止，责令交出、改正或者采取措施予以补救，并有权采取取证措施，必要时，经审计机关负责人批准，有权暂时封存被审计单位与违反国家规定的财政收支或者财务收支有关的账册资料。审计机关认为对负有直接责任的主管人员和其他直接责任人员依法应当给予行政处分的，应当提出给予行政处分的建议，被审计单位或者其上级机关、监察机关应当依法及时作出决定。构成犯罪的，由司法机关依法追究刑事责任。

（3）被审计单位转移、隐匿违法取得的资产的，审计机关有权予以制止，或者提请人民政府、有关主管部门予以制止，或者申请人民法院采取财产保全措施。审计机关认为对负有直接责任的主管人员和其他直接责任人员依法应当给予行政处分的，应当提出给予行政处分的建议，被审计单位或者其上级机关、监察机关应当依法及时作出决定。构成犯罪的，由司法机关依法追究刑事责任。

（4）报复陷害审计人员，构成犯罪的，依法追究刑事责任；不构成犯罪的，给予行政处分。《审计法》第十五条规定，审计人员依法执行职务，受法律保护。任何组织和个人不得拒绝、阻碍审计人员依法执行职务，不得打击报复审计人员。一切报复陷害审计人员的行为都要受到法律的制裁。

（5）审计人员应当依法执行职务，正确履行职责，办理审计事项应当客观公正、实事求是、廉洁奉公，不得滥用职权、徇私舞弊、玩忽职守，否则就是违法。根据《审计法》第四十九条和《审计法实施条例》第五十五条规定，审计人员滥用职权、徇私舞弊、玩忽职守，或者泄露所知悉的国家私密商业私密的，依法给予处分；构成犯罪的，依法追究刑事责任。审计人员违法、违纪取得的财物，依法予以追缴、没收或者责令退赔。

2. 违反国家规定的财政收支、财务收支的法律责任

违反国家规定的财政收支、财务收支的法律责任是指被审计单位违反国家规定的财政收支、财务收支而应承担的法律后果。分为违反国家规定的财政收支的法律责任和违反国家规定的财务收支的法律责任。不管是违反财政收支还是违反财务收支，都既追究被审计单位的法律责任，也追究被审计单位有关责任人员的法律责任。根据《审计法》第四十四条至第四十七条以及《审计法实施条例》第五十二条至第五十四条的规定，以及《国务院关于违反财政法规处罚的暂行规定》的规定，将被审计单位违反国家规定的财政收支、财务收支的法律责任分述如下：

（1）违反国家规定的财政收支行为的法律责任。

所谓财政收支，是指依照《预算法》和国家其他有关规定，纳入预算管理的收入和支出，以及预算外资金的收入和支出。违反国家规定的财政收支的行为有将预算内资金转预算外资金，越权减免税收，截留、隐瞒、转移财政收入，乱支乱用财政资金，

侵占财政资金，虚报财政支出等行为。对违反国家规定的财政收支的行为，审计机关只能处理，不能处罚。处理的种类有：①责令限期缴纳、上缴应当缴纳或者上缴的财政收入；②责令限期退还被侵占的国有资产；③责令限期退还违法所得；④责令冲转或者调整有关会计账目；⑤采取其他纠正措施。

（2）违反国家规定的财务收支行为的法律责任。

所谓财务收支，是指国有的金融机构、企业事业单位以及国家规定应当接受审计监督的其他有关单位，按照国家有关财务会计制度的规定，办理会计事务、进行会计核算、实行会计监督的各种资金的收入和支出。违反国家规定的财务收支的行为有挤占成本，乱支费用，盈亏不实，乱列营业外支出，隐瞒销售收入和营业外收入，挪用专项资金等。

对被审计单位违反国家规定的财务收支的行为，审计机关既可处理，也可处罚。处罚的种类有：①警告、通报批评；②罚款；③没收违法所得；④依法采取的其他处罚。具体做法是：由审计机关在法定职权范围内责令改正，给予警告、通报批评，对违法取得的资产按照审计处理的五种方式作出处理。对违反财务收支行为有违法所得的，处以违法所得1倍以上5倍以下的罚款；没有违法所得的，处以5万元以下的罚款。法律、行政法规对被审计单位违反国家规定的财务收支行为另有处理、处罚规定的，从其规定。

阅读材料

1. 审计意见书格式

×××××× （审计机关全称）

审计意见书

审×意［××××］×号

×××关于对××××××的审计意见

（被审计企业全称）：

自×年×月×日至×年×月×日我×（署、厅、局、办）对你单位××××年度会计报表进行了审计现出具以下审计意见：

一、审计资产、负债、损益及所有者权益情况（审计意见段）

二、审计中发现的问题（审计结果段）

三、审计建议（审计建议段）

附表：1. 资产负债表审前审后对比表

2. 损益表审前审后对比表

3. 利润分配表审前审后对比表

（审计机关全称印章）

××××年××月××日

抄送：××××××

2. 审计决定书格式

××××××（审计机关全称）
审计决定书
审×决［××××］×号

×××关于××××××的审计决定

（被审计企业全称）：

自×年×月×日至×年×月×日我×（署、厅、局、办）对你单位×××年度会计报表进行了审计现根据《中华人民共和国审计法》第四十条和其他有关法律法规作出如下审计决定：

本审计决定自送达之日起生效如果对本决定不服可以在收到本决定之日起60日内向×××申请复议期间本决定照常执行。

本决定在××××年××月××日前执行完毕。

（审计机关全称印章）
××××年××月××日

抄送：××××××

3. 审计处罚决定书格式

××××××（审计机关全称）
审计处罚决定书
审×罚［××××］×号

×××关于××××××的审计处罚决定

（被审计企业全称）：

你单位××××××行为违反了×××第××条的规定决定给予你单位××××××的处罚。

本审计决定自送达之日起生效如果对本决定不服可以在收到本决定之日起60日内向×××申请复议复议期间本决定照常执行。

（审计机关全称印章）
××××年××月××日

抄送：××××××

4. 审计建议书格式

×××××× （审计机关全称）
审计建议书
审××建［××××］×号

×××关于××××××的审计建议

（被审计企业全称）：

我们在对××××××的审计过程中发现下列事实：

××××××

根据《中华人民共和国审计法》第××条的规定建议你单位并将结果及时函告我×（署、厅、局、办）。

附件：证明材料××份。

（审计机关全称印章）
××××年××月××日

抄送：××××××

5. 移送处理书格式

×××××× （审计机关全称）
移送处理书
审×移［××××］×号

×××关于××××××的移送处理书

（被审计企业全称）：

我们在对××××××的审计过程中发现下列行为：

××××××

我们认为×××的行为涉嫌犯罪依法应当追究刑事责任现移送你×（院、厅、局）依法处理请将结果及时书面告知我×（署、厅、局、办）。

附件：证明材料××份。

（审计机关全称印章）
××××年××月××日

抄送：××××××

资料来源：《审计机关处理处罚的规定》《审计署关于印发主要审计文书种类和参考格式的通知〈审法发〔2011〕24号〉》。

第三节 政府审计人员

一、政府审计人员的组成

政府审计人员,是指审计机关中接受国家委托,依法行使审计监督权,从事审计事务的人员,也即审计"公务员"。政府审计人员专指在中央审计机关、地方审计机关和派出审计机构中工作的人员,不包括在内部审计机构、社会审计组织中工作的人员。政府审计人员是审计监督行为的执行者,它的组成形式和业务素质直接决定着政府审计的质量和效果。

政府审计人员包括审计署的审计长、副审计长、地方各级审计厅、局的厅、局长、各级审计机关的领导人员和非领导职务的一般工作人员。审计长是审计署的行政首长。按照宪法有关条文的规定,审计长是根据国务院总理提名、全国人民代表大会常务委员会决定、由中华人民共和国主席任命。审计署实行审计长负责制,审计长是国务院的组成人员。审计长可以连任。全国人民代表大会有权罢免审计长。根据中华人民共和国《国务院组织法》和国务院的有关规定,副审计长协助审计长的工作,并对审计长负责。副审计长的任免由国务院决定。根据中华人民共和国地方各级人民代表大会和地方各级人民政府组织法中有关规定,审计厅、局长由本级人民代表大会常务委员会决定任免。审计厅、局长是本级人民政府的组成人员。《审计法》第十五条第三款规定:"审计机关负责人没有违法失职或者其他不符合任职条件的情况的,不得随意撤换。"同时还规定了具体的罢免条件:违法犯罪,受到刑事处罚的;违法失职,受到行政处分,而且不再适宜担任审计机关负责人的;因健康原因,长期不能履行其职责的。根据国家有关规定,地方各级审计机关负责人的任免,应当事先征得上一级审计机关的意见。除上述主要负责人以外的其他审计人员,由有关部门依据《国家公务员暂行条例》和其他法律规定的干部管理权限决定任免。这些规定在现行政府审计模式下,既有利于地方审计机关与地方政府的业务合作,又有利于保证地方审计机关客观公正地开展审计工作。

二、政府审计人员的素质要求

"国以才立,政以人治,业以才兴"。政府审计人员肩负着维护国家财政经济秩序,提高财政资金使用效益,促进廉政建设,保障国民经济和社会健康发展的神圣使命。因此,政府审计人员素质的高低、职业道德遵守情况的好坏,不仅影响政府审计职业的形象,而且关乎政府审计目标能否实现。基于审计工作面对新的形势、新的挑战、新的要求,政府审计人员应该具有以下几个方面的要求。

(一) 政治素质

政治素质,是指政府审计人员必须具有科学、正确的世界观、人生观、价值观,坚决贯彻执行中央的各项规定，自觉抵制不正之风。在日常的工作中要坚定理想信念，积极贯彻执行国家的各项财经法规和制度、方针、政策。热爱政府审计事业，具有敬业、爱岗、奉献精神。不断增强政治意识，政治敏锐感和政治责任感，敢于执法，努力做一名国家资产和人民利益的忠诚捍卫者。

（二）业务素质

业务素质，是指政府审计人员应当具备与从事的审计工作相适应的专业知识、职业技能和工作经验，并保持和提高职业胜任能力审计人员不得从事不能胜任的业务，还应当遵守审计机关的继续教育和培训制度，参加审计机关举办或者认可的继续教育、岗位培训活动，学习会计、审计、法律、经济等方面的新知识，掌握与从事作相适应的计算机、外语等技能，不断优化知识结构，更新职业技能，积累工作经验，保持持续的职业胜任能力。为了保障审计工作的顺利进行，补齐审计职业胜任能力的差异，审计机关应当合理配备审计人员，组成审计组，确保其在整体上具备与审计项目相适应的职业胜任能力，以此来保障审计组织整体的胜任能力。

（三）政府审计人员的职业道德

为了确保政府审计的质量，树立政府审计的职业形象，政府审计机构或人员除了应遵守政府审计准则外，还应自觉践行政府审计人员职业道德。政府审计人员的职业道德是指政府审计人员在执行审计监督时必须遵守的行为规范。主要包括客观公正、坚持原则、保守秘密、职业谨慎等内容：

1. 依法审计，坚持原则

依法审计，坚持原则，是对审计人员的政治要求。审计人员在具体实施每项审计任务时，一定要按照国家的法律、法规和审计程序办事，对问题的处理，要坚持以事实为依据，以法律为准绳，做到不存私心，不徇私情，不拿原则做交易，不被干扰所影响，不被人际关系所左右，正确行使审计职权，严格审计执法，努力维护法律、法规的严肃性和审计监督的权威性。

2. 实事求是，客观公正

实事求是，客观公正，是对审计人员的作风要求，主要是对审计人员思想作风和工作作风的要求。审计人员在办理审计事项时，要以严肃认真的态度，严谨扎实的作风，从严实施审计，力求掌握最真实可靠的审计证据，并对获取的信息资料，认真加以归纳分析，对成绩不拔高、不缩小，对问题不掩盖、不夸大，如实反映情况，慎重作出审计评价，确保审计质量，尽力规避审计风险，力争使每一个审计结论都能经得起法规和历史的检验。

3. 廉洁奉公，保守秘密

廉洁奉公，保守秘密，是对审计人员的法纪要求。审计人员只有做到廉洁奉公，才能树立良好形象；只有做到保守秘密，才能赢得被审计单位信任。因此，审计人员一定要自觉遵守各项廉政规定，严守工作纪律，依法行使职责和权力，并在思想上筑起一道抵御腐朽思想文化和生活方式侵蚀的坚固防线，顶得住诱惑，守得住清苦，耐得住寂寞，管得住"小节"，永葆共产党人的政治本色。

4. 保持应有的职业谨慎

审计人员执行审计业务时,应当合理运用职业判断,保持职业谨慎,对被审计单位可能存在的重要问题保持警觉,并审慎评价所获取审计证据的适当性和充分性,得出恰当的审计结论。

第四节 政府审计规范

政府审计规范,是指由国家规定或认可的,审计机关及其审计人员在开展审计活动中,审计部门及其人员、被审计单位及其他参与审计活动的有关单位或个人都应当遵守的行为规则。

审计规范按照其特性、内容和约束力不同,可分为审计法律规范和审计职业道德规范。审计法律规范是由国家规定或认可的,具有法定约束力的,由国家强制力保障其遵守执行的审计规范。审计职业道德规范是以人们的内心信念和舆论等手段维系并促进审计相关人员遵守的,规范审计人员行为的审计规范,往往表现为一定的审计职业道德理想、观念、习惯和标准等。从我国的审计立法看,许多审计职业道德规范已被融入审计法律规范,因此,这里研究的审计规范主要是指审计法律规范。其主要包括政府审计法律、政府审计法规和政府审计准则三个层次(见图2-1)。

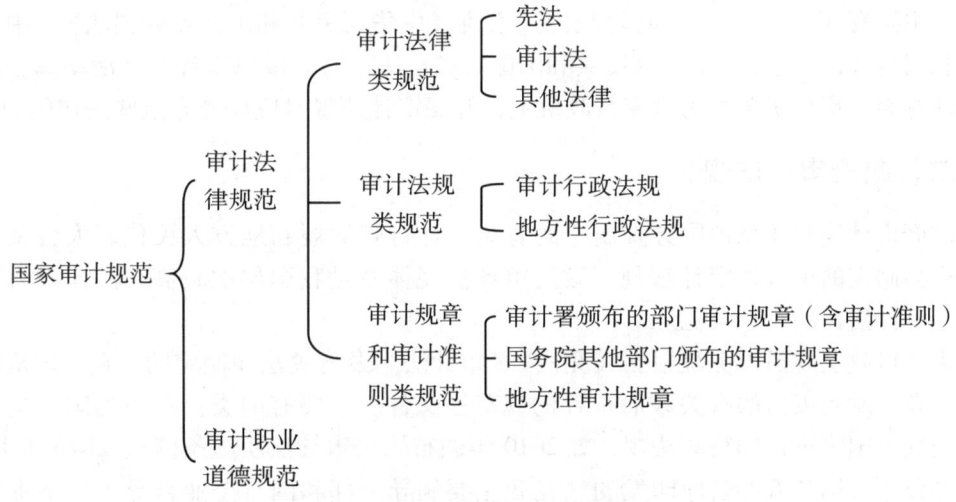

图2-1 我国国家审计规范结构

一、政府审计法律

政府审计法律包括全国人民代表大会及其常务委员会制定的《宪法》《审计法》和其他与审计有关的法律,是层次最高、法律效力等级最高的审计规范。

《宪法》是国家的根本大法，它主要确定国家根本的政治制度、经济制度、公民的基本权利和义务、国家机构的设置和职权等。我国《宪法》明确规定我国建立国家审计监督制度，并对审计监督的基本原则、审计机关的设置和领导体制、审计监督基本职责、审计长的地位和任免条件等基本制度做了规定。这些规定是我国审计规范体系的基础。

《宪法》中有两条针对国家审计制度的条款，第九十一条规定："国务院设立审计机关，对国务院各部门和地方各级政府的财政收支，对国家的财政金融机构和企业事业组织的财务收支，进行审计监督。审计机关在国务院总理领导下，依照法律规定独立行使审计监督权，不受其他行政机关、社会团体和个人的干涉。"第一百零九条规定："县级以上的地方各级人民政府设立审计机关。地方各级审计机关依照法律规定独立行使审计监督权，对本级人民政府和上一级审计机关负责。"此外，还有关于审计机关行政首长的地位和任免的相关规定。

1994年颁布、2006年修订的《审计法》是规范国家审计的专门法律，是审计规范体系的核心。审计法对审计监督的基本原则、审计机关和审计人员、审计机关职责、审计机关权限、审计程序、法律责任等做了全面规定。除审计法外，其他与审计有关的法律主要有两类：一是有关财经法律，主要有《中华人民共和国预算法》《中华人民共和国税收征收管理法》《中华人民共和国海关法》《中华人民共和国中国人民银行法》《中华人民共和国商业银行法》《中华人民共和国会计法》等，这些法律就审计机关对这些领域的审计监督做了明确规定，同时这些财经法律也是审计机关实施审计后对被审计单位的违法行为进行处理处罚的依据；二是对国家行政活动进行监督管理的法律，主要有《中华人民共和国行政复议法》《中华人民共和国行政处罚法》《中华人民共和国行政诉讼法》《中华人民共和国国家赔偿法》等。政府审计监督活动属于国家的行政行为，审计机关作为国家行政机关，开展审计监督时应该遵守这些法律的规定。

二、政府审计法规

政府审计法规体系由国务院制定的有关审计行政法规和地方人民代表大会及其常务委员会制定的地方性审计法规。政府审计法规体系是我国层次较高、法律效力等级仅次于审计法律的审计规范。

审计行政法规是国务院根据《宪法》《审计法》及有关法律制定的，在全国范围使用的具有普遍约束力的有关政府审计的规范性文件。主要有两类：一类是国务院颁布的专门规定国家审计的行政法规，如2010年颁布的《审计法实施条例》、2010年12月中央办公厅、国务院办公厅印发的《党政主要领导干部和国有企业领导人经济责任审计规定》；另一类是国务院颁布的规定有国家审计内容的或适用于国家审计的其他行政法规。

地方性审计法规是地方人民代表大会及其常务委员会不与宪法、法律、行政法规相抵触的前提下制定的，在本地区范围内适用的有关政府审计的规范性文件。主要有两种类型：一是地方人民代表大会及其常务委员会制定的专门规定政府审计的地方性法规，如2001年深圳市通过市人大立法出台的《深圳经济特区审计监督条例》；二是地方人民代表大会及其常务委员会制定的与政府审计有关的其他地方性法规。

三、政府审计准则

审计准则是审计机关和审计人员在实施审计过程中应遵守的技术规范，是执行审计业务的职业标准，是评价审计工作质量的基本尺度。政府审计准则是政府审计法律规范内容的进一步细化，具体而言，是《审计法》内容的具体化、细化，是审计实践中贯彻审计法律法规的操作性规范。制定科学的审计准则并严格遵循，对保证审计执业质量、实现审计工作的规范化、维护政府审计和人员的权益。维护社会公众利益、树立政府审计的威信具有重要的作用。

我国审计署自1989年开始就一直致力于审计准则的研究、制定、修订和完善，1996年起陆续发布了一系列审计准则，2000年又对已发布的审计准则进行了全面的修订和补充，形成了包括政府审计基本准则、通用审计准则和专业审计准则以及审计指南的层次分明、相互依存、相互补充、内容完整的政府审计准则体系。2010年我国审计署在借鉴最高审计机关国际组织审计准则的制定经验及成文范例、根据我国国家审计的具体特点和工作需要，制定了一个既能满足政府审计工作需要又具体适用的国家审计准则——《中华人民共和国国家审计准则》。该准则颁布后，原来的国家审计基本准则、通用审计准则和专业审计准则以及审计指南被废止。

准则的主要内容包括：制定国家审计准则的目的、依据，审计准则的定义，审计准则的适用范围，被审计单位的责任与审计责任的划分，审计目标，审计范围，审计程序的总体要求。国家审计准则是一个完整的体系，可分为国家审计基本准则、具体准则或程序准则和审计规范三个层次。

第一层次：基本准则。基本准则是对国家审计机关和人员应该具备的资格条件及执业行为做出的基本的综合性规范。具体包括总则、一般准则、作业准则、报告准则、处理处罚准则及附则。总则部分主要阐述制定准则的目的、依据、性质、独立性以及办理审计事项的基本要求。一般准则明确了审计机关和人员的资格条件和相应的职业要求，规定了独立性、谨慎性等原则。作业准则对审计工作方案、审计通知书、审计证明材料和审计工作底稿的内容提出了具体要求，并对内部控制测试等效出了明确的规定。报告准则具体规定了出具审计报告的程序，审计报告的内容和形式，以及审计报告的复核内容与程序等。处理处罚准则具体规定审计机关出具审计意见书，审计决定、审计评价的内容等。附则规定了基本准则与各项具体准则的关系。

第二层次：具体准则或程序准则。具体准则或程序准则是依据基本准则的内容和我国审计程序工作环节制定的，如对审计人员的素质要求，现场作业要求，对审计事项评价，提出审计报告和做出处理处罚决定的要求等。主要有《审计机关审计方案编制准则》《审计机关证据准则》《审计机关审计工作底稿准则》《审计机关审计事项评估准则》《审计机关审计报告编审准则》等。

第三层次：审计规范。国家审计规范具体可分为国家审计实务规范和国家审计管理规范。审计实务规范是对审计实务的各个方面、各个环节的规范。对财政、金融机构、工交企业、商业企业、建设项目投资、行政经费、事业经费、农业资金和各项贷款援款社会保障资金等专业审计工作以及专项审计调查等做出了具体规范。审计管理规范是对审计业务管理和与审计业务直接相关的行政管理各个方面的规范,包括审计人员管理规范、审计项目管理规范、审计结果管理规范、审计信息管理规范和指导监督管理规范等。

国家审计三个层次审计准则的内容都具有强制性,必须执行。

第五节 政府审计质量控制

政府审计质量控制是各国最高审计机关为保证政府审计人员一贯有效地遵循政府审计准则等规定,并持续保证高质量的审计工作所采取的各项控制程序和方法的总称,其关键目的在于提高政府审计机关与人员发现和报告被审计单位重大问题的能力。2004年2月,中华人民共和国审计署以6号令的形式颁布了《审计机关审计项目质量控制办法(试行)》(以下简称《办法》),这标志着我国政府审计质量管理开始步入法制化、规范化的轨道。《办法》实施以来,政府审计质量有了明显提高。随着近几年审计环境的变化,政府审计质量控制又面临着一些新的要求和挑战。为了适应新形势下的这些挑战与要求,2010年9月,审计署以8号令的形式颁布了《国家审计准则》,该准则于2011年1月1日起实施,《办法》同时废止。该准则明确了政府审计质量控制的主要目标:及时发现违纪违法问题、及时报告发现的问题、科学合理地应对发现的问题。其中《国家审计准则》第一百七十三条规定:审计机关应当针对下列要素建立审计质量控制制度:(1)审计质量责任;(2)审计职业道德;(3)审计人力资源;(4)审计业务执行;(5)审计质量监控。

一、审计人力资源质量控制

对审计机关来说,整个质量控制体系的构建最终的落脚点还是在对审计人员的控制上。首先,审计机关要保证所有参加审计的人员具有独立性,应要求审计人员定期向审计机关汇报在被审计单位有无应予回避的人际关系和经济关系。其次,要保证所有审计人员都有胜任的专业能力,应建立严格的聘用制度,严格的专业培训和继续教育制度,严格的职务晋升制度。最后,审计机关要督导所有审计人员严格遵循职业道德准则。应该经常检查审计人员职业道德遵循情况,开展评比活动,对违反职业道德的人员要严肃处理。

二、审计业务执行质量控制

审计业务执行是审计工作质量控制的关键节点,审计工作是严格按照审计业务的流程要求进行的，只有不断完善审计业务执行各个流程环节，优化审计程序，才能更好地揭露和查处问题。具体来讲，主要有以下三方面：

（1）抓好审前调查，做到审计方案切实可行。在审计执行工作开始前，需做好审前调查和编制审计方案。这两项工作是审计执行工作前的必备。前审计长李金华曾指出，一个审计项目好不好的基础是审计方案，一个审计方案好不好的基础就是审前调查。所以就要求审计人员用全局的思维看待审计问题，从根本上转变，改变原有的思维习惯。开展每一项审计工作时，都要站在宏观的角度考虑问题。在此基础上展开审前调查，制定审计方案。审前调查要细致入微，有点有面，注重对被审计单位的特殊情况进行了解，如人员构成、内部控制与信息系统有效性、财务状况等，如此才能对审计后续工作有指导性作用。制定的审计方案必须坚持两个原则，一是操作性强，二是实事求是。其主要包括审计目标、审计范围、审计内容、审计工作要求等内容。在实施审计时应该持续关注已作出的重要性判断和对存在重要问题可能性的评估是否恰当，及时作出相应的修正，并调整审计应对措施。

（2）抓好审计实施关，找准审计突破口。在审计实施过程中，对被审单位财务账目的检查是否细致；审计证据的搜集是否完整、可靠性能否得到有效保证，在具体实施审计计划的过程中，审计人员可以借助外部人员的专业咨询和专业鉴定作为审计依据；审计各项工作的展开是否按原有计划，是否能够抓住审计线索，都关乎着审计质量的高低。在注重审计实施环节的质量控制的同时，不可忽略审计记录、审计报告、审计档案等审计末尾环节的质量控制。因此，审计实施的彻底性、有效性，都决定着审计质量水平。

（3）抓好审计延伸关，跳出行业开展审计工作。由于当今社会经济监督的频繁化，违纪违规问题减少的同时其手段也越来越难以发现，一些部门单位为了免于责任，将违纪违规的行为转至下一层单位或是关联单位操纵，隐蔽性极强，违法违规的性质也更加严重。那么将这些问题查深查透就需要做好延伸审计。其指的是政府审计机关的审计人员在工作中对被审单位情况的了解，搜集审计证据的过程。在现实工作中，需注意以下几个方面的延伸：向被审计单位的附属单位进行延伸审计；向被审单位的主管部门延伸核查；向有业务关系的单位延伸调查，从中发现财务舞弊问题。近几年，通过延伸审计的方法，政府审计部门也取得了很多珍贵的证据，将审计工作进一步推进的同时，提高了审计质量，政府审计的执法地位也得到了强化，审计监督的社会效果也得到了提升。延伸审计是创新的审计思维，在加强了审计证据取得的同时，也突破了审计信息不对称的问题，使政府审计在更高更大的范围发挥经济监督的作用，有效维护经济秩序的重要工作方式。

三、审计质量制度控制

制度控制体系是审计质量控制的制度保证和控制体系的基础，主要包括以下几个方面：

（1）责任不明确是当前影响审计质量的主要因素之一。为保证审计质量，必须落实审计质量责任,各负其责。一是层层落实各项业务指标。各级审计机关、每个部门和全体审计人员,要明确审计项目的质量标准、各环节的质量责任及达到各项目标的措施,形成相互衔接的责任链锁。二是层层落实审计质量责任。审计质量控制的关键是分清责任,责任明确才能很好地对审计全过程和各个层次人员的工作质量进行控制,也便于进行责任追究。因此,要从审计组长到每个审计人员,从各部门负责人到各级审计机关的领导层层落实审计质量责任,并建立相应的追究制度。

(2) 建立健全审计质量检查、考评制度。加大审计质量检查力度,把加强对审计项目的质量检查,作为保证审计质量的一项重要措施。要完善审计项目质量检查标准,每年对审计项目质量必须进行定期检查,评选优秀审计项目,对审计项目质量检查中发现的问题进行通报批评。针对检查中发现的问题举办培训班,尽快提高审计人员的业务水平。

(3) 建立审计执法责任追究制度,形成约束机制。对审计人员在实施审计监督活动中因重大过失,侵害了国家或被审计单位及有关人员的合法利益,以及经上级审计机关审计执法检查,发现存在严重审计质量问题的和不规范的审计执法行为造成不良影响的问题,对审计执法过错人进行责任追究,并根据过错性质的严重程度和造成影响的大小,给予责令改正错误、通报批评等处理。

(4) 建立质量控制体系记录制度。审计组织要适当地记录质量控制体系,以表明遵循了控制政策和程序,并保存适当的期间。这些记录使执行监督和外部同业复核的人员能够评价审计组织的质量控制情况,也使审计组织能够从中获得更多的收益。

复习思考题

1. 我国政府审计的组织模式属于哪种模式?我国政府审计的领导关系属于哪种?
2. 我国政府审计的审计职责主要包括哪些?我国政府审计的法律责任包括哪些?
3. 简述我国政府审计人员的职业道德内容。
4. 简述我国政府审计法律规范体系的构成内容。
5. 简述我国政府审计质量控制体系的内容。

第三章

政府审计项目业务流程

学习目标
1. 了解基本业务流程。
2. 掌握审计项目计划。
3. 掌握实施阶段的内容。
4. 熟悉整改检查阶段。

重要概念：基本业务流程；审计项目计划；准备阶段；实施阶段；终结阶段；整改检查阶段

第一节 审计项目计划阶段

政府审计项目计划是审计机关对未来一定时期内的审计工作的指导思想、目标任务、内容重点、完成措施、时间及步骤等所做出的事前安排。核心内容是审计种类和项目数量的安排。

一、审计项目计划的分类

按照审计计划涵盖期限的长短，审计计划可以划分为中长期审计计划和短期审计计划。中长期审计计划的计划期一般应在1年以上，大多采用滚动计划法进行编制。我国审计署颁布的《"十三五"国家审计工作发展规划》就其内容和性质看，就是一种着眼于中长期的战略计划。短期审计计划，也称年度审计项目计划，其涵盖的期限一般为1年，年度审计项目计划是审计计划的主要形式，是审计机关在本年度开展审计工作的依据。本节介绍的审计计划为年度审计计划，也称审计项目计划。

按照编制的主体，审计项目计划可以划分为审计署审计项目计划和地方审计机关审计项目计划。审计署审计项目计划是审计署为履行审计职责而对其计划期内的审计项目和专项审计调查项目作出的具体安排，是审计署在本年度开展审计工作的依据。地方审计机关审计项目计划是地方审计机关为履行审计职责而对其管辖范围内的审计项目和专项审计调查项目作出的具体安排，是地方审计机关在本年度开展审计工作的依据。

二、审计项目的构成

审计项目是指按照被审计单位或被审计的具体对象进行划分的审计活动的种类。

审计项目计划中的审计项目按其来源可以分为以下几类:

(1) 上级审计机关统一组织项目,它是上级审计机关为了更好地发挥审计在宏观调控中的作用,围绕政府工作重心所确定的在所辖区域内由下属各级审计机关统一开展的审计项目,该类项目应作为下级审计机关的必选项目。

(2) 授权审计项目,它是由上级审计机关授权下级审计机关实施的、属于上级审计机关管辖范围内的审计项目,该类项目同样属于下级审计机关的必选项目。

(3) 政府交办项目,它是各级政府要求审计机关实施审计的项目,对于该类项目,各级审计机关也必须及时列入项目计划。

(4) 其他交办、委托或举报项目,一类是本级政府以外的其他领导或权力部门要求审计机关实施审计的项目,如本级人大或政协等交办的项目;另一类是由其他部门委托审计机关实施审计的项目或提请审计机关配合审计的项目,如纪律检查委员会、监察部门、组织人事部门和业务主管部门委托的项目;还有一类是审计机关认为应当实施的群众举报项目。

(5) 自行安排项目,它是指各级审计机关根据自己的审计力量情况,在本机关审计管辖分工范围内,自行安排开展的审计项目。

三、政府审计项目计划的内容

审计项目计划的内容,一般包括:(1) 审计项目名称;(2) 审计目标,即实施审计项目预期要完成的任务和结果;(3) 审计范围,即审计项目涉及的具体单位、事项和所属期间;(4) 审计重点;(5) 审计项目组织和实施单位;(6) 审计资源等。审计机关编制年度审计项目计划可以采取文字、表格或者两者相结合的形式。文字部分主要说明上年度审计项目计划完成情况,本年度业务工作安排的指导思想和审计项目计划编制依据,所确定的主要任务,完成计划的主要措施等。表格部分主要列明审计项目的名称、类别、级别和数量,完成计划项目的时间要求和责任单位,被审计单位名称及其主(监)管部门和所在地区等。

四、审计项目计划的编制

各级审计机关和审计人员在编制审计项目计划时,要依据国家社会经济发展的方针政策和审计工作发展纲要,紧紧围绕社会经济生活中的热点和难点问题,合理选择审计重点。如运用风险评估法,对各审计项目进行风险评估,按照一定标准评定出各项目的风险系数,最终以风险高低为依据来选择被审计单位,并编制相应的审计项目计划。确定审计项目之后,首先应通过调查审计对象,准确掌握审计对象的总体情况,以便确定审计工作的重点;其次应了解审计人员及审计设备的具体情况,根据审计资源的状况量力而行、留有余地、统筹协调、合理均衡地安排审计任务和审计进度,避免重复,减少交叉,克服计划编制的盲目性和随意性,有效地指导审计工作。

审计机关编制政府审计项目计划,除上级审计机关统一组织的审计项目外,应当在规定的审计管辖范围内安排。审计署统一组织的政府审计项目计划,由审计署各专业审计司或者派出机构在调查审计需求、进行可行性研究、确定备选项目的基础上，于每年11月提出安排意见，并填制统一印发的审计项目工作量测算报表；审计署计划管理部门对备选审计项目排序、配置审计资源、编制审计项目计划草案，将审计项目计划草案报审计长会议，审计长会议根据审计项目评估结果，确定年度审计项目计划。省级审计机关根据审计署统一组织的审计项目、授权审计项目和当地实际情况，编制本地区政府审计项目计划，并报经本级政府行政首长批准，于每年4月底前报审计署备案。

五、审计项目计划的调整

各级审计机关应当采取积极有效的措施，如按照审计项目类别编制工作方案，统一安排各项目执行的基本要求、审计范围、内容重点、实施时间等，将年度项目计划及时落实到具体执行部门；各级审计机关领导要随时了解计划执行情况，针对存在的问题，及时采取有效的措施加以指导和协调解决，促进顺利圆满完成审计项目计划；审计项目计划一经下达，审计机关有关部门应努力完成，没有特殊情况，不应变更或调整。

在计划执行过程中，因特殊情况确需调整时，应当按照规定的程序报批。计划调整一般是由下达审计计划的审计机关进行审批。不同种类的审计项目计划，调整程序不同：（1）审计署统一组织审计项目计划的调整，由署有关专业审计司提出意见，送署办公厅协调办理，报署领导审批后，通知有关单位执行；（2）授权地方审计机关审计项目计划的调整，由省级审计机关提出意见，报审计署审批；（3）本级审计项目计划的调整，首先由有关专业审计部门（包括派出机构）提出调整意见，在规定时间内送计划管理部门，由计划管理部门初步审核协调后，按规定程序由本级审计机关审定；（4）对于领导交办项目，可按照审计机关办理交办事项的有关规定和审计项目计划管理规定，及时立项和调整。

六、审计项目计划执行情况的报告与检查

为了使审计项目计划真正落到实处，审计机关必须实行审计项目计划执行情况的报告制度。凡审计署统一组织审计项目计划的执行情况，由审计署有关专业审计司、审计署派出机构和省级审计机关向审计署提出书面报告。报告的主要内容包括：计划执行进度、计划执行中发现的主要问题、措施和建议等。审计署有关专业审计司、审计署派出机构和省级审计机关应当分别于每年7月和次年2月向审计署提出上半年及全年计划执行情况的综合报告。

此外，各级审计机关应当组成审计项目质量检查组，根据有关法律、法规和规章的规定，对本级派出机构或下级审计机关完成审计项目的质量情况进行检查。检查的主要内容包括：计划编制，执行情况报告的及时性、完整性，计划安排的科学性、合理性，计划完成质量及效果等。在检查的基础上，对被考核单位要作出恰当的评价意见或结论。例如，审计署每年有重点地对中央授权项目的审计质量进行抽查，对未按

规定认真履行职责，或审计质量未能达到要求的地方，予以通报批评，并暂停对其授权。凡因审计机关和审计人员工作失职、渎职等造成重大审计质量问题的，要依法追究有关领导和直接责任人员的责任。

七、审计工作方案的编制

当年度审计项目计划确定审计机关统一组织多个审计组共同实施一个审计项目或者分别实施同一类审计项目时，审计机关业务部门应当编制审计工作方案。审计工作方案是审计机关为了统一组织多个审计组对部门、行业或者专项资金等审计项目实施审计而制定的总体工作计划。审计工作方案的主要内容包括：（1）审计工作目标；（2）审计范围；（3）审计对象；（4）审计内容与重点；（5）审计组织与分工；（6）工作要求。审计工作方案由负责审计项目组织工作的审计机关编制并下达到具体承担审计任务的审计机关执行。

第二节 审计项目准备阶段

审计项目的准备阶段，是指在审计机关的年度审计项目计划已经批准下达后，由执行部门在具体实施前所做的各项准备工作。这个阶段的工作主要包括：组成审计组，进行审前调查，制定审计实施方案，开展审前培训，发出审计通知书等。准备阶段在整个审计项目流程中居于重要位置，准备阶段的各项准备工作是否充分，直接影响着审计工作能否顺利进行、审计工作效率的高低和预定审计目标能否实现。

一、组成审计组

审计机关有关部门在实施审计项目前，应当组成审计组，并指定审计组长，以承担具体审计任务。审计组实行审计组长负责制度。审计组长负责计划、组织、监督和报告审计工作，负责与被审计单位和审计机关等方面的沟通和协调，保证审计质量和进度。审计组长可以根据需要在审计组成员中确定主审，主审应当履行其规定职责和审计组长委托的其他职责。主审及其他所有组员在组长的领导和协调下开展工作，并对分担的工作各负其责。

成立审计组，一要注意人员身份是否独立；二要注意人员素质是否胜任。同时应当了解可能损害审计独立性的情形，并根据具体情况采取相应的措施应对，避免损害审计独立性：（1）依法要求相关审计人员回避；（2）对相关审计人员的工作范围做出限制；（3）对相关工作追加必要的复核程序；（4）其他措施。

审计机关可以聘请外部人员参加审计业务或者提供技术支持、专业咨询、专业鉴定，聘请的外部人员应当具备相应的职业要求。

二、进行审计前调查

为了了解掌握与审计项目有关的各方面的情况，做到心中有数，以便在编制审计实施方案以及进行审计时，能突出重点，工作有针对性，审计组在实施项目审计前，应进行审前调查。调查内容包括被审计单位的内外两方面情况。外部情况有：有关的政策和法律、法规，社会各界广泛关注的问题，同行业其他单位的情况等。内部情况有：被审计单位的发展简史、管理体制、隶属关系、机构设置、相关内部控制执行情况、适用的业绩指标体系以及业绩评价情况、以前年度接受审计的情况等。

在具体了解被审单位相关内部控制及其执行情况时，可以从以下几个方面调查了解：（1）控制环境，即管理模式、组织结构、人力资源制度等；（2）风险评估，即被审单位确定、分析与实现内部控制目标相关的风险，以及采取的应对策略；（3）控制活动，主要包括不相容职务分离控制、授权审批控制、预算控制、资产保护控制等；（4）信息与沟通，即收集、处理、传递与内部控制相关的信息，并能有效沟通的情况；（5）对控制的监督，即对各项内部控制设计、职责及其履行情况的监督检查。

在对被审单位进行调查了解相关情况时可以采取下列渠道和方法：一是调阅本审计项目以前年度审计的档案，了解被审计单位的基本情况以及审计所发现的主要问题及处理情况；二是在被审计单位召开面谈会，由有关人员介绍情况，或由被审计单位向审计组提供书面材料；三是向主管部门和有关综合管理部门调查了解；四是追踪有关业务的处理过程；五是分析相关数据。

审前调查可以采取实地调查，查阅相关资料，走访上级主管部门、监管部门、组织人事部门，在被审计单位召开座谈会等。审前调查一般在送达审计通知书前进行，必要时，也可以向被审计单位送达审计通知书后进行。

三、制定审计实施方案

审计实施方案，是审计组为顺利完成某项审计任务，达到预期审计目的而编制的具体工作计划。是实施审计项目，监督和考核审计质量的重要依据。审计组应根据审计项目计划的要求，结合对被审计单位基本情况所做的调查，并围绕审计目标来编制审计实施方案。

审计实施方案内容主要包括：被审计单位（项目）名称和基本情况，编制审计方案的依据，审计的目标和范围，审计的内容和重点，审计的方式和方法，具体实施步骤，审计预计时间，审计组长、审计组成员及分工，编制人、编制日期及审批意见。

它一般包括文字和表格两部分。文字部分内容包括：编制审计方案的依据和目的、审计范围、审计内容及重点、组织分工，以及实施进度等。表格部分是审计具体内容（具体目标），包括审计方法、时间预算、负责审计的人员、需要编制的工作底稿编号。

编制审计实施方案要做好审前调查，明确审计目的，熟悉有关的政策和法律、法规，准确把握审计重点，合理设计审计方案，灵活确定审计分工，科学安排实施步骤。审计实施方案经审计组所在部门领导审核，并报审计机关主管领导批准后，由审计组负责实施。

四、开展审前培训

为了使参审人员明确审计要求，全面掌握审计目的和内容重点等，熟悉有关审计依据，正确掌握政策界限，应当组织审前培训学习。培训学习内容主要包括所制定的审计实施方案，有关法律、法规和政策规定，被审计单位核算程序和方法，主要的专业管理规定，以及必要的相关审计技术和方法等。审前培训形式可以多种多样，如编制审计讲解提纲、请专家介绍情况、审计人员互相交流审计方法和经验。同时，在审前培训时，要锁定培训重点，结合行业或专项资金的业务特点，有重点、有针对性地进行深入的分析和研讨。

五、下达审计通知书

审计通知书，是审计机关通知被审计单位接受审计的书面文件，是审计组执行审计任务及进行审计调查取证的依据。审计通知书的主要内容包括：被审计单位名称（主送单位），审计依据、范围、内容和方式，必要的追溯和延伸审计事项，审计起始日期和预计终结日期，审计组组长及成员的姓名、职务（或职称），对被审计单位提出配合审计工作的要求。审计机关认为需要被审计单位自查的，应在审计通知书中写明自查的内容、要求和资产终结日期。

审计机关应当在实施审计3日前，向被审计单位送达审计通知书。同时，还应附发审计文书送达回证。遇有特殊情况，经本级人民政府批准，审计机关可以直接持审计通知书实施审计。审计通知书应由审计机关的负责人签发，在发送被审计单位的同时，还应抄送被审计单位的上级主管部门和有关部门。审计机关在向被审计单位送达审计通知书的同时，还应当书面要求被审计单位的法定代表人和财务主管人员就与审计事项有关的会计资料的真实、完整和其他相关情况作出承诺。承诺书可以与审计通知书一起送达被审计单位。被审计单位要对其所作出的承诺承担责任。承诺书经被审计单位法定代表人和财务负责人签字后，应作为审计证据编入审计工作底稿。

阅读材料

审计通知书格式

××××（审计机关全称）
×审××通〔20××〕××号

××××（审计机关名称）对××××（项目名称）进行审计（专项审计调查）的通知

××××（主送单位全称或者规范简称）：

根据《中华人民共和国审计法》第××××条的规定，我署（厅、局、办）决定派出审计组，自20××年××月××起，对你单位××××进行审计（专项审计调查），必要时将追溯到相关年度或者延伸审计（调查）有关单位。请予以配合，并提供有关资料（包括电子数据资料）和必要的工作条件。

审计组组长：×××
审计组副组长：×××
审计组成员：×××（主审）×××　×××　×××
附件：×××××××

（审计机关印章）
××××年××月××日

说明：

1. 审计通知书及其他审计文书参考格式正文中用斜体字标注的内容为说明性或者选择性内容。

2. 审计通知书的主送单位为被审计（调查）单位，抄送单位根据情况可填写与被（审计调查）事项相关的其他部门。

3. 根据情况，审计依据也可引用《中华人民共和国审计实施条例》第×××条，上级审计机关授权项目还应在审计依据中注明根据×××的授权。

4. 审计通知书及其他审计文书中所称"我署（厅、局、办）"是指审计署、审计厅、审计局或者审计署驻地方特派员办事处。

5. 审计起始日期无法确定到日的，至少应明确到某月的上、中、下旬。

6. 审计组副组长和主审为可选项，根据实际情况填写；审计组成员人数较多或者可能有调整时，可仅列出部分成员并以"等"字结尾。

7. 一般情况下，审计通知书应当在附件中列明审计组的审计纪律要求；根据需要，审计通知书还可在附件中列明被审计（调查）单位需要提供的文件资料目录、需要填制的调查表格等。

8. 经济责任审计、跟踪审计对审计通知书有特殊要求的，按照相关要求办理。

9. 如结合审计或者专项审计调查，对社会审计机构出具的相关审计报告进行核查，可在审计通知书一并写明，同时抄送被核查的社会审计机构。

10. 审计通知书（其他文书也照此办理）发文字号中应包括单位代字，序号采取全年统一编号，可具体参照下列例子填写：

（1）省厅审计机关：××审财通〔201×〕1号
（2）市州地审计机关：××审行通〔201×〕1号

资料来源：《审计署关于印发主要审计文书种类和参考格式的通知〈审法发〔2011〕24号〉》。

第三节　审计项目实施阶段

审计项目的实施阶段是审计组进驻被审计单位，就地审查会计凭证、会计账簿、财务会计报告，查阅与被审计事项有关的文件、资料，检查现金、实物、有价证券，并向有关单位和个人调查，以取得证明材料的过程。这一阶段是审计实施方案付诸实施的过程，也是审计目标实现的过程。

一、进驻被审计单位

根据审计工作方案的时间安排，在下达审计通知书后，审计组随即可以进驻被审计单位。

审计人员进驻后的第一项工作是通过召开"见面会"，与被审计单位有关领导、财会和内部审计等部门的负责人以及有关工作人员取得联系，说明审计的目的、内容、时间等，以此取得被审计单位领导和员工的支持和配合，同时听取被审计单位的意见及有关情况介绍，协商、确定有关审计事宜，如确定于审计组的联络人员，确定并公布接待来访的地点、时间等。

对被审计单位实施具体审计之前，审计组还需要采取询问、检查、观察、分析等方法对被审计单位的情况进行深入、细致的了解，尤其要重视对被审计单位的内部控制进行了解、测试和评价。在了解的基础上审计组应当评估被审计单位存在重要问题的可能性，以确定审计事项和审计应对措施，必要时调整审计实施方案。按修改后的审计方案，审计组就可以分头实施审计方案，运用各种审计方法，对被审计事项进行审查，搜集审计证据，并认真做审计记录，即编制审计工作底稿。

被审计单位基本情况表的格式见表3-1。

表3-1　　　　　　　　被审计单位基本情况调查表

被审计单位名称					
单位性质		法人代码		法人代表	
主管单位		财务主管		财务人员	
单位地址		单位成立时间		联系电话	
机构设置情况	内设机构及非独立核算下属单位				
	独立核算下属单位				
编制情况（含下属机构）	编制数		实有人数		备注
工作职责					
经费来源					

续表

年度财政财务收支情况（万元）	财政拨款（含专项拨款）		经营收入	
	其他收入		收入合计	
	一般经费支出		专项经费支出	
	下拨支出		支出合计	
银行开户情况				
债务情况（本级）				
专项经费及项目情况				
项目决策情况	项目名称	决策日期	决策程序（会议纪要）	备注
财务及业务信息系统情况				
以往接受审计情况				
内控制度建设及执行情况				

填表人：　　　　　　　　　　　　　　　　　　　　　　　　填表日期：
填表说明：1. 下属独立核算单位需填此表；2. 需填写内容较多的可另附说。

二、测试内部控制的有效性

审计组应当根据对被审计单位内部控制了解的情况，评估内部控制的可信赖程度，决定是否对内部控制的有效性做进一步的测试、评价。测试内部控制的直接目的是，检查内部控制运行是否有效运行。

审计人员决定不依赖某项内部控制，可以对审计事项直接进行实质性审查。被审计单位规模较小、业务比较简单的，审计人员可以对审计事项直接进行实质性审查。若存在下列情形之一的，应当测试相关内部控制的有效性：（1）某项内部控制设计合理且预期运行有效，能够防止重要问题的发生；（2）仅实施实质性审查不足以为发现重要问题提供适当、充分的审计证据。

测试内部控制的最终目的是判断审计实施方案是否科学、是否需要调整。如果发现原审计方案所确定的审计重点、范围、具体实施步骤和方法与测试和评价的结果不吻合，则必须按照规定的程序及时修订审计方案，对实质性测试的范围和重点作出切合实际的调整修订后的审计方案需经派出政府审计组的审计机关主管领导批准后方可组织实施。

三、对审计项目进行实质性测试

在完成了对被审计单位内部控制有效性的测试后，审计组便可开始对被审计单位的经济业务进行有重点、有目的的实质性测试。实质性测试是指在符合性测试的基础上，为取得直接证据而运用检查、监盘、观察、查询及函证、计算、分析性复核等方法，对被审计单位会计报表的真实性和财务收支的合法性进行审查，以得出审计结论的过程。实质性测试通常采用抽样方式进行，其抽样的规模需根据内部控制的评价和符合性测试的结果来确定。这一阶段的工作主要是正确运用各种审计方法，取得充分适当的审计证据和编制审计工作底稿等。

（一）收集审计证据

审计证据是指审计人员获取的能够为审计结论提供合理基础的全部事实，包括审计人员调查了解被审计单位及其相关情况和对确定的审计事项进行审查所获取的证据。其特征是：(1) 证据范围的广泛性。除了书证、物证、证人证言、勘验笔录等证据外，还可以是其他证据；(2) 证据用途的多样性；(3) 证据收集主体的特定性；(4) 证据资源的特殊性；(5) 审计证据是审计质量的主要保证。

审计人员可以采取下列方法向有关单位和个人获取审计证据：第一、检查，是指对纸质、电子或者其他介质形式存在的文件、资料进行审查，或者对有形资产进行审查；第二、观察，是指查看相关人员正在从事的活动或者执行的程序；第三、询问，是指以书面或者口头方式向有关人员了解关于审计事项的信息；第四、外部调查，是指向与审计事项有关的第三方进行调查；第五、重新计算，是指以手工方式或者使用信息技术对有关数据计算的正确性进行核对；第六、重新操作，是指对有关业务程序或者控制活动独立进行重新操作验证；第七、分析，是指研究财务数据之间、财务数据与非财务数据之间可能存在的合理关系，对相关信息作出评价，并关注异常波动和差异。审计人员进行专项审计调查，可以使用上述方法及其以外的其他方法。审计人员应当依照法律法规规定，取得被审计单位负责人对本单位提供资料真实性和完整性的书面承诺。

在收集审计证据时，审计人员应该注意到审计证据的可靠性，受其来源和性质的影响，并取决于获取审计证据的具体环境。可通过下列原则考虑审计证据的可靠性：(1) 从外部独立来源获取的审计证据比从其他来源获取的审计证据更可靠；(2) 内部控制有效时内部生成的审计证据比内部控制薄弱时内部生成的审计证据更可靠；(3) 直接获取的审计证据比间接获取或推论得出的审计证据更可靠；(4) 从原件获取的审计证据比从传真件或复印件获取的审计证据更可靠；(5) 越及时的证据越可靠、客观证据比主观证据可靠。

审计人员在按照上述原则评价审计证据的可靠性时,还应当注意可能出现的重要例外情况。例如,审计证据虽是从独立的外部来源获得,但如果该证据是由不知情者或不具备资格者提供,审计证据也可能是不可靠的。同样,如果审计人员不具备评价证据的专业能力,那么即使是直接获取的证据,也可能不可靠。例如,如果审计人员无法区分人造玉石与天然玉石(不具备专业鉴别能力),那么他对天然玉石存货的检查就不可能提供有关天然玉石是否实际存在的可靠证据。

阅读材料

1. 审计取证单格式

审计取证单

第 页(共 页)

项目名称	××至××高速公路工程建设项目竣工决算			
被审计(调查)单位或个人	××至××高速公路建设指挥部			
审计(调查)事项	税金缴纳情况审计			
审计(调查)事项摘要	应缴未缴营业税金及附加 5 309 633.47 元。截至 2014 年 4 月 14 日,××公路辅道工程计量金额 194 083 684 元,应代扣代缴营业税金及附加 6 606 844.01 元,已代扣代缴营业税金及附加 1 297 210.54 元,应缴未缴营业税金及附加 5 309 633.47 元。			
审计人员		×××	编制日期	×××
证据提供单位意见	(盖章)			
	证据提供单位负责人(签名)		日期	

附件: 页

[说明:①审计取证单根据《中华人民共和国国家审计准则》第九十四条的规定制作,主要适用于审计事项比较复杂或者取得的审计证据数量较大时的汇总分析。
②证据提供单位意见栏填写不下的,可另附说明。]

2. 协助查询单位账户通知书格式

××××(审计机关全称)

×审××查〔20××〕××号

签发人:
我署(厅、局、办)在对××××(被审计对象)进行审计(专项审计调查)过程中,发现××××(单位)在你××××设有××××账户。现根据《中华人民共和国审计法》第三十三条的规定,由我署(厅、局、办)(或者委托××××)对该账户进行查询,请予协助、配合,并提供有关资料。

附:账户名称:
开户金融机构名称:
账号:
查询内容:
查询人:

(审计机关印章)
××××年××月××日

说明:对因群众举报等原因,审计机关无法提供被审计单位准确的账户名称或者账号的,可不表述具体账号,但应当向有关金融机构说明。

资料来源:《审计署关于印发主要审计文书种类和参考格式的通知〈审法发〔2011〕24号〉》。

(二) 重大违法行为检查

重大违法行为是指被审计单位和相关人员违反法律法规、涉及金额比较大、造成国家重大经济损失或者对社会造成重大不良影响的行为。根据国家审计准则,审计人员在执行审计业务时,应当保持职业谨慎,充分关注可能存在的重大违法行为。审计人员检查重大违法行为,应当评估被审计单位和相关人员实施重大违法行为的动机、性质、后果和违法构成。

调查了解被审计单位及其相关情况时,审计人员可以重点了解可能与重大违法行为有关的下列事项:(1) 被审计单位所在行业发生重大违法行为的状况;(2) 监管部门已经发现和了解的与被审计单位有关的重大违法行为的事实或者线索;(3) 可能形成重大违法行为的动机和原因;(4) 相关内部控制及其执行情况等;(5) 其他情况。

在判断可能存在的重大违法行为时,审计人员可以关注具体经济活动中存在的异常事项、财务和非财务数据中反映出的异常变化、有关部门提供的线索和群众举报,以及公众、媒体的反映和报道等。

一旦发现重大违法行为的线索,审计组或者审计机关可以采取一系列应对措施,包括:增派具有相关经验和能力的人员,扩大检查范围,获取必要的外部证据,依法采取保全措施,提请有关机关予以协助和配合,向政府和有关部门报告等。

(三) 审计记录

审计记录包括调查了解记录、重要管理事项记录和审计工作底稿。

审计人员应当真实、完整地记录实施审计的过程、得出的结论和与审计项目有关的重要管理事项,以实现下列目标:(1) 支持审计人员编制审计实施方案和审计报告;

(2) 证明审计人员遵循相关法律法规和本准则；(3) 便于对审计人员的工作实施指导、监督和检查。为了更好地使上述目标得以实现，审计人员作出的记录，应当使未参与该项业务的有经验的其他审计人员能够理解其执行的审计措施、获取的审计证据、作出的职业判断和得出的审计结论。

审计组在编制审计实施方案前，应当对调查了解被审计单位及其相关情况做出记录。调查了解记录的内容主要包括：(1) 对被审计单位及其相关情况的调查了解情况；(2) 对被审计单位存在重要问题可能性的评估情况；(3) 确定的审计事项及其审计应对措施。

重要管理事项记录应当记载与审计项目相关并对审计结论有重要影响的下列管理事项：(1) 可能损害审计独立性的情形及采取的措施；(2) 所聘请外部人员的相关情况；(3) 被审计单位承诺情况；(4) 征求被审计对象或者相关单位及人员意见的情况、被审计对象或者相关单位及人员反馈的意见及审计组的采纳情况；(5) 审计组对审计发现的重大问题和审计报告讨论的过程及结论；(6) 审计机关业务部门对审计报告、审计决定书等审计项目材料的复核情况和意见；(7) 审理机构对审计项目的审理情况和意见；(8) 审计机关对审计报告的审定过程和结论；(9) 审计人员未能遵守本准则规定的约束性条款及其原因；(10) 因外部因素使审计任务无法完成的原因及影响；(11) 其他重要管理事项。

重要管理事项记录可以使用被审计单位承诺书、审计机关内部审批文稿、会议记录、会议纪要、审理意见书或者其他书面形式。

（四）审计工作底稿

审计工作底稿是指审计人员在审计工作过程中形成的全部审计工作记录和获取的资料。它是审计证据的载体，可作为审计过程和结果的书面证明，也是形成审计结论的依据，同时也是行使审计复议和再度审计时需要审阅的重要资料。因此，审计人员应对实施审计的过程、获取的审计证据、得出的审计结论和与审计项目有关的重要管理事项作出记录，真实、完整、及时地编制审计工作底稿，以实现下列目标：支持审计人员编制审计实施方案和审计报告，证明审计人员遵循相关法律法规和审计准则，便于对审计人员的工作实施指导、监督和检查。

审计工作底稿的基本内容包括：(1) 被审计单位名称；(2) 审计项目名称；(3) 审计项目时点或期间；(4) 审计过程记录；(5) 审计标识及其说明；(6) 审计结论；(7) 索引号及页次；(8) 编制者姓名及编制日期；(9) 复核者姓名及复核日期；(10) 其他应说明的事项。

审计工作底稿基本要素编制的具体方法包括：

(1) 被审计单位名称，系审计对象的占有方（个别时候项目的委托方和审计客体不一致，如司法鉴定项目）。若被审单位为下属公司，则应同时写明下属公司的名称（如××公司一分厂）。此项目可写简称，或以统一的审计标识代替。

(2) 审计项目名称，此项目一般填写审计业务类型，如"2015年报审计""环境专项审计""破产清算审计"等。项目名称应尽量简练、清晰。

(3) 审计项目时点或期间，此项明确审计范围在时间上的截止点或时间跨度，应结合实质性测试的具体对象区别对待，资产负债项目应填截止时点，损益类项目应填时间跨度。

（4）审计过程记录，此项为审计工作底稿的核心要素，其简繁程序受制于审计项目的性质、目的和要求，被审单位的经营规模等诸多因素。目前，大部分会计师事务所采用统一印制的程序表（或是标准的底稿模式）来代替工作底稿编制中大量的手工书写（或录入）工作量，本项目可充分运用审计标识，以提高工作效率（见后述）。

（5）审计标识及其说明，是审计人员用以表达各种审计含义的书面符号。适当运用审计标识可以缩短工作时间，提高工作效率（但也应防止过度使用，否则一张底稿将变成甲骨文字，让人晦涩难懂），同时应说明其确切含义，并在审计过程中保持其前后一致和不同标识的唯一性。可以单独或合并使用常用符号、英文缩写、简称等形式表达各种含义，并将这些标识及其完整的含义详细记录于审计标识一览表内供检查、复核者正常阅读。

（6）审计结论，此项目是审计人员经过必要的审计程序后做出的专业判断，它直接支持最终的审计意见，因此，审计结论应清晰、简明地表述，不能含糊其词，模棱两可。

（7）索引号及页次，索引号是审计人员为整理利用审计工作底稿，将具有同一性质或反映同一具体审计对象的工作底稿分别归类，形成相互联系、相互控制的特定编号；页次是同一索引号下不同审计工作底稿的顺序编号。两者结合构成每一审计工作底稿唯一的标识符号，因此，索引号应准确表达对应审计工作底稿的类型和性质，相互之间既有紧密的关联作用和勾稽关系，又用明显的排他性和唯一性，不允许重复。页次一般依次编号，并以分数形式（如2/3）表示。页次编排时应连续，防止跳号、缺号或重号。

（8）编制者（复核者）姓名及编制（复核）日期，二者姓名均可采用简签格式，并记录于审计标识一览表内。值得注意的是，对于复核者而言，在履行必要的复核程序后，除签名外，还应将相应的复核意见、复核中发现的问题及处理意见书面记录下来，以利于编制者修正或明确审计责任划分。

阅读材料
审计取证单格式

审计署驻××特派员办事处
审计工作底稿

索引号：
第 页（共 页）

项目名称	
审计（调查）事项	（按照审计实施方案确定的事项名称填写）
审计人员	编制日期

审计过程：
（说明实施审计的步骤和方法，所取得的审计证据的名称和来源。多个底稿间共用审计证据，且审计证据附在其他底稿后的，应当在上述表述完毕后，注明"其中，××审计证据附在××号底稿后"）

续表

审计认定的事实摘要及审计结论： （审计结论包括未发现问题的结论和已发现问题的结论。对已发现问题的结论，应说明得出结论依据的规定和标准）			
审核意见： （审核意见种类包括：1. 予以认可；2. 责成采取进一步审计措施，获取适当、充分的审计证据；3. 纠正或者责成纠正不恰当的审计结论）			
审核人员		审核日期	

附件： 页

说明：审核人员提出 2、3 项审核意见的，审计人员应当将落实情况和结果做出书面说明，经审核人员认可并签字后，附于本底稿后。

资料来源：《审计署关于印发主要审计文书种类和参考格式的通知〈审法发〔2011〕24 号〉》。

第四节 审计项目终结阶段

审计项目的终结阶段，也称审计报告阶段，是项目审计流程的重要组成部分。该阶段的主要工作有：复核审计工作底稿，编制审计报告并征求被审计单位意见，审计机关复核、审定审计报告和整改检查等。

一、复核审计工作底稿

在审计组起草审计报告前，审计组组长必须完成对审计工作底稿的审核。

审计组组长应当对支持审计报告的审计工作底稿的下列事项进行复核：（1）审计工作是否已按照法律法规、相关职业道德要求和审计准则的规定执行；（2）重大事项是否已提请进一步考虑；（3）相关事项是否已进行适当咨询，由此形成的结论是否得到记录和执行；（4）是否需要修改已执行审计工作的性质、时间安排和范围；（5）已执行的审计工作是否支持形成的结论，并已得到适当记录；（6）获取的审计证据是否充分、适当，足以支持审计结论；（7）审计程序的目标是否已经实现。

审计组组长复核支持审计实施方案和审计报告的审计工作底稿，可以根据情况提出如下意见：予以认可；责成采取进一步审计措施，获取适当、充分的审计证据；纠正或者责成纠正不恰当的职业判断或者审计结论。

二、审计组编写审计报告

审计工作底稿复核完成后,审计组应讨论编写审计报告提纲,然后依据讨论确定的审计报告提纲草拟审计报告,审计报告草案需在审计组内进行讨论修改,最后由审计组组长进行审定。

我国国家审计的审计报告是审计机关实施审计后,对被审计单位的财政收支、财务收支的真实、合法、效益发表审计意见的书面文件。

根据《审计法》的规定,我国国家审计的审计报告包括审计组的审计报告和审计机关的审计报告两种。

审计组的审计报告是审计组对审计事项实施审计后,就审计实施情况和审计结果向派出的审计机关提出的书面报告。

审计机关的审计报告是审计结果的最终载体和全面反映,是审计机关对被审计单位的财政收支或者财务收支的真实、合法、效益发表审计意见的审计结论性法律文书。

审计组向审计机关提交的审计报告包括下列基本要素:

(1) 标题;
(2) 文号(审计组的审计报告不含此项);
(3) 被审计单位名称;
(4) 审计项目名称;
(5) 内容;
(6) 审计机关名称(审计组名称及审计组组长签名);
(7) 签发日期(审计组向审计机关提交报告的日期)。

审计报告的内容是政府审计报告的主体部分,具体包括:

(1) 审计依据。
(2) 实施审计的基本情况。
(3) 被审计单位的基本情况。
(4) 审计评价意见,即根据不同的审计目标,以审计结果为基础,对被审计单位财政收支、财务收支以及有关经济活动的真实性、合法性和效益性发表评价意见。
(5) 以往审计决定执行情况和审计建议采纳情况。
(6) 审计发现的被审计单位违反国家规定的财政收支、财务收支行为和其他重要问题的事实、定性、处理处罚意见以及依据的法律法规和标准。
(7) 审计发现的移送处理事项的事实和移送处理意见,但是涉嫌犯罪等不宜让被审计单位知悉的事项除外。
(8) 针对审计发现的问题,根据需要提出的改进建议。

审计期间被审计单位对审计发现的问题已经整改的,审计报告还应当包括有关整改情况。

三、审计组征求被审计单位的意见

《审计法》第四十条对征求被审计单位意见做出了具体的规定,审计组的审计报告报送审计机关前,应当征求被审计对象的意见。被审计对象应当自接到审计组的审计报告之日起十日内,将其书面意见送交审计组。审计组应当将被审计对象的书面意见一并报送审计机关。

被审计单位、被调查单位、被审计人员或者有关责任人员对征求意见的审计报告有异议的,审计组应当进一步核实,并根据核实情况对审计报告作出必要的修改。审计组应当对采纳被审计单位、被调查单位、被审计人员或者有关责任人员意见的情况和原因,或者上述单位或人员未在法定时间内提出书面意见的情况作出书面说明。

阅读材料

审计报告征求意见书格式

××××(审计机关全称)
审计报告征求意见书
×审××征〔20××〕××号

××××(主送单位全称或者规范简称):

×××(审计机关全称或者规范简称)派出审计组于××××年××月××至××××年××月××日对你单位××××进行了审计(专项审计调查)。根据《中华人民共和国审计法》第四十条(专项审计调查引用《中华人民共和国国家审计准则》第一百三十七条)的规定,现将审计组的审计报告(专项审计调查报告)送你单位征求意见。请自接到审计报告(专项审计调查报告)之日起10个工作日内将书面意见送交审计组。如在此期限内未提出书面意见,视同无异议。

附件:审计报告/专项审计调查报告(征求意见稿)

(审计机关印章)
××××年××月××日

说明:1. 根据情况,专项审计调查项目也可表述为:现将专项审计调查中涉及你单位的有关事项送你单位征求意见。

2. 对经济责任审计报告征求意见有特殊要求的,按照相关要求办理。

资料来源:《审计署关于印发主要审计文书种类和参考格式的通知〈审法发〔2011〕24号〉》。

四、审计机关复核和审定审计报告

审计组提交的审计报告草案、审计决定书草案和审计移送处理书,需要经过审计机关业务部门、审理机构和审计机关业务会议或负责人的三级复核或审定,最后提出审计机关的审计报告、审计决定书和审计移送处理书。

(一)审计机关业务部门的复核

审计组所在部门应当向复核机构或者专职复核人员提交下列复核材料:

(1)审计报告、审计决定书、移送处理书;

(2)审计实施方案、审计工作底稿、调查了解记录、重要事项审计记录、审计证据；

（3）被审计单位、被调查单位、被审计人员或者有关责任人员对审计报告的书面意见及审计组采纳情况的书面说明；

（4）审计定性、处理、处罚适用的法律、法规、规章；

（5）复核机构或者专职复核人员要求提交的其他相关材料。

复核机构或者专职复核人员依照法律、法规、规章，对下列事项进行复核：

（1）审计目标是否实现；

（2）审计实施方案确定的审计事项是否完成；

（3）审计发现的重要问题是否在审计报告中反映；

（4）事实是否清楚、数据是否正确；

（5）审计证据是否适当、充分；

（6）审计评价、定性、处理处罚、移送处理意见、适用法律法规和标准是否适当；

（7）被审计单位、被调查单位、被审计人员或有关责任人员提出的合理意见是否采纳；

（8）需要复核的其他事项。

复核机构或者专职复核人员在复核过程中，发现主要事实不清，证据不充分，或者其他复核材料不完整的，应当通知审计组所在部门限期补正。复核机构或者专职复核人员应当自收到复核材料之日起七个工作日内提出复核意见。特殊情况下，提出复核意见的时间可以适当延长，但最长不得超过十个工作日。经审计机关业务部门复核后，应当出具书面复核意见。审计机关业务部门应当将复核修改后的审计报告、审计决定书等审计项目材料连同书面复核意见，报送审理机构审理。

（二）审计机关审理机构的审理

审理机构以审计实施方案为基础，重点关注审计实施的过程及结果，主要审理下列内容：（1）审计实施方案确定的审计事项是否完成；（2）审计发现的重要问题是否在审计报告中反映；（3）主要事实是否清楚、相关证据是否适当、充分；（4）适用的法律法规和标准是否适当；（5）评价、定性、处理处罚意见是否恰当；（6）审计程序是否符合规定。审理机构审理时，应当就有关事项与审计组及相关业务部门进行沟通。必要时，审理机构可以参加审计组与被审计单位交换意见的会议，或者向被审计单位和有关人员了解相关情况。根据审理情况可以要求审计组补充重要审计证据，对审计报告、审计决定书进行修改。审理机构审理后，应当出具审理意见书。

（三）审计机关业务会议或负责人的审定

审理机构将审理后的审计报告、审计决定书连同审理意见书报送审计机关负责人。审计报告、审计决定书原则上应当由审计机关审计业务会议审定；特殊情况下，经审计机关主要负责人授权，可以由审计机关其他负责人审定。审计机关审计业务会议或审计机关负责人的审核为最终审定。

审计决定书经最终审定，处罚的事实、理由、依据、决定与审计组征求意见的审计报告不一致并且加重处罚的，审计机关应当依照有关法律法规的规定及时告知被审计单位、被调查单位、被审计人员和有关责任人员,并听取其陈述和申辩。对于拟做出罚款的处罚决定,符合法律法规规定的听证条件的,审计机关应当依照有关法律法规的规定履行听证程序。

审计报告、审计决定书经审计机关负责人签发后,按照下列要求办理:(1)审计报告送达被审计单位、被调查单位;(2)经济责任审计报告送达被审计单位和被审计人员;(3)审计决定书送达被审计单位、被调查单位、被处罚的有关责任人员。

五、审计组起草审计决定书和审计移送处理书

对被审计单位或者被调查单位违反国家规定的财政收支、财务收支行为,依法应当由审计机关进行处理处罚的,审计组应当起草审计决定书。对依法应当由其他有关部门纠正、处理处罚或者追究有关责任人员责任的事项,审计组应当起草审计移送处理书。

审计决定书的内容主要包括:审计的依据、内容和时间;违反国家规定的财政收支、财务收支行为的事实、定性、处理处罚决定以及法律法规依据;处理处罚决定执行的期限和被审计单位书面报告审计决定执行结果等要求;依法提请政府裁决或者申请行政复议、提起行政诉讼的途径和期限。

审计移送处理书的内容主要包括:审计的时间和内容;依法需要移送有关主管机关或者单位纠正、处理处罚或者追究有关人员责任事项的事实、定性及其依据和审计机关的意见;移送的依据和移送处理说明,包括将处理结果书面告知审计机关的说明;所附的审计证据材料。根据责任人违法违纪行为的性质,决定需要移送的部门,需要移送的部门可能是检察公安机关、纪检监察机关、主管部门或者政府。

阅读材料

审计报告、审计决定书、审计移送处理书的格式。

1. 审计报告

××××(审计机关全称)

×审××报〔20××〕××号

被审计单位:×××××××××××××××

审计项目:×××××××××××××

根据《中华人民共和国审计法》第××条的规定,××××(审计机关全称或者规范简称)派出审计组,自××××年××月××至××××年××月××,对××××(被审计单位全称或者规范简称。写全称时还应注明"以下简称××××")××××(审计范围)进行了审计,××××(根据需要可简要列明审计重点),对重要事项进行了必要的延伸和追溯。××××(被审计单位简称)及有关单位对其提供的财务会计资料以及其他相关资料的真实性和完整性负责。×××(审计机关全称或者规范简称)的责任是依法独立实施审计并出具审计报告。

(说明:

1. 审计依据和审计范围应当与审计通知书保持一致。
2. 被审计单位作出书面承诺的，应注明。
3. 采取跟踪审计等特殊审计方式的，应当写明。）

一、被审计单位基本情况

××。

（说明：

1. 本部分简要表述被审计单位、资金或者项目的背景信息，如被审计单位性质、组织结构；职责范围或经营范围、业务活动及其目标；相关财政财务管理体制和业务管理体制；相关内部控制及信息系统情况；相关财政财务收支情况；适用的绩效评价标准等。

2. 本部分反映的内容应当与项目审计目标密切相关。

3. 一般不得引用未经审计核实的数据，如必须引用，应当注明来源。）

二、审计评价意见

审计结果表明

××。

（说明：

1. 本部分应围绕项目审计目标，依照有关法律法规、政策及其他标准，对被审计单位的财政收支、财务收支及其有关经济活动的真实、合法、效益情况进行评价。

2. 本部分既包括正面评价，也包括对审计发现的主要问题的简要概括。

3. 只对所审计的事项发表审计评价意见，对审计过程中未涉及、审计证据不充分、评价依据或者标准不明确以及超越审计职责范围的事项，不发表审计评价意见。

4. 审计评价意见不能与审计发现的问题相矛盾。

5. 本部分还可对被审计单位执行以往审计决定情况和采纳审计建议情况做出总体评价。

6. 审计评价用语要准确、适当，以写实为主。）

三、审计发现的主要问题和处理（处罚）意见

××。

（说明：

1. 此部分反映的问题主要包括审计发现的被审计单位违反国家规定的财政收支财务收支问题、影响绩效的突出问题、内部控制和信息系统重大缺陷等。

2. 反映被审计单位违反国家规定的财政收支、财务收支问题的，一般应表述违法违规事实、定性及依据、处理或处罚意见及依据；反映影响绩效的突出问题的，一般应表述事实、标准、原因、后果，以及改进意见；反映内部控制和信息系统重大缺陷的，一般应表述有关缺陷情况、后果及改进意见。

3. 依法需要移送的问题也应在本部分反映，但涉嫌犯罪等不宜让被审计单位知悉的事项除外。对移送处理的问题，一般应表述事实和移送处理意见。

4. 审计发现的问题应合理归类，按照重要性原则排序。如发现以前年度审计决定未执行的问题，一般列在当年查出的问题之后。

5. 每类问题一般应列有小标题。小标题一般应包含对问题的定性和金额，小标题应当准确、适当。

6. 在引用法律和法规时，一般应列明文件名称、具体条款号及条款内容；在引用规章和规范性文件时，一般应列明发文单位、文件名称、发文号、具体条款号及条款内容。

7. 处理处罚意见应当具体、可落实。对相关问题的移送处理意见一般表述为"此问题×××已（将）移送×××××××处理"。

8. 审计期间被审计单位对审计发现的重要问题已经整改的，应当表述有关整改情况。）

9. 对社会审计机构相关审计报告核查过程中发现的问题以及其他需要研究关注的问题，根据情况可以在本部分表述，或者另列一类"其他需要研究关注的问题"予以反映。

审计建议

××。

（说明：

1. 应围绕审计发现的主要问题，提出有针对性的建议。

2. 审计建议的顺序应与反映问题的顺序基本一致。

3. 审计建议应具有可操作性，便于被审计单位和其他有关单位采纳。

4. 审计建议的对象一般为被审计单位。如果需要被审计单位和其他有关单位共同整改的，应建议被审计单位商有关单位共同研究解决。）

对本次审计发现的问题，请××××（被审计单位）自收到本报告之日起××日（审计机关根据具体情况确定）内，将整改情况书面报告×××（审计机关全称或者规范简称）。

本报告及有关整改情况随后将以适当方式公告。（审计报告中相关内容涉密的，应在相关段落后用括号标注密级，并在审计报告结尾注明"除已标明的涉密内容外，本报告及有关整改情况随后将以适当方式公告"。）

说明：经济责任审计、跟踪审计等对审计报告有特殊要求的，按照相关要求办理。

（审计机关印章）

××××年××月××日

2. 审计决定书

××××（审计机关全称）

×审××决〔20××〕××号

××××（审计机关名称）关于××××的审计决定

××××（主送单位全称或者规范简称）：

自××××年××月××日至××××年××月××，我署（厅、局、办）对你单位×××进行了审计（专项审计调查）。现根据《中华人民共和国审计法》第四十一条（专项审计调查项目同时引用《中华人民共和国审计法实施条例》第四十四条）和其他有关法律法规，作出如下审计决定：

一、关于××××问题的处理（处罚）

××。

二、关于××××问题的处理（处罚）

××。

（说明：1. 审计决定所列问题应与审计报告或者专项审计调查报告反映相关问题的标题及排列顺序基本一致。

2. 每项决定都必须有事实、定性、处理或处罚决定以及相应法规依据，且表述应当与审计报告或者专项审计调查报告的相关表述一致。）

本决定自送达之日起生效。你单位应当自收到本决定之日起××日内将本决定执行完毕（审计机关根据具体情况确定），并将执行结果书面报告我署（厅、局、办）。

（救济途径选项一：提请裁决）如果对本决定不服，可以在本决定送达之日起60日内，提请×××（审计机关的本级人民政府，其中审计署及其派出机构的本级人民政府都是国务院）裁决。裁决期间本决定照常执行。

（救济途径选项二：申请复议或者提起诉讼）如果对本决定不服，可以在本决定送达之日起60日内，向××××××（按照行政复议法的规定，对审计署及其派出机构作出的审计决定不服的，应当向审计署申请行政复议；对地方审计机关作出的审计决定不服的，应当向本级人民政府或者上一级审计机关申请行政复议）；或者在本决定送达之日起3个月内，向××××××（对审计署作出的审计决定不服的，按照行政诉讼法的规定应当向北京市第一中级人民法院提起行政诉讼；对审计署特派办或者地方审计机关作出的审计决定不服的，应当按照行政诉讼法和有关司法解释的要求，结合各省的具体规定，向特派办或者地方审计机关所在地基层人民法院或者中级人民法院提起行政诉讼）提起行政诉讼。复议或者诉讼期间本决定照常执行。

（审计机关印章）

××××年××月××日

3. 审计移送处理书

××××（审计机关全称）

×审××移〔20××〕××号

××××（审计机关名称）关于××××的审计移送处理书

××××（主送单位全称或者规范简称）：

我署（厅、局、办）在××××审计（专项审计调查）中发现，×××（单位名称或者人员姓名）××××（涉嫌犯罪、违法违规或者违纪行为）。具体情况如下：

（移送方式选项一：移送检察机关、公安机关处理的）××××××××（列明涉嫌犯罪的单位名称、性质或者人员姓名、身份；涉嫌犯罪行为的事实、情节、涉案金额；涉嫌犯罪行为造成的后果等。）

依据《中华人民共和国刑法》（或者中华人民共和国刑法修正案等刑事法律）第××条的规定，上述行为涉嫌构成××××罪，应当依法追究刑事责任。

（移送方式选项二：移送纪检监察机关处理的）××××××××（列明违规违纪的单位名称、性质或者人员姓名、身份；违规违纪行为的事实、情节、涉案金额；违规违纪行为造成的后果等。）

依据××××（《中国共产党纪律处分条例》《财政违法行为处罚处分条例》等）第××条×××的规定，应当追究×××的责任。（凡是需要追究党纪责任的，依据《中国共产党纪律处分条例》等规定；需要追究政纪责任的，依据《财政违法行为处罚处分条例》等规定。）

（移送方式选项三：移送主管部门或者政府处理的）××××××××（列明违法违规的单位名称或者人员姓名；违法违规行为的事实、情节、违规金额；违法违规行为造成的后果；定性、处理依据的名称、条文序号及其具体内容。）

××××××××（因审计手段有限或者其他原因未能进一步查明的，注明"因审计手段有限难以查清"等字样，并说明存在的重大疑点等情况。）

根据《中华人民共和国审计法》（涉嫌犯罪的可同时引用《行政执法机关移送涉嫌犯罪案件的规定》）的规定，现移送你单位依法处理。请将立案情况及查处结果（移送主管部门或者政府处理的，只表述查处结果）及时书面告知我署（厅、局、办）。

附件：审计证据（共××页，只送主送机关）

（审计机关印章）

××××年××月××日

联系人：×××（主办人）联系电话：××××

[说明：

1. 审计机关原则上应向对应级别的检察机关、公安机关、纪检监察机关、主管部门或者政府办理移送事项。必要时，可以审计机关办公厅（室）名义办理。

2. 审计机关向公安机关办理移送事项时，应当移交涉嫌犯罪案件的全部证据，同时将审计移送处理书及有关证据目录抄送同级检察机关。

3. 审计机关在移送涉嫌犯罪案件时，已经对移送事项中违反国家规定的财政收支、财务收支行为在审计职权范围内作出审计决定的，应当将审计决定书一并抄送检察机关、公安机关。]

资料来源：《审计署关于印发主要审计文书种类和参考格式的通知〈审法发〔2011〕24号〉》。

六、审计整改

审计整改是指被审计单位根据审计机关依法审计所做出的处理决定或提出的建议，对其自身存在的违法违规问题进行纠正和改进的过程。包括两个方面的内容，一是被审计单位执行审计机关作出的审计决定的行为，二是被审计单位根据审计报告提出的意见，采取措施改进工作、提高管理水平的行为。从审计机关角度看，主要是审计整改检查和审计整改报告。

审计整改检查的主体可以是审计机关原审计组人员，也可以另行指派审计人员，但为了提高审计工作的效率，一般应由原审计组成员负责审计整改检查。

整改检查的内容主要包括：执行审计机关作出的处理处罚决定情况；对审计机关要求自行纠正事项采取措施的情况；根据审计机关的审计建议采取措施的情况；对审计机关移送处理事项采取措施的情况。审计机关可以采取下列方式检查或者了解被审计单位和其他有关单位的整改情况：实地检查或者了解；取得并审阅相关书面材料；其他方式。对于定期审计项目，审计机关可以结合下一次审计，检查或者了解被审计单位的整改情况。

从审计部门的角度看，推进审计整改工作，可以有效检验审计工作质量，进一步提升审计工作的总体水平，维护国家法律法规、规章制度的严肃性，发挥审计的建设性作用和"免疫系统"功能，也有利于进一步提升审计的公信力和审计部门的良好形象，树立审计的权威性。

从被审计单位的角度看，推进审计整改工作，可以有效促进被审计单位健全完善内部控制制度，理顺体制机制，改进和提升自身管理水平，进一步增强遵纪守法意识，提高资金使用效益，堵塞管理漏洞。

审计整改检查结束后，应撰写审计整改检查报告。审计整改检查报告的内容主要包括：检查工作开展情况，主要包括检查时间、范围、对象和方式等；被审计单位和其他有关单位的整改情况；没有整改或者没有完全整改事项的原因和建议。审计机关对被审计单位没有整改或者没有完全整改的事项，依法采取必要措施。审计机关汇总审计整改情况，向本级政府报送关于审计工作报告中指出问题的整改情况的报告。

案例拓展 3-1：

问题序号	公告的问题	整改情况
1	2015 年，所属外资中心、计算机技术中心、审计干部培训中心、审计科研所、中国审计学会 5 家单位在人员经费安排不足的情况下，在公用经费或项目支出中列支人员经费共计 621.36 万元	审计署已按规定制定措施，结合事业单位分类改革解决
2	2015 年，办公厅未将署本级应缴财政款项 17.42 万元及时上缴国库	审计署已将应缴财政款项 17.42 万元上缴国库
3	至 2015 年底，因历史遗留事项，办公厅未将署本级历年代垫的事业单位人员和调出人员的物业供暖费 48.44 万元及时收回	审计署将代垫款项确认为应收款并调整有关会计账目，并对应收款进行催收
4	2015 年，所属外资中心将 1 个课题的经费收入及支出在往来科目核算，造成少计收入 55.53 万元，少计支出 13.4 万元	审计署调整了相关会计账目，并按规定调整年初结转和结余数

资料来源：审计署 2016 年第 6 号审计结果公告。

七、受理行政复议

审计行政复议是行政复议的一种，是审计行政复议机关根据审计行政相对人的申请，依法解决审计争议的活动。审计行政复议是为了维护和监督审计机关依法行使审计职权，防止和纠正违法或不当的具体审计行政行为，保护被审计单位的权益。根据《行政复议条例》的规定，审计行政相对人对法律、法规规定范围内的具体审计行政行为不服，可以享有管辖权的审计行政复议机关提出审计复议申请，做出复议决定。

审计工作结束时，审计组应将具有保存价值的文件资料按照一定的要求归类、装订、立卷，建立审计档案。审计档案是国家档案的重要组成部分，它真实地记录了审计项目的过程及结果，对今后审计案情的查考以及审计理论、教学的研究可提供重要的参考依据。

复习思考题

1. 我国国家审计机关审计项目的来源有哪些？选择审计项目的步骤包括哪些？
2. 简述审计项目计划、审计工作方案和审计实施方案的联系和区别。
3. 简述国家审计机关审计证据的特征。
4. 简述审计报告、审计决定书和审计移送处理书的联系与区别。
5. 审计整改检查的主要内容包括哪些？

第四章

政府绩效审计

学习目标
1. 明确政府绩效审计的概念。
2. 理解政府绩效审计的标准。
3. 理解并掌握政府绩效审计的主要内容。
4. 理解并掌握政府绩效审计的方法和程序。
5. 了解政府绩效审计的成果。

重要概念：绩效审计；经济责任审计；政府绩效审计指标体系

第一节 政府绩效审计概述

国家审计在漫长的发展历程中，已审计监督和财政财务审计为主，但审计实践中也产生了绩效审计的思想，如在比部审计阶段就有关经济政绩审计的思想。但 20 世纪 40 年代后，随着经济发展和民主政治发展推进，美国开始探索综合审计，要求对公共基金使用的合理性、合法性、诚实和效率进行检查，现代绩效审计产生并推广开来。尤其是在 70 年代以后，政府绩效审计在加拿大、澳大利亚、美国等国家得到了广泛的应用。

一、政府绩效审计的概念

根据美国会计学会（1973 年）的基本概念，绩效审计是由国家审计机关对政府及其所属部门、事业单位及使用公共资金的企业的业务活动和资源、项目的经济性、效率性、效果性进行审查、分析和评价，发现和反映存在的问题，提出改进的意见，促进被审计单位提高绩效的一种审计活动。虽然政府绩效审计在不同国家使用不同的术语来表达，采用的方式方法以及所涵盖的内容也有一定差异，但其本质基本相同。

（一）美国：绩效审计

1972 年，美国审计总署《政府的机构、计划项目、活动和职责的审计准则》（黄皮书），首次写入了绩效审计这一名词，并突出强调了绩效审计"3E"审计（即经济性、效率性、效果性）的重要性（因此也有人将绩效审计又称为"3E"审计），首次在具有法规性的文件中明确阐述与绩效审计有关的审计目的，检查财务活动和遵循现行法律和规定的情况、评价管理工作的经济性和效率性、评价在实现预测成果过程中的项目成果。

美国政府审计准则（GAGAS）是根据不同的审计目标来划分审计类型和确定应采用的审计准则的。2007年版的美国政府审计准则根据不同的审计目标，将审计划分为财务审计、鉴证业务和绩效审计三类。其中，对绩效审计的概念表述为："绩效审计是指对照设定的标准，如具体规定、准则或详细的商业实践，在对充分、恰当的证据进行评价的基础上，提供保证或结论。绩效审计提供客观的分析，管理部门和管理者能够运用这个信息来改善项目的绩效和运行，降低成本，负责监督和采取纠正措施的有关各方使用这个信息易于作出决策，使绩效审计贡献于公共责任的履行。"这个绩效审计的定义，其包含的主要审计目标包括对项目的效果性、经济性和效率性、内部控制、合规性，预期分析五个方面。这五个目标也不是孤立的，而是相互联系的，有的审计项目可能只涉及其中一个目标，有的审计项目会涉及其中多个目标。绩效审计已经成为美国政府审计最主要的工作，甚至在2004年，美国审计署（General Accounting Office）更名为美国政府责任署（U. S. Government Accountability Office，GAO）。

（二）加拿大：综合审计

加拿大用"综合审计（comprehensive audit）"术语。它是指一种审计工作的方式，而不是一个审计种类的概念，其定义为："综合审计是以系统的方式检查和报告责任及管理人员为完成其职责所采取的活动、系统及控制。综合审计包括两项主要内容：一是对财务系统内部控制进行检查和测试，以便能对财务报表发表意见；二是检查管理人员为达到现金价值是否建立了系统和程序。"在综合审计的概念下，加拿大审计公署既检查和评价被审计单位遵守法律法规及会计准则的情况，又检查和评价被审计单位的绩效情况，充分体现其审计的综合性。

（三）英国：货币价值审计

英国国家审计署（NAO）使用的是"货币价值审计（Value - for - money audit）"一词，指的是货币调查评价支出的主要方面以及资源管理的经济性、效率性和效果性。英国颁布的《国家审计法》对政府绩效审计的定义是："检查某一组织为履行其职能而运用其资源的经济性、效率性和效益性。"

（四）澳大利亚：效率性审计

绩效审计在澳大利亚被称为"效率性审计（efficiency audit）"，这是因为在澳大利亚只对审计目标的效率性和经济性进行审计，不进行效果性审计。审计长没有效果检查的职能，效果检查是政府各部门的职责，故在术语上使用的是效率性审计。

（五）瑞典：效果性审计

绩效审计在瑞典被称为"效果性审计（effectiveness audit）"，这是因为在瑞典重点进行的是效果评估。瑞典审计长伯格伦（Berggren）在《瑞典效益审计》中将绩效审计定义为："中央机关的效果审计是检查机构或活动的效果和生产能力，其目的是检查经营活动是否有效地、有组织地、经济地进行。效果性审计也应对各级中央机关的工作提出意见。效果性审计的最终目的是促进公共机关的效果。"

（六）最高审计机关国际组织：绩效审计

最高审计机关国际组织（INTOSAI）发表的《关于绩效审计、公营企业审计和审计质量的总声明》中对"绩效审计"作如下定义："除了合规性审计，还有另一种类型的审计，它涉及对公营部门管理的经济性、效率性和效果性的评价，这就是绩效审计。"同时，还提出了绩效审计的四个目标：为公营部门改善一切资源的管理打好基础；使决策者、立法者和公众所利用的公营部门管理成果方面的信息质量得到提高；促使公营部门管理人员采用一定的程序对绩效作出报告；确定更恰当的经济责任。明确将经济性审计、效率性审计和效果性审计称为绩效审计。

（七）中国：从效益审计发展到绩效审计

改革开放以来，绩效审计开始介绍到我国。国内有不少文献将绩效审计根据其英文"efficiency audit"直译为效益审计，或者是将英文"performance audit"转译为效益审计。目前，我国有许多审计文献将"绩效审计"与"效益审计"混同使用。本教材认为：这两者虽然在文字表达上略有差异，但在基本点上是相同的，都是对活动的经济性、效率性和效果性（3E）进行的审计。

政府绩效审计，就是政府审计机关和审计人员依据一定的标准，综合运用各种技术与方法，对组织行为及其各项活动的经济性、效率性和效果性进行审计，找出薄弱环节，提出改进建议，将审计结果提交给各相关部门，并作为对建议的执行情况进行审核、控制的一种技术工具，旨在促进和提高受托经济责任中的绩效责任得到全面有效履行。

政府绩效审计基本包括三方面审计：经济性审计、效率性审计和效果性审计。

（1）经济性审计，是指评价被审计单位资源的专用和耗费是否节约和经济，考虑在哪些环节出现了浪费资源或不经济的现象。重点检查被审计单位人力、财力、物力资源配置是否科学、合理，是否做到了量入为出，发挥资金的可支配效率，低投入高产出。

（2）效率性审计，是指对投入和产出之间的关系进行审查，其审查内容主要是判断被审计单位的经济活动是否经济有效，查明低效率的原因。最终要评价被审计单位管理结果设置的合理性和管理职能发挥的有效性，寻求有利于提高效率的办法和措施，具体包括管理效率、工作效率和资源利用效率三个方面。

（3）效果性审计，是指对计划完成情况进行的审查及审计产出是否达到了预期的效果，是否获得了理想的效益，及评价被审计单位经济活动是否符合预期要求，利用资源的具体方式和手段是否有效，是否实现了预期的经济效益和社会效益。

二、政府绩效审计的发展

绩效审计在中国的发展受到以下两个因素的促进：一是中国自改革开放以来，一直非常重视政府行政效率问题，把审计作为提高政府绩效水平、监督政府机构的重要工具，早在1980年，邓小平在关于《党和国家领导制度的改革》等一系列讲话中就尖锐地指出了官僚主义所带来的机构臃肿、办事拖拉、不讲效率等弊端，强调通过抓住机构改革和行政管理体制改革解决"活力、效率、积极性"的问题。党的十六届五中全会把推进行政管理体制改革放到了更加突出的位置，并且作为全面深化改革和提高对外开放水平的关键，强调实现"四个分开"、履行"四项职能"、建设法治政府和服务型政府，切实解决政府部门之间职责不清、管理方式落后、办事效率不高的问题。二是第二次世界大战以来至20世纪70年代，西方国家对政府绩效的理论研究和实践进入了一个新的阶段，政府绩效问题的焦点由组织转移到公共项目及其所产生的结果上来，特别是自80年代以来，政府绩效评估进入了一个新的高潮，绩效管理已经成为西方国家和政府进行行政改革的重要组成部分，战略管理、全面质量管理、杠杆管理、目标管理、绩效预算等绩效管理技术得到了充分应用，并把公共支出评价作为政府公共管理的重要工具之一。顺应时代潮流的需要，我国也开始注重对绩效审计的研究和应用。我国政府绩效审计的发展大致可以分为三个阶段：

（一）绩效审计发展萌芽阶段（审计署成立初期至20世纪80年代末）

1983年，中华人民共和国审计署成立。审计机关一经建立，其对绩效的重视就有所体现，积极开展了经济效益审计理论的研究和审计实践。

从审计立法上来看，1983年发布的《国务院批转审计署关于开展审计工作几个问题的请示的通知》中规定："对国营企业、基本建设单位、金融保险机构，以及县以上人民政府管理的相当于国营的集体经济组织的财务收支，进行审计监督，并考核其经济效益。维护国家财经法纪，对严重的贪污、侵占国家资财、严重损失浪费、损害国家利益等行为，进行专案审计。"这一规定提出了"考核经济效益"的要求，但考核对象仅限于国营、集体企业、基本建设单位和金融保险机构，还提出了对严重损失浪费进行专案审计的要求。而1985年发布的审计法规《国务院关于审计工作的暂行规定》则明确规定"对财政金融机构、企业事业组织以及其他国家财政有关的单位的财务收支及其经济效益，进行审计监督"，这时仍沿用了"经济效益"的提法，审计对象则扩大到了财政金融机构，企业事业组织以及其他国家财政有关的单位。1988年颁布的《中华人民共和国审计条例》规定"对本级人民政府各部门、下级人民政府、国家金融机构、全民所有制企业事业单位以及其他有国家资产单位的财政、财务收支的真实、合法、效益，进行审计监督"，这里用"效益"一词取代了"经济效益"的提法，扩大了效益审计的内涵，并首次将效益审计对象扩大到"本级人民政府各部门、下级人民政府"，即政府效益审计。

从审计实践上看，从审计署成立时起，1983年9月审计署就在北京召开了首次省、自治区、直辖市审计局局长座谈会。会议根据国务院关于抓紧边组建、边工作指示精神，认真研究了开展审计试点问题。据1984年审计资料记载，当时全国有22个省、自治区、市的270个县以上审计局对1 263个部门和被审计单位进行了试审。其中有工业、交通、商贸、农业等国有企业，有行政、文教、卫生、财政、金融单位。试审中，共审计出各类问题的总金额为30 652万元（不包括财务大检查中查出的金额），大体上可分为三类：属于违反财经纪律的为19 293万元，其中应上缴财政6 583万元；属于经济效益差的为9 195万元；属于财务账目差错的为2 164万元。试审对改善企业经营管理、提高经济效益、增收节支起到了积极作用。20世纪80年代中期以后，限于审计的客观环境和主观条件，经济效益审计并没有得以深入开展，基本处于停滞状态。

(二) 绩效审计试点探索阶段 (20世纪90年代)

从审计立法上看，1991年全国审计工作会议提出，随着审计工作的发展，各级审计机关都要确定一批大中型企业进行经常审计，既要审计财务收支的真实性、合法性，维护财经法纪，又要逐步向检查有关内部控制制度和经济效益方面延伸，并作出适当的审计评价，推动经济效益的提高。这是我国政府审计机关首次提出绩效审计的概念。1994年颁布的《中华人民共和国审计法》规定"对国务院各部门和地方各级人民政府及其各部门的财政收支，国有的金融机构和企业事业组织的财务收支，以及其他依照本法规定应当接受审计的财政收支、财务收支"的"真实、合法和效益，依法进行审计监督"，进一步将绩效审计的范围扩展到了国务院各部门。1999年6月1日财政部等联合印发的《国有资本金效绩评价规则》《国有资本金效绩评价操作细则》，以及同年6月29日财政部印发的《国有资本金效绩评价指标解释》（后均经修订），可以看成是绩效审计的配套法规，为企业绩效评价工作的深入开展、规范企业效绩评价行为、增强评价结果的客观公正性提供了有利条件。

从审计实践上看，自提出"两个延伸"以来，全国地方各级审计机关普遍开展了经济效益审计的试点工作。经济效益试点工作开展得比较好的诸如湖北、山东、天津和辽宁等省、市的审计机关。据不完全统计，在审计署成立后十几年的经济效益审计中，提出改善经营管理的建议，使企业经济效益增加约211亿元。在这个时期，我国审计机关还结合宏观经济财务收入审计，开展了一些带有宏观经济效益审计性质的经济监督活动。比如，全国审计机关同时开展了建设项目开工前审计，共审计了2万多个项目，总投资额105 815亿元，审计后对716个不具备开工条件的建设项目提出了审计意见，缩减建设资金达128.5亿元；同时，还在全国范围内组织对165个国家重点建设项目审计，共审计项目总投资2 007亿元，查出有问题资金106.5亿元，经审计处理后，为国家节省投资38亿元。

总的来说，这一时期的绩效审计实践比较少，并且主要是针对企业的经济效益审计。

(三) 政府绩效审计的全面开展阶段 (21世纪初以来)

从审计立法上看，进入21世纪以来，随着审计环境发生变化，我国先后对审计法进行了数次修订，特别是2006年的修订，增加了"提高财政资金使用效益"的立法目的，说明我国对绩效审计重要性的认识在不断加强。一些经济社会发展水平比较高的地区也日益提高了对审计监督的重视度，通过立法行为加强了审计监督。如2001年，深圳市通过市人大立法出台了《深圳经济特区审计监督条例》。该条例规定："审计机关应当加强对本级各部门的绩效审计工作。审计机关应当在每年第四季度向本级政府和上一级审计机关提出绩效审计报告，并受本级政府委托，向本级人大常委会报告绩效审计工作情况。"2003年7月1日，审计署发布《2003年至2007年审计工作发展规划》明确提出，2003~2007年审计工作的主要任务之一就是"积极开展效益审计，促进提高财政资金的管理水平和使用效益"。这是审计署科学总结前20年审计工作发展规律做出的正确决策，意味着绩效审计将成为日后审计的主流。前审计长李金华在 2003 年 8 月的全国审计理论研讨会上提出，我国目前提出和探索绩效审计的条件已经初步具备。2008 年 7 月 14 日出台的《审计署 2008 至 2012 年审计工作发展规划》中，又提出诸如"2012 年基本建立起符合我国发展实际的绩效审计方法体系""2012 年基本构建起我国的国家审计指南体系""2012 年初步建立起资源环境审计评价体系"等时间明确的目标，政府审计的最高决策层已经为政府绩效审计的发展指明方向，它将在国家审计中占有举足轻重的地位可见一斑。

从审计实践来看，21 世纪的绩效审计工作可谓是日新月异的发展。审计署为推动政府绩效审计在我国的发展一直做着不懈的努力，认真制定审计工作规划，积极围绕公共投资项目及其绩效进行审计。审计署于 2001 年开展的退耕还林还草试点工程资金审计，于 2001 年组织的农村电网"两改一同价"审计、于 2002 年开展的民航"一金一费"审计专项调查及重点机场项目审计，是我国政府审计机关最早开展的有明确目标、程序和标准的政府绩效审计实践 2002 年，审计署组织对 18 个重点机场和 38 个支线机场进行了专项审计调查，发现 38 个支线机场有 37 个亏损，2000～2001 年度累计亏损 15 亿元，当年旅客吞吐量仅为可行性研究报告同期预测值的 1/4，其中有一个机场还不到设计能力的 3%，这是一种直接的效益。与此同时，全国许多地区如辽宁、山东、湖北、安徽等省也逐步在较大范围内开展政府绩效审计。深圳市是我国最早制定法规并开始实施绩效审计的城市。青岛市审计局本着"积极实践、稳步推进"的原则，坚持理论和实践同步，探索出一条与财务审计相结合的效益审计路子，取得初步成效。从执行情况来看，部门预算执行情况审计、专项资金审计、政府投资项目审计、经济责任审计都可以在真实性的基础上，进一步做经济性、效率性和效果性的检查和评价，体现政府绩效审计的特征。

在这一时期，审计机关开展的效益审计项目不仅仅局限于损失浪费等经济效益问题，而是更多地关注了政府部门的绩效和职责履行情况，都收到了良好的效果。得到了广泛好评。人们也越来越多地使用"绩效审计"一词来描述审计机关开展的效益审计工作。据统计，从 2003 年到 2008 年，中国审计机关共开展了逾 16 万个绩效审计（调查）项目，为国家增收节支 459 亿元，挽回或避免损失 405 亿元，提出审计建议 20 万多条，被采纳十几万条，为提高项目和资金效益发挥了积极作用。

三、政府绩效审计的目标与范围

（一）绩效审计目标

借鉴最高审计机关国际组织对政府绩效审计相关方面的规定，我们可以得出政府绩效审计的最终目标是检查公共资源责任和提高政府的管理绩效。审计的具体目标包括：

（1）为立法机构和政府提供对被审计单位是否经济、高效或有效执行有关政策，进行独立审计检查服务，提供有关财政财务和资源管理绩效的独立的信息、咨询和建议。

（2）确定被审计单位的公共经济责任，最高审计机关国际组织提出：确定较为适当的经济责任，并为完善我国经济责任审计制度提出建议。

（3）确定并分析显示政府项目在经济性、效率性和效果性方面存在的问题，帮助被审计单位或者政府部门整体改善经济性、效率性和效果性（最高审计机关国际组织提出：采用一定程序对绩效审计提出报告）。

（二）绩效审计范围

由于政府绩效审计在我国刚刚经历了探索阶段，正在逐步推广，所以政府绩效审计范围的选择就应该抓住重点和主流。现阶段，我国开展政府绩效审计的范围应选择群众关心、政府关注、社会影响大、财政投入大的项目，主要包括：

（1）公共财政绩效审计。审查并评价政府和公共机构使用公共财政资金经济性、效率性和效果性。细化财政审计目标，建立预算执行和财政资金使用效益的审计评价体系，促进政府正确决策，依法理财，有效履行职责，不断提高财政资金管理绩效。

首先，重点开展对公共财政支出的监督，检查财政支出的供给范围是否规范，支出结构是否优化合理，资金使用是否有绩效。重点审查评价财政部门、项目主管部门和项目使用单位财政专项资金管理绩效，有无挤占挪用，损失浪费等。

其次，开展对中央和地方专项支出的审计，促进健全中央补助资金的法规体系，规范转移支付制度，实现地区间公共服务的均等化，提高转移支付资金的使用效益。

再次，开展对重点资金的专项效益审计，主要是科技教育、社会保障、农业环保等专项资金的分配、使用和管理的效益监督，重点关注是否规范分配秩序，管理监督控制措施是否到位，对预算资金是否挤占挪用和损失浪费，是否产生经济与社会效益。

（2）公共投资绩效审计。公共投资是审计机关开展绩效审计的主要领域，要建立健全公共投资评审体系。我国的城镇基础设施建设、农业水利及文化教育卫生设施等社会公共事业的投入力度不断加大，其投入资金使用绩效日益为公众关注，要从投资立项、招投标、资金拨付，直至建成使用，全过程跟踪审计其支出经济性与产出效益性，并通过后评估与评审指标，评价其投资绩效，提高建设项目管理水平，发挥投资效益。

（3）金融绩效审计。审计机关将面临如何强化金融监管和风险防范，如何提高金融资产质量的问题。要加大对银行、证券和保险机构的监管，提高信贷绩效与金融资产质量、防范金融风险为重点的金融绩效审计。

（4）政府采购绩效审计。重点对政府采购预算的合法性（采购项目必须列入财政预算，按规定用途使用，不得超过预算定额），政府采购资产的真实性，政府采购的效益性（采购规模预算控制，项目采购合同的履行与采购程序的审查等），采购资产的使用效率进行审计以及对采购机构、人员素质、采购资金节约率等进行评估。

（5）政府环境绩效审计。开展政府环境政策绩效审计（包括环境经济政策和环境财政控制政策的效果评估），环境项目绩效审计，披露环境绩效审计报告。

（6）经济责任审计。我国审计机关开展的领导干部经济责任审计是合规性、合法性审计与绩效审计的综合。通过审计来审查评价领导干部履行的经责任、监督检查其运用权力的机制和效果。国外的管理审计、绩效审计主要也是针对权力人、责任人、行政官员进行的管理绩效审计。领导干部经济责任审计内容包括预决算、专项基金、固定资产保值增值、重大决策、工作目标、遵守财经法规和勤政廉政等审计,这是我国政府绩效审计的特色与创新。

第二节 政府绩效审计标准

政府绩效审计指标体系是衡量被审计单位绩效的标准。政府绩效审计评价是对整个审计行为活动成果的测量与评价,这种评价体系旨在寻求一种公认的、不存在异议的评价标准,为审计师进行绩效审计提供明确的目标。政府绩效审计评价指标体系包括政府活动绩效审计的评价指标和国有企业绩效审计的评价指标。西方大多数国家都制定了详细的绩效审计标准,如美国会计总署制定了七条公共部门绩效审计测试与评估标准,对难以量化的标准提出了"优先实践"概念作为衡量标准,并实行"金额化"法。澳大利亚制定了详细的绩效标准,包括工作实绩、生产率、使用率、职工允许空闲的时间等标准。由于我国政府审计的范围广泛、涉及的单位类型复杂、工作性质各不相同等,长期以来我国一直未能形成统一的政府绩效评价标准,这就给政府绩效审计的开展带来一定的困难。根据这一现状,结合我国现阶段的审计工作水平,我国审计署应尽快建立一套完整的、具有可操作性的政府绩效审计评价指标体系。

一、政府活动绩效审计的评价指标及运用

政府绩效评价的对象是政府财政及公共管理部门,由于政府活动范围宽泛,较难用一个统一的标准来评价绩效,因此将政府活动分为收益性和非收益性活动,分别研究不同的绩效评价指标。

(一)政府非收益性活动绩效审计评价指标

政府活动的非收益性特征决定了评价指标的非定量性,因此评价指标倾向于定性指标。一个具有管理绩效的政府部门或项目应具有经济性、效率性、效果性和创新能力,最终绩效由经济性、效率性、效果性和创新能力四个方面的指标决定。

1. 经济性指标

(1)被审计单位是否经济的取得资源,具体是指是否采用了较好的资源取得程序,以最合适的成本获取了最合适的资源。

(2)被审计单位是否最经济地利用资源。

(3)被审计单位是否遵循了有关经济性的法律、法规,是否建立并运行了计量管理活动经济性的控制系统。

(4)国家关于工资、人员配备等的规定、职业准则、技术规范等是否恰当。

(5)单位各种资源取得的途径是否合法。

（6）资源是否被真正物尽其用，使用是否正当。

（7）有无完善的采购、库存、使用制度，有无积压浪费，其原因是什么。

（8）内部经费开支有无贪污浪费。

2. 效率性指标

（1）被审计单位是否有效取得资源并适当保护了资源的安全、维护了资源的效益。

（2）被审计单位是否避免了重复工作、资源闲置和人员过剩，是否以最及时的方式生产和提供了最合适的数量和质量的产品服务。

（3）被审计单位是否遵循了有关效率性的法律和法规，是否建立并运行了计量效率性的管理系统，已报告的计量政府活动效果性所采取的方式有效性和可靠性如何。

（4）被审计单位是否采用了适当的管理程序。

（5）领导者基本素质。

（6）基础管理水平，包括决策前调查研究是否充分，决策程序的科学化和民主化，决策实施过程中是否根据已经变化了的主客观情况适时的修订决策。

（7）部门的存在是否合理。

（8）部门是否建立适当的激励和约束机制。

（9）部门内部各科室的内部协调状况，控制能力的强弱。

（10）人力资源管理的好坏也是评价指标之一，包括人员的培训、评价、考核制度；部门内部沟通与交流；人员年龄与知识结构；领导与下属的关系；胜任工作的能力；有无人员闲置、重复劳动或工作闲置等。

3. 效果性指标

（1）确立由立法部门或其他权威机构的预期结果和效益正在实现的程度。

（2）政府部门工作和职责履行的如何。

（3）被审计单位是否遵循了与政府部门活动效果相关的重要法律和法规。

（4）提供某种服务的数量和成果。

（5）单位内部控制系统的设置，包括法律框架、公共经济责任与权力、信息系统的灵敏程度、政策与计划的拟定是否科学合理。

（6）单位所用工作方法的适当性，并据以评价效果的科学性和准确性。

（7）单位提供的数据是否准确可靠、是否齐全。

（8）服务满意度，即公民对政府部门或项目的满意程度，通常情况下，该指标通过民意调查得出。

（9）综合社会贡献。

（10）部门的效益被其他部门抵销的程度如何，对其他政策和部门的影响程度。

（11）人均 GDP = GDP 总额/该政府辖区内的总人数，其中 GDP 是国内生产总值，为一定时期内在一国范围内全部要素所生产的全部产品和服务的价值。

（二）政府收益性活动绩效审计评价指标

我国的社会制度决定了我国财政收支包含着收益性投资的内容，主要表现为国有企业投资和其他所有制性质企业中国家投入的资本。收益性活动的特性决定了定量指标的使用较为恰当。

1. 业务发展能力状况

（1）业务增长率：
$$业务增长率 = 本年主营业务收入增长额/上年主营业务收入总额$$

（2）资本积累率：
$$资本积累率 = 本年所有者权益增长额/年初所有者权益$$

（3）非政府性收入比率：
$$非政府性收入比率 = 非政府性收入总额/本年度收入总额$$

2. 资产营运状况

（1）主营业务收入净额。

（2）资产总额。

（3）总资产周转率：
$$总资产周转率 = 主营业务收入净额/平均流动资产总额$$

3. 财务效益状况

（1）利润总额。

（2）平均净资产。

（3）净资产收益率：
$$净资产收益率 = 净利润/平均净资产$$

（4）总资产报酬率：
$$总资产报酬率 = 利润总额/平均资产总额$$

（5）管理收益率：
$$管理收益率 = 管理收益/总资产$$

（6）劳动生产率，即生产劳动人员在生产劳动过程中从事劳动的效率，它有两种算法：一种以单位时间内生产的产品数量为单位进行计算，即劳动生产率 = 生产数量总额/生产时间；另一种以劳动生产人员生产单位产品所消耗的工时为单位进行计算，即劳动生产率 = 生产时间/产品数量。

4. 社会贡献情况

（1）社会贡献率：
$$社会贡献率 = 社会贡献总额/平均资产总额$$

其中，社会贡献是政府为国家或社会创造或支付的价值总额，包括工资、劳保退休统筹及其他社会福利支出、利息支出、税金支出、所提供的公共服务价值、公共工程价值等。

（2）社会积累率：
$$社会积累率 = 上缴国家财政总额/社会贡献总额$$

（3）资产保值增值率：
$$资产保值增值率 = 期末资产总额/期初资产总额$$

（三）指标的运用

通常情况下，按照以上指标测定的被审计单位管理成果达到既定标准的80%以上，即可被认为被审计部门或项目具有经济性、效率性、效果性和发展潜力。

$$\begin{aligned}被审计单位总的绩效 =\ &业务发展能力状况指标 \times 权重/业务发展能力状况既定标准\\&+ 资产营运状况指标 \times 权重/资产营运状况既定标准\\&+ 财务效益状况指标 \times 权重/财务效益状况既定标准\\&+ 社会贡献情况指标 \times 权重/社会贡献情况既定标准\end{aligned}$$

其中,各指标的既定标准和权重由审计师的专业判断和相关已有的对象评价标准得出。

二、非营利组织的绩效审计评价指标

我国非营利组织主要为公立事业单位,事业单位内部行业众多,包括科学、教育、文化、卫生、应用科研事业单位、社会服务部门和社会福利救济事业单位等。绩效审计的评价指标也分为定量指标和定性标准。

(一) 定量指标

1. 财务收支预算执行情况指标

$$预算完成率 = 当年预算完成数/当年预算计划数 \times 100\%$$

2. 收支状况指标

$$经费自给率 = (事业收入 + 经营收入 + 附属单位上交收入 + 其他收入)/(事业支出 + 经营支出) \times 100\%$$

$$事业结余率 = (事业收入 - 事业支出)/事业支出 \times 100\%$$

$$人员支出比率 = (基本工资 + 其他工资 + 补助工资 + 职工福利费 + 社会保障支出)/事业支出 \times 100\%$$

$$公用支出比率 = (公务费 + 设备购置费 + 修缮费 + 业务费 + 其他费用)/事业支出 \times 100\%$$

$$事业收入占总收入比率 = 事业收入/总收入 \times 100\%$$

$$经营收入占总收入比率 = 经营收入/总收入 \times 100\%$$

$$事业收入增长率 = (当年事业收入/上年事业收入 - 1) \times 100\%$$

$$经营收入增长率 = (当年经营收入/上年营业收入 - 1) \times 100\%$$

3. 资产管理情况指标

$$流动资产周转率 = (事业收入 + 经营收入)/年平均流动资产 \times 100\%$$

$$总资产周转率 = (事业收入 + 经营收入)/平均资产总额 \times 100\%$$

$$投资收益率 = 投资收益/投资成本 \times 100\%$$

$$资产负债率 = 负债总额/资产总额 \times 100\%$$

4. 经营能力情况指标

$$经营毛利率 = (经营收入 - 经营支出)/经营收入 \times 100\%$$

5. 事业发展效果指标

事业发展效果指标由主管部门、单位职工、服务对象的测评分值相加(各占一定权重)。

（二）定性标准

它是根据各单位不同的业务活动和管理特点而设置的，主要用于计量单位的管理效率和工作业绩，如高校的教学质量，科研单位的科研项目评估，医院的社会效益和经济效益综合计量、患者的满意度及各单位人力资源管理，人、财、物的使用效率等。定性指标在设置上有一定的困难，其难度在于社会效益的反映、考核上。有些效益是间接的、潜在的、无法量化的。有的只能通过定性分析判断，有的必须通过相对的比较才能加以客观分析。

1. 国有企业绩效审计评价指标

国有企业绩效审计指标体系可以分为财务指标、内部程序指标两个层次。

（1）财务指标。主要用来反映企业如何实现股东价值最大化，财务指标衡量体系包括财务效益状况、资产运营状况、偿债能力状况和发展能力状况。财务效益状况指标又包括净资产收益率和总资产报酬率：

$$净资产收益率 = 净利润/平均净资产 \times 100\%$$

$$总资产报酬率 = (利润总额 + 利息支出)/平均资产总额 \times 100\%$$

（2）资产运营状况指标：

$$总资产周转率 = 营业销售收入净额/平均资产总额 \times 100\%$$

$$流动资产周转率 = 营业销售收入净额/平均流动资产总额 \times 100\%$$

（3）偿债能力状况指标：

$$资产负债率 = 负债总额/资产总额 \times 100\%$$

$$已获利息倍数 = 息税前利润/利息支出$$

（4）发展能力状况指标：

$$营业销售增长率 = 本年营业销售增长额/上年营业销售总额 \times 100\%$$

$$资本积累率 = 本年所有者权益增长额/年初所有者权益 \times 100\%$$

2. 修正指标

修正指标用以对基本指标形成的财务效益状况、资产运营状况、偿债能力状况和发展能力状况的初步结果进行修正，以产生较全面的国有企业绩效计量基本结果，具体指标如下：

（1）财务效益状况指标：

$$资产保值增值率 = 扣除客观因素后的年末所有者权益/年初所有者权益 \times 100\%$$

$$营业销售利润率 = 营业销售利润/营业销售收入净额 \times 100\%$$

$$成本费用利润率 = 利润总额/成本费用总额 \times 100\%$$

（2）资产运营状况指标：

$$存货周转率 = 销售成本/平均存货$$

$$应收账款周转率 = 营业销售收入净额/平均应收账款余额$$

$$不良资产比率 = 年末不良资产总额/年末资产总额 \times 100\%$$

$$资产损失比率 = 待处理资产损失净额/年末资产总额 \times 100\%$$

（3）偿债能力状况指标：

流动比率＝流动资产/流动负债×100%

速动比率＝速动资产/流动负债×100%

现金流动负债比率＝年经营现金净流入/流动负债×100%

长期资产适合率＝(所有者权益＋长期负债)/(固定资产＋长期投资)×100%

经营亏损挂账比率＝经营亏损挂账/年末所有者权益×100%

（4）发展能力状况指标：

总资产成长率＝本年总资产增长额/年度资产总额×100%

固定资产成新率＝平均固定资产净值/平均固定资产原价×100%

（三）内部程序指标

国有企业内部程序绩效指标，分析国有企业的价值链，即创新流程、运作流程及售后服务流程三个方向。

1. 定性指标

定性指标主要包括创新机制及企业研发实力的评价、质量控制体系评价、产品市场推广能力、生产工艺优劣及核心技术的及价值的评价、业务流程顺畅程度、危机处理能力、处理投诉的能力。

2. 定量指标

定量指标主要包括：

（1）创新流程指标，包括：R&D占总销售额的比例；R&D投入回报率；新产品销售收入百分比；研发设计周期。

（2）运作流程指标，包括：单位成本水平；管理组织成本水平；生产线成本；技术更新成本；业务流程顺畅。

（3）售后服务流程指标，包括：服务成本/次；顾客服务无差错率；顾客投诉响应时间；订货交货时间，上门服务速度。

（四）指标的运用

对于定性指标来说，需要设计调研问卷，为避免主观判断所引起的失误，增加定性指标的准确性可采用隶属度赋值方法，将定性指标划分为几个层级。登记之间只是对指标看法的程度不同，由于在赋值判断过程中已内含标准，可以直接计算评价值。用加权平均的方法对调查结果进行计算。

对于定量指标的数据值，按照指标的释义和公司的具体情况进行收集。数据的收集需要不同部门配合。由于各项定量指标的内容、量纲不同，直接综合在一起十分困难。此外，在进行企业的横向或纵向比较时，因为其一些具体情况都不会相同，致使计量不同程度失真。因此，在进行指标汇总和分析之前，需要将这些指标进行无量纲处理，将定量指标原值转化为计量值。

同时，基本指标、修正指标、企业指标在用于评价国有企业绩效时，应当赋予不同指标以不同权重。指标的权重是该指标在本层面指标中所占的相对其他指标的重要性程度。一般以100%为限。对本层面指标内的各项指标的重要性程度进行分配，确定权重的一个较为简便和合理的方法就是通过专家打分。专家的组成结构要合理，要有本企业的中高层管理人员、技术人员,也要有基层的技术和管理人员,还要有企业外的对本企业或本行业熟悉的专家。

第三节 政府绩效审计的主要内容

《审计署 2008~2012 年审计工作发展规划》明确提出"全面推进绩效审计",到 2012 年所有的审计项目都开展绩效审计。近年来各级审计机关开展了绩效审计的探索,绩效审计的理论和实践都有了长足的发展。下面详细介绍政府绩效审计开展的项目及其重点内容。

一、预算资金审计

在预算编制环节,应重点关注预算编制的完整性、合规性和细化性及预算下达的时效性,揭示预算编制留有缺口、刚性不强。

在预算支出环节,应重点关注支出结构、支出规模安排的合理性和资金拨付使用的及时性,预算调整程序的合法性,揭示支出缓慢、随意调整预算,关注各项财政改革制度推行的效果性。

在预算资金使用环节,应重点评价财政资金的使用效果,揭示挤占挪用、损失浪费、滞留闲置各类财政资金等问题,发现和揭示部门、单位自身管理方面存在的不足和绩效缺陷,分析产生问题和缺陷的原因,提出改进意见和建议,以促进加强自身建设和提高绩效、要将财政资金的使用与部门职能任务和工作目标完成情况相联系,结合分析财政支出,评价工作职能任务的履行情况。同时还要重点关注各种上级转移支付资金的使用效果,评价转移支付资金发挥的作用。

二、财政专项资金审计

财政专项资金包括涉农、教育、医疗、社保等民生热点领域,重点关注党和政府各项惠民政策的贯彻落实情况,发现揭示政策制度执行中存在的突出矛盾和问题,深入分析原因,提出切实可行的意见和建议,推动完善相关政策制度,维护群众利益和社会稳定。关注专项资金项目立项,揭示多头申请立项、用已完工项目抵新项目套取资金。关注各类财政专项资金是否按预算进度或建设进度拨付,揭示因拨款不及时影响项目进度,项目进展缓慢,项目资金闲置,截留滞留、挤占挪用专项资金等问题。关注专项资金的使用效益,揭示因决策失误、管理不善造成效益不佳、损失浪费和国有资产流失等问题,分析评价财政资金的使用效果。

案例拓展 4-1：

2018 年保障性安居工程资金投入和使用绩效审计

为促进党中央、国务院关于保障性安居工程政策的全面贯彻落实，提高保障性安居工程资金管理使用绩效，2018 年 12 月至 2019 年 3 月，审计署组织对 31 个省、自治区、直辖市和新疆生产建设兵团所辖 1 118 个市县（包括县级市、区、旗、团场及地市本级，以下统称被审计地区）2018 年棚户区改造和公共租赁住房（以下分别简称棚改、公租房，统称安居工程）的投资、建设、分配、使用和后续管理等情况进行了审计。现将审计结果公告如下：

一、安居工程实施基本情况和取得的主要成效

2018 年，被审计地区财政部门共筹集城镇安居工程财政专项资金 5 633.74 亿元；项目单位等通过银行贷款、发行企业债券等市场化融资方式筹集城镇安居工程资金 10 495.23 亿元。从审计情况看，2018 年，各地各有关部门积极贯彻落实党中央、国务院决策部署，强化政府主体责任，积极推进棚改和公租房建设、分配和管理，加快建立多主体供给、多渠道保障、租购并举的住房制度，对改善住房困难群众居住条件、补上发展短板、扩大有效需求、促进社会和谐稳定等发挥了重要作用。

（一）住房保障力度不断加大，住房困难群众获得感持续增强。各地积极推动公租房实物配租与租赁补贴、棚改货币化安置与实物安置等相结合，优先保障和重点帮助老年人、残疾人、优抚对象等特殊困难群体，加大对新就业无房职工、稳定就业外来务工人员等住房困难群众的保障力度，扩大了城镇常住人口住房保障覆盖面，促进了群众安居乐业和以人为核心的新型城镇化。2018 年，被审计地区实际完成棚改开工任务 250.47 万套、基本建成任务 195.40 万套，棚改安置住房供应持续增加，棚户区居民搬进新居，大幅改善了居住条件。2018 年底，被审计地区公租房保障家庭达 518.54 万户，有效满足了住房困难群众的基本住房需求。

（二）安居工程建设管理不断加强，住房保障能力进一步提升。各地通过简化流程、加快审批等优化安居工程住房分配管理，利用人脸识别技术等加强公租房使用监管，大力实施精准保障，不断提升住房保障政策实效。住房城乡建设等部门出台政策，指导各地严格把握棚改范围和标准，加强棚改融资管理，因地制宜调整完善棚改货币化安置政策，开展棚改安置住房等质量安全检查，进一步规范棚改工作。浙江、安徽等 8 省（区）开展政府购买公租房运营管理服务试点，深圳等地探索将城中村综合整治等纳入住房保障，探索公租房运营管理模式创新，加强公租房运营及分配等后续管理，逐步建立健全租购并举的住房制度。保障性住房有效供给不断增加，城镇住房困难家庭在享受基本住房保障、住房负担切实减轻的基础上，获得了更好的居住环境和公共服务，多层次住房保障和供应体系不断健全。

（三）安居工程投资建设有序推进，为城市建设和经济平稳健康发展提供重要支撑。2018 年，被审计地区共筹集和安排各类资金 1.61 万亿元，加快推进安居工程建设及相关的城市道路和公共交通、通信、供电、供水、供气、供热等基础设施建设，提

升了城市功能和综合承载能力，既改善了城市人居环境，也引导部分人口从中心城区有序疏解，促进了城市区域均衡发展。安居工程投资建设持续推进，带动了建材、装修、家电等相关产业发展，同时也提供了大量就业岗位，对稳投资、稳就业、促进经济平稳健康发展发挥了积极作用。被审计地区针对以前年度审计发现的问题积极采取措施进行了整改。但审计发现，部分地区在安居工程资金管理使用、工程建设管理、住房分配使用等方面还存在一些问题，需要采取措施予以纠正和规范。

二、审计发现的主要问题

（一）部分地区存在套取挪用资金、税费减免未落实等问题。31个单位和部分拆迁个人以提供虚假资料等方式骗取侵占拆迁安置补偿等资金9 049.5万元。32个单位通过多报目标任务、多头申报等套取财政资金9.18亿元、市场化融资34.26亿元。13.78亿元财政资金、27.32亿元市场化融资被挪用于经营性投资、对外出借、弥补人员和办公经费等支出。265个项目未按规定享受相关税费减免16.88亿元；12家融资平台和8家金融机构向安居工程项目收取融资中间费用2.91亿元。

（二）部分地区安居工程资金使用绩效不高或管理不够规范。截至2018年底，63个市县财政等部门未及时将2018年安居工程中央财政专项资金22.34亿元，分解下达或明确到具体项目。354个单位以前年度收到的安居工程财政资金158.06亿元未及时安排使用，截至2018年底已超过1年。由于项目实施统筹管理不到位，278个项目贷款、企业债券等市场化融资547.86亿元未支付使用，截至2018年底已超过1年。15.17亿元财政资金、214.57亿元银行贷款等市场化融资因管理不够规范等扩大支出范围，用于与安居工程不直接相关的市政基础设施建设等其他公共项目。

（三）部分地区安居工程建设管理不规范。159个市县493个项目扩大范围将园区开发、城市建设带来的拆迁安置和土地征收等纳入棚改。2 661亩安居工程建设用地闲置或被改变规划用途使用；619个安居工程项目的3.64万亩建设用地存在用地手续不全等问题。6.06万套公租房因消防验收不合格、配套设施建设滞后等基本建成1年后未达到交付使用条件。

（四）部分地区安居工程住房分配管理不严格。不符合条件人员等违规享受公租房实物保障1.72万套，1.45万户承租家庭收入、住房等条件发生变化未按规定及时退出；1.25万套公租房被违规销售、转租，或被挪用于办公、经营等。18.41万套公租房因位置偏远、需求不足等建成后空置1年以上。

三、审计处理和整改情况

以上审计查出的问题，各级审计机关已依法出具审计报告、提出处理意见，审计查出的相关涉嫌违纪违法问题线索已依法移送有关部门进一步调查处理。审计指出问题后，有关地方积极组织整改，已追回和盘活资金111.34亿元，退还多收取税费1.59亿元，收回和加快分配住房3.8万套，取消保障资格或调整保障待遇0.55万户。审计署将持续跟踪后续整改情况，督促整改到位。

案例来源：审计署2019年第4号审计结果公告。

三、金融资金审计

在全面分析被审计金融机构经营活动的基础上,注重内部控制机制测评和评价,对金融机构贷款决策、重大采购、业务流程控制、职能设置、重要岗位制约、核心人员管理等方面控制制度测评,评价其有效性及存在影响金融企业效益的经营风险和管理漏洞。揭示金融企业在经营过程中可能面临的金融风险,从外部宏观角度揭示金融机构可能面临的市场风险、信用风险及系统风险,从具体金融机构微观角度关注流动性风险和操作性风险,要高度关注金融衍生产品等金融创新业务,发现其风险点和管理中的漏洞。探索开展大额信贷投入的企业和项目经济效益、社会效益和环境生态效益的审计评价,促进金融信贷资金科学合理投放,提高信贷资金使用效益,防范金融风险。

四、固定资产投资项目及资金审计

审查建设项目决策、内部控制制度和投资约束机制,揭露因决策失误造成的损失浪费问题。检查经批准的概预算执行情况,项目规模、标准及投资的控制情况是否存在漏洞。加强对工程承发包和强制性标准执行情况的审计,重点查处工程承发包中规避招标或者在招投标中弄虚作假和肢解、转包、转让以及违法分包工程的行为,注重项目建设效果。关注工程管理、工程造价和工程质量,通过工程管理审计查处重大损失浪费问题,通过工程造价审计制止高估冒算,提高投资效益,通过工程质量审计检查工程建设项目是否达到设计标准、是否存在质量隐患。对存在的问题要分析原因,提出切实可行的整改意见。探索实施建设项目后评价,对项目竣工投产后的经济技术指标与可行性研究报告和初步设计的经济技术指标进行分析对比,关注投入产出的经济效益和环境生态效益,促进建设项目运营效益的提高。

五、国有企业生产经营审计

首先,关注企业内部管理和内部控制情况,揭示内部管理制度缺陷、重大管理漏洞等问题,分析评价企业管理水平。

其次,关注企业经营战略、产业结构和产品结构,分析评价是否符合国家产业政策,促进企业调结构、保增长、增效益。

再次,关注企业重大经营决策、重大投资和重大技术改造情况,揭示企业是否存在盲目决策、投资效益低下和重大损失浪费等问题;关注企业资产重组、对外联营、关联交易等情况,揭示企业是否存在国有资产流失、利益输送和国有企业权益受到侵害的问题,保障国有资产安全完整,促进国有资产保值增值。

再其次,关注企业内部分配情况,按照效率优先、兼顾公平和按劳分配的原则,分析评价职工收入增长和分配差距对企业稳定、员工积极性的影响。

最后,关注企业经济效益、社会效益和可持续发展能力,分析评价影响企业核心竞争力、节能减排和环境保护等方面的问题,分析评价企业偿债能力、盈利能力,反映企业经营面临的主要风险和重大隐患，促进企业提高经济效益。

案例拓展 4-2：

法国审计法院货运高速铁路的绩效审计

法国审计法院绩效审计包含财务、效益、责任等多方面内容，被审计对象管理活动的经济性、人力、财力和其他资源的利用效率、业绩效益及其影响，对企业或机构管理活动的科学性、有效性进行客观系统的评估，并提出整改、优化意见和建议。审计范围涉及政府各个部门、公共机构、社会保险机构、国有企业以及国家拥有部分资产的合营企业、国家给予财政补贴或享受国家税收优惠的企业。绩效审计积极推动了国家经济和社会各领域的健康发展，并在长期的审计实践中得到了社会和国民的广泛认可。

2011 年，法国审计法院对国内仅有的已投入运营的两条货运高速铁路进行了绩效审计，并将有关货运高速铁路项目的第一份绩效审计报告收录在 2012 年 2 月发布的 2011 年度公开报告中。

一、审计对象相关背景

1974~2011 年，法国铁路货运量一直处于下滑中，铁路货运量在法国整个货运市场中所占的份额下降了 50%。与其他欧洲国家相比，法国的铁路货运市场发展较为滞后，只占陆地运输总量的 9%。而货运"高速铁路"是一种突破了传统货运模式的运输，它将铁路运输与公路运输相结合，减轻了公路的重型货运压力，并能减少环境污染。为了长途货运市场的平衡及社会经济、环境的可持续发展，法国国家铁路货运投资部和格勒奈尔环境保护组织出台了一系列政策和规定，以大力发展货运高速铁路项目。

此次绩效审计的两条货运高速铁路，一条是穿越阿尔卑斯山、连接萨瓦和皮耶蒙的阿尔卑斯高速铁路，全长 175 千米，横跨法国和意大利，途径塞尼峰铁路隧道。2001 年 1 月，法、意两国政府签署了合作协议，共同建设阿尔卑斯高速铁路。2003 年起，该铁路由法国国家铁路公司下属分公司和意大利 TRENITALIA 公司共同建设，并于 2006 年底投入试运营。另一条是建于平原之上、连接佩皮尼昂和卢森堡的长途高速铁路，全长 1 045.5 千米，途经里昂和第戎。佩皮尼昂—卢森堡长途高速铁路是 2004 年由私有企业发起，并得到政府公共部门支持的项目，2007 年投入试运营。

二、审计范围及执行情况

针对两条货运高速铁路的绩效审计内容主要包括：(1) 线路投资建设成本，如工程造价、投资控制、预算执行情况等。(2) 经营管理绩效，即对经营管理的过程和结果进行评价。(3) 投资执行情况，即铁路线路建成并投入运营一定时间后所产生的效益及影响，包括投资产生的经济、社会和生态环境等方面的影响及可持续发展情况进行评估。

审计法院除了对两条货运高速铁路的相关合同、文件资料进行审核外，还将以下材料信息作为该绩效审计的执行依据：

（1）相关政策与法规。如格勒奈尔环境保护组织2009年8月3日出台的第2009-967号法案第11条有关货运高速铁路建设规划的内容；交通部2011年出台的第2011-64号法规中关于公路运输载量的规定等。

（2）国家及有关部门公布的数据。这些数据主要来源于国家可持续发展委员会、国家交通部、国家路桥发展委员会、国家环境保护委员会、能源控制与环境署、法国铁路网公司和法国国家铁路公司。

（3）审计法院已发布的审计报告。主要是2008年4月发布的《铁路网建设——未完成的改革，不确定的政策》报告中对铁路建设面临的局限性分析。

在对审计资料进行分析总结的基础上，审计法院还积极与有关部门或人员进行合作，就相关问题和信息进行问询，并得到了大部分部门的回复。这些陈述性回复资料也一并总结入该绩效审计报告中。审计法院问询的对象涉及：环境保护、可持续发展、交通与住房、经济与金融、工业、国家预算、公共财政与改革、交通建设投资、外交、铁路安全公共建设等相关部门，以及法国铁路网公司、LOHR工业有限公司、法国国家铁路公司、LOGISTICA公司、车厢生产公司和后勤合作单位。

三、审计具体内容

1. 项目立项与决策

该绩效审计除了调查两条铁路项目立项的规范性、合法性外，还重点关注项目设计的合理性、科学性和可行性，项目是否存在决策失误、目标设计不当、损失浪费等现象。审计报告分析了欧洲现有高速货运铁路的分布状况及各条铁路的线路、车厢类型及长度等，与阿尔卑斯铁路和佩皮尼昂—卢森堡铁路进行比较。同时指出，这两条铁路在立项时都存在先期调研不充分、技术准备不足、商业前景预期有偏差的问题。例如，根据格勒奈尔环境保护组织出台的相关法规，货运高速铁路网的长远规划分三步走：第一步是阿尔卑斯路线的建设运营、并延长至里昂地区；第二步是佩皮尼昂—卢森堡路线的建设运营；第三步是连接巴斯克地区、巴黎地区及法国北部的大西洋路线。预计2022年，高速铁路货运量要占陆地货运总量的25%，但2010年7月，法国环境及可持续发展委员会不得不调整了该项目的预期目标，认为2020年这一数据能达到16%就已经是不错的成绩了。因此投资与运营方所依照的不科学前景预期对两条铁路投资与运营目标等方面带来了较大的干扰。

2. 项目建设与运营

在审核项目相关经济活动是否真实、合法、符合程序的基础上，还对以下内容进行了考查。

（1）项目招投标情况。审计法院在对招投标程序是否合法、合规进行审计的基础上，更重视审查项目招投标制度设置的合理性和招投标的执行情况等。例如，在阿尔卑斯铁路项目中，根据法、意两国2009年10月签署的一份协议，该铁路可以采取公用事业特许经营管理方式，即政府通过签署合同的方式将公用事业交由企业经营管理。两家企业通过公开招标的方式成为候选单位，但直到2011年11月，还没有确定阿尔卑斯铁路的特许经营者,这在一定程度上造成了职责分散、效率低下、管理不善等现象,影响了整条线路的有效运营。

(2) 项目施工过程中的技术方案。重点关注项目方案是否科学、合理、有效并具有可持续性。这方面审计内容主要包括新线路的开发和建设对已有铁路的利用、站台及轨道设计、隧道建造及扩容工程等情况。审计发现,阿尔卑斯路线上的车身及终端站台设计基本合理,且能满足当前市场需要。但该路线山区地段的牵引设计存在缺陷;而佩皮尼昂—卢森堡路线在对既有客运铁路的整改过程中,没有充分预计到铁路重型货运快速发展的需求。而且随着运输工具体积规模的增加,隧道扩容工程没有充分跟上。隧道与列车车身之间不能完全匹配。终端站台设计无法很好地满足装卸货物地点对场地和设备的要求。站台在轨道宽度设计上也存在问题。

(3) 项目建设施工的进展与完成情况。如项目是否能按合同规划期限完成,项目完成的质量及投入使用情况等。审计报告显示,阿尔卑斯路线施工进程较为缓慢,由法国铁路网公司负责的法国境内的隧道工程直到2010年12月才完成,比合同规定晚4年,影响了铁路的正常运营。截至2011年10月,即隧道工程完工一年后,标准尺寸的卡车还没有通过高速铁路隧道在法国和意大利两国之间运送。报告预计,自两国政府2001年签署合作协议以来,该路线需要十多年的时间才能投入充分运营。

(4) 项目资金构成及利用情况。这方面主要包括资金来源、建设成本、采购成本和股份分配等。例如,报告中指出,两条铁路在资金来源方面有很大差异。阿尔卑斯线路项目对公共财政依赖度较高。根据协议,两国政府分别对该项目予以财政补贴,2010年达600万~700万欧元,2011年为500万欧元。未来,该铁路仍将很大程度上依赖公共资金的投入。但与国外同类项目相比,该项目资金结构不甚合理,运营收入与开发管理成本相比过低。而佩皮尼昂—卢森堡路线并不属于由政府公共部门发起的公共建设事业,因而无法享受到公共财政补贴。该项目已投入基础设施建设成本5 350万欧元,包括即有铁路及设备的整改、站台和轨道建设等,低于开发建造专用路线的成本。2006年,在政府部门的支持下成立了专门的公司负责该路线的开发运营。而公共财政的间接投入也达到了570万欧元。同时,法国国家铁路公司通过其分公司参股到负责运营该路线的公司,其股份由2010年的12.5%升至目前的50%。考虑到高速铁路货运行业较低的投资回报率,该项目未来的发展还需要政府公共财政的支持。

(5) 项目管理制度及执行情况。这里主要是对项目负责单位资质、各部门的分工合作安排、人事结构、工程监管、管理效率等方面进行综合评估。例如,报告表明,阿尔卑斯路线的机车业务由法国国家铁路公司和意大利 TRENITALIA 公司共同负责,而货运站台与车身业务则由独立于铁路开发建设单位之外的其他企业负责。这种组合方式使包括站台管理、车辆采购等在内的经营管理模式变得复杂,一定程度上造成了项目开发过程中的职责分散、效率低下,并引发一定的资金风险。

3. 项目运营结果及影响

(1) 项目实际建成规模、服务效果是否达到规划目标。这方面审计内容主要包括实际运量、运输效率、对既有线路及隧道的利用和整改情况、设备利用率、设备使用效果及其对项目运营的影响、项目维护等。例如，报告中指出，佩皮尼昂—卢森堡路线2011年实现了近37 000次的运量，比上年增长50%；阿尔卑斯路线年运次也超过了25 000次。在考查两条路线的运营能力时，报告充分考虑了两条路线所处的不同环境和条件——阿尔卑斯路线连接萨瓦和皮耶蒙，虽然路线较短，但需穿越两地之间的天然屏障——阿尔卑斯山；佩皮尼昂—卢森堡路线较长，但整体都建在平原上。两者对技术和环境的要求均不同，因此对它们的绩效审计也执行差异化标准。不过，这两条路线的实际运量并不理想。报告以阿尔卑斯铁路Aiton/Orbassno路段的运输量为例，说明项目实际运输量与预期运输量之间的差距。阿尔卑斯和佩皮尼昂—卢森堡两条线路均存在运次较少、运输任务不饱满现象，车次取消及延误现象时有发生。隧道整改和扩容后，运量并未出现显著增加。终端站台还不能完全满足货运过程中对装卸货场地和设备的需求。

（2）项目带来的经济、社会和环境效益。这方面主要是对项目建成后达到的实际运量及市场份额、实现利润情况、环保及节能指标实现情况、对国家及跨国货运交通网络发展的影响等。例如，报告指出，目前两条路线的运输量都处在较低水平，以佩皮尼昂—卢森堡路线为例，每天最多四趟列车往返于卢森堡和佩皮尼昂之间；即使到2016年，预计也只能达到8趟往返/天。2010年运量为24 500卡车，2011年为36 500卡车。截至报告时间为止，两条路线均未实现盈利。尽管货运高速铁路的运量实现了增长，但铁路公路联运在法国货运市场的份额却在降低，没能按预期显著减轻已经饱和的公路运输市场的负担。另外，这两条线路对降低二氧化碳排放、缓解温室效应、节约能耗等社会环境方面的影响还不明显。例如，在目前情况下，以年运输量50万车次为参照，预计到2020年，只能实现二氧化碳排放量降低45万吨，大大低于2010年比2005年降低1 500万吨的预期目标。

四、审计结论

报告肯定了阿尔卑斯与佩皮尼昂—卢森堡两条货运高速铁路项目的建设成果与意义，认为在里昂—都灵路线开通运营前，它们对跨阿尔卑斯地区的交通发展产生了重要影响，并为将要建设的大西洋地区高速铁路提供了参考和借鉴。在减轻公路运输负担、降低运输风险、保护环境、节约能源等方面也产生了一定的积极意义。虽然两个项目均处于亏损状态，但考虑到经济危机的影响及整个铁路运输行业的不景气，应该说它们的状况并未恶化，而是处于相对平稳的阶段，并在一定程度上促进了的经济增长。

同时，针对两个项目存在的问题，报告也提出了建议，主要包括：加强政府及相关部门对高速铁路项目的政策扶持，推动已投入运营的高速铁路路线尽快融入"欧洲地区交通网络"，促进公路运输与铁路运输的平衡发展；调整资金投入政策，逐步取消固定财政补贴，转而主要对有清偿能力的项目需求提供经济支持；推动并不断完善隧道工程及相关救援服务；提高货运铁路的运载能力，特别是接收长度超过1 000米列车的能力；提高现有及规划建设中站台的货运消化能力，并在保证质量的前提下，提高资金利用率，降低站台及轨道的建设费用；完善法国铁路网公司与项目其他建设单位的合作模式；降低其他风险对高速铁路运输服务的负面影响，如罢工、交通管理制度缺陷等。

案例来源：审计署审计科研所．国外审计动态，2013 年第 5 期。

六、领导干部经济责任审计

关注领导干部任职期间经济工作目标、各项经济指标和任务完成情况，在财政、财务收支或资产、负债、损益真实性、合法性的基础上，加强对地区、部门、单位、企业经济活动绩效性的审计和评价。关注重大经济决策情况，对领导干部任职期间作出的重大经济决策的合法性、程序性和决策结果进行绩效评价分析。关注国家环保政策的落实、资源的合理开发和利用、节能减排目标任务的实现、生态改善和环境质量的提高等情况，对资源环保资金分配、管理、使用情况进行审计和绩效评价。关注涉农、惠民的政策贯彻落实情况、重大建设项目的实施情况、地震灾后恢复重建项目建设情况，加强对相关项目的建设程序、工程管理、投资决算和工程投资绩效的审计和评价。

第四节 政府绩效审计的方法和程序

一、政府绩效审计的方法

（一）政府绩效审计方法的分类

合理选用审计方法是有效实施政府绩效审计的保证。由于绩效审计更多关注的是政府行为的合理性，绩效审计的内容和重点均不固定。所以，在审计技术方法上，绩效审计具有跨学科的特性。它更多地需要依靠社会学、经济学和管理学等多学科的知识才能实现。因此，要想开展好绩效审计，必须学会运用科学、先进的审计方法。

政府绩效审计方法按照绩效审计方法的用途可以分为信息收集方法和信息评价法，按照绩效审计方法通用性可以划分为一般方法和特殊方法。

（二）政府绩效审计常用方法

所有绩效审计方法可以归纳为以下几种：

1. 文件查阅

文件查阅方法是用来了解相关领域知识、查找资料并寻求审计判断的法律依据。法律法规是该领域若干年历史经验的总结，审计师通过文件的学习，从中可以对本审计领域有一个整体把握。也就是从大量资料中摘取对审计师有用的资料，这类文件大多是对过去情况的记录或统计资料，可以被用来说明情况，作为某些事项的证明材料。

由于这类文件的层次一般较高，如国家或地区或部门颁布的法律法规，审计师一般对此无权或没有义务进行检查评价。审计师在开展一项绩效审计之前，搞清适用和有效的法律法规文件是非常重要的。这是我国政府绩效审计的特色，绩效审计与合法性审计交织在一起，无法分开。

2. 文件审阅

这种方法是审计师对文件资料进行检查式阅读，这是任何审计的最基本也是最核心的方法。文件审阅的对象大多是被审计单位或其直接责任上级主管部门制定的，文件本身就是要审计的对象之一，或许存在某些不当之处。阅读的内容分为两类：第一，永久性文件，包括（1）被审计单位制定的章程、制度；（2）重大合约、合同。第二，临时性文件，指仅与本次审计有关的文件，包括（1）计划、预算；（2）合约、合同；（3）会议记录；（4）工作记录；（5）凭证、账簿、财务报告等财务资料等。

文件审阅方法的用途有：

（1）通过查阅有关资料，掌握审计对象的基本情况。

（2）分析制度建设和完善情况。

（3）对现行制度进行分析，指出制度本身存在的缺陷。

（4）取得事实证据，如数据、错误、不当或低效做法。

（5）通过对工作记录和结果文件资料的分析，搞清被审计单位和相关人员的现行做法，指出其不足之处。

与文件审阅有关的两点必须予以保证：

第一，审计人员接触任何资料的权利必须予以保证，加大对被审计单位可能发生的转移、隐匿、篡改、毁弃有关资料的行为的处罚力度；同时，应规定被审计单位主动提供资料的义务。

第二，必须要求被审计单位出具书面保证；所提供的资料是真实、全面和有效的。绩效审计毕竟不是财务审计，不能浪费大量时间用于核实资料的真伪，同时审计师要向被审计单位负责人讲明，对绩效审计而言，尽管也要进行绩效评价，但关键是要提出可行的审计建议，帮助被审计单位改进工作，双方的利益是一致的。如果不能保证这一点，审计师将无法做出正确的绩效审计判断。

3. 访谈

访谈，有的国家称之为"询问"，访谈有讨论之意，而"询问"过于居高临下，不太符合绩效审计探究问题的特性。访谈也是被广泛使用的审计方法。到被审计单位进行审计，向被审计单位的有关领导和工作人员进行访谈是最自然不过的事情了。访谈大多采用面谈的方式进行。访谈方法的用途有：

（1）了解被审计单位的实际情况、被审计单位对所存在问题给出的理由或原因；

（2）被审计单位对某些不同看法的辩解；

（3）帮助审计师形成对某一事物的总体看法；

（4）发现进一步审计的线索；

（5）澄清证实某些问题；

（6）帮助找到快速查阅相关文件或重要资料的途径；

（7）与被审计单位讨论和解释审计师的工作，达到沟通的目的。

访谈对象包括：

（1）被审计单位领导，一般这是首先要询问的，无论是关于被审计单位的整体审计，还是局部审计，这都是要做的第一项工作。既可以了解被审计单位的整体情况，也便于就本次审计事宜与被审计单位进行必要的沟通和交流，取得被审计单位的理解和支持。

（2）相关部门负责人。

（3）相关知情人员。

（4）被审计单位的内部人员。

（5）与被审计单位有关联的外部人员，如公务员、注册会计师、律师或法律顾问等。

使用访谈方法应注意以下问题：

第一，与文件审阅一样，也要保证审计师向任何组织和个人进行调查的权利。《审计法》第三十三条规定："审计机关进行审计时，有权就审计事项的有关问题向有关单位和个人进行调查，并取得有关证明材料。有关单位和个人应当支持、协助审计机关工作，如实向审计机关反映情况，提供有关证明材料。"这一条对绩效审计同样适用。对于不愿意接受询问，或者故意提供虚假信息的被询问人和组织要进行惩罚并追究责任。与接触文件的权利一样，国外审计法规要求被审计单位的任何人也必须接受询问，否则就可能会被罚款。

第二，要对审计师的访谈技术进行训练，研究如何将访谈中所遇到的阻碍降到最低点。各国最高审计机关都有关于如何访谈的大量技术方法，尽管有些方法显得不很正规。有的事前先进行问卷调查，然后再进行访谈。英国审计署和荷兰审计院曾经使用"深入询问"技术，以便对现有数据进行更深层次的解读。我国审计界也要运用心理学、行为科学等相关学科知识大力研究和推广访谈技术，形成审计规范，以指导审计师的工作。

第三，对于访谈中得到的信息，必须加以验证，或进行详细的分析，一是逻辑合理性分析，二是数值分析，并提出审计师自己的看法。对于无法验证的以及意见明显相悖的，审计师要慎重对待，必要时用审计报告附件的形式如实反映。

4. 二手资料的评价和使用

审计师要收集大量的被审计单位已经存在的资料，如内部审计报告、咨询师的意见等。审计师对收集到的二手资料一定要通过各种方法加以验证，或从新的角度去利用这些资料。西方国家有的使用计算机软件对二手资料进行研究以便从中得出更多的信息。荷兰审计院和法国审计法院提出了一个新名词："综合分析"，就是指对二手资料的综合深入分析，也有对以前作过的评价进行"再评价"的意思，或者对过去不同部门作的评价进行比较以解释其中的差异。审计评价如同学术评价是一样的，也要在参阅其他人所做的研究的基础上，科学全面地对二手资料予以正式评价。

评价二手资料的标准有三个：

真实。对于真实性可以从资料的出处、提供者的可信和权威性、信息系统内部控制状况等若干方面进行证实，必要时审计师可以采用抽查、访谈等方式进行核对。

合理。合理性是指对二手资料进行逻辑分析，对于逻辑上不矛盾的、符合常理和一般规律的，可以认为是合理的。

全面。使用二手资料最忌讳以偏概全、以小见大。真实的合理的不一定可用，对问题要进行全面分析，从整体上把握审计对象的真实性和合理性。这是审计师最容易犯的错误之一。

5. 调查

成功的绩效审计要求对被审计单位及其政策、目标、主要活动、主要资源以及效益的主要风险有充分的了解，这就要靠调查方法取得相关资料。调查主要采用发放调查表的形式，这是向众多对象收集资料的主要方法。我国审计界普遍认为调查表仅仅是发给被审计单位的，其实不然。由于政府审计越来越受到各方面的关注，政府审计的对象也都是与公众利益休戚相关的，因此，审计师利用调查向他们收集关于某一问题的看法，是政府审计一种常见的方法，几乎所有国家 SAI 都采用这种审计方法，只是格式和种类略有不同而已。例如，英国审计署的问卷设计好了以后，通过面对面、电话、邮件等方式向有关方面，如博物馆、美术馆、海外大使馆的用户以及使用政府服务的公司征求意见和看法。瑞典国家审计局的使用方式更加灵活多样，他们只要认为有价值，就可以向广大人群发放调查表。

调查范围可能是某个组织，也可能是一组相关的活动，或者是若干个相关组织或某一特定群体。从 20 世纪 90 年代中期开始，英国审计署使用了"关注团体（Focus Group）"的方法。所谓"关注团体"就是以某类人群作为调查研究的对象，从中总结出规律性的东西。以伦敦警察局处理公众来电为例，通过这种"关注团体"方法的研究，制定了处理公众来电的若干种方式，列出了 12 个接待来电者的规则，审计署以此为起点制定了审计师使用"关注团体"的方法指南。

调查阶段一般首先要进行初步审计，评估是否有必要进一步进行全面调查，以及确定全面调查的目标、方法、任务以及时间安排。全面调查的基本目标是获取充分和相关及可靠的审计证据以支持审计结论、意见、决定和建议。

6. 现场走访

现场走访是有目的的求证过程，它与单独的观察一样，走访中可能会询问某些知情人员，走访可以到被审计单位，也可以到其他相关单位。

现场走访方法的用途有：求证某事；找原因；听取相关单位和人员的反映；了解相关单位的要求。

7. 观察

观察主要是针对被审计单位实施的。在正式实施审计之前或之中，审计师到被审计单位的办公室、工作现场、工地、车间、仓库、相关单位等进行巡视。观察的目的是希冀从中发现蛛丝马迹，为下一步审计提供线索。这种方法虽然简单，但是非常有效，是开始进行实质调查的首选方法，如看看存货上有没有灰尘、设备是不是闲置、工作人员工作是否勤勉、工作流程是否井井有条等。试想一下，如果一个单位人浮于事、纪律松懈、管理混乱，到处乱糟糟，很难想象他们会有好的效益。观察方法的用途有：

（1）对被审计单位形成感性认识；

（2）了解被审计单位和相关人员的现行做法，如设备使用情况；

（3）现行制度的执行情况，如内部控制制度等；

（4）了解被审计单位对某一问题的态度和看法；发现需要进一步审计的线索。

观察经常是和访谈、调查等沟通类方法结合起来使用的。观察可以分为积极观察和被动观察。一般情况下，各国对于使用这种方法是极为慎重的，如果收集到的证据证明力不是很强，没有直接证据支持，如照片等，审计结论就容易引起争议，况且被审计单位对审计师到处跑也比较反感。一般情况下，来自通信、电话或面对面调查取得的经验证据不足以构成审计师形成判断的基础，审计师的分析和结论更严重依赖于文件证据。

8. 比较

进行比较是人们极为自然而然的一种思维习惯，是对某一事物无法把握时，人们寻求思维定位的必然方法选择。在绩效审计中，无论是进行效益评价，还是找原因、提建议，都希望有个参照物，帮助审计师判断，因此，它是绩效审计经常使用的方法。财务审计也使用比较方法，但是比较的对象主要是财会制度，而绩效审计的比较对象要广泛得多，只要有利于形成审计判断的都可以用来进行比较。比较方法的用途有：

（1）解释预期结果与实际结果的差异，如可行性研究和论证结果与实际使用情况的差异。

（2）现行法律法规规章制度和标准的执行情况，如发现违法违规问题。

（3）与行业先进指标进行对比，找差距。

（4）与被审计单位同类型单位进行比较。

（5）同一审计对象的各被审计单位之间工作方法和效果的差异。

（6）核对不同来源资料的一致性。

（7）通过比较渲染审计结论。

然而，我们通过对绩效审计实践的研究发现这种方法的使用并不像人们想象的那样多，而且主要集中在被审计单位之间的比较以及被审计单位与先进单位之间的比较这两个方面。因此，在使用"比较"方法时应格外慎重，特别是要选择好合适比较的对象，注意可比性，否则通过比较得出的结论就不被审计单位认可，当进行国际比较时这个问题就更加突出。而且，这种方法非常容易变成一种纯粹的分析和讨论，而不能得出有意义的确凿结论。

9. 借鉴

借鉴方法的用途是：发现不足；明确如何改进；避免犯同样的错误。"借鉴"与"比较"有相同之处，都要涉及另外一个单位，但是"借鉴"的主要目的是用相同或类似地区、行业或单位的做法作为本次绩效审计判断的依据，而不单纯是比较优劣。使用这种方法的关键是所借鉴的地区、行业或单位必须是令人信服的，比如先进的、发达的、有名的、公认的，或者是港澳台地区、国外尤其是西方发达国家的相同或类似地区、行业或单位的理念和经验。"借鉴"方法就是利用人们的思维定式，达到传达审计师意图的目的，在审计报告中是非常有说服力的。

10. 分析

绩效审计与财务审计不同，财务审计重在查证，而绩效审计重在分析找原因、提建议。分析法是绩效审计区别于其他审计的最具特色的方法之一，因此，分析方法是非常重要的。通过使用分析法，通常可以发现现象背后的深层次原因，得出总结性或结论性的东西。然而，在审计报告中，均不会明示这里使用的是分析方法，它往往潜藏在判断和结论性语言背后。

审计师在使用分析法时最容易犯的错误是习惯性地根据教科书的原理或自己想当然地下结论，没有充分结合被审计单位当时当地的实际情况，胡乱指手画脚。审计师容易犯的另外一类错误是分析的结论模棱两可，过多强调客观原因，掩盖主观故意，甚至为被审计单位开脱责任，对"事"分析较多而对"人"分析较少。第三种错误是结论过于草率，给人感觉缺乏严密的论证。

在使用分析法时，要求审计师有广博的知识和经验，有很强的综合分析能力，要做大量深入细致的幕后研究工作。最关键的是必须有明确的分析判断依据，什么是好的，什么是坏的，应该怎样，不应该怎样等。

分析方法的用途有：

（1）利于进行效益评价；

（2）指出存在的问题；

（3）进行原因分析；

（4）提出改进的建议。由于使用的分析技术和重点不同，分析方法可以进一步具体分为若干种：如统计分析、管理分析、可行性研究报告评价、固定成本分析、盈亏平衡分析、成本效益分析、工程概预算评价、环境分析、运营模式分析、体制分析等。具体情况不同，分析方法不同。这些方法大多是从其他学科借鉴的，它们可以帮助审计师搞清问题，这是绩效审计方法开放性的表现，也是与财务审计的重大区别。

11. 统计分析

统计分析方法是解决数值问题的最好工具，尤其是绩效审计。其中总额分析、比例分析、结构分析、比率分析，设备完好率、使用率、毁损率、成新率、故障率、功能利用率、机时利用率、平均月收入、平均使用人次、公开招标率等指标，这都是统计分析方法的应用。

统计分析方法的用途是从总体上对被审计单位的绩效进行评价并分析原因。对于更复杂的统计分析方法，我国审计部门也可以大胆地尝试一下，如时间序列分析、多元回归分析、相关分析、敏感分析、假设检验、建立模型等。

12. 管理分析

管理不到位、简单粗放，缺少基本的程序性步骤和管理常识是目前我国绩效审计发现的最大问题。这是由于体制原因造成的管理部门和管理人员的自然懈怠所致。这类问题的分析和揭露往往给人以触目惊心的感觉。审计机关应制定《管理评价指南》等相关文件。

13. 机构分析法

这是瑞典国家审计局在进行绩效审计的最初几年，使用相当广泛的方法。使用这种方法的主要目的是对被审计单位作广泛的了解。例如，被审计单位的工作是否与国家上级部门或议会的方针政策一致。该方法的用途有：

（1）检查该机构的工作状况和能力；

（2）对该单位的内部控制制度进行评价。

在使用该方法时，可以分别从两个方面进行：

第一，功能分析，对该机构的各个功能，如计划、组织、检查、评价、具体业务、电子数据处理等进行分析。进行功能分析的有效方法是先分析这些功能是否发挥了有效的作用，实施的效果如何，然后再进一步对功能本身进行分析。

第二，制度分析，对适用于该机构的各项规章制度进行分析，并从总体上分析该机构工作的最终效果，把该机构放在更广泛的环境中，分析该单位的制度和组织是否与要达到的目标相一致，工作方式是否有利于完成应承担的任务。通过制度分析，可以为政策修订提供建设性意见。

14. 可行性研究报告分析法

绩效审计主要是对财政资金支出效益的审计，而可行性研究报告审计是绩效审计的关键环节。我国财政支出低效的主要原因大多是可行性研究环节做得不彻底、不科学，甚至没有可行性研究，造成先天不足。在编制可行性研究报告时，许多单位本末倒置，管理决策层先凭感觉断定该项目可行，然后再编制可行性报告，使可行性研究成为项目获得批准编造理由的工具，弄虚作假、夸大效益、隐瞒缺点、报喜不报忧就不可避免地成为非常普遍的现象。一旦项目上马、完工，各种弊端便彻底暴露出来，实际效果与原先设想的相去甚远，但均为时已晚。因此，对项目可行性研究报告进行详细分析是非常重要的。审计机关应制定《可行性研究报告审计评价指南》等相关文件。

15. 成本效益分析法

成本效益分析是考核政府部门资金使用效率的方法，使用范围非常广泛，包括财务预算的执行情况分析。成本效益分析可以只对财务或某一工作进行，也可以是整体成本与效益分析，甚至是对国家经济的影响。该方法可以在事前进行，也可以事后。效益是个广义概念，是由被审计单位所确定的合理目标为基础的，有些效益可以用货币计量，有些则无法用货币计量，如自然环境改善、竞争力提高等。因此，成本效益分析方法可以使用货币性或非货币性评估方法。

16. 环境分析

这里的环境是个广义的概念，可以是自然环境，也可以是经营环境、经济环境、政治环境或者是技术环境等。对环境状况有清醒的认识可以帮助审计师对被审计单位的现状给出合理的解释，并对未来的发展趋势做出客观的预测。

17. 体制/运营模式分析

我国国有单位的问题大多可以从体制和运营模式上找到根源。审计师要在对被审计单位体制和运营模式进行详细分析的基础上，提出建议被审计单位改变现行体制和管理模式的审计意见。例如，哪个模式更适合，对产权是出租、承包、招标还是拍卖，是出售使用权还是产权，是国有独资还是股份制，是合资还是合作，是集团化还是分散化经营，是增资还是减资，为什么现在的模式是失败的，等等。对这些问题，审计师都要做出全面客观的分析论证，切忌想当然、论证不充分。

18. 咨询

绩效审计涉及大量审计师不熟悉的领域，学习是必要的。建立专家库，咨询专家是许多国家审计机关的首选做法。如进行医疗设备审计、污水处理审计、工程审计等专业性很强，审计师必然要请外部专家帮助。按照审计惯例，审计师必须对外部专家的工作进行监督，并且由审计师对审计工作总负责。

咨询方法的用途有：

（1）咨询相关知识；

（2）帮助审计师做出审计判断；

（3）确保审计报告的权威性和精确性，减少公布前出错的可能性。

咨询的方式包括直接请教；邀请专家直接参与审计工作；召开包括专家在内的研讨会，共同讨论和测试审计小组的观察和结论是否正确；召开听证会，一般是在一项审计开始前进行，以便使审计师能够尽快地获得被审计单位和相关领域的信息。

19. 抽查

抽查是审计的基本方法，但是与财务审计相比，抽查对象和证明目的是截然不同的。抽查方法也不同，财务审计大多使用随机抽样，而绩效审计中较多使用判断抽样。

20. 财务审计

中国的绩效审计与国外的绩效审计不同，大多是合法性审计、真实性审计及绩效审计结合起来的综合审计，而且评价效益的最大方面是对被审计单位是否照章办事进行检查，如内部控制状况、财务管理是否到位。一个单位财会工作好坏是其他各项工作情况的综合反映。试想一下，如果一个国家投资近10亿元的单位连续两年连起码的"现金日记账""银行存款日记账"都不设置，其他各项工作的水平和状况就可想而知了，在这种情况下不可能有效益可言。对这样的单位，严格地讲，合法性问题比效益问题更重要，更应该是审计部门关注的重点。对内部控制和财务会计资料进行核实，是我国开展绩效审计时无法回避的一项重要工作。

在绩效审计中，财务数据是说明效益情况重要的资料，也是分析效益状况原因的重要证据。对于如此重要的资料，审计师必须使用财务审计方法予以核实。因此，在审计报告中，审计师有必要声明："根据审计核实……"除非该项审计涉及财务问题不多，否则一定会用到财务审计中常用的方法，如顺查、逆查、证账表核对、函证、调节、盘存等。

二、政府绩效审计的程序

政府绩效审计活动的开展要按照审计程序进行。从审计立项开始,到完成项目审计全过程,一般分为四个阶段:准备阶段、实施阶段、报告阶段和整改检查阶段。

(一) 准备阶段

政府绩效审计的准备阶段是指从接受审计或审计立项到审计人员进入被审计单位所进行的各项审计准备工作的过程。

绩效审计的对象和内容是广泛而多样的。按照审计的管辖范围,可审计的机构包括各级政府及所属下级政府、政府部门单位及其所属机构。这些机构繁杂的工作内容可以列出数不胜数的审计项目,由于有的被审计单位业务活动具有广阔的辐射面,审计人员不得不相应扩大自己的工作范围和工作量。但审计资源是有限的,常常是缺乏的,因此要尽可能合理地、有效地使用审计资源,安排和分配好一定时间,如一个年度的工作量,做好政府绩效审计的战略规划。

审计部门应从两个方面选择审计项目:第一,进行一般性考察,收集和评估被审计单位的有关资料,了解它们的主要活动及资源状况,以此为基础制定绩效审计的规划。除了被审计单位的基本情况,制定规划还要充分考虑政府、媒体、公众的意见和要求,并参考以往的审计计划及执行。规划是滚动式的,可视为一个审计项目库。这样就为未来的审计工作提供了一个方向,布置了长期任务,据此在年度和项目上进行合理的分配,也有利于用发展的眼光筹集和优化审计资源。第二,在规划的基础上,制订每年的审计工作计划表。选择年度审计项目应符合以下五个标准:①重要性,即在政府管理、资源运用或社会需求等方面较为重要;②风险性,即较有可能存在问题;③时间性,即更需要及时解决;④增值性,即可以改善或节约的空间比较大;⑤可行性,即根据现有审计资源适当安排审计工作,分配审计资源。按照这几个标准进行项目评分,排出项目的优先次序,成为下一年度的项目计划规划和年度计划自下而上提出,最后由审计机关的高级领导研究确定。

绩效审计的战略规划是适应绩效审计内容比较广泛、未来不确定性较大以及时间较长等特点的审计项目的安排与策划,所以就需要做好与之相关的准备工作:一是考虑绩效审计项目立法和项目背景,了解审计授权人或委托人所关注的问题;二是进行审计立项的论证,确定战略计划首先要收集相关信息,获取被审计单位情况及所面临的问题,对潜在问题进行分析与排序(依据重要性、风险性、时间性、增值性、可行性),结合审计机关可利用资源确定年度审计重点和所需经费预算,制定战略计划书;5是审计机关与被审计单位讨论并确定绩效审计工作的目标与范围。

(1) 进行审前调查。

审前调查的目的是为编制具体的审计计划提供依据,应根据审计项目的规模和性质,安排适当的人员和时间,采取面谈、电话询问等方式对项目的基本情况进行审前调查,取得审计项目的背景资料,内容包括了解被审计单位或项目的一般沿革,收集有关文件资料,熟悉有关政策法规,以及业务管理和财政财务状况等。

审前调查应考虑成本效益因素，并找到最为合适的渠道。一般而言，审前调查的渠道主要包括：法律文件和政府方针政策文件；近期审计报告和评估结果；科学研究和相关调查；项目可行性研究报告和机构章程；年度报告和管理层会议记录；与被审计单位的管理层或利益相关者讨论；相对应的管理信息系统等。

（2）编制审计计划。

审计计划又称审计方案，一般由审计工作方案和审计实施方案组成，审计计划的内容主要包括审计依据、审计目标、审计范围、审计的重要性、审计风险、审计方法、审计标准、审计时间安排、审计人员要求（包括聘请专家）和审计证据等。当然，有些绩效审计目标由于审计范围较大、内容复杂，需要编制多层次的审计计划，审计计划可能被细化为审计项目计划大纲、项目实施计划、项目现场作业计划。

一般而言，在确定审计目标、掌握审计项目基本情况的基础上，进行初步分析性复核，编制审计计划，主要编写审计工作方案和审计实施方案。审计工作方案主要说明审计工作目标、审计范围、审计对象、审计内容和重点、审计组织与分工、审计工作要求等；审计实施方案主要说明编制依据、被审计项目基本情况、审计目标、重要性水平的确定和审计风险的评估、审计范围、审计内容和重点、对审计目标有重要影响的审计事项的审计步骤和审计方法、预定的审计工作起止时间、审计组组长、审计组成员及其分工、方案编制时间及其他有关内容。审计实施方案应在实施审计前经审计组所在部门领导和审计机关分管负责人批准。

（3）初步研究并发出审计通知书。

一旦审计项目被选定并编制了审计计划，审计组就要进行初步研究以便进一步了解审计所要进行的活动，明确审计过程中应注意的重大事项（审计目标、范围和重点、估计可能产生的影响，指定时间表和资金预算等），出具一份及时、完善的审计方案，并正式发出审计通知书，进驻被审计单位。

（二）实施阶段

政府绩效审计的实施阶段，又称执行阶段，是审计主体直接作用于审计客体。用审计标准衡量被审计事实的关键阶段。它是指审计人员开始进点至完成审计方案提出的任务为止的过程，这一阶段约占整个审计程序的60%～70%，在这一阶段，审计人员要完成检查、取证、分析、评价等多项工作。

1. 详细调查、测试制度、核实资料

审计人员进入被审计单位后，一是根据审计方案要求，对被审计对象的（包括准备阶段掌握的和被审计单位提供的）有关制度和数据资料进行调查审阅，并有重点地进行检查测试。使用的有关技术包括访谈、问卷、调查问卷、案例研究、文献研究、研讨会、专家（或公众）听证会等，直接观察到第一手数据信息并使用第二手数据资料的检查测试内容包括对公共管理控制制度测试，尤其对有关绩效控制的测试；二是对数据信息可靠程度进行测试，验证绩效审计所依据的财政财务与管理信息资料的真实性、准确性和可靠性；三是对客观实际情况（如决策与宏观调控程序执行等）进行测试，可采用座谈会、个别了解、现场观察等形式收集补充信息资料。

2. 围绕专题深入调查

专题是根据审计方案中所确定的重点和初步调查测试的结果综合确定的，一般围绕审计重点展开。影响政府绩效的问题往往有多个重点，每个重点又由多个因素组成。在实施阶段，可根据审计判断围绕典型专题深入现场进行详尽调查。审计人员可将调查结果列成问题式调查表，分清内外、主次和因果，并针对审计目标做好审查取证工作，对关键因素与问题的检查取证要力求充分、详尽、准确。

3. 对审计证据进行测试和评价

审计人员在占有大量资料和分析证据的基础上，对经调查的数据资料进行测试、计算，通过归纳、综合分析和对照标准，揭示矛盾，找出差距。一般的测试、分析手段主要包括：

（1）程序分析，就是按照既定的标准和合理的控制规模对管理程序进行检测，以确定其完整性、合规性、内部一致性和有效性等。

（2）利用现有数据和证据进行分析，就是指公共管理机构信息系统的数据或从单个项目搜集来的数据分析。

（3）结果分析，对被审计单位某一特定领域内一些活动的检查结果进行分析，评估其活动是否符合审计标准的要求。

（4）案例研究，就是指通过对某一特定案例进行深入理解来了解复杂事项，是在对整个领域宏观把握的前提下对某一案例进行大量说明和分析。

（5）问卷调查，通过问卷调查可以对被审计单位活动的成因、分布和各种事项的相互关系进行评价。

（6）抽样评价，对抽样对象运用绩效审计程序，并对抽样结果进行评价，以便获得足够而有效的审计证据

将经过测试分析得到的结果与审计评价标准对照，得出综合评价意见。

4. 提出意见，实地检验

经过综合分析评价，找出问题的症结，审计人员可会同专家与被审计单位有关人员提出改进的建议和办法，比较理想的是进行公开的、建设性的对话，并协助被审计单位预测建议的可行性及其实施效果。

5. 准备要点式审计工作底稿

实施阶段必须要做好记录，并根据审计专题进行小结，综合各专题的初步评价意见，形成要点式审计工作底稿。

（三）报告阶段

政府绩效审计程序中的报告阶段是指审计任务完成之后，根据实施阶段检查评价情况与问题提出改进建议和措施，编写正式审计报告，做出审计决定的过程。审计报告阶段是形成和扩大审计成果，体现审计目的，总结审计工作的过程。

1. 归纳分析综合提高

现场工作完成后，应对审计取得的数据和资料进行汇总，将各专题的调查分析、评价意见加以集中，进行综合归纳与分析，从中找到影响公共资金使用绩效的问题和

公共事业管理绩效上的薄弱环节，对照评价标准，并与被审计单位和有关专家交换意见，形成政府绩效审计结果和初步审计结论。在此基础上，由审计组准备开始撰写审计报告初稿。

2. 撰写审计报告

审计组在进行全面综合分析的基础上作出对被审计单位绩效现状的客观评价，提出切实可行的措施建议，撰写绩效审计报告。审计报告通常应包括：

（1）内容摘要。它是绩效审计报告的第一部分，绩效审计一般都不会很短，有必要在审计报告前面专门写一份报告的内容摘要，便于读者通过阅读摘要。了解审计报告的主要内容，并根据需要决定是否继续仔细阅读下面的内容。

（2）被审计事项的背景。它主要包括被审计事项或单位的基本情况、资金来源和使用情况、目前的状况等，目的是使读者对被审计事项有一个清晰的理解。

（3）审计项目实施情况。它主要是用于向读者说明审计的范围和性质，便于读者使用报告内容，并进行判断，主要包括该项目的审计依据、审计目标、范围和方式、方法以及审计起止时间、审计准则的遵循情况、审计方和被审计方的责任等。

（4）审计评价意见或结论。它是针对审计目标以审计发现的情况为基础，总括地发表审计意见或得出审计结论。

（5）审计发现的情况。它是"审计评价意见或结论"的证明，是所取得证据的汇总结果，包括审计发现的事实、导致上述结果的原因、产生的影响但是，它只是针对具体审计目标，说明得出"审计＋评价意见或结论"的根据，不说明发现的违反法律法规的具体事实。

（6）发现的违法违规问题和处理处罚意见。这是对审计过程中发现的具体违法违规问题及处理处罚意见的逐项列示，包括审计过程中查出的被审计单位违反国家法律法规规定的财政收支和财务收支行为的事实、处理处罚决定以及有关移送处理的决定等。

（7）审计建议。它是绩效审计项目的核心内容之一，它是审计结论和审计发现的情况及分析的逻辑体现，一般应该针对产生问题的原因提出来，在内容上与报告中的其他内容相呼应。所提出的审计建议应该有针对性、可操作，便于检查和衡量。

（8）被审计单位的反馈意见。它主要包括被审计单位对审计报告的看法、针对被审计单位的意见、审计报告的修改情况、审计组织不同意被审计单位意见的理由、被审计单位拟采取和已经采取的改正措施。

除上述八个方面外，对于绩效审计中发现的优秀管理方法或实践，审计报告中还应单独对其进行评论和肯定，通过公开的审计报告，将好的做法或审计经验进行推广。

3. 审计报告的公开

绩效审计报告应向社会公开，在保证遵循国家相关保密制度的前提下，尽可能将政府绩效审计报告全文公开，特别是注意公开被审计单位的目标实现情况和偏差，以及被审计单位的反应。

审计报告的公开形式有多种选择：一是通过审计署主办的纸质媒体向社会披露；

二是通过审计署网站或地方审计机关网站公布政府绩效审计报告;三是在年度中期或期末汇总各地绩效审计报告并集中、公开地发布。

(四) 整改检查阶段

政府绩效审计程序中的整改检查阶段是指审计结论下达后,对被审计单位执行审计结论的情况进行审查评估的过程通过后续审计来检查审计结论的质量,监察审计建议是否为被审计单位所接受,是否切合实际,是否获得应有的绩效。

整改检查阶段又分为两个步骤:第一步,审计人员应确认被审计单位已经对报告中提出的意见采取了行动并评价这些行动的效果;第二步,当被审计单位对报告中某些或全部事项没有采取行动时,审计人员要确认被审计单位已经承担了不采取行动的风险。审计人员应及时出具报告向被审计单位的主管部门或有权监督被审计单位的部门反映,以有效保证报告中审计意见的落实。后续审计的步骤通常是取得被审计单位的书面回复、通过面谈等方式与被审计单位探讨回复中的有关问题,对纠正行动和与重大发现有关的事项进行现场审计,报告后续审计发现。

第五节 政府绩效审计的成果

一、在服务经济发展方面

通过开展对财政专项资金和政府投资项目的绩效审计,不仅严肃查处了损失浪费行为,还起到了促进节约资金、减少损失浪费,提高资金效益的目的。在资源环保包括土地出让、生态公益、环境治理专项资金审计中,促进了资源节约和环境保护工作。同时,通过分析审计过程中发现的普遍性、倾向性问题,提出合理的审计建议和意见,推动完善财政经济管理制度,从机制上、体制上促进各项改革顺利进行和发展。

二、在服务民生方面

通过开展对社会保障资金、救灾资金、新型农村合作医疗资金、支农专项资金等的绩效审计,关注各级政府制定的政策和资金投入效果,充分发挥审计监督职能,促进各项为民惠民利民的政策和措施落到实处,促进社会和谐建设,解决了人民群众最关心、最直接、最现实的问题。

三、在促进社会主义民主政治和推进党风廉政建设方面

开展对领导干部经济责任履行情况的绩效审计,促进领导干部在经济决策、依法行政、依法理财上,更加注重经济性、效率性和效果性,确保规范、廉政、依法、民主、有序地运用人民赋予的权力用来为人民谋利益、保证权力正确行使、让权力在阳光下运作。

复习思考题

1. 简述绩效审计的职能和作用。
2. 简述绩效审计程序的主要内容。
3. 简述选择和确定政府绩效审计项目应考虑的因素有哪些。
4. 简述非营利组织的绩效审计评价指标体系。
5. 简述经济责任审计的原则。

案例分析题

1992年9月4日,中国政府与亚洲开发银行签署了某省热带作物发展项目(以下简称"热作项目")的《贷款协议》。同年12月4日,中国人民银行转贷给省农垦总局。热作项目开始实施的时间是1992年10月,贷款总额5 500万美元,贷款期限25年。项目计划投资总额59 919.24万元,其中,亚行贷款5 500万美元(折合人民币30 041.55万元),项目实际完成投资89 386.6万元,其中,亚行贷款5 500万美元(折合人民币47 015.5万元)。项目按计划于1997年12月完成。

根据可行性研究报告,热作项目的基本任务包括更新种植橡胶、剑麻等农作物35 400公顷,建设一批与相关农作物配套的加工厂和生产线,采购一批物资设备和车辆。

截至2005年12月,该省农垦总局应付热作项目贷款的本息和承诺费共4 673.95万美元(折合人民币37 388.62万元),已付1 542.49万美元(折合人民币12 339.95万元),欠交3 131.08万美元(折合人民币25 048.67万元)。

问:针对该案例,政府绩效审计应关注哪些事项?审计方法有哪些?

第五章

财 政 审 计

学习目标
1. 了解财政审计的概念、对象和内容。
2. 了解财政审计的特点、方法。
3. 掌握本级和下级财政预算执行情况。
4. 掌握开展政府财政审计的步骤和方法。
5. 了解税务审计、海关审计、国库审计等专项审计内容。

重要概念：财政审计本级预算执行情况审计；对下级预算执行情况审计；税收审计；海关审计；国库审计

第一节 财政审计概述

一、财政审计的含义及地位

财政审计又称财政收支审计，是审计机关依照《宪法》和《审计法》对国家财政收支的真实性、合法性和效益性所实施的审计监督，是政府审计的一种形式。财政收支，是指依照《预算法》和国家其他有关法律法规规定，纳入预算管理的收入和支出，以及下列财政资金中未纳入预算管理的收入和支出：行政事业性收费；国有资源、国有资产收入；应当上缴的国有资本经营收益；政府举借债务筹措的资金；其他未纳入预算管理的财政资金。根据我国现行的财政管理体制和审计机关的组织体系，财政收支审计包括本级预算执行审计、下级政府预算执行和决算审计，以及其他财政收支审计。

财政审计是国家审计的基本职责和永恒主题，是审计机关的第一位任务。从财政在国家经济社会发展中的地位来看，聚财的目的是更好地执政，执政的目的是服务人民。只要国家存在，为国家运转提供保障的财政就存在，对财政进行审计监督的需求就存在。从国家审计的本质来看，国家审计本质上是国家治理这个大系统中一个内生的，具有预防、揭示和抵御功能的"免疫系统"，其基本职责是推动完善国家治理。而财政是国家治理的基础和重要支柱，对财政进行审计监督，符合国家审计的本质要求。从国际通行做法来看，世界各国无一例外都是将国家财政审计作为国家审计的主要职责，有的将国家审计定义为国家财政监督。

以此来看开展财政审计的作用主要体现在以下三个方面：（1）有利于整顿和规范财税秩序，促进依法行政和依法理财；（2）有利于促进财政领域各项改革的逐步深化和稳步推进，发挥审计的建设性作用；（3）有利于规范政府活动的范围和方向，提高财政资金使用效益和政府施政效果。

二、财政审计的对象及内容

财政审计的对象主要是参与国家财政收支管理和与财政收支有关的经济活动的各级政府及有关部门、各级财政的预算单位和其他管理分配使用财政资金的单位。主要包括：

（1）管理分配使用财政资金的本级政府及其组成部门、直属机构，下级政府和其他有关部门、单位；

（2）负责征收财政收入的税务、海关和其他有关部门、单位；

（3）其他取得财政资金的单位和项目等。

财政审计的内容具体包括以下几个方面：

（1）本级政府财政部门具体组织本级预算执行和决算草案情况。掌握预算执行的总体情况，揭示财政管理、预算执行、资金分配以及决算草案编制等方面存在的突出问题。

（2）本级政府发展改革部门组织分配本级政府投资情况。掌握投资总体规模，揭示组织投资分配过程、投资计划下达、项目审批程序和投资项目的效果等方面存在的问题。

（3）税务、海关等部门组织财政收入情况。主要围绕税收部门的税收计划完成、税源管理、税收政策执行、税收征管制度执行以及税收退库等情况；海关部门的关税等税费征收、关税法规政策的执行、对进出口货物的监管等情况，进行审计。

（4）下级政府预算执行和决算情况。主要揭示下级政府和财政部门在贯彻国家统一政令和执行上级政策、管理和使用上级转移支付资金等方面存在的问题。

三、财政审计的特征

财政审计是国家审计的基本职责，在国家审计职责结构中居于主体地位，是国家审计发挥作用的载体，引领着国家审计的发展方向。从审计学科体系角度讲，财政审计是一门专业审计，有其独特的审计理论与方法；从审计工作角度讲，财政审计是审计工作的重要组成部分，是对财政收入分配和再分配所实施的监督活动，有其自身的特征。

（一）财政审计主体具有权威性

财政审计作为对公共财政资源进行的审计监督活动，是国家审计的重要组成部分，由国家委托授权实施，以国家授权为依据开展的审计监督活动。财政审计的上述特征与国家审计的权威性紧密相关，它既是财政审计的本质特征，也是财政审计活动得以顺利进行的重要保证。

（二）财政审计客体具有多元性

财政审计所作的客体不是单一的而是多元的，体现出多元性的特征。这种多元性是由财政审计所承担职责的多元化决定的。财政审计既承担着对财政资金分配和使用情况的监督任务，又是社会公众监督政府行使公共权力情况的重要工具，兼顾微观与宏观、经济与政治、政府与公众等多个层面，多元职责的履行决定了财政审计的对象必然是多元的。

（三）财政审计目标具有公共性

财政审计所依托的是政府财政受托责任关系，它是公共受托责任中由政府财政经营和管理的部分。财政审计的目标从公共利益角度来界定，体现了国家意志，以公共利益为基础，从属于公共受托责任目标，以实现和维护公共利益为出发点和落脚点。

四、财政审计的发展历程

回顾我国财政审计工作的发展道路，主要经历了从试点到全面铺开、由浅入深、从"上审下"到"同级审"与"上审下"并举的发展过程。

财政审计"同级审"，是指审计机关对本级政府及其部门（含直属单位）的预算执行情况和决算草案以及其他财政收支情况进行的审计监督。"同级审"将预算执行作为审计监督的切入点，揭示预算编制、预算执行和决算草案编制等方面存在的问题，提出建议，促进完善预算管理，推进财政预算制度改革。

财政审计"上审下"，是指审计机关对下级政府的预算执行情况和决算以及其他财政收支情况进行的审计监督。"上审下"以地方财政收支的真实性和完整性为切入点，主要目的在于促进下级政府及其财政部门贯彻落实国家的统一政令和财税政策、规范管理和合理使用上级转移支付资金等。其主要经历了以下三个发展阶段：

第一阶段是边组建、边工作和抓重点、打基础阶段。1983~1989年，各级审计机关主要通过采取对部分地区财政收支进行审计的形式，开展财政审计工作，审计覆盖面在10%左右，以此积累经验，摸索财政审计工作的路子。

第二阶段是审计机关依法独立开展对下级政府财政收支审计工作阶段。1989~1995年，各级审计机关依照《中华人民共和国审计监督暂行条例》规定，独立行使财政审计监督权，开展对下级政府财政收支的审计监督工作。随着审计工作的逐步深入开展，地方各级政府及其财税等部门基本上习惯和适应接受财政审计监督，同时审计机关也积累了较丰富的财政审计工作经验，初步摸索出了财政收支审计工作的路子，财政收支审计的地位和作用不断提高，审计权威性也得到了加强。

第三阶段是1995年《审计法》颁布实施，财政收支审计开始实行"同级审"与"上审下"相结合的审计监督制度，改变了以往单一的"上审下"制度，扩大了财政收支审计领域，增强了财政收支审计力度，我国财政收支审计工作由此进入一个新的历史发展时期。各级审计机关以"两个报告制度"为中心，即向本级政府提出预算执行情况审计结果报告和受政府委托向人大常委会提出预算执行和其他财政收支情况审计工作报告，积极开展了对本级预算执行情况的审计监督工作。

我国各级审计机关在党中央、国务院和地方各级政府的领导下，认真贯彻党的路线、方针、政策，积极实践，勇于探索，创造性地开展财政审计工作，对于整顿经济秩序，严肃财经纪律，加强预算管理，深化财税体制改革，保持国民经济持续稳定增长，发挥了重要作用。特别是 1995 年实施"同级审"以来，审计覆盖面基本达到 100%，审计领域不断拓宽，审计重点更加突出，审计机关为各级政府加强财政管理和人大进行行之有效的监督提供了重要依据，充分发挥了财政审计在国家宏观调控中的保障监督职能，受到社会各界好评。

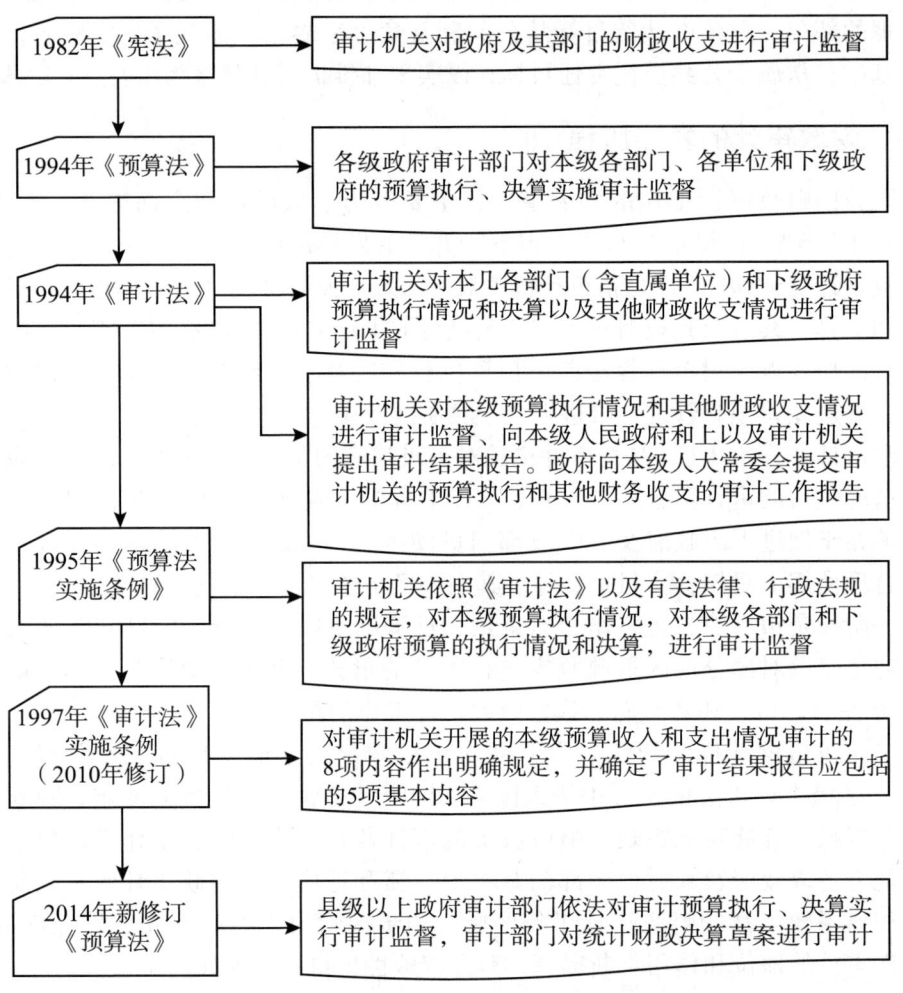

图 5-1　我国对政府预决算进行审计监督的法律沿袭

第二节 本级财政预算执行情况及决算草案审计

一、本级财政预算执行情况审计

本级财政预算执行情况审计，是审计署和地方各级审计机关分别在国务院总理和本级政府首长的领导下，对本级财政预算执行情况实施的审计。根据《审计法》第十六条、第十七条规定，审计机关对本级各部门（含直属单位）和下级政府预算的执行情况和决算以及其他财政收支情况，进行审计监督；审计机关是本级预算执行审计的主体。审计的客体，包括审计的对象和内容，本级预算执行审计的客体是本级政府主管财政预算执行的机关，以及其他预算执行机构，执行预算收支情况和组织预算平衡情况，预算执行部门贯彻执行党和国家财政政策和法规情况以及预算执行部门的预算管理、会计核算情况，其他财政资金筹措、分配及其使用情况等。

（一）本级财政预算执行情况审计的原则与目标

本级财政预算执行情况审计作为国家财政管理的一个重要环节，应当有利于政府对本级财政收支的管理和本级人大对本级财政收支的监督；有利于促进参与预算执行的部门依法有效履行预算管理职权，促进各部门依法行政，严格预算执行；有利于实现本级预算执行和其他财政收支审计监督工作的法制化。本级财政预算执行情况审计的目标在总的指导原则下可以细化为核实财政收支、查处和揭露问题并制约权力、综合分析评价和提出建议、促进改革等多个目标。各目标之间相辅相成，共同推动审计工作的开展。

（二）本级财政预算执行情况审计的时间和范围

1. 本级财政预算执行情况审计时间

根据我国预算管理制度的规定，年度政府预算编制完成并按法定程序批准后，直至年度决算编制完毕并按法定程序批准之前，属于预算执行的时间。对本级预算执行的时间范围，可以是预算执行的全过程，也可是预算执行过程中的某一时段。《审计法》规定政府向人大常委会作预算执行情况的审计工作报告，主要目的是加强人大对政府预算执行情况的审查监督。而人大对政府预算执行情况的审查监督，主要是监督政府的年度财政活动是否符合年度预算确定的范围和方向。因此，对政府财政行为的审计检查，应是全年预算执行结果的审计全过程。

2. 本级财政预算执行情况审计范围

本级预算执行情况审计的范围可以根据本级预算的组成、本级预算执行的组织机构、本级预算资金运行的过程来分别加以确定。（1）本级财政预算组成，包括本级政府的财政预算执行情况、政府部门的财政预算执行情况、财政资金使用单位的财政预算执行情况。(2) 本级财政预算执行组织机构，包括财政部门具体组织本级财政预算执行情况，税务、海关、国库参与组织本级财政预算执行情况，本级各部门、各单位的部门单位财政预算执行情况。(3) 本级财政预算资金运行过程，组织财政预算收入情况、批复财政预算支出情况、拨付或转拨财政预算资金情况、财政预算资金的使用情况和决算批复情况。

（三）本级财政预算执行情况审计的主要内容

按照预算执行的组织机构划分，预算执行涉及财政、税务、海关、国库等部门，由于这些部门和单位在预算执行中的职责不同，在本级财政预算执行情况审计中所涉及的内容也有所不同。

1. 对财政部门的审计

根据《预算法》的规定，各级政府财政部门具体编制本级预算、决算草案，具体组织本级总预算的执行，提出本级预算预备费动用方案，具体编制本级预算的调整方案，定期向本级政府和上一级政府财政部门报告本级总预算的执行情况。对财政部门的审计可以着重从以下几个方面入手：

（1）预算批复情况，主要对财政部门向本级政府各部门批复预算情况、年终调整变化情况进行审计。一般包括：核实年终预算调整数，审查有无改变预算使用方向；保留待分配预算数是否合理、适度；用当年超收安排的支出预算，是否符合全国人大关于预算收入超收部分使用方向的要求。

（2）预算收入情况，主要对财政部门直接组织的非税性收入的征管情况和预算收入退库情况进行审计。一般包括：各项专项收入是否依法计征、足额入库，有无隐瞒、转移预算收入；企业亏损补贴是否按预算、按实际亏损情况办理收入退库，有无虚列企业亏损补贴，转移财政资金；办理国有企业所得税退库的依据是否合法，有无用非法手段转移预算资金；有无用冲退收入的办法解决应由支出预算安排的资金。

（3）预算支出情况，主要对财政部门办理的本级预算支出情况进行审计。核实本级各项预算支出数同支出列报数依据是否一致；重点审查公共财政支出结构是否合理，财政支持农业、教育、科学事业发展资金的投入使用情况，财政资金是否存在闲置、浪费和效益低下的问题；财政部门是否严格按照批准的年度预算和用款计划拨款，有无随意改变支出用途；重点检查财政部门是否严格按照批准的年度预算和用款计划拨款，有无无预算、无计划、超预算、超计划的拨款，以及随意改变支出用途；有无向非预算单位拨款或越级办理预算拨款；有无擅自增加对本机关、本系统拨付资金。

（4）补助地方支出情况，主要对税收返还、体制补助、专项补助、结算补助和其他补助的年终决算情况进行审计。一般包括：核实每一个结算项目，文件依据是否准确，基础数据是否可靠，结算办法是否合理，有无随意性大、资金分配不公平、不合理的问题；有无将应由预算安排的支出，在年终通过结算解决的问题；有无采取不正当手法，通过结算为本机关、本系统拨付资金的问题。

（5）预算资金平衡情况，主要对本级预算当年收支平衡和资金平衡情况进行审计。通过审计核实财政赤字或结余情况和年终资金结存情况，包括：财政赤字和债务规模是否突破预算，有无采取虚收虚支的办法人为调节赤字和债务规模；资金结存是否真实，暂存暂付是否及时清理，有无将应作预算收入的资金长期挂在预算暂存的问题；有无通过预算暂存、暂付办理资金拨付，以此脱离预算监督的问题；有无以预留收入、虚列支出等方式，将预算内资金转入暂存或预算外，逃避各方面监督的问题等。

（6）其他财政收支情况，主要对市财政专户管理的预算外资金的收支情况进行审计。审查核实预算外资金和政府基金的管理是否符合国家规定，有无将应作预算内收入的资金挂在预算外专户管理的问题，有无违反规定将预算外间隙资金拆借或周转使用等问题。

2. 对税务系统的审计

税务审计是具有法定审计权限的审计机关，依照国家法律和法规对税务机关的税收工作、财务收支和内部管理进行强制性的全面检查和监督，提出评价意见，并作出具有法定效力评判的审计活动，是一种针对税务机关工作所进行的、具有极强独立性、权威性、强制性的法定监督与评价活动。对税务系统的审计主要有以下几方面：

（1）税收计划完成情况，主要对税务系统负责征收的各项税收的征收数、入库数、财政部门列报数以及企业主管部门决算汇总数等进行审计分析。一般包括：审查税务部门负责征收的各项税收的征收数、金库入库数、财政部门列报数以及企业主管部门决算汇总数是否真实一致，分析造成超收或短收的主要原因，有无隐瞒、截留或挪用税收收入的问题；检查有关税收收入增长与构成主体税源的经济增长是否相适应，分析低于或高于经济增长的原因。

（2）税收政策执行，主要对税务部门执行国家统一税收政策情况进行审计。一般包括：税务部门是否依照法律、行政法规的规定，及时、足额征收税收；有无随意变通或自定税收政策、乱开减免税口子、变相扩大减免税范围等问题；有无受地方政府干预，改变法定税率和侵蚀税基，影响上一级政府税收的问题。

（3）税收征管情况，主要对税务部门执行《税收征管法》及各项具体税收法律、行政法规和部门规章情况进行审计。一般包括：税务部门是否依照税收征管法严格税收征管，有无扭曲、变通征管办法，低率预征、以缓代免、变相包税，造成税款流失的问题；有无税收计划完成后不征或缓征税款的问题；税收的征管范围和入库级次是否符合国家统一规定，有无混淆征管范围和入库级次挤占上级财政收入的问题。

（4）税收退库情况，主要对税务部门执行税收提退政策及管理使用情况进行审计。一般包括：税务部门的各项提退是否合法、合理，有无以"超收""误收"为名，违规办理退税，人为调节税收收入的问题；有无违反规定，为本部门、本单位办理各项税收超收分成或增长分成退税的问题；有无多提退滞补罚收入和代征、代扣手续费的问题等。

（5）税收征管制度的运行，主要审查各项税收政策和征管制度是否合理、完善，有无存在漏洞，造成国家税款流失方面的问题。

3. 对海关系统的审计

海关是国家关境进出的监督管理机关，各级海关代表国家依照《中华人民共和国海关法》和有关法律、法规规定，对进出我国关境的运输工具、货物、行李物品、邮递物品和其他物品行使监督管理权力，对进出关境的货物及物品征收关税和其他税费，查稽走私。海关审计，就是审计机关对海关总署及其所属各级海关的关税和其他税费的征收管理活动，以及与税费征管有直接关系的海关监管活动进行的审计监督。主要包括以下几个方面：

（1）关税、进口环节税及其他税费征管，主要审计海关是否依法征收、及时足额缴纳税款；是否严格执行进口货物担保制度；是否严格依法办理缓税、退税；是否隐瞒、截留、挪用税收收入或罚没收入以及税收任务的完成情况等。

（2）关税及进口环节税的减免，主要对各级海关执行国家的关税减免政策情况进行审计。重点审查海关批准的各类减免税，是否严格执行国家规定，有无违反规定、放宽条件、突击审批，以及擅自延长国家明令废止的关税优惠期限的问题。

（3）保税货物监管，主要对海关办理各种到期加工贸易合同核销手续及监管保税仓库、保税货物情况等进行审计。重点审查各种加工贸易合同是否严格按政策制度规定及时办理核销手续；对实行进口许可证的货物有无无证放行的问题；保税仓库存放货物是否合规，有无将非保税货物存入保税仓库，或将保税仓库中的货物擅自转卖的问题。

4. 对国库的审计

国库审计，指审计机关依据国家法律、行政法规和各种部门规章制度，针对国库部门办理预算资金收纳、划解和拨付的真实性、合法性进行的审计监督。主要关注以下几个方面：

（1）预算收入缴纳与划分，主要审查国库是否准确及时地收纳各项预算收入，有无由于国库监督不力、审核把关不严，造成延迟上缴库款或开设过渡户延迟上缴等问题；审查国库是否按照财政管理体制的规定，将预算收入在中央与地方以及地方各级财政之间进行正确的划分；审查支库及支库以上国库机构，是否及时向财政部门和上级国库报告和解缴库款，有无延迟上缴等问题。

（2）预算收入退库，主要审查国库办理的预算收入退库项目是否符合规定范围，有无审核把关不严、超越权限审批等情况；审查国库办理的预算收入退库是否真实及所退款项的去向，有无退给财税部门谋取小团体利益的问题；审查国库是否存在把关不严，办理财政机关自批自退的退库事项等。

（3）预算资金拨付，主要对国库是否按照预算资金拨付原则，办理预算拨款及其办理预算拨款的办法和使用范围是否符合规定等进行审计。

5. 对本级部门单位的审计

（1）预算批复，在核实财政部门批复预算数的基础上，对主管部门向所属预算单位批复预算情况进行审计。主要检查主管部门是否向所属预算单位及时批复预算，有无层层预留待分配预算指标或将待分配预算转作其他用途的问题等。

（2）转拨预算资金，主要检查主管预算单位是否按照预算和财政制度的规定转拨资金，有无资金不及时拨付到位，挤占、挪用的问题；有无超越预算级次拨款和向非预算单位拨款的问题等。

（3）预算资金使用，主要检查基层预算单位和主管部门机关是否按照预算、财政制度所规定的支出用途使用预算资金。重点检查资金的使用方向是否合理，是否符合规定的开支范围和标准，有无挪用财政专项资金的问题；资金的使用效益如何，是否达到应有的社会行政效果。

（4）部门单位上缴预算收入，主要审查有预算收入上缴任务的部门、单位是否依照法律、行政法规，及时、足额地将应上缴的预算收入按规定的预算级次、科目、缴款方式和期限缴入国库；有无截留、挪用或者拖欠等问题。

案例拓展 5 – 1：

创新审计手段　提高审计质量
——某自治区审计厅开展2013年度本级预算执行审计案例

财政审计是法律赋予审计机关的一项重要职能，是国家审计永恒的主题。随着我国社会主义市场经济体制下公共财政框架的建立，如何以新的理念和手段提高财政审计质量成为一个新的课题。2014年3月至5月，自治区审计厅在开展2013年度自治区本级预算执行和其他财政收支情况审计过程中，在全面把握总体情况的基础上，围绕自治区党委政府关心、社会关注的普遍性、倾向性问题开展审计，从体制、机制、制度层面提出改进财政管理的审计建议，为自治区党委政府进行宏观决策服务。

做好调查　确定重点

自治区审计厅审计组在开展审前调查时，主要完成以下工作：

首先，根据审计目标，按职责分工建立台账，归集财政、税务部门的各收支数据库和业务数据库，对比分析近几年财政、税务部门信息化建设存在的薄弱环节。

其次，重点了解财政、税务部门的业务和财务操作系统、数据库类型、数据库规模、数据库备份方式等情况，获取由被审计单位自行采集的备份数据，对出现的三种不同情况分别处理：第一种情况是可以直接导入现场审计实施系统（AO），第二种情况是需要转换才能导入 AO，第三种情况是无法获取备份数据或 AO 中没有转换模板而且短时间内无法转换。

再其次，走访自治区人大财经委、自治区财政厅、自治区发展改革委等部门，听取有关财政管理等方面的意见和建议；征询各市政府及其发展改革委、财政、审计等部门的意见和建议，了解现行财政管理体制下本级预算执行、财政决算、财政转移支付、财政专项资金、政府性债务资金管理等存在的问题。

最后，列出清单要求被审计单位提供所需资料，召开被审计单位不同层次人员的座谈会，根据实际需要走访调查，总结梳理调查情况，为发现疑点和调整审计重点打下基础。

审计组根据调查情况，决定以审查预算编制的科学性、预算执行的有效性为切入点，在内容上重点审查财政部门是否建立全口径政府预算体系、盘活财政资金存量、合理分配财政资金、优化配置财政资源和预算单位是否真实反映收支、控制行政运行成本、提高资金使用绩效等，根据中央有关规定重点审计"三公"经费、会议费、培训费的支出，重点审计新增政府性债务的举借和使用等。

创新手段　彰显成效

审计人员在 2013 年度自治区本级预算执行和其他财政收支情况审计中，一方面利用计算机审计系统从总体上审计了公共资金、政府性基金、国有资本经营资金、社会保险基金、政府性债务资金等，另一方面通过部门预算管理系统、国库集中支付管理系统、部门决算管理系统、非税收入收缴管理系统、总账管理系统等抽查审计了 113 个自治区直属一级预算单位，从而有效扩大了审计的覆盖面，拓展了审计的广度和深度，在审计技术手段上也取得新的突破。

（一）利用 AO 实施审计

审计人员在现场审计中，直接运用相应的转换模板将电子数据导入 AO 并进行核查、分析和排疑，重点核查预算单位的年末结转结余、往来账款等情况，发现预算单位年末结转结余较大、未及时清理往来账款等问题。审计人员经审计核实，113 个自治区直属一级预算单位 2013 年末结转和结余资金共计 114.98 亿元，大量财政资金结转结余在预算单位。这不仅影响财政资金的使用绩效，还容易产生挤占挪用、损失浪费财政资金等问题，应进一步盘活预算单位结转结余资金。审计人员以项目资金为线索追溯审计往来账款，发现部分财政资金的挂账年限超过 10 年，甚至有 929.10 万元财政资金无法查清已暂付的单位。

（二）运用 SQL Server 数据库实施审计

审计人员将自治区本级的预算指标管理系统、国库集中支付管理系统、公务卡管理系统、总账管理系统、非税收入收缴管理系统、工资统发管理系统 6 个子系统的备份数据导入到 SQL Server 数据库中，对备份数据进行关联、汉化等整理操作后将数据导入到 AO，利用自治区审计厅设计开发的"方正春园"采集模板将生成的 3 张审计分析中间表导入 AO 进行账表重建和分析，之后利用 SQL 语句的查询分析功能查出部分自治区直属部门取得非税收入应缴未缴国库 7.05 亿元、应缴未缴财政专户 2.70 亿元，公务卡使用率较低等问题。

审计人员将自治区本级的部门预算管理系统、国库集中支付管理系统、部门决算管理系统的备份数据导入到 SQL Server 数据库中，对备份数据进行关联等整理后将数据导入到 AO，之后利用 SQL 语句的查询分析功能查出部分自治区直属部门有 10 个单位的经营收入 3.57 亿元未纳入部门预算管理，有 5 个单位的经营收入 957.41 万元虽在单位的部门预算反映但未在该单位所属部门年终决算报表反映等问题。

（三）使用 Excel 电子表格实施审计

审计人员根据中央有关规定重点审计"三公"经费、会议费、培训费的支出，直接登录部门决算系统，将 2012 年、2013 年的"自治区本级'三公'经费公共预算财政拨款支出情况表"导出为 Excel 表，据此对比分析 2012 年、2013 年自治区本级"三公"经费支出的变化情况，经过深挖细查，最终查出某单位以会议费的名义套取现金发放本单位领导班子成员津贴补贴共计 26.5 万元的问题。过程如下：

首先，发现并锁定疑点。审计人员通过 AO 审计国库集中支付管理系统，筛选会议费、培训费支出较大的自治区直属部门和单位，发现某大学二级学院的会议费、培训费支出异常，比同类学院的会议费、培训费支出都大。于是，审计组及时调整审计内容，安排业务骨干核查国库集中支付管理系统涉及会议费、培训费支出的后台数据库，查询该学院会议费、培训费的具体支出情况。

其次，跟踪并核实疑点。审计组决定迅速对该学院进行延伸审计调查，全面详细地审查该学院当年召开会议、举办培训的情况，发现该学院在一次会议中有在某百货公司违规购买日常用品作为会议纪念品发放的发票报账，而且金额较大，发票上写的品名是两种日常用品，单价均为整数。是购买会议纪念品还是另有他用？审计组决定深入该百货公司进行实地调查核实，按发票的品名核对该购买时间的商品出库单，没有发现该发票品名出库的记录。在证据面前，该百货公司只好承认该学院并非真正购买发票上写的两种日常用品，而是购买购物卡。至此，真相露出。

最后，揭露真相并移送处理。获取初步证据后，审计组又返回该学院调查核实相关情况。在审计组出示的确凿证据面前，该学院只好承认以购买会议纪念品打入会议费的方式购买购物卡发放给本学院教职工。审计人员怀疑购物卡没有真正全部发放给该学院教职工，于是要求该学院提供购物卡发放签收表。该学院表示没有发放签收表，因为当时未要求领取人签名。审计人员觉得，没有签收表就发放钱物，这肯定违反财务制度规定，其中必有问题。在审计组的耐心说服下，该学院最终承认以会议费的名义套取现金发放本单位领导班子成员津贴补贴共计 26.5 万元的问题。审计组按规定将此问题移送相关部门处理。

审计人员通过审计还发现部分自治区直属部门和单位未按规定严格控制会议费、培训费的支出，34 个单位的会议费支出超出预算，41 个单位的培训费支出超出预算，部分单位将会议费用于接待、培训等支出共计 576.31 万元，部分单位将培训费用于接待、会议、考察等支出共计 722.13 万元，少数单位在非定点宾馆或五星级宾馆开会等问题。

（四）将审计与调查结合进行

审计人员在审计自治区本级 2013 年对 14 个地级市的专项转移支付资金后，筛选出专项转移支付资金量较大和较为集中的 3 个市进行延伸审计和调查，由此发现 3 个市未及时拨付和使用中央、自治区共计下达的 2.82 亿元专项资金，项目实施单位占用 127.65 万元专项资金和项目配套资金，25 个专项资金项目未按规定进行政府采购（涉及金额 3 041 万元）等问题。

督促整改　规范管理

自治区审计厅关于 2013 年度自治区本级预算执行和其他财政收支的审计工作报告，得到自治区人大常委会的充分肯定，在《广西日报》《南国早报》等媒体公开披露后引起社会的广泛关注。

自治区财政厅等有关部门高度重视审计发现的问题，列出整改时间表，使大部分问题得到了及时整改,并出台了有关加强"三公"经费管理、专项资金管理等多个文件,进一步加强了财政资金绩效的管理。

案例来源:某自治区审计厅。

二、本级财政决算草案审计

(一)本级财政决算草案审计概述

根据《预算法》第七十七条规定,本级财政决算草案审计,是指各级审计机关对同级财政部门编制的本级决算草案在报本级政府审定前进行审查和发表意见的审计行为。它是财政审计范畴的一种新的审计类型,审计对象是本级决算草案,即本级政府未经法定程序审查和批准的预算收支的年度执行结果。本级财政决算草案审计主要以本级决算报表为基础,通过对构成决算报表各个项目内容的检查,评价决算草案编制的真实性、准确性和完整性,探索对本级政府决算整体情况发表审计意见,从专业角度为政府审定和人大常委会审查、批准本级决算草案提供实质性参考依据,更多地体现为一种体制内的经济鉴证职能。

(二)本级财政决算草案审计目标及内容

本级财政决算草案审计的目标是促进政府预、决算的全面规范、公开透明,提升政府治理水平。通过对财政决算草案的检查,来评价该草案的真实性和完整性,从总体上发表审计意见,具体对下列两个方面发表审计意见:(1)财政决算草案是否按照适用的会计准则和相关会计制度的规定编制;(2)决算草案是否在所有方面公允反映政府的财政状况和现金流量。审计评价标准与《预算法》对决算草案编制的要求是相衔接的,即收支真实、数额准确、内容完整、报送及时。

在审计内容上与人大常委会对决算草案的审查内容,是基本一致,具体涉及以下几个方面:(1)审查决算收入是否真实、完整;(2)审查决算支出是否真实;(3)审查收支结余是否真实、完整;(4)审查资金年终活动是否合法,各项往来款项是否合规,以及财政存款及开户是否正常、合规;(5)审查决算资料是否完整,决算编报是否符合规定程序等。但本质上又是有区别的,前者是政府内部自身的监督,通俗地说是自查自纠,后者则是国家权力机关行使对政府预、决算监督的途径和手段,前者为后者服务,不能相互混淆。

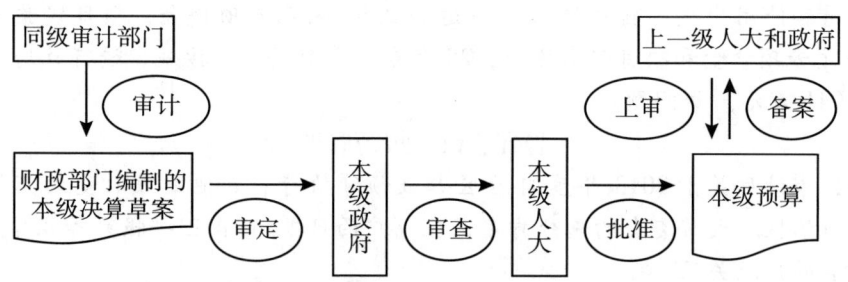

图 5-2 新修订的《预算法》构建的我国政府决算监督体系

（三）本级财政决算草案审计的意义

1. 彻底破除了审计部门不能对同级财政预、决算进行审计监督的思想和制度桎梏

我们对 1982 年宪法颁布以来，财政预、决算审计监督相关的法律进行了梳理，不难发现长时间以来，因对宪法中审计监督条款的理解不尽一致，对审计监督对象和内容的界定相对保守：基于各级审计机关是政府的组成部门，认为其只能对本级各部门和下级政府的预、决算实行审计监督，而不能对本级政府预、决算进行审计监督。这种形而上学的僵化思想，忽视了各级审计机关行使审计监督权的独立性以及各级政府编制和执行预算的主体责任，没有认识到审计是政府治理体系中的重要一环，限制了审计服务地方经济社会发展的作用发挥。

2. 推进审计事业全面科学发展

我国国家审计体制采用的是行政型模式，从法律和制度设计上讲，审计机关作为政府组成部门，履行政府内审的职能，对财政部门编制的本级决算草案及时跟进监督是应有之义、应尽之责，这对完善财政"同级审"工作制度和促进审计机关全面履职具有重要意义。

预算管理从预算编制、审查、执行到决算，是一个完整的过程，形成工作循环，决算是整个预算管理工作的终点，同时也是下一年工作起点之基础，不对决算草案进行审计，对预算管理的审计监督就不能完全到位，就不能为人大、政府对预、决算的监督和管理提供全面和科学的依据。

3. 促进立法机关加强同级决算审查监督

在我国长期以来的政府决算监督体系中，对本级决算进行监督的主体是本级、上一级人大及其常委会和上一级政府。其中上一级人大及其常委会和上一级政府的监督，主要通过下级政府将批准的决算送上一级政府备案，上一级政府认为有违法或其他不当之处的，提请本级人大常委会审议予以撤销来实现；上级政府还可以通过审计部门的"上审下"，对下级政府决算进行监督；但上面两种形式都是对已经下级人大常委会批准的决算进行监督，属于事后监督，在时间上有很大的滞后性，同时，出于利益的弱相关性，上级人大和政府主动监督的动力不足，监督力度和实际效果都大打折扣，因此，对本级决算的监督主要还是依靠本级人大及其常委会的审查监督。但由于各级人大及其常委会普遍存在人员配置不足、专业素质不高、监督力量薄弱等问题，加之被监督对象接受监督的内在需求和认识不足，亟须借助外部专业力量来帮助有效实现监督。因此，在决算草案报政府审定和人大审查前，利用审计部门的专业力量对草案进行审计就呼之欲出。这一方面体现了政府对决算负责的主体责任，另一方面也充分利用审计机关力量进行了事中监督，及时纠正草案编制中存在的问题，有利于后期决算审查工作的开展，有利于把人大经济监督推向专业化、科学化、实效化的轨道。

案例拓展 5-2：

关于 2015 年度中央预算执行和其他财政收支审计查出问题整改情况

关于 2015 年度中央预算执行和其他财政收支审计查出问题的整改情况，国务院已

于 2016 年 12 月 23 日向全国人大常委会报告。现将整改情况公告如下：

一、关于整改工作的部署推进情况

2016 年 6 月 30 日，十二届全国人大常委会第二十一次会议审议了《国务院关于 2015 年度中央预算执行和其他财政收支的审计工作报告》，要求高度重视审计查出问题的整改工作，严肃对违法违规问题进行追责和问责，着力加强制度建设，年底前向全国人大常委会报告整改情况。7 月 7 日，李克强总理主持召开国务院常务会议专题研究部署整改工作，要求以整改审计查出的问题倒逼改革，针对一些年年审、年年存在的"顽疾"，抓住体制机制深化改革，从根子上解决问题；对以各种方式骗取财政资金、违反财政收支规定等行为严肃追责问责，铲除滋生腐败的土壤；强化对整改工作的督促检查，有关地方、部门和单位要对照审计查出问题，倒排时间表，按要求逐项、逐条整改，整改结果要于 10 月底前报国务院，并在向全国人大常委会报告后向社会公开。国务院办公厅将审计查出问题整改情况纳入督查督办事项。有关地方、部门和单位认真落实全国人大常委会和国务院要求，狠抓整改工作。

（一）着力落实整改主体责任。被审计的有关地方、部门和单位认真组织开展整改，及时制定整改方案和整改台账，实行定期检查和通报制度。有的召开党委（党组）会议或部务会议等专题部署整改；有的成立机构专门负责组织整改；有的将整改与"两学一做"学习教育结合，作为落实全面从严治党主体责任的重要抓手；有的将整改纳入绩效考核和内部巡视等工作，确保整改到位。

（二）着力强化整改督促检查。有关地方将整改纳入政府督查督办事项，有关主管部门也加强了对相关领域问题整改的督促检查。按照国务院要求，审计署向被审计单位下达专门整改通知，将审计工作报告反映的问题逐条分解，逐项明确整改单位、整改要求和完成时限，并将检查审计发现问题的整改落实情况纳入后续审计内容，持续跟踪督促。

（三）着力强化整改追责问责。有关地方、部门和单位在整改工作推进中，建立健全通报批评和追责问责机制，并不断强化审计结果运用，将审计结果和整改情况作为对相关单位及领导干部考核、奖惩的重要依据。对审计移送的违纪违法问题，有关部门及时组织查处，依纪依法追究有关人员责任。

（四）着力健全整改长效机制。有关地方、部门和单位在及时纠正违纪违法违规问题的同时，注重举一反三，通过规范管理、堵塞漏洞、完善制度等方式，不断提高预算和管理水平，力求从根本上遏制同类问题再发生。同时，认真研究审计反映的典型性、普遍性、倾向性问题和提出的审计建议，积极创新体制机制，完善了有关制度和风险防范措施。

二、关于整改落实的具体情况

从整改结果看，审计工作报告反映的问题大部分得到了纠正，对有关责任人员依纪依法进行了处理处分；对体制机制性问题，进一步完善了相关制度规范；对一些情况相对复杂、整改难度较大的问题，也落实了整改责任和进度安排。截至 2016 年 10 月底，整改问题金额共计 1 605 亿元，整改率为 84.5%，处理处分 3 229 人次；通过整改，促进增收节支和挽回损失等共计 976 亿元，制定完善制度 2 116 项，有力地促进了国家重大政策措施贯彻落实，推动了依法行政和反腐倡廉建设，推进了深化改革和规范管理。

（一）聚焦规范财政管理，着力提升财政资金绩效。

1. 关于中央决算草案编报方面的问题。财政部研究改进了决算草案编制管理，一些问题在决算草案报请全国人大常委会审议前已整改完成。具体情况：一是对未报告预算级次变化情况、部分收入列报不够全面的问题，财政部已在决算草案中对主要科目的预算级次调整、按规定向部分企业退税等情况作了说明和披露。二是对据实结算处理不规范的问题，财政部将相关专项补助办法由"当年预拨，到期清算"改为事后"据实结算"，目前已完成部分资金的清算，有 4 项还在进一步清算，将于本年度完成。三是对未按要求报告财政资金绩效情况的问题，财政部在 2016 年度预算中加强了绩效管理，对部门项目支出和部分专项转移支付设定了绩效目标，明确了绩效要求。

2. 关于中央部门预算执行方面的问题。截至 2016 年 10 月底，有关部门整改违反财经制度规定问题金额共计 76.4 亿元、整改率为 98.6%，制定完善财务预算、经费管理、内部监督等方面制度 64 项。具体情况：

一是关于违规套取和使用资金等问题。主要通过将资金上缴国库、归还原资金渠道、退还费用、调减预算、完善制度等方式进行整改，并调整了相关账目。对重复申报项目或多报人数等取得财政资金的问题，通过将资金上缴国库、归还原资金渠道、调减预算等方式整改 6 205.43 万元，并全面清理和规范了部门预算项目。对财政资金未纳入部门预算管理的问题，通过收回借款、归还原资金渠道、上缴国库等方式整改 2.43 亿元，并规范了预算管理范围和项目资金来源渠道，调整了有关账目。对未及时办理竣工决算、政府采购不规范等问题，通过归还原资金渠道、加快竣工决算等方式整改 59.47 亿元，完善制度 27 项。对利用部门权力或影响力取得收入的问题，停止违规评比、违规考试活动，取消了违规收费项目，清退收费 1 034.04 万元，完善制度 9 项。

二是关于"三公"经费和会议费等问题。主要采取归还车辆、停止违规活动、退还费用、完善手续等措施进行整改。因公出国（境）方面，退回多收取的团组费用 35.06 万元和由企事业单位承担的费用 104.5 万元，调整账目涉及 30.61 万元，完善制度 5 项。公务用车方面，长期无偿占用的其他单位车辆已全部归还，将超标准购置的车辆拍卖、清退或封存，并严格公务用车运行费用预算管理，避免超预算问题再发生。公务接待方面，退回超标准列支、转嫁其他单位的接待费 63.66 万元，完善制度 4 项。会议费方面，退回超预算、超标准及由其他单位承担的会议费 65.24 万元，完善制度 15 项，并严格会议计划和费用报销等管理。

3. 关于财政资金绩效方面的问题。主要涉及预算安排、预算执行、税款征收和国库支付等方面，有关部门单位通过整改，加快了预算执行进度，提高了预算管理和财政资金使用绩效。具体情况：

一是关于预算执行进度慢、项目推进慢、资金结转多的问题。财政部在 2016 年度预算执行中，严格按规定时限下达一般公共预算，提前下达了政府性基金预算转移支付指标，国有资本经营预算部分转移支付采取"预拨加清算"方式管理。目前，一般公共预算等三本预算的执行进度均有所加快。同时，财政部督促有关部门和地方加强预算执行的监督检查，通过调减预算额度、加快项目执行、强化绩效管理等，已将 2015 年底结转结余的 26.95 亿元全部安排使用。

二是关于关税和进出口环节税征缴入库不及时、应转为税款的保证金超期未转的问题。海关总署通过推动"财关库银"横向联网工程建设运行，进一步加强了海关、银行和国库间的信息沟通，据海关总署统计，2016 年 8 月银行滞压税款额较前 7 个月月均水平下降超过 80%。相关关区对企业保证金进行核实清理，按规定解除担保或将保证金及时转税入库，并优化了作业流程，加强了日常监控。

三是关于财政授权支付范围划分不够明细的问题。财政部统一了基本支出和项目支出、政府采购支出和非政府采购支出的支付方式划分标准，加强大额资金支出审核和授权支付动态监控，并比照商业银行市场化收费标准修订国库集中支付银行代理手续费计付标准；在 39 个部门推行"基层预算单位 + 科目"的用款计划控制机制。

四是关于预算安排未充分考虑结转结余的问题。财政部印发《中央部门结转和结余资金管理办法》，改进了结转结余资金管理模式，并核减 3 个部门有关项目的年度预算，明确从 2016 年起不再代编文化体制改革等项目预算。

（二）聚焦体制机制问题，促进加快形成适应深化改革要求的制度体系。

1. 关于中央财政管理方面的问题。主要涉及预算安排统筹协调和转移支付制度改革情况，有关部门采取了以下整改措施：

一是关于预算安排与项目安排衔接不够、多本预算间支出划分不够清晰、交叉安排项目支出的问题。财政部积极推进中央本级项目库建设，督促主管部门及早确定项目名单，完善相关资金管理办法，加强项目预算绩效管理，对在规定期限未确定具体项目的资金予以收回，并明确将对年底仍未使用的资金予以收回；取消了一般公共预算中与其他预算安排交叉重复的电信普遍服务资金。发展改革委在中央经济工作会议确定年度投资规模后，加快中央预算内投资计划下达，加大相关方面资金的统筹力度，并强化了事中和事后监管。

二是关于预算安排与专项规划衔接不够的问题。财政部会同有关部门以高标准农田建设为平台，在湖南省开展涉农资金整合试点，将根据试点情况及时总结经验予以推广、完善政策，促进与相关规划做好衔接。环境保护部在编制"十三五"重点流域水污染防治规划中，将进一步突出规划的统揽和引领作用，协调做好预算安排与规划衔接。

三是关于预算安排与制度规定衔接不够的问题。发展改革委按照"一专项一办法"的要求加快制定专项管理办法，已出台 60 多项办法，督促有关地方严格管理、完善手续、加快实施，并从 2016 年起不再安排农户科学储粮专项。财政部完善了相关专项资金管理办法，并在 2016 年预算安排中严格执行。

四是关于转移支付制度方面的问题。对一般性转移支付具有指定用途、专项转移支付多头管理的问题,财政部在提高一般性转移支付资金比例的同时,不再强调专款专用,清理取消"政策产业技术研究与开发"等已到期、外部形势发生变化的专项转移支付,要求农业综合开发专项做到分配主体统一、分配办法一致、申报审批程序唯一。对专项转移支付管理薄弱的问题,财政部进一步优化支出结构、规范资金分配管理;发展改革委对确需安排资金但分布范围广、单项资金少的项目,以及涉及补助县级的项目,原则上均采取"切块"或"打捆"方式下达,交由地方具体安排,并会同相关部门加强事中事后监管。对用虚假资料、违规多头申报等获得中央投资补助的问题,发展改革委在清理收回2 340万元上缴国库的同时,采取列入"黑名单"等方式,对相关项目单位和企业予以惩戒;对农林水事务补助资金被骗取、侵占或损失浪费的问题,通过追回或盘活相关资金、严肃追责问责、建立健全制度等方式进行了整改,涉及金额13.11亿元。其中,湖南省已对澧县骗取种植业保险保费补贴问题中的8名责任人给予撤职、降职等处分,对其他有关人员的调查处理正在进行中。

2. 关于政策措施落实方面的问题。审计工作报告重点反映了制度规则、重大项目审批管理、财政资金统筹整合、政府投资基金、科研投入管理等方面制约政策落实的制度机制情况,提出了加快推进改革、进一步优化资源配置、加强财政收支统筹协调等建议。有关部门主要采取以下措施进行整改:

一是转变管理方式。对一些领域的制度规则需要完善的问题,财政部在教育、农业、科技等重点事项预算支出实际安排中,对挂钩要求做了适当调整,防止资金运用低效、沉淀,正在组织研究修订与此相关的制度规定。对政府投资基金支持创新创业的作用未得到有效发挥的问题,财政部与发展改革委联合发文,要求基金管理机构定期清查,明确对至少30只基金进行清退处理,并研究制定绩效评价办法,通过对基金管理机构加强正向激励等,促进投资基金加快运用,截至10月底中央和地方创业投资基金已向有关项目新增投放62.45亿元,结存的资金正按项目协议约定依进度投放。对落实转变财政管理方式、加强财政收支统筹协调的建议,财政部会同有关主管部门加大力度推进项目资金、重点科目资金及有关部门资金统筹使用,并通过民族贸易和民族特需商品生产企业贷款贴息、创业担保贷款财政贴息奖补等措施,支持发展实体经济。

二是深化简政放权。对重大项目审批管理改革中存在的问题,有关部门认真落实国务院要求,将高速公路审批前置要件减至7项,其中5项改为开工前并联审批,具备条件的推行报建手续"先建后验",取消9项指定由地方实施的审批事项;清理规范中介服务81项,对确有必要保留的实行清单管理,并采取允许申请人自行编制或改由审批部门委托有关机构编制等方式,减轻申请人费用负担;建设在线审批平台,加快纵向贯通,推行网上并联审批,采取提前告知相关审批要求等方式提高办理效率。

三是修订完善制度。对科研投入管理机制与科技创新要求不适应的问题,有关部门贯彻落实中共中央办公厅、国务院办公厅印发《关于进一步完善中央财政科研项目资金管理等政策的若干意见》的要求,采取了简化相关预算编制、下放管理权限、加大激励力度、加强制度建设、形成协同监督检查机制等措施,以避免重复检查、多头检查和过度检查。对健全财政管理体系的审计建议,《国务院关于推进中央与地方财政事权和支出责任划分改革的指导意见》提出了改革的总体要求、划分原则、改革任务、保障措施以及改革时间表路线图等,选取国防、外交等基本公共服务领域率先启动改革。对加强财政收支统筹协调的审计建议,《国务院办公厅关于支持贫困县开展统筹整合使用财政涉农资金试点的意见》提出,试点地区要以重点扶贫项目为平台,统筹整合各级财政安排用于农业生产发展和农村基础设施建设等方面资金,撬动金融资本和社会帮扶资金投入扶贫开发,提高资金使用的精准度和效益,形成"多个渠道引水、一个龙头放水"的扶贫投入新格局;财政部加快完善影响财政资金统筹整合的法律法规和相关制度,从严控制设立专项转移支付项目,并在门户网站增设"中央对地方转移支付管理平台",集中公开专项转移支付的主要内容,提高预算分配透明度。

四是完善配套措施。对实体经济融资等问题和优化财政支出结构的审计建议,财政部、银保监会等部门结合落实"三去一降一补"任务出台一系列配套政策措施。去产能、去库存、去杠杆方面,设立工业企业结构调整专项奖补资金,印发资金管理办法,出台支持钢铁煤炭企业重组破产、化解过剩产能的财税会计和金融支持政策,有序开展市场化债转股,对商品房库存较大地区提高棚改货币化安置比例。降成本方面,全面推开"营改增"试点,阶段性降低企业职工基本养老保险和失业保险费率、住房公积金缴存比例,扩大日用消费品降税范围,取消、停征和整合部分政府性基金项目,扩大政府性基金、行政事业性收费免征范围,建立了收费基金、进出口环节收费等目录清单。补短板方面,全面实施农业三项补贴改革,积极推广农业信贷担保体系建设,推进棉花目标价格改革,实施农业种植结构调整和休养生息改革、玉米生产者补贴制度和大豆目标价格改革试点。银保监会牵头制定《进一步加强小微企业金融服务工作方案》,出台改进小微企业金融服务的20条具体措施,加强"三个不低于"目标完成情况的监测、通报和考核,并督促银行业采取续贷、循环贷款等方式支持实体经济发展,推动利用应收账款融资服务平台、银税互动工作机制等,提高小微企业融资便利度。

(三)聚焦民生资金及项目绩效,积极推进惠民政策落实。

对审计工作报告反映的扶贫、农林水、保障性安居工程、工伤保险、水污染防治等资金违规分配、使用和相关项目推进慢、绩效不高等问题,有关地方主要采取以下措施进行整改:

一是追回或盘活相关资金。通过上缴国库、归还原资金渠道、收回贷款或借款等方式,追回被套取、侵占或损失浪费等资金12亿元,其中扶贫资金1.15亿元、保障性安居工程资金8.23亿元、工伤保险基金7 529.95万元、农林水资金2.2亿元,并腾退收回住房、调整取消保障资格10.58万户(套);通过收回后重新安排、加快项目实施、完善手续、加快下拨、调整计划等方式盘活闲置资金333.29亿元,其中扶贫资金7.88亿元(占93.5%)、保障性安居工程资金325.41亿元(占68%);通过退回多征收保险费等方式,整改工伤保险基金财务管理不规范问题1.21亿元(占49.4%)。其余相关问题资金已作出清理、拨付或清收计划,正在抓紧实施。

二是推进加快政策落实和项目实施。对部分扶贫资金分配未充分考虑建档立卡贫困人口情况的问题，国务院扶贫办和财政部正在研究修订财政扶贫资金管理和分配办法，2016年在分配扶贫资金中，已将签订责任书的扶贫人口脱贫任务数和计划搬迁建档立卡贫困人口数作为分配依据，云南省寻甸县已收回向非建档立卡贫困户发放的贴息贷款等2 724.48万元。通过完善配套设施，促进保障性安居工程交付使用17.35万套（占91%），并对存在未批先建、非法占地、未依法招投标等问题的3 653个项目（占85.2%），采取完善手续或终止合同等方式进行了整改。对未按规定为职工办理工伤保险的问题，已为21万名在职职工和6.54万名"老工伤"人员补充办理了参保手续。对保障性安居工程项目未按规定享受税费减免、优惠利率或被加收中间费用等，通过退还费用、补充安排资金等整改261.72亿元（占93%）。

三是加大生态环境保护力度。对区域水环境压力大的问题，开展河湖专项治理等执法行动，规范中心城区岸线管理，搬迁砂石场、养殖船等污染源，依法实施涉水工程审查审批，推进加快污水处理厂和污水管网建设进度，提高城市污水收集率。对矿产资源开发及矿山环境恢复治理等方面问题，通过补办手续、注销采矿权、完善制度等方式整改347宗，处理15人。通过整改，盘活水污染防治资金92.9亿元（占53.7%），追缴入库矿业权相关资金10.68亿元，归还原资金渠道6.29亿元。

四是严肃追责问责。各地针对民生资金及项目审计查出的违纪违法问题，组织深入核实，依纪依法处理。截至2016年10月底，有1 965人次受到党纪政纪处分，其中保障性安居工程涉及1 591人，扶贫资金涉及153人次，农林水资金涉及211人次。

（四）聚焦重点领域和关键环节，及时化解经济运行中的风险隐患。

审计工作报告重点反映了地方政府债务、商业银行不良贷款、国有资产管理等领域存在的问题，提出继续强化地方政府债务管理，强化金融监管协作，防范财政金融风险等审计建议。有关部门主要采取以下措施进行整改：

1. 加强财政领域相关风险防范。具体措施：一是加强监督检查和协调。对地方发债融资未有效使用问题，财政部要求有关地方与债权人提前协商，及时掌握债务到期和存量债务提前置换协议签订情况，合理安排发债计划，对债务资金使用和偿还情况及时报备；对违规或变相举债问题，财政部组织开展专项核查、整改，督促严格落实地方政府债务限额管理要求，并进一步明确了地方政府不得担保承诺的相关要求。二是强化重点地区风险防控。财政部等部门加强了风险评估和预警，督促重点地区多渠道筹集资金，加快推进融资平台公司市场化转型和规范化运营，促进化解和严控地方政府性债务风险。三是健全风险防范预案。《国务院办公厅关于印发地方政府性债务风险应急处置预案的通知》提出，明确地方政府的偿债责任，实现债权人、债务人依法分担债务风险，中央实行不救助原则，按照风险事件性质、影响范围和危害程度等将风险事件划分为四个等级，实行分级响应、分类处置，加强应急政策储备，推进风险防控科学化、精细化。

2. 加强金融领域相关风险防范。具体措施：一是拓宽不良资产处置渠道。银保监会先后印发《关于规范金融资产管理公司不良资产收购业务的通知》《关于适度调整地方资产管理公司有关政策的函》，有序扩大化解不良资产批量转让受让的主体范围，强化金融资产管理公司的作用,适度引入地方资产管理公司参与不良资产处置;财政部印发《关于加快金融企业不良资产处置有关问题的通知》,完善金融企业不良资产批量转让支持政策。二是引导规范处置方式。银保监会研究制定防范理财和信托业务跨市场、跨业态风险传播的应对预案,发布《关于规范银行业金融机构信贷资产收益权转让业务的通知》。人民银行指导银行间市场交易商协会制定《不良贷款资产支持证券信息披露指引(试行)》,促进规范不良资产证券化信息披露。三是强化监管措施。银保监会进一步规范了商业银行代理销售业务,明确了业务范围及与其他业务之间的风险隔离要求;制定《银行业金融机构创新业务后评估工作规程》,加强对潜在苗头性、趋势性风险的研判和应对,进一步明确对创新产品的监管标准;商业银行对符合条件的贷款进行重组和加固抵押、落实担保;相关金融机构采取冻结授信额度、诉讼清收、加强监控等措施整改违规经营问题457.42亿元,通过拍卖、封存、退赔等方式分类整改违反中央八项规定精神的问题,修订完善制度190项,处理485人次。

3. 加强国有资产领域相关风险防范。具体措施:一是《国务院办公厅关于建立国有企业违规经营投资责任追究制度的意见》明确了资产损失、经营投资责任的认定标准和责任追究范围、处理等规定,对国有企业内部建立相应的责任追究制度提出了要求。二是国资委、人民银行、外汇局等8个主管部门对境外国有资产管理中存在的问题,开展专项检查,采取针对性措施加强风险管控,并督促企业建立健全境外资产管理制度,完善工程建设、物资采购和投资等方面的规章制度。三是对企业经营成果不实和造成国有资产重大损失、违反中央八项规定精神和廉洁从业规定的问题,基本得到整改,追缴违法所得、违规发放的津补贴、公款消费支出以及挽回或避免损失共计50.9亿元,处理763人次。

三、关于部分问题未完成整改的原因及下一步工作安排

从有关地方、部门和单位反映的情况看,有些问题尚未得到全面纠正,未完成整改的原因比较复杂,归纳起来主要有以下几种情况:

(一)相关重大改革正在统筹推进,整改工作需随着改革逐步深化。具体情况:一是涉及中央与地方财政事权和支出责任划分改革。财政领域中央与地方事权和支出责任改革已经启动,对转移支付管理、专项资金整合、中央预算内投资管理等方面存在问题的整改工作正在逐步推进,需要进一步明确部门职能、中央和地方责任,进一步规范管理;对政府性基金预算和一般公共预算交叉安排支出、涉农工程补偿标准低、相关激励考核机制不完善的问题,也需要在事权和支出责任划分等改革过程中逐步加以解决。二是涉及机构调整和政府职能转变。如事业单位分类改革正在积极推进或试点,与之密切相关的经费保障制度正在研究制定中,杜绝变相违规收费等问题也有赖于分类改革深入推进。三是涉及债务监管体系建设方面。预算法明确对地方政府债务实行限额管理,且只能通过发行地方政府债券的方式举借债务,但在债务监管体系尚不够完善、处理处罚机制尚不够健全的情况下,从根本上遏制地方政府债务管理中发生的违规问题,需要不断健全债务监管体系,完善与预算法要求相配套的政策措施。

(二)相关问题产生的历史背景或外部条件比较复杂,整改工作需要持续推进。具

体情况：一是有些问题涉及前期相关发展规划未及时调整，或目标实现条件已不完全具备，调整安排预算资金需要审慎区分情况，并遵循一定的规范程序，如年度有关预算安排与"十二五"有关专项规划衔接不够、以前年度存量资金清理不到位等问题。二是有些问题涉及不可控的外部条件，简单或机械纠正容易造成较大损失或其他不利影响，如有关境外项目投资方面问题的整改，需要与有关方面充分沟通、协调，达成共识后方可进一步实施。三是有些问题涉及难以追溯调整的事项，时过境迁后纠正具体事项已无实际意义，而建立完善相关制度和问责机制需要深入研究，如对预算分配与制度规定衔接不够、预算下达不及时、执行慢等问题，有关部门将在以后年度预算分配与执行中予以改进。

（三）相关问题全面整改面临一些特殊困难。具体情况：一是涉及历史遗留问题，整改难度大，如对未及时办理竣工决算、政府采购不规范等问题，由于有关单位债权或往来款形成较久，有的还涉及机构改革、经办人员屡经变更、相关资料缺失等，清理核实难度大，目前仍在梳理落实中。二是涉及特定阶段的特殊困难，如对部分矿业企业欠缴矿业权相关资金的问题，由于行业发展严重不景气，企业资金压力大，同时考虑落实去产能、去杠杆等重大任务要求，有的难以如期如数催收，只能要求企业明确缴款计划、承诺分期缴纳。

同时，对涉嫌违纪违法的事项，审计机关将查出的问题线索移送纪检监察部门或司法机关后，由于涉及履行有关法定程序，对责任单位、人员的处理处分，有关部门正在依纪依法调查处理。

对以上问题，有关地方、部门和单位对进一步整改作出了安排和承诺。下一步，将加强以下几方面工作：一是进一步加大整改推进力度。对尚未整改到位的问题，分类梳理、深入分析原因，制定切实有效的措施，确保整改落实。对历史遗留问题和特殊困难事项，加强与有关方面的沟通协调，积极稳妥推进。二是进一步加大改进管理、完善制度力度。对已经整改的问题，深入查找管理漏洞和制度根源，积极建章立制，巩固整改成果，推动整改的制度化、长效化。三是进一步加大改革创新力度。按照中央全面深化改革的相关部署和要求，积极推进相关重大改革举措落实，健全完善配套措施，切实建立健全适应新形势新要求的体制机制。审计署将按照国务院的要求，继续加强对整改的跟踪督促等工作，推动整改取得实效，切实提高预算管理和绩效水平。

案例来源：审计署2016年第30号公告。

第三节　对下级财政预算执行情况和决算审计

审计机关对下级政府预算执行情况和决算实行审计监督，是《宪法》和《审计法》赋予审计机关的一项重要职责，是财政收支审计的一项基本内容。

下级政府预算执行情况审计是审计机关对下级政府预算执行情况的真实、合法和效益情况进行监督的行为。通称为"上审下"。与本级预算执行审计不同之处在于：审计主体不同，对下级政府预算执行审计的主体是上级审计机关；审计时限不同，其审计时限可根据工作需要进行划定。

下级政府财政决算审计是上级审计机关对下级政府财政收支决算的真实、合法、效益情况进行监督的行为。根据《预算法》的规定，县级以上地方各级政府财政部门编制本级决算草案，报本级政府审定后，由本级政府提请本级人民代表大会常务委员会审查和批准。因此，对下级政府财政决算的审计一般限定为对下一级政府本级财政决算的审计。

一、对下级财政预算执行情况和决算审计的意义

根据《审计法》的规定积极开展对下级财政预算执行情况和决算审计，能够有力地促进财税等预算执行部门积极贯彻国家的各项财税政策，严格执行财经法纪，不断加强财政税务内部管理，在维护财政经济秩序，促进廉政建设，保障县域经济健康发展方面发挥积极作用。

一是切实履行了《宪法》和《审计法》赋予审计机关的法定职责。审计机关从依法审计、维护法律尊严的高度，客观公正，如实揭露财政预算执行和决算中存在的问题，向财部门提出合理化处理意见和改进措施的良好建议。

二是摸清了下级财政预算执行的真实家底。下级财政是本级经济运行综合实力的集中表现，本级经济的质量和效益状况表现形式。我们在财政预算执行情况审计中注重摸清下级财政的家底，从收入预算执行情况、支出预算情况、财政收支平衡情况等方面重点做文章，如分析财政收入结构中税收收入和非税收入的比重；审核报表上财政支出的数据和有无年底支出挂账情况，从而核实下级财政真实可用财力及收支平衡情况。

三是有利于本级人大加强对财政收支的监督将对下级政府预算执行情况和决算审计结合到本级预算执行情况审计中，能使审计工作报告的口径，内容与政府向人大提出的预算执行情况报告的口径、内容相适应，便于各级人大全面了解掌握本地财政收支的总体情况，加强对政府财政收支管理的监督。

二、下级财政预算执行情况和决算审计的主要内容

对下级政府预算执行情况和决算审计侧重于检查违反国家政令统一、侵占上级财政利益和关系国家财政工作全局的问题，它主要包括对税收、非税性收入、财政收入退库、财政支出、财政结算资金等的审计。

（一）税收审计

对下级政府预算执行情况和决算审计时，涉及税收审计的内容，主要是地方税务局负责征收和管理的各项税收的征管情况。其中包括：

（1）税收计划执行及完成情况。主要审计税收计划中各税种税收指标是否全面完

成，分析各税种超收和短收的原因；税收计划的各项指标完成情况是否真实，有无采取各种方式虚列收入的问题。

（2）税收政策执行情况。这是税收审计的一项重要内容。重点审计严格执行国家税收法律、法规和各项制度的情况，主要包括：有无直接或与当地国家税务局联合批准减免税的问题；有无擅自规定从销售收入中征收各种基金、地方附加费的问题；有无违反税法规定，超越税收管理权限，随意增加减免税项目、扩大减免税范围、擅自延长减免税期限、停征应征税种、超额度多减免税收的问题；是否按照先征后退的原则办理减免税退付，有无采取抵扣或降低征税比例的办法减少税收收入的问题；有无自行设立各种名目税收周转金的问题。

（3）税收征管情况。主要审计地方税务机关是否依照税收征管范围的规定依法及时组织税收，有无擅自改变征管范围，将应由国家税务局征收的税收改为地方税务局征收，并作为地方收入缴入地方国库的问题；有无自定政策将中央财政收入或上级财政收入缴入本级金库作为本级财政收入的问题。地方税务机关是否严格按照税收征管办法的规定，及时为纳税人办理纳税登记手续，有无漏征错征的问题；对纳税人的纳税申报是否进行严格的审查，有无审查不严，造成少计应纳税额，进而影响中央或上级财政收入的问题。税款收入是否及时征收并按规定缴库，有无以缓代免、应征不征的问题；税款入库级次划分是否正确，有无侵占中央财政收入或上级财政收入的问题；税务机关有无开设税款过渡账户，人为调节税收进度的问题。

（4）税收提退情况。主要审计地方税务机关办理的各项提退是否属于国家规定的范围，是否符合其权限；税务机关提留的各类分成是否严格按规定、按比例、按范围提取，有无扩大范围随意提取，侵占税收收入的问题。

（二）非税性收入审计

非税性收入，是财政部门按照国家统一政策、制度的规定直接组织的收入。按照国家预算收支科目，由地方财政部门组织的非税性收入，如国有企业上缴利润、基本建设贷款归还收入、其他收入、罚没收入、行政性收费收入、债务收入等。

上级审计机关对下级政府非税性收入审计时，重点检查政府各部门、各单位是否按照国家规定将非税性收入及时、足额地按规定的预算级次上缴财政，有无截留、坐支的问题；财政部门对各部门、各单位上缴的非税性收入，是否纳入预算管理，有无采取挂预算暂存、预算外暂存，在预算之外进行收付核算，逃避监督的问题。

（三）财政收入退库情况审计

地方退库项目主要是：按规定可以从预算收入中退库拨补的国有企业计划亏损补贴和按照先征后退政策所退的增值税、消费税、企业所得税等各项税收，以及由于技术性差错需办理的退库和改变企业隶属关系办理财务结算所需要的退库。各级财政必须严格按照财政部批准的退库项目办理收入退库，不得擅自设立退库项目。审计的重点是：

（1）企业计划亏损补贴。主要检查财政部门是否严格按照国家统一规定，办理企业计划亏损补贴，有无将不属于企业计划亏损补贴范围的开支项目，假借企业亏损补贴名义予以解决的问题;有无自行扩大政策性亏损补贴范围、提高补贴标准的问题;有无以弥补企业计划亏损为名,通过退库将财政资金转到预算外的问题;有无对计划外亏损和超计划亏损给予补贴的问题;有无将各种政策性价格补贴混入计划亏损补贴中,从收入中退库的问题。

(2) 先征后退各项税收的退库情况。先征后退是税制改革后,为了保证新旧税制的平稳过渡,维护政策的连续性,支持企业发展,在一定期限内对一些特定行业和项目实行的一项特殊政策。其做法是:实行先征后退政策的企业,先按统一税收规定征税,后由财政部门或财政部门委托的征收机关根据国家有关政策规定,按原征税科目退税。按分税制财政体制的规定,所退税款属于中央预算收入的,由中央财政负担;属于中央与地方共享收入的,由地方财政负担。审计机关审计时,重点要检查先征后退的范围是否符合国家规定,退税的依据是否真实、完整,退税的级次是否符合财政管理体制的规定。

(3) 预算收入项目更正。主要审计财政部门更正预算收入科目的依据是否真实并符合制度规定,有无以差错更正为名,挖挤中央财政或上级财政收入的问题。

(四) 财政支出审计

对下级政府财政支出情况的审计主要检查以下内容:

(1) 支出列报是否真实。通过审计核实各项预算支出数同支出列报依据是否一致,有无采取以虚列支出的方式,转移财政资金的问题。

(2) 执行法律和财政政策情况。重点检查财政对农业、教育、科技的投入是否高于经常性收入的增长,有无违反有关法律的规定,不能保证农业、教育、科技的财政投入正常增长的问题;预算收入超收部分是否用于减少财政赤字、解决历史遗留问题、增加对农业的投入、支援经济不发达地区和少数民族地区;是否贯彻国家有关财政政策,从严控制财政支出。

(3) 转移支付资金的管理和使用情况。转移支付资金主要有两大类型,即不规定使用方向和具体使用项目的一般性转移支付,以及规定使用方向或具体使用项目的专项转移支付。对一般性转移支付要重点检查是否按规定拨付资金,有无转作预算外管理的问题;对专项转移支付要检查是否坚持专款专用原则,有无挪作他用的问题。

(五) 财政结算资金审计

财政结算资金是指中央财政和地方财政、上级财政和下级财政之间,在财政管理体制确定以后,由于客观情况变化,企业、事业单位隶属关系调整,财政收支转移等原因在年终需要统一结算的资金。主要内容包括体制结算、专项拨款结算、企业事业单位上划下结算、因国家采取的财经政策措施而影响上下级财力变动所需要的单项结算和上下级垫付往来款的结算。国家对各项结算均有明确具体的结算标准和结算办法,应按国家规定,重点从以下几个方面进行审计:

(1) 审查每一结算事项文件依据是否准确,基础数据是否可靠,结算办法是否合规,结算数据是否真实,有无结算基础不实的问题。

(2) 审查税收返还的结算。对结算事项应区分不同情况有重点地进行检查。如对分税制体制税收返还收入结算的审计,应重点检查增值税、消费税两税收入有无虚增虚减的问题。

(3) 审查地方有无采取不正当手法,通过结算为财政、税务系统增加各项经费的问题。

(六) 结转下年支出审计

结转下年支出,是预算安排的支出结余,按照专款专用的原则结转下年继续使用的资金。由于结转下年支出是否真实、合理、合规,对财政结余以致下年政府对财政资金的安排会产生直接影响,因此审计结转支出是否符合国家的政策规定,也是对下级政府预算执行情况和决算审计必不可少的内容。

案例拓展5-3:

从账外入手的审计突破——某县2010~2011年度财政决算审计查出"小金库"案例

2012年11~12月,来宾市审计局按照年度审计工作计划的安排对该市所辖的某县2010~2011年度财政决算和其他财政收支情况进行审计,重点审计了某些预算执行单位,并延伸和追溯审计了有关的重要事项。在审计中,审计人员除认真审核被审计单位会计资料外,还利用审计经验从账外的细微之处观察并发现了疑点问题,通过深挖细查终于查出3个单位多年来私设的金额共计117.8万元的"小金库"。本案例简要叙述来宾市审计局审计查出"小金库"的过程。

留心观察盯疑点

审计人员到该县A单位进行审计,检查被审计单位的会计资料,几天下来未发现该单位凭证、账簿、报表的数据有什么异常。但审计人员总觉得这种情况不正常,因为该单位在县里的地位重要,从其办公条件、人员精神面貌来看,该单位应属于经费充足的单位。审计人员在晚饭后常在该单位周边散步,通过几天的观察,发现该单位有独立的综合大楼,主楼和附楼的第一层共有20多间门面,都有人在营业之中。看到这一切,审计人员心中有数了。该单位应该有门面出租收入,但其为何没有在账上反映门面出租收入呢?审计人员判断这里面大有名堂。

审计人员在延伸审计B中学时,有一天到该学校复印室复印资料,发现复印室有两台高速印刷复印一体机,一个工人正在那里大量复印试卷。审计人员心想该学校为此支出的费用一定不小,于是就查阅该学校2009年初至2012年8月期间的财务收支资料,特别是核查该学校各种教学资料费用的支出报账情况,结果发现该学校未报销正常支出的复印纸等材料费用。根据审计过程中获得的信息,审计人员分析:一个单位正常运转肯定会因印刷资料而支出办公费,该学校同时用两台复印机印刷资料而支出的办公费应更多一些才符合实际情况,然而其财务账却没有反映此项费用,这表明该学校极有可能私设"小金库"。针对这一反常情况,审计人员决定将该学校油墨、纸张等办公耗材费用的支出情况作为审计疑点进行核查,期待审计工作有所突破。

审计人员在延伸审计该县交通局下属的 C 单位时，查阅其财务会计资料后未发现有异常情况，但总是觉得不合常理。该单位负责办理全县的运输车辆年检、发放临时营运牌照等业务，难道就没有收费？该单位为什么没有在账上反映收费情况？审计人员初步判断，该单位要么没有收费，要么收费不入账。

深挖细查揭真相

为进一步核实 A 单位可能有门面出租收入的初步判断，审计人员采用内外结合的办法收集证据：在外部，利用业余时间到 A 单位附近的门面商店与店主闲聊，进一步了解门面的产权、租金情况；在内部，进一步核实该单位的会计资料是否反映门面出租收入。在确认 A 单位有门面出租收入而财务账却未反映的情况后，审计人员直接向该单位财务负责人表明这个事实。在大量的确凿证据面前，A 单位财务负责人不得不承认该单位几年来的门面出租收入一直由其下属单位收取，既未纳入本单位财务账统一核算和管理，也未上缴县财政纳入预算管理的违规事实。之后审计组立即查阅 A 单位负责收取门面租金的下属单位的会计资料并核实取证。经审计得知，2006 年初至 2011 年 5 月 A 单位经由其下属单位收取门面租金 556 200 元，既未纳入本单位财务账统一核算和管理，也未上缴县财政纳入预算管理，采取列入下属单位经营收入的方法隐匿了国有资产出租收益。

为进一步核实 B 中学可能私设"小金库"的情况，审计人员带着疑问在课间调查暗访了该学校几个学生，得知该学校收取学生各种考试试卷印刷费，每张试卷收 0.1 元。鉴于该学校安排工人在复印室大量复印试卷与收取学生各种考试试卷印刷费这两件事紧密相关，审计人员决定对该学校复印室进行突击盘查，从学校复印室的现场发现，复印室电脑中 1 个电子表格文件记录着 2009 年 9 月秋学期至 2012 年 8 月秋学期该学校各年级各个学期和假期补课期间印刷考试资料应收印刷费的统计情况，几本"各年级一体机印刷记录本"上详细记录着该学校各年级各班级各个学期印刷各科考试（周考、月考）资料的具体数量、时间、使用班级、经手教师、折算金额等信息，还有大量购进的印刷耗材。审计人员通过询问相关人员后得知，学校总务处管理复印室，总务处主任赵某一个人单独管理印刷材料的采购和印刷费的收支等事项，学校复印室的业务管理没有内部监督。于是，审计人员当机立断找赵某谈话，随后对其办公桌抽屉进行突击盘查，发现赵某保管的笔记本记录着赵某利用自己的两张个人银行卡存储各年级交来的各类考试试卷印刷费和支出印刷费的情况。审计人员在向银行查询赵某两张个人银行卡收支情况并向该学校领导、各年级主任进一步了解有关情况后最终查明，该学校收取学生各种考试试卷印刷费，收支结余款均由总务处主任赵某一个人管理，私设"小金库"587 811 万元，未纳入该学校财务账统一核算和管理。

为进一步弄清该县交通局下属的 C 单位是否收取车主运输车辆年检资料费和临时营运牌照费等情况，审计人员带着疑问暗中在现场观察 C 单位办理有关业务的流程，并向车主了解相关情况，在得知该单位确实有收取车主相关费用的事实后不动声色。第二天刚一上班，审计人员就立刻现场盘查该单位出纳员保管的所有现金和资料，果然使该单位私设"小金库"的事实真相昭然若揭。2011 年 5 月至 2012 年 4 月该单位收取运输车辆年检资料费、变卖营运牌照废旧收入共计 33 962 元,由出纳员独自一人管理,未纳入该单位财务账统一核算和管理。

依法处理促整改

该县 3 个预算执行单位私立"小金库"的行为,严重违反了会计法和财政违法行为处罚处分条例等有关规定。来宾市审计局对此行为依法作出了审计处罚,并提出了加强单位财务管理的审计意见。

该县政府主要领导十分重视来宾市审计局发现的突出问题和提出的审计意见,召集相关部门通报审计情况,责令被审计单位研究制定整改措施,及时依法调整会计科目,建立健全内部财务管理制度,保证严格遵守财经纪律、规范会计核算。

案例来源:来宾市审计局。

第四节 其他财政收支审计

其他财政收支是指未纳入财政预算管理的财政性资金,即由各级政府及各部门管理使用的预算外资金。其他财政收支审计作为预算执行情况审计的组成部分,通过与本级预算执行情况审计、下级政府预算执行情况和决算审计的有机结合,对中央和地方有关部门管理的预算外资金进行审计和审计调查,一方面严肃了财经纪律,维护了中央政令统一和国民经济正常的分配秩序,另一方面对促进中央各部门和地方各级政府管好用好预算外资金,防范腐败都发挥着日益显著的作用。

一、其他财政收支审计的范围

其他财政收支审计是国家审计机关对预算外资金的筹集、管理和使用情况实施监督的行为。预算外资金是国家机关、事业单位、社会团体、具有行政管理职能的企业主管部门和政府委托的其他机构,为履行或代行政府职能,依据国家法律、法规和具有法律效力的规章而收取、提取、募集和安排使用,未纳入财政预算管理的各种财政性资金。事业单位和社会团体通过市场取得的不体现政府职能的经营、服务性收入,不属于预算外资金。预算外资金审计的具体范围包括根据法律、法规和具有法律效力的规章收取、提取的各种行政事业性收费、基金(资金、附加收入)和凭借政府职权筹集的资金等;按照国务院和省、自治区、直辖市人民政府审批的项目和标准,收取和提取的各种行政事业性收费;按照国务院或财政部审批的项目和标准向企事业单位和个人征收、募集或以政府信誉建立的具有特定用途的各种基金(资金、附加收入);主管部门按照规定从所属企业、事业单位和社会团体集中的管理费及其他资金;用于乡(镇)政府开支的乡自筹资金和乡统筹资金;其他未纳入财政预算管理的财政性资金。

二、其他财政收支审计的主要内容

根据《审计法实施条例》规定,审计机关对其他财政收支进行审计监督的主要内容:一是各级人民政府财政部门依照法律、行政法规和国家其他有关规定,管理和使用预算外资金的情况;二是本级各部门依照法律、行政法规和国家其他有关规定,管理使用预算外资金的情况;三是本级各部门决算和下级政府决算。

当前,我国对财政资金分配领域的预算外资金管理不严,造成预算外资金规模过大、管理偏松、收支渠道混乱等问题,不仅造成了国家财政资金分散,严重地扰乱了正常的政府公共分配秩序,给国民经济带来不良影响,同时也助长了不正之风和腐败现象的发生。鉴于此,近年来其他财政收支审计重点抓了以下几个方面问题:

(1) 在资金的来源方面,重点检查是否严格按照国家法律、法规和规章的范围和标准,收取和提取预算外资金,有无违反国家有关规定擅自设立收费项目,随意调整征收范围和标准的问题;有无将应上缴的预算收入擅自转作预算外资金的问题;有无采取侵蚀税基的方式,设立预算外资金或基金,挖挤上级财政收入的问题。

(2) 在资金的使用方面,重点检查是否严格按照国家规定的用途安排和使用预算外资金,部门和单位用预算外资金发放的工资、奖金、津贴、补贴以及用于福利等方面的支出,是否符合国家规定的项目、标准和范围;部门和单位用预算外资金安排的基本建设投资是否经财政部门审查,并报计划部门,纳入基本建设投资计划。乡(镇)自筹和统筹资金在使用时,是否按规定专款专用,并报经乡(镇)政府审批。

(3) 在资金的管理方面,重点检查预算外资金财政专户管理情况。财政专户,是财政部门在银行设立的预算外资金专门账户,用于对预算外资金收支进行统一核算和集中管理。财政专户分为中央财政专户和地方财政专户,分别办理中央和地方预算外资金的收缴和拨付。对部门、单位的预算外资金实行财政专户管理,是国家对预算外资金实施监控的重要措施。根据财政专户管理的特殊要求,对财政部门应主要检查是否按照国家统一规定建立了预算外资金财政专户管理办法和相关的财务会计核算制度;有无擅自动用预算外专项资金平衡预算或搞有偿使用的问题;有无挪用财政专户资金从事房地产买卖、参与金融拆借、兴办经济实体等风险性、商业性投资的问题。对部门、单位应主要检查是否按照国家规定开设预算外资金账户,有无在多家银行开设预算外资金账户的问题;有无在预算外资金收入过渡账户中直接坐支预算外收入的问题。

(4) 在预算外收支计划的编制方面,重点检查财政部门是否建立健全预算外资金收支计划管理制度;部门和单位是否按规定编制预算外资金收支计划;在编制支出计划时是否以收入为基础,有无收支脱节、少收多支或套取资金的问题。

(5) 在预算外资金决算的编制方面,重点检查部门和单位是否按照财政部门的规定,编制会计决算;会计决算是否符合财务会计制度规定,内容是否完整,数字是否准确,报送是否及时;决算编制依据是否完整、准确,有无少报或代编的问题。

第五节 税收审计

税收审计概述

(一) 税收审计的含义

税务部门税收征管情况审计（简称税收审计），是指国家审计机关依照国家法律、行政法规，对税务部门组织税收的真实性、合法性进行的审计监督。税收审计是财政审计的重要组成部分。按照《审计法》规定，税收审计的对象是国家税务局系统和地方税务部门。

(二) 税收审计的目标及范围

依照《税收征管法》第一条，我们可以看出税收征管法的立法宗旨为"规范税收征收和缴纳行为，保障国家税收收入，保护纳税人的合法权益，促进经济和社会发展"。我们开展税收征管审计也应围绕该宗旨展开，既要规范地方税收征管部门依法征收税款，也要规范纳税人的缴纳税款的行为；既要保障国家财政收入，也要保护好纳税人的合法权益；既要促进经济发展，又要促进社会协调发展。因而其审计对象既包括征收机关，也包括纳税人，即在审计征收机关的同时，适当延伸审计相关纳税人的纳税情况。在具体审计范围上由于审计主体不同可分为审计署的审计范围和地方审计机关的审计范围。审计署的审计范围主要包括国家税务局负责征收的中央税和中央与地方共享税，如增值税、消费税、车辆购置税等；地方审计机关的审计范围主要指地方税务系统征收的各项税收，如个人所得税、资源税、土地使用税、房产税、土地增值税等。《县（市）级地方税收征管审计的主要内容和操作方法实例》。

(三) 税收审计的方法及运用

开展税收审计的方法主要有：

（1）审阅法：是根据国家统一的税收法律、法规、制度的规定，对各级税务部门和地方政府制定的有关政策和业务管理文件、档案等进行审阅；

（2）核对法：是将税收征管有关的会计记录或资料进行对比、核实、验算；

（3）对比分析法：是将税收征管相关的一些数字资料进行对此和综合分析；

（4）延伸法：是通过对税务部门税收征管活动涉及的单位进行延伸检查，以评判税务部门工作或进一步认定问题的方法。

各种审计方法的具体应用范围，见表 5-1。

表 5-1　　　　　　　　　　审计方法的运用

审计方法	审计内容
审阅法	税收政策执行情况审计　税收制度执行情况审计
对比分析法	除税务报表审计以外的其他五项审计
核对法	税收政策执行情况审计　税收制度执行情况审计　税务报表审计
延伸法	是税收审计的重要方法

（四）税收审计的内容

1. 税收计划完成情况审计

税收计划是财政预算的主要组成内容，是税务机关征管人员组织税款入库的重要依据。对税收计划完成情况审计，主要通过核对税务部门征收的各项税收的征收数、国库入库数、财政部门列报数是否一致，审查税收收入的实际完成情况及其真实性；分析税收超收或短收的原因；分析增值税、消费税、企业所得税等主体税种的收入情况，是否与相关的经济要素增长相适应。

2. 税源管理情况审计

税源管理既包括税务部门对纳税人应纳税情况的监管情况，也包括税务会计对税款申报、税款征收、税款入库等的核算情况。主要内容包括：

（1）审查税务部门是否按要求对纳税人进行登记管理，有无因工作不力造成对纳税人漏征漏管或不按规定进行登记的问题；

（2）审查税务部门对纳税人监控是否到位、是否有力，有无因对纳税人申报应纳税额严重失实情况、严重偷逃税款情况的失察，造成税收严重流失的问题；对纳税人的异常申报情况，是否及时进行纳税评估。

（3）审查税务部门在企业申报的基础上，对应征税金、入库税金、企业欠缴税金、税收减免等税源组成内容的核算是否合规，核算结果是否真实，有无为留有余地隐瞒少报税源等问题。

3. 税收政策执行情况审计

税收政策执行情况审计，就是审查地方政府和税务部门是否按照税法和税收政策的规定，及时、足额组织税收收入。主要内容包括：

（1）审查地方政府和税务部门有无侵蚀税基和改变法定税率，少征税款。

（2）审查地方政府和税务部门有无超越税收管理体制规定的权限，在国家规定之外制定减免税政策。

（3）审查地方政府和税务部门有无放宽国家统一税收政策规定的条件和范围，自定税收优惠政策，扩大减免税范围，增加减免税项目。

（4）审查有无层层下放审批权限，将属于国家和省级的权限下放到基层政府和税务部门。

4. 税收征管制度执行情况审计

税收征管制度执行情况审计，就是审查税务部门是否按照《税收征管法》的规定，组织税收收入和管理税收业务。主要内容包括：

（1）审查税务部门是否按规定为所有纳税人办理了纳税登记手续；登记的内容是否全面、清楚；纳税人发生变化是否及时办理了变更登记、重新登记或注销登记等。

（2）审查税务部门是否及时为纳税人办理纳税申报，税款超过期限是否及时催缴入库；滞纳金是否按规定收缴；减免滞纳金有无经过审批，是否符合制度规定。

（3）审查地方政府或税务部门有无违规改变征税办法，对企业应缴税收实行承包或变相承包的办法，造成税收收入流失的问题。

（4）审查税务部门是否按规定办理企业缓税，有无以缓代免造成收入流失，或违规批准企业抄起缓税的问题。

（5）审查地方政府和税务机关是否正确处理依法征税和完成税收计划的关系，有无为了完成税收计划，在企业当年没有应缴税收的情况下，预先征收属于下一年的税收，"寅吃卯粮"的问题；或者在税收计划完成的情况下，将当年已征收税款列入收入过渡户或者退库，推迟到下年度入库，压低当年收入规模，人为调节收入水平的问题。

（6）审查税务部门所征税款是否及时足额入国库，税款所属预算级次的划分是否正确，有无延压、截留、转移税款以及挤占上级财政收入等问题。

（7）审查税务部门稽核检查制度是否健全和有效，内部控制是否合理、可靠；税务违法处理是否合法，定性是否准确，处理是否适度，有无以罚代税、以罚代刑的现象。审查税务部门对税务代理的管理是否有力，有无因代扣代缴义务人应扣未扣、应缴未缴税款，造成收入流失的问题。

5. 税收退库情况审计

税收退库影响国库资金的安全。主要内容包括：

（1）税务部门办理的税收退库内容是否符合国家规定，有无自定政策增加退税项目，违规办理超范围退库的问题；

（2）税务部门办理退库的预算级次是否符合财政体制规定，有无混淆预算级次，多退上级财政收入的问题。

6. 税收报表审计

税收报表分税收会计报表和税收统计报表。税收会计报表主要包括税收资金平衡表；应征、欠缴、在途、查补税金明细表；入库税金明细表；减免税明细表；提退税金明细表。税收统计报表分类：税收统计表；税源统计表；税政统计表。主要内容包括：

（1）税收报表的完整性。

（2）各报表数字的真实性。

（3）各报表数字的平衡关系是否正确。

（4）各报表之间的数字钩稽关系是否合理、是否成立。

案例拓展 5-4：

税务总局 2015 年度预算执行等情况审计结果公告问题的整改情况

（1）2010~2015 年，税务总局本级违规在专项经费中列支 486.62 万元用于部分人员支出，其中 2015 年 87.4 万元。此外，至 2016 年 3 月，税务总局本级个人差旅等借款累计 195.05 万元未按规定及时清理，其中 98.81 万元长达 1 年半。

税务总局正在抓紧进行报账处理，核销借款，今后将严格按规定执行。

（2）2015 年，税务总局在参与分配对地方专项补助经费时，违规向不在专项补助范围内的 10 个省市地方税务局安排专项补助 1 970 万元。

税务总局 2016 年已停止了向财政部提出超补助范围的分配建议。今后将严格按照规定向财政部提供符合经费补助条件的案件信息，提出资金分配建议。

（3）2015 年，税务总局本级在 2014 年申请的 3 个专项资金全部未动用的情况下，仍继续分别申请 4 000 万元、1 300 万元和 1 700 万元，当年仅分别支出 2 392.9 万元、11.82 万元和 1 655.02 万元，影响财政资金及时发挥效益。

税务总局已申请调减预算，2018 年将不再申请安排预算。

（4）2015 年，税务总局本级扩大支出范围列支云南等 3 个省的县级税务局以前年度组织的培训和税务宣传资料印刷费用 547.45 万元。

3 个省国家税务局分别退回在税务总局报销的培训费和印刷费，总计 547.45 万元，并调整了有关会计账目。

（5）2015 年，10 个省的国家税务局违规在《中国税务》杂志社报销招待费、车辆使用费等费用 60.08 万元。

至 2016 年 4 月 13 日，《中国税务》杂志社已追回 60.08 万元，并及时调整了相关会计账目和决算草案。

（6）2015 年，所属中国注册税务师协会在专项经费中列支与该专项无关的协会设备托管与网络带宽租用费等 242.98 万元。

所属中国注册税务师协会已调整有关会计账目，扩大支出范围的 242.98 万元已退回财政账户。因 2015 年财务决算报表和结余资金报表已上报财政部，待 2017 年初再行调整上述报表。

（7）在金税三期工程建设管理中，税务总局未严格执行招投标规定，存在违规将 6 个项目招标方式由公开招标调整为竞争性磋商、设置有利于部分投标单位的评标标准等问题；对部分合同变更把关不严，致使出现企业低价中标后变更合同等问题；统筹规划不够，未整合部分地税部门的信息系统；未经批准调整数据架构，造成第一批试点省市数据与后期试点省市数据难以互通，工程已逾期 5 年未能全部完成。

对于第一个问题，税务总局将严格按照发展改革委批复的项目采购方式执行，确需调整的，将严格按照程序报批，对已承担金税三期工程的供应商，不得再参加金税三期工程的其他采购活动。对于第二个问题，税务总局专门进行了研究和梳理，采取多项措施加强管理，一是事先预防，采购需求须经充分论证后提出，并经专家评审论证，合同签订时须经法律顾问和第三方监理审核进一步确认；二是事中管控，合同执行过程中一旦出现困难，要及时分析原因，并采取有效措施妥善解决；三是事后追偿，合同变更的同时要按照规定进行追偿。对于第三个问题，通过推广金税三期征收管理系统，对税务总局现有业务系统进行替代，推进金税三期应用系统进一步与地税部门信息系统统筹整合。对于第四个问题，从金税三期数据架构设计入手，实现数据向税务总局集中，目前对已推广省份，从上线的第二个月开始已经实现数据向税务总局集中。

（8）2010~2015年，部分省市国家税务局批复立项的基本建设项目中，有50个综合业务办公用房维修改造项目不符合有关维修改造办公用房的规定年限和立项条件，涉及建筑面积共计293 134.79平方米。

各省国税局上报了整改报告。目前，这些项目均按照整改要求提供了立项审批制度规定的相关证明材料。今后，税务总局将按照基建管理规定对各省（区、市）国税局审批的基建项目严格审核把关，要求各省（区、市）国税局进一步加强项目论证和审批管理。

（9）2015年，税务总局批复的沈阳市国家税务局综合业务办公用房等新建和维修改造项目，存在装修超标准问题。

辽宁省沈阳市国家税务局已将超标准部分拆除，并对相关责任人员按规定进行了处理。同时，完善和细化了管理制度，强化项目过程管理，健全内控机制。

（10）至2016年3月底，衡阳市国家税务局综合业务用房有2 174.91平方米闲置未使用。

湖南省衡阳市国税局办公楼增加了进驻单位，包括衡阳市国税局机关、衡阳市国税局稽查局及第一、第二稽查局，共进驻在职办公人员211人。

（11）2015年，税务总局、省级国家税务局批复的保山市隆阳区国家税务局综合业务办公用房等2个项目土地利用效率有待提高。

今后，税务总局将严格按照基建管理规定，切实强化建设用地管理，确保项目容积率符合规定。

（12）2015年，税务总局部分退休干部在中国注册税务师协会等单位违规兼职取酬21.21万元。

截至2016年6月30日，相关人员已将违规取得的资金全部退回。

（13）2015年，所属"中国税务"杂志社违规在12个省级国家税务局设立通联站，开展新闻业务活动和刊物发行工作；"中国税务报社"为18名不具备资格的税务局人员发放了新闻记者证。

2016年4月5日，所属"中国税务"杂志社下发了《关于撤销中国税务杂志社合作办刊单位通联站的决定》，撤销各省通联站。"中国税务报社"已收回违规发放的18个记者证，并责成存在问题的记者站启动记者证注销程序。

案例来源：审计署2016年第30号公告。

第六节 海关审计

一、海关审计概述

(一) 海关审计的含义及依据

海关是国家关境进出的监督管理机关,根据《中华人民共和国海关法》(以下简称《海关法》)的规定,中国海关是国务院直属机构,实行集中统一的垂直领导管理体制。海关机构的设置为:海关总署、直署海关、隶属海关三级。中央确定海关工作方针是:依法行政、为国把关、服务经济、促进发展。《海关法》规定我国海关的主要职责有四项:

(1) 进出境监管;
(2) 征收关税和其他税;
(3) 查缉走私;
(4) 编制海关统计。

海关审计是指审计机关对海关总署及其所属各级海关的关税和其他税费的征收管理活动,以及与税费征管有直接关系的海关监管活动进行的审计监督。

海关审计的依据主要有:《中华人民共和国宪法》《中华人民共和国审计法》《中华人民共和国海关法》《中华人民共和国进出口关税条例》《中华人民共和国海关进出口税则》《中华人民共和国海关进出口货物征税管理办法》《进出口舱单管理条例》《海关估价准则》等,以及其他相关法律法规。

(二) 海关审计的目标

从本质上来说,海关审计工作是预算执行审计工作的一个重要的组成部分,它与对财政、税务、国库部门及其他部门的审计共同组成了预算执行审计工作。海关审计工作的主要任务和目标是要监督海关部门按照国家制定的法规、政策精神依法征收进出口税收,做到应征尽征,以此为中心,检查海关在税收减免、货物监管、案件处理、税费处理等方面是否存在对税收造成直接损失或潜在威胁的问题。

海关审计的目标总的看应为两个方面:一方面,对海关执法情况进行审计监督,即依照国家现行的法规政策对被审计海关具体业务行为加以对照检查,确保海关执法有利于维护国家利益,保证关税及代征税税收及时足额缴库,各项政策法规得到严肃、统一和有效的贯彻执行。这一点也是海关审计的主要目标。另一方面,通过审计研究分析和发现的问题,为宏观管理和决策提供意见和建议,以促使海关工作更适合于经济发展的实际情况。这一目标是保证审计工作上层次、上台阶,在宏观调控中发挥作用的重要保证。海关审计主要是对关税征收、减免及保税货物监管情况的审计。

(三) 海关审计的作用

(1) 海关执法是实施我国贸易管制政策的重要手段。一方面,海关通过执行详尽、严密的关税政策管制进出口,另一方面还承担采用非关税措施实施国家贸易管制的重责。因此,对海关执法情况进行审计检查,推动海关进一步严格执法,是政府审计不可或缺的重要方面。

(2) 海关审计对促进海关加强税收征管和货物监管、完善政策制度等发挥了重要作用。在海关审计过程中,一是能够揭示反映海关日常管理上的问题,如工作不力造成税收流失、货物监管不到位、人为调节收入进度等,并在此基础上进行跟踪促进整改;二是能够促进海关完善税收征管制度,如海关总署根据审计建议制发了2010年第26号和第47号公告,分别明确滞报金补征起征点和飞机租赁中相关费用缴纳关税及进口环节税问题。

(3) 关税及进口环节税是我国税收收入的重要组成部分。海关审计能够促进海关认真执行国家的税收和进出口政策,加强对关税征管和进出口货物的监管,充分发挥海关监管在维护我国政治经济利益中的作用。加强对关税及进出口环节税的审计监督,促进海关加强对进出口物资的监管,严厉打击各种违法行为,更好地维护市场经济秩序,从而促进财政增收。

海关审计在促进海关严格执法,推动政策制度完善等方面发挥着不可替代的作用,对进一步推动实现我国对外贸易管制政策目的具有重要意义,是政府财政审计必须坚守的主阵地之一。

二、海关审计的内容

1. 关税及进口环节税征收情况审计

关税及代征税的征管是海关的主要任务之一。关税征收情况审计的主要内容包括:

(1) 审查完税价格的审定是否合理(即审价),具体在审查过程中注重审查海关采用的估价体系是否适应当前形势需求,其次核对报关单与购货发票和购货合同,审核报关单所列货物品种、价格和数量等项内容,是否与发票及合同一致,有无报价不实的问题。

(2) 审查税则归类和适用税率的确定是否正确。在进出口关税条例中规定,进出口货物,应当按照《海关进出口税则》规定的归类原则归入合适的税号,并按照适用的税率征税。这实际上表述了税则归类的含义,是将进出口商品恰当地归入税则的某一税号,确定其适用的税率,计算出其税负。税则归类是正确执行关税政策的一个关键,技术性很强,因此应当熟悉海关税则的基本结构、内容、归类原则,各个税号的范围。在具体进行税则归类时,需要注意:应当弄清归类的对象,了解商品的属性和用途;查找有关商品在海关税则中拟归的类、章及税号,对于原材料性质的商品先考虑其属性归类,对于制成品则先考虑按用途归类;将可能采用的类、章及税号之间进行比较,选择其中最为合适的税号。

(3) 报关单的审查情况审计。进出口货物报关单是指进出口货物收发货人或其代理人,按照海关规定的格式对进出口货物的实际情况做出书面申明,以此要求海关对其货物按适用的海关制度办理通关手续的法律文书。它既是海关监管、征税、统计以及开展稽查和调查的重要依据,又是加工贸易进出口货物核销,以及出口退税和外汇管理的重要凭证，也是海关处理走私、违规案件，及税务、外汇管理部门查处骗税和套汇犯罪活动的重要证书。在对报关单进行审计时一要审查单证、单货是否相符；二要审查单证是否齐全、正确和全面，所填项目是否符合有关政策和法规规定；三要审查报关单是否混用。

（4）审查海关确定的进口环节各项税收计税价格是否准确。其主要包含以下内容：审查海关确定的进口环节增值税计税价格是否准确；进口环节的消费税征收范围和计税价格依据是否准确；进口环节税收征收范围和计税依据是否正确。

2. 审查关税的缓征、退补、减免以及滞纳金的收缴是否合规

审计的目的是确保应征关税严格依法、依率征收和不致流失。然而，税则归类是一项技术性很强的海关业务，而且事后审计难以取得进出口货物同期的市场参考价格等资料，审价也不易操作。因此，在关税征免方面应侧重于对减免税合法性、真实性的审计。针对减免审计可以注重以下两个方面：

（1）法定减免，由于法定减免税范围小、项目少、比较固定，各地海关可以依法直接办理。审计时，主要审计各地海关批准的减免税进口货物是否为法律规定的种类，减免的税额是否在法律规定的额度之内。

（2）特定减免，主要指根据进出口的特殊情况而专门规定的减免税，包括国务院制定的减免税办法、海关总署和财政部根据国务院政策指定的减免税办法规定的减免。特定减免税可分为对特定区域的减免、对有特定用途的进口货物的减免税、对特定项目的减免税等类型。

3. 审计保税货物的监管和减免税货物的后续监管

对于保税货物的监管和减免税货物的后续监管，海关法规和制度均做了规定，涉及货物的实物管理、会计管理、核销制度、保税和征免税条件及海关监管程序、手续。审查的重点内容应是：

（1）保税物资的核销是否及时、正确，手续是否完备；

（2）各种监管制度、程序是否严格、有效；

（3）是否存在因海关监管不力、核销不严造成保税货物和减免税货物被转卖、挪用，造成偷漏税款甚至构成走私的违法违规问题。审查的重点部位应是保税区内企业、保税工厂、保税仓库及其他开展补偿贸易、来料加工、进料加工业务的企业、拥有减免税进口货物较多或金额较大的企业。

案例拓展 5-5：

海关总署 2015 年度预算执行等情况审计结果公告问题的整改情况

根据《中华人民共和国审计法》的规定，2015 年 12 月至 2016 年 3 月，审计署对海关总署 2015 年度预算执行等情况进行了审计，重点审计了海关总署本级和所属深圳海关、大连海关等 10 个单位，并对有关事项进行了延伸审计。

一、基本情况

海关总署为中央财政一级预算单位，部门预算由署本级和 64 个二级预算单位的预

算组成。财政部批复海关总署2015年度部门财政拨款预算支出为2 159 401.45万元，海关总署决算草案反映的当年财政拨款支出1 849 938.58万元，其部门预算与执行结果的差异总额为309 462.87万元。

本次审计海关总署本级及所属单位2015年度财政拨款共计958 342.27万元，占部门财政拨款总额的44.38%。

审计结果表明，海关总署本级及本次审计的所属单位2015年度预算收支基本遵守了预算法及相关法律法规，财务管理和会计核算基本符合会计法及有关财会制度规定。对2014年度预算执行审计查出的问题，至2015年10月底，海关总署已采取将资金上缴财政、归还原资金渠道等措施进行整改，以上整改情况审计署受国务院委托已向全国人大常委会报告，并向社会公告；2015年11月以来，海关总署继续加强整改工作，所属机关服务中心将资产处置收入2 387.17万元纳入了预算管理。

二、审计发现的预算执行中存在的主要问题

（1）2015年，海关总署在编制14个项目预算时，有4个项目不具备实施条件，10个项目未充分考虑上年结转资金规模大等情况，年底形成结转资金34 282.58万元；已连续结转2年以上的8 852.6万元资金仍未有效盘活，影响财政资金及时发挥效益。

海关总署已制定预算规程、加强预算项目审核评审，强化预算绩效管理，切实提高预算编制的科学性、准确性；要求各单位科学推进2016年预算执行进度；将2012年前形成的财政拨款结余资金交回财政部统筹使用；要求各单位准确预测资金结转情况，全部纳入部门预算。

（2）海关总署中国海关博物馆总建筑面积33 000平方米，其中办公用房、体能中心、车库等20 300平方米，占总建筑面积的61.52%，海关总署未按规定向国管局报告所属行政部门使用海关博物馆和租用海关招待所作为办公用房情况。至2015年底，海关总署本级办公用房超标准8 831.69平方米，所属单位超标准440 545.95平方米。

海关总署各部门均按要求将超标办公室清退完毕。

（3）2013～2015年，海关总署本级及所属单位超范围、超标准或自定标准发放津补贴等4 110.09万元。

海关总署本级已全部停发违规津补贴，并对超范围发放的津补贴进行清退。要求全国海关严格执行相关规定，审计涉及的6个海关的8个问题，有7个问题已整改完毕，有1个正按计划清退。

（4）2015年，所属机关服务中心将6辆执法执勤用车用于机关后勤等一般公务活动；海关总署缉私局租用2台车辆用于执法，租车费用35.86万元。

已进一步明确执法执勤车的适用范围及适用程序，严格执法执勤车网上预约派车制度，一车一档登记，适用情况每周通过机关管理网公示。

（5）2015年，海关总署本级34.82万元接待费支出未按规定附公务接待凭证等。

海关总署完善了公务接待清单，要求今后国内公务每笔接待费支出必须附公务接待清单和公务接待函。

（6）至2015年底，所属全国海关教育培训中心等5个事业单位未按规定单独编制预算和独立核算。

海关总署已要求5个事业单位按照规定程序办理相关手续,加快推进落实。

(7) 2011~2015年,所属昆明海关下属12家单位违规将走私物品处置收入1 197.95万元存放账外,用于业务经费、发放福利等。

海关总署已成立联合核查小组,两次赴昆明对有关情况进行实地核查。截至3月28日,已清退各类违规发放给个人的补贴福利71.92万元。核查结果及相关资料已移交中央纪委驻海关总署纪检组,将对相关责任人进行纪律审查和责任追究。

(8) 2015年,所属银川海关等33家单位违规将专项业务经费3 713.32万元用于办公楼、食堂维修等项目。

在2017年至2019年三年预算编制中,已要求各海关单位按照专项经费管理规定的支出范围编制项目预算,并在预算执行时严格按照该范围进行列支。

(9) 2015年,海关总署本级及部分所属单位48 029.71万元非税收入未按规定实行"收支两条线"管理。

海关总署已与财政部进行沟通,财政部正在研究。

(10) 2015年,所属兰州海关提前列支2016年支出102.37万元,导致多计当年决算支出。

所属兰州海关已调账整改。

(11) 2015年,所属重庆海关少计结余资金620.93万元。

所属重庆海关数据分中心2014年计提上缴上级支出368.37万元,已于2016年3月调账冲回;机关服务中心累计应缴代收252.56万元已全部上缴重庆海关。

(12) 2012~2015年,海关总署在实施金关工程(二期)项目中,未批先建部分项目,涉及资金1 563.34万元;2015年,在金关工程(二期)项目支出中列支与项目无关经费409.22万元;2014~2015年,所属全国海关信息中心等单位违规参与金关工程(二期)项目投标,中标金额7 860.7万元,其中2015年2 459万元。

海关总署将严格执行项目管理相关规定,已将初设建设内容变更情况和投资概算调整等情况报送发展改革委;同时,已于2015年11月研究决定今后所属事业单位不再参与海关信息化建设招投标工作。

(13) 至2015年底,海关系统共有各类经济实体223家,其中6家企业仍违规使用含有"海关"字样的企业名称,有12名公务员违规兼任13家企业的法定代表人。

海关总署已要求各单位进行自查,有关单位已按要求办理相关手续。12名在经济实体任职的公务员均已完成清理。

(14) 至2015年底,海关总署缉私局31辆汽车长期未按规定进行固定资产登记,涉及金额827.6万元。

已完成31辆机动车固定资产登记相关手续。

(15) 至2015年底,所属南京海关未按规定追回2名长期脱岗人员"吃空饷"资金63.68万元。南京海关已协调江苏省公积金管理中心对2名"吃空饷"人员的公积金账户余额共计25.87万元进行了控制。同时已通过向地方法院提起民事诉讼等法律途径开展资金追缴。

(16) 至 2015 年底,海关系统 1.97 万平方米出租出借办公用房未按规定清理到位,其中,2015 年收取租金 544.31 万元;所属长春海关无偿出借办公用房,据测算 3 年至少少收租金 25.6 万元,其中 2015 年 9.6 万元。

30 个出租出借办公用房项目已整改完成 23 个,7 个正在整改。长春海关已将租金按规定全额上缴中央财政。

(17) 至 2015 年底,所属大连海关下属鲅鱼圈海关违规将税款类保证金 31 亿元转存为定期存款。

已立即停止将保证金继续转存,5 月 18 日已将所有定期存款转出,目前鲅鱼圈海关定期存款账户余额为 0。

(18) 2011~2015 年,所属兰州海关以中国电子口岸数据中心兰州分中心名义,违规集资建设经济适用住房 386 套。

中国电子口岸数据中心兰州分中心已经停止违规经济适用住房建设,并且兰州市政府制定了取消经济适用住房项目、按照市场化模式调整为普通商品房的整改方案。

案例来源:审计署 2016 年第 30 号公告。

第七节 国库审计

一、国库审计概述

(一) 国库相关知识

国库,是指国家金库,是一个存放具体实物、货币和黄金的库房。现代的国库有保管、管理该国财政的资产和负债、预算执行等一系列国家的财政职能。具有控制政府预算内、外资金,管理政府现金、债务等全面财政管理功能。由此可以看出其作为国家预算执行的重要组成部分,在经济社会发展中扮演着重要的角色。

国库的设立依据《预算法》第五十九条规定:

(1) 县级以上各级预算必须设立国库,具备条件的乡、民族乡、镇也应当设立国库;

(2) 中央国库业务由中国人民银行经理,地方国库业务依据国务院的有关规定办理;

(3) 各级国库必须按照国家有关规定,及时准确地办理收入的收纳、划分、留解和预算支出的拨付;

(4) 各级国库库款的支配权属于本级政府财政部门;

(5) 各级政府应当加强对本级国库的管理和监督。

根据《国家金库条例》第三章第十条的规定,国库的基本职责有:

(1) 办理国家预算收入的收纳、划分和留解;

(2) 办理国家预算支出的拨付;

（3）向上级国库和同级财政机关反映预算收支执行情况；

（4）协助财政、税务机关督促企业和其他经济收入的单位及时向国家缴纳应缴款项，对于屡催不缴的，应依照税法协助扣收入库；

（5）组织管理和检查指导下级国库工作；

（6）办理国家交办的同国库有关的其他工作。

根据《国家金库条例》第三章第十一条的规定，国库的主要权限有：

（1）督促检查各经收处和收入机关所收之款是否按规定全部缴入国库，发现违法不缴的，应及时查究处理；

（2）对擅自变更各级财政之间收入划分范围、分成留解比例，以及随意调整库款账户之间存款余额的，国库有权拒绝执行；

（3）对不符合国家规定要求办理退库的，国库有权拒绝办理；

（4）监督财政存款的开户和财政库款的支拨；

（5）任何单位和个人强令国库办理违反国家规定的事项，国库有权拒绝执行，并及时向上级报告；

（6）对不符合规定的凭证，国库有权拒绝受理。

（二）国库审计的含义及作用

国库审计，是指审计机关依据国家法律、行政法规和各部门规章制度，对国库部门办理预算资金收纳、划解和拨付的真实性、合法性进行的审计监督。由于它担负着国家预算资金的收纳和支付任务，是国家预算收支执行工作的重要组成部分，因此开展国库审计是财政审计的深化，对完善当前财政审计工作无疑具有十分重要的现实意义。

开展国库审计的依据主要有：《中华人民共和国宪法》《中华人民共和国审计法》《中华人民共和国预算法》《中华人民共和国中国人民银行法》等法律法规，以及《中华人民共和国国家金库条例》《〈中华人民共和国国家金库条例〉实施细则》《财政国库管理制度改革试点方案》《国库会计核算管理与操作的规定》《关于加强国库监管工作的通知》《商业银行、信用社代理国库业务管理办法》等300多项规章制度。

开展国库审计的作用主要体现在以下两个方面：

第一，国库是预算执行的重要组成部分。《预算法》在"预算执行"一章中明确规定："县级以上各级预算必须设立国库；具备条件的乡、民族乡、镇也应当设立国库。"各级国库承担着预算收入的收纳、划分、留解和预算支出的拨付等重要职责。这些收纳、划分、留解和拨付，是预算执行过程中非常重要的环节。在预算执行审计中，如果不对国库进行审计，会导致财政审计的不全面。

第二，国库审计可以促进对财税部门的预算执行审计。由于国库在整个国家预算资金运行链条中处于一个闸门的位置上，它既具有督促检查各预算收入经收机关所收款项是否按规定全部缴入国库的权限，又具有监督财政存款的开户和财政库款支拨情况的权限；既具有拒绝执行擅自变更各级财政之间收入划分范围、分成留解比例，以及随意调整库款账户之间存款余额要求的权限，又具有拒绝办理不符合国家规定要求办理退库的权限等。因而对国库审计,可以透视财税部门的预算执行情况。从这个意义上说,在预算执行审计中加强对国库审计,有着更重要的作用,《国库审计是预算执行审计中的重要一环》。

二、国库审计的内容

(一) 预算收入缴纳情况审计

《国家金库条例》中规定:国家的一切预算收入,应按照规定全部缴入国库,任何单位不得截留、坐支或自行保管;国家各项预算收入,分别由各级财政机关、税务机关和海关负责管理,并监督缴入国库。缴库方式由财政部和中国人民银行总行另行规定。目前我国建立了单一账户为基础,资金缴拨以国库集中收付为主要形式的财政国库管理体制。

预算收入缴库方式:(1) 直接缴库,缴款单位直接将应缴预算收入缴入国库单一账户或预算外资金财政专户;(2) 集中汇缴,由征收机关按有关法律,将所收的应缴收入汇总缴入国库单一账户或预算外资金财政专户。包括小额零散税收和非税收入中的现金缴款。

在进行审计的过程中应与税收征管审计结合起来,主要关注税基、税率、预算级次、预算科目、预算收入金额等是否正确。具体内容有:(1) 国库库款收纳的真实性、合法性,重点审计国库或国库经收处缴款书等凭证;(2) 预算资金入库的及时性,审查经收处所收款项是否按规定全部、及时地收纳入库,有无延解积压库款的现象;(3) 预算收入分成、报解是否正确,各级国库收纳的中央与地方、地方与地方共享收入,应按照规定的共享分成比例,制作共享收入分成计算日报表,并登记相关预算收入登记簿;(4) 审核入库级次主要核实各级国库是否按国家规定将各级收入对应入库,有无多入、少入、混入的问题。

(二) 预算收入退库情况审计

按照《国家金库条例》规定,国库收纳的预算收入的退付,必须在国家规定的退库项目范围内,按照规定的程序办理。各单位和个人申请退库,应向财政、征收机关填具"退库通知书"。退库原则上通过转账办理,不支付现金。因此,应全面审核退库报表、退库登记簿和收入退还书的政策依据、批准手续和计算资料的真实性、合法性。

其主要审计内容有:(1) 审查退库的项目是否符合规定范围(由国家统一规定);(2) 审查预算收入退库情况是否符合规定的审批权限,有无超越权限和范围,擅自审批退库,有无财政机关自批自退的项目等;(3) 审查退库的依据、标准是否符合规定,有无多退或少退,有无挤占中央收入,有无弄虚作假问题;(4) 审查退库手续的合规性是否确有缴款单位或个人提出的退库书面申请。

(三) 预算资金拨付情况审计

《国家金库条例》第十八、第十九、第二十条作出以下规定:(1) 国家的一切预算支出,一律凭各级财政机关的拨款凭证,经国库统一办理拨付。(2) 中央预算支出,采取实拨资金和限额管理两种方式。中央级行政事业经费，实行限额管理。地方预算支出，采用实拨资金的方式；如果采用限额管理，财政应随限额拨足资金，不由银行垫款。(3) 各级国库库款的支拨，必须在同级财政存款余额内支付。只办理转账，不支付现金。

其主要的审计内容有：(1) 审查库款支拨的依据是否正确；(2) 审查国库拨款是否按照批准的年度预算和用款计划拨款；(3) 审查有无财政部门擅自改变支出用途的拨款。尤其在集中支付情况下，库款使用是否符合计划用款的规定；(4) 审查国库部门是否严格对凭证进行审核，要素不完整或款项使用不符合规定的拒绝办理拨款等；(5) 审查预算资金拨付是否及时，对于直接支付的款项是否及时转账收款人账户；账务处理是否符合有关规定用款，使用的会计科目是否正确，数字是否真实、准确；(6) 审查直接支付方式下，预算用款单位和收款单位有无串通舞弊以套取财政资金的行为；(7) 审查预算单位零余额账户的管理和使用是否符合规定。

(四) 库款解缴审计

根据《国家金库条例》规定，各征收机关、国库部门及经收处应对自收汇缴的税款和其他预算收入在当日或次日上午及时上划，不得延压。将省分库汇总日报与各中心支库日报、中心支库汇总日报与各支库日报分别进行核对，对照日历，扣除节假日，检查各级国库部门有无延压现象，查清延压天数、金额；审核专业银行"待结算财政款项"账户，检查专业银行有无延压现象，查清延压天数、金额；审核税收缴款书，检查征收机关有无设立过渡账户，审查税收过渡户银行对账单等资料，查清延压的天数、金额。

案例拓展 5-6：

医疗保险基金审计报告

根据《中华人民共和国审计法》的规定，2016年8月至9月，审计署组织地方审计机关对基本医疗保险和城乡居民大病保险等医疗保险基金进行了专项审计。审计抽查了28个省本级（含新疆生产建设兵团）、166个市本级和569个县（市、区）2015年和2016年上半年的基金管理使用情况，抽查资金金额3 433.13亿元，延伸调查了3 715个定点医疗机构、2 002个定点零售药店以及其他相关单位。现将审计结果公告如下：

一、医疗保险基金基本情况

根据医疗保险行政部门和经办机构提供的数据，截至2016年6月，审计地区基本医疗保险参保人数55 951.65万人；城乡居民大病保险参保人数36 797.79万人。

2015年和2016年上半年，审计地区基本医疗保险基金收入12 692.81亿元，其中保险费收入12 280.12亿元；基金支出10 081.15亿元，其中基本医疗保险待遇支出9 681.06亿元；期末基金累计结余9 769.38亿元，其中统筹基金6 602.95亿元，个人账户3 166.43亿元。

二、医疗保险工作取得显著成效

审计结果表明，审计地区各级政府及所属相关部门认真贯彻落实党中央、国务院决策部署，积极推进全民医保体系建设，在保障群众病有所医等方面发挥了显著作用。

一是全民医保体系有效建成。截至 2016 年 6 月，基本医疗保险制度覆盖全部审计地区，城乡居民大病保险基本实现全覆盖。审计地区 2015 年享受基本医疗保险待遇人次较 2012 年增长 32.78%。部分地区已合并实施了统一的城乡居民基本医疗保险制度。总体上看，审计地区覆盖城乡的全民医保网已经建成，为实现人人病有所医提供了制度保障。

二是医疗保障能力稳步提高。2015 年，审计地区基本医疗保险基金收入、支出、年末结余分别较 2012 年增长了 57%、58% 和 68%，基金运行总体安全平稳。财政对居民基本医疗保险的投入不断加大，2015 年各级财政投入补助资金和人均政府补助标准分别较 2012 年增长了 67.69% 和 62.19%。2015 年居民基本医疗保险住院费用政策内报销比例较 2012 年提高了 1 个百分点。城乡居民大病保险制度实施后，大病患者实际报销比例在基本医疗保险基础上提高了约 12 个百分点，群众就医负担进一步减轻。

三是医保服务管理不断完善。截至 2016 年 6 月，审计地区定点医疗机构和定点零售药店数量分别较 2012 年增长 23.56% 和 63.76%；27 个省已建成基本医疗保险的省内异地就医结算系统（平台），审计地区 2015 年和 2016 年上半年共有 577.87 万人次通过省级平台即时结算异地就医费用 362.15 亿元，群众就医更加方便。超过六成的统筹地区开始实行按病种付费，探索建立医疗保险对医疗服务的引导约束机制。

三、审计发现的主要问题

从审计情况看，有关部门和单位能够认真执行国家政策法规，医保业务经办和基金管理总体规范，但也发现一些管理不规范问题，以及 15.78 亿元违法违规问题（约占抽查资金金额的 0.46%）。

（一）部分地区和单位医保基金筹集不到位。2.65 万家用人单位和 47 个征收机构少缴少征医疗保险费 30.06 亿元；部分地区的医保财政补助、补贴资金 26.72 亿元未及时足额拨付到位；部分征收机构未及时上缴医疗保险费等收入 44.36 亿元；截至 2016 年 6 月，审计地区有 95.09 万名职工未参加职工基本医疗保险。

（二）部分地区医保基金支出使用不够规范。9 个市级和 24 个县将医保基金 1.20 亿元，挪用于对外借款等支出；8 个省级、64 个市级和 186 个县将医保基金 22.86 亿元，扩大范围用于其他社会保障等支出；1.4 亿元医保个人账户资金被提取现金或用于购买日用品等支出，涉及 539 家药店。

（三）制度衔接不到位和部分企业医疗保险基金封闭运行。由于制度间衔接不到位，305 万人重复参加基本医疗保险造成财政多补助 14.57 亿元，305 万人中有 5 124 人重复报销医疗费用 1 346.91 万元；109 个企业医疗保险基金仍在封闭运行，涉及职工 776.76 万人，其中 23 个企业由于生产经营困难等原因，存在欠缴医疗保险费、拖欠定点机构结算款和职工医疗费等问题。

（四）部分定点机构和个人骗取套取医保基金。923 家定点医疗机构和定点零售药店涉嫌通过虚假就医、分解住院等方式，骗取套取医疗保险基金 2.07 亿元作为本单位收入核算，也有少数自然人涉嫌通过虚假异地发票等方式骗取医疗保险基金1 007.11万元。

（五）部分医疗和经办机构违规加价或收费。474家医疗机构违规加价销售药品和耗材5.37亿元；1 330家医疗机构采取自立项目、重复收费等方式，违规收取诊疗项目费用等5.99亿元；64个医保经办机构违规收取网络维护费等1.05亿元。

本次审计已向相关部门移送违法违纪问题线索421起。

上述审计情况，审计机关已依法出具审计报告和下达审计决定。对审计指出的问题，有关地方高度重视，坚持边审计、边整改。截至2016年10月底，已追回收回被套取骗取、挤占挪用及扩大范围支出等资金11.46亿元，拨付财政补助补贴资金4.18亿元，调整会计账目14.07亿元。其他问题正在进一步整改中，具体整改情况将由各省分别组织向社会公告。审计署将跟踪后续整改情况，督促整改到位。

[解读] 医疗保险基金审计结果公告解读

2017年1月24日，审计署发布了医疗保险基金审计结果公告。围绕有关审计情况，记者采访了审计署社会保障审计司主要负责人。

1. 问：为什么要对医疗保险基金进行审计？

答：党中央、国务院历来高度重视人民健康，党的十八届五中全会确定了推进健康中国建设的战略部署。近年来，我国医疗保险事业取得了重大成效，建立了覆盖全国的全民基本医保体系，基本医疗保险基金收支规模不断扩大，为保障人民群众健康提供了物质保障。对于医疗保险基金的筹集、管理和分配使用情况，以及各项医疗保险政策的执行情况，社会各界都极为关心，这也是审计的一项重要内容。为推进健康中国建设，促进深化全民基本医保制度改革，保障医疗保险基金安全，促进提高医疗保险基金的使用效益，审计署自2016年8月至9月，组织开展了医疗保险基金审计。

2. 问：此次审计的范围是什么？

答：从资金范围看，本次审计涉及基本医疗保险（含职工基本医疗保险、城镇居民基本医疗保险、新型农村合作医疗、城乡居民基本医疗保险）和城乡居民大病医疗保险等医疗保险基金。

从单位或地区看，此次审计抽查了28个省本级（含新疆生产建设兵团）、166个市本级和569个县（市、区）2015年和2016年上半年的基金管理使用情况，抽查资金金额3 433.13亿元，延伸调查了3 715个定点医疗机构、2 002个定点零售药店以及其他相关单位。

从审计年度看，包括2015年至2016年上半年，重大问题延伸到以前年度。

3. 问：近年来医疗保险工作的总体状况如何？

答：审计结果表明，审计地区各级政府及所属相关部门认真贯彻落实党中央、国务院决策部署，积极推进全民医保体系建设，在保障群众病有所医等方面发挥了显著作用。

一是全民医保体系有效建成。截至2016年6月，基本医疗保险制度覆盖全部审计地区，城乡居民大病保险基本实现全覆盖。审计地区2015年享受基本医疗保险待遇人次较 2012 年增长 32.78%。部分地区已合并实施了统一的城乡居民基本医疗保险制度。总体上看，审计地区覆盖城乡的全民医保网已经建成，为实现人人病有所医提供了制度保障。

二是医疗保障能力稳步提高。2015 年，审计地区基本医疗保险基金收入、支出、年末结余分别较 2012 年增长了 57%、58% 和 68%，基金运行总体安全平稳。财政对居民基本医疗保险的投入不断加大，2015 年各级财政投入补助资金和人均政府补助标准分别较 2012 年增长了 67.69% 和 62.19%。2015 年居民基本医疗保险住院费用政策内报销比例较 2012 年提高了 1 个百分点。城乡居民大病保险制度实施后，大病患者实际报销比例在基本医疗保险基础上提高了约 12 个百分点，群众就医负担进一步减轻。

三是医保服务管理不断完善。截至 2016 年 6 月，审计地区定点医疗机构和定点零售药店数量分别较 2012 年增长 23.56% 和 63.76%；27 个省已建成基本医疗保险的省内异地就医结算系统（平台），审计地区 2015 年和 2016 年上半年共有 577.87 万人次通过省级平台即时结算异地就医费用 362.15 亿元，群众就医更加方便。超过 6 成的统筹地区开始实行按病种付费，探索建立医疗保险对医疗服务的引导约束机制。

4. 问：审计发现医疗保险基金管理使用中存在的主要问题是什么？

答：从审计情况看，有关部门和单位能够认真执行国家政策法规，医保业务经办和基金管理总体规范，但也发现一些管理不规范问题，以及 15.78 亿元违法违规问题（约占抽查资金金额的 0.46%）。审计发现的主要问题：一是部分地区和单位存在少缴少征医疗保险费、财政补助补贴资金未足额到位、征收的保险费未及时上缴等问题。二是医保基金支出管理不规范，存在被挤占挪用，扩大范围用于其他社会保障支出、医保个人账户资金被提取现金或用于购买日用品等问题。三是制度间衔接不到位造成重复参加基本医疗保险和重复报销医疗费用，还有部分企业医疗保险基金仍在封闭运行。四是部分机构和少数自然人涉嫌通过虚假就医、虚假发票、分解住院等方式骗取套取医疗保险基。五是部分医疗和经办机构违规加价或收费。

5. 问：从审计了解的情况分析，上述问题发生的原因是什么？

答：医疗保险基金审计中发现的问题，其产生原因是多方面的。除一些单位或人员主观上法纪观念淡薄、未严格执行相关规定外，还有医疗保险管理体制未理顺、医保制度间衔接不到位等体制制度方面的因素，同时，对医疗机构、医保基金使用的监管不到位、对骗保行为追责力度不大等也是导致上述问题的重要原因。

6. 问：此次审计发现问题的整改情况如何？

答：对审计指出的问题，有关地方高度重视，坚持边审计、边整改。截至 2016 年 10 月底，已追回收回被套取骗取、挤占挪用及扩大范围支出等资金 11.46 亿元，拨付财政补贴补助资金 4.18 亿元，调整会计账目 14.07 亿元，其他问题正在进一步整改中。审计署将跟踪后续整改情况，督促整改到位。

7. 问：下一步，审计署如何进一步加强医保基金审计？

答：根据《国民经济和社会发展第十三个五年规划纲要》《国务院关于加强审计工作的意见》、中共中央办公厅、国务院办公厅《关于完善审计制度若干重大问题的框架意见》及相关配套文件,审计署已制定了《"十三五"国家审计工作发展规划》,明确提出以养老保险、医疗保险为重点,加强社会保险基金管理使用和投资运营情况审计,提示突出问题和风险隐患,保障基金安全规范运行,促进建立更加公平可持续的社会保障制度。我们将进一步落实好"十三五"国家审计工作发展规划,加大对包括医疗保险基金在内的各项社会保险基金的审计力度。通过审计,切实保障资金安全,促进规范管理、推动完善制度、促进提高效益,充分发挥审计在党和国家监督体系中的重要作用。同时,做好审计结果公开工作,切实回应社会各方关切。

案例来源:审计署2017年第1号公告。

复习思考题

1. 什么是财政审计?财政审计自身有哪些特点?
2. 本级财政预算执行情况审计与、对下级财政预算执行情况和决算情况审计的关系是什么?二者在实际操作中有哪些区别?
3. 简述本级财政预算执行情况审计的主要内容。
4. 简述其他财政收支审计内容,并从资金的征收、管理、分配使用几个方面来梳理农业专项资金、社会保障资金的审计关注点。
5. 简述税务审计、海关审计、国库审计的主要内容及作用。

案例分析题

根据《中华人民共和国审计法》的规定,2015年11月~2016年3月,审计署对国务院国有资产监督管理委员会2015年度预算执行情况进行了审计,并延伸审计了国资委管理的中国钢铁工业协会等20家下属单位。审计中发现:

(1) 2014~2015年,国资委产权交易监测网络项目和上市公司国有股监测网络项目未按计划及时实施,至2015年底预算执行率为26%,资金结余513.49万元;

(2) 2014~2015年间,国资委所属的中国轻工业联合会下的轻工业人才交流培训中心将"培训楼维修改造"项目的建设资金250万元,转移至由该中心主任等3人成立的公司及另外一家民营公司;

(3) 截至2015年底,中国钢铁工业协会所属冶金科技发展中心等4家单位账外私存资金共计918.05万元,支出共计548.75万元,主要用于发放职工奖金福利和外聘人员工资。

要求:
(1) 根据《审计法》规定,我国财政审计的主要范畴是什么?
(2) 除《中华人民共和国审计法》外,对国资委进行审计的法律依据是什么?
(3) 根据上述资料,逐一分析其中存在的问题。
(4) 若对上述的问题(1)进行审计,应重点审计预算执行审计的哪些方面?

第六章

金融审计

学习目标
1. 明确金融审计的分类及概念。
2. 理解并掌握金融监管部门审计内容及程序。
3. 理解并掌握商业银行审计内容及程序。
4. 理解并掌握非银行金融机构审计。

重要概念： 金融审计；中央银行审计；商业银行审计；非银行金融机构审计

第一节 金融审计概述

一、金融的含义及金融机构

金融就是资金的融通，金融是货币流通和信用活动以及与之相联系的经济活动的总称。广义的金融泛指一切与信用货币的发行、保管、兑换、结算、融通有关的经济活动，甚至包括金银的买卖，狭义的金融专指信用货币的融通。

金融的内容可概括为货币的发行与回笼，存款的吸收与付出，贷款的发放与回收，金银、外汇的买卖。有价证券的发行与转让，保险、信托、国内、国际的货币结算等。

从事金融活动的机构主要有银行、信托投资公司、保险公司、证券公司、投资基金，还有信用合作社、财务公司、金融资产管理公司、邮政储蓄机构、金融租赁公司以及证券、金银、外汇交易所等。

二、金融审计的含义及任务

金融审计，就是审计机关对国家金融机构财务收支的真实性、合法性和效益性进行审计监督的一种经济监督活动。主要是对国家金融机构执行信贷计划、财务计划以及与财务收支有关的各项经济活动及其经济效益等进行的审计监督。金融审计是我国政府审计的主要组成部分，在国家金融监督体系中处于非常重要的地位，在维护金融安全、防范金融风险、强化金融管理、打击金融领域的违法犯罪活动等方面发挥着重要的作用。

金融审计的主要任务是依法加强对金融机构的审计监督，揭示金融机构资产、负债、损益的真实情况,揭露和纠正违规违法从事金融业务的活动行为,促进金融机构加强管理、健全制度、依法合规经营、提高经济效益,为深化金融改革、稳定金融秩序、防范和化解金融风险、保障国民经济健康发展服务。

三、金融审计的对象、目标和主要内容

(一) 金融审计的对象

我国《宪法》规定:"国务院设立审计机关,对国务院各部门和地方各级政府财政收支,对国家财政金融机构和企事业组织的财务收支,进行审计监督。"

按照《审计法》的具体要求,金融审计是对中央银行的财务收支、银监会等监管机关预算执行情况、国有和国有资本占控股或者主导地位的金融机构的资产、负债和损益进行的审计监督。本章根据金融机构的特性及目前审计的实际状况,重点介绍中央银行、国有商业银行、证券公司、保险公司审计。对金融监管机关的审计是国家预算执行审计的一部分,其审计的目标、内容和方法与预算执行审计相同;政策性银行、信托投资公司审计的目标、内容和方法与商业银行及证券公司等金融企业审计有相似之处,故不再赘述。

(二) 金融审计的目标

金融审计的总体目标,是通过对国有金融机构的财务收支以及资产、负债、损益的真实、合法、效益的审计监督,以促进防范风险、提高效益、规范管理为目标,推进建立安全高效稳健的金融运行机制,促进金融监管机构依法履行职责。

按照金融审计的总体目标,结合金融企业的特点和市场运行环境,国有商业银行等金融企业审计的具体目标可确定为以下八个方面:

(1) 真实性,指金融企业各项业务所形成的、列示于资产负债表中的各项资产、负债、所有者权益以及有关表外科目在资产负债表日确实存在,列示于利润表的各项收入和支出在会计期间内确实发生。

(2) 完整性,指金融企业发生的所有业务均已按规定记入有关账簿并列入财务会计报告。

(3) 正确性,指金融企业各项业务均已正确地记入相关账户,业务交易金额和账户余额记录正确。

(4) 所有权,指金融企业各项业务所形成的、列示于资产负债表中的各项资产确实为企业所有,各项负债确实为企业所欠。

(5) 合法性,指金融企业各项业务活动符合法律法规的要求。

(6) 计价,指金融企业各项业务所形成的各项资产、负债、所有者权益、收入和支出等要素均已按适当方法进行估价和计量,列入财务会计报告的金额正确。

(7) 截止,指金融企业各项业务均按规定正确地记录于恰当的会计期间。

(8) 分类与披露,指金融企业各项业务所形成的、列示于财务会计报告上的各要素均已被适当地加以分类,财务会计报告恰当地反映了账户余额或发生额,披露了所有应该披露的信息。

(三) 金融审计的主要内容

按照《审计法》和《审计署"十二五"审计工作发展规划》的要求，并结合当前我国金融业发展的实际状况，金融审计的主要内容为以下五个方面：

（1）检查资产质量。核实金融企业资产质量的真实性，揭露掩盖不良资产的各种手法，评价资产质量，对新增的不良款项应分析原因，明确责任，有针对性地提出改进意见。

（2）检查业务经营合规性。对各项业务流程进行内部控制调查和测试，评价信用评级、统一授信、贷款发放、责任追究等各项内部控制的健全性和有效性，注意发现管理漏洞和薄弱环节，并提出完善、改进和加强管理的具体建议；全面审核新发生业务的合规性，重点揭露有无违反业务操作程序，违规放贷、内外勾结诈骗金融企业资金对形成的不良资产，应查明原因，明确责任；检查银行各类业务的风险性，重点揭示金融企业潜在财务风险，对各类业务的现实及潜在风险进行分析，从制度上和管理上提出防范和规避风险的建议。

（3）检查盈亏真实性。重点检查计息是否准确，呆账核销是否真实，有无人为调整盈亏；是否存在截留转移收入、挤占挪用资金、虚列支出以及私设"小金库"等问题；检查固定资产的真实性，核实以前年度账外购置固定资产的清理纠正情况。

（4）检查重大经营决策。审查重大经营决策的程序及结果，重点检查银行内部人员，尤其是主要领导有无违反程序或因决策失误造成重大损失浪费的问题。

（5）揭露重大违法违纪案件线索。对被审计单位及个人严重违反《中华人民共和国会计法》等财经法规，情节严重、性质恶劣的；对违规经营、严重渎职等造成重大损失或浪费的；对挪用、侵吞、私分国有资产，涉嫌贪污、受贿的；对以各种方式骗取金融企业资金的，应作为重点内容查深、查透、查实。通过落实责任人，及时移送司法机关，打击金融领域的违法犯罪活动，促进廉政建设。

四、金融审计的发展趋势

金融审计需要以维护安全、防范风险、促进发展为目标，服务国家宏观政策，推动金融改革，维护金融稳定，完善金融监管，推动建立高效安全的现代金融体系。未来金融审计将向以下几个趋势发展。

首先，加强对国有及国有资本占控股地位或主导地位金融机构的审计，重点揭露经营管理中存在的重大违法违规问题及大案要案线索，揭示影响金融业健康发展的突出风险，从政策上、制度上分析原因、提出建议，促进规范管理，提高竞争能力。

其次，实现对银行、证券、保险等金融行业的经常性审计，紧紧围绕国家宏观政策及经济运行中的热点问题，充分发挥在国家金融监督体系中的综合性优势。

再次，积极探索对金融政策实施情况及其效果的审计和专项审计调查，针对金融政策的现实反应调整政策的方向，保障对政策结果及落实情况的监督效果。

最后，改进金融审计组织方式和审计方法，以总行（总公司）审计为龙头，切实增强集中分析金融机构电子数据的能力，提高审计质量和水平。

第二节 金融监管部门审计

中央银行审计

(一) 中央银行审计概述

中央银行审计是指政府审计机关,以国家的法律法规、制度为准绳,依据大量的会计和统计资料,运用审计原理和技术,对中央银行财务收支和相关经济活动的真实性、合法性和效益性进行检查、评价和鉴证。将来的审计重点还将发展为对人民银行的费用分配等核算活动和执行货币政策等履行央行职能情况进行分析探讨;对人民银行财务收支行为、履行央行职能的经济效益和社会效益进行指标测评,提出提高效益的办法。

1. 中央银行的职责与业务

中央银行作为国家经济的重要调控手段,在一国金融体系中处于中心环节,成为信用制度的枢纽。中央银行是经济体系中最为重要的组成部分,是经济运行的轴心,在社会经济发展中发挥着不可替代的作用。

中央银行的职责主要有:发布与履行其职责有关的命令和规章;依法制定和执行货币政策;发行人民币,管理人民币流通;监督管理银行间同业拆借市场和银行间债券市场;实施外汇管理,监督管理银行间外汇市场;监督管理黄金市场;持有、管理、经营国家外汇储备、黄金储备;经理国库;维护支付、清算系统的正常运行;指导、部署金融业反洗钱工作,负责反洗钱的资金监测;负责金融业的统计、调查、分析和预测;作为国家的中央银行,从事有关的国际金融活动;国务院规定的其他职责。

中央银行的主要业务包括:为执行货币政策,要求银行业金融机构按照规定的比例交存存款准备金;确定中央银行基准利率;为在中国人民银行开立账户的银行业金融机构办理再贴现;向商业银行提供贷款;在公开市场上买卖国债、其他政府债券和金融债券及外汇;依照法律、行政法规的规定管理国库;代理国务院财政部门向各金融机构组织发行、兑付国债和其他政府债券;组织或者协助组织银行业金融机构之间的清算系统,协调银行业金融机构相互之间的清算事项。提供清算服务;根据执行货币政策的需要,对商业银行发放不超过一年的贷款;中国人民银行不得对政府财政透支,不得直接认购、包销国债和其他政府债券;不得向地方政府、各级政府部门提供贷款,不得向非银行金融机构以及其他单位和个人提供贷款,但国务院决定中国人民银行可以向特定的非银行金融机构提供贷款的除外;不得向任何单位和个人提供担保。

2. 对中央银行审计的依据和方法

(1) 对中央银行审计的依据。对中央银行进行审计的主要依据有:

①《中华人民共和国中国人民银行法》第四十条的规定:中国人民银行的财务收

支和会计事务,应当执行法律、行政法规和国家统一的财务、会计制度,接受国务院审计机关和财政部门依法分别进行的审计和监督。

②《审计法》第十八条的规定:审计署对中央银行的财务收支进行审计监督。中国人民银行及其分支机构都属于我国最高审计机关即审计署的审计对象,不可授权下级审计机关审计,必须由审计署统一组织对中央银行的审计监督工作,审计工作由审计署及其派出机构具体实施。

③由于中央银行财务是国家财政预算的一部分,开展中央银行财务收支审计,应当根据《预算法》《中华人民共和国会计法》(以下简称《会计法》)和相关会计准则的规定检查其会计账务处理的正确性以及财务收支的合法性、合规性。

④开展中央银行财务收支审计,还应当依据《审计法实施条例》以及中央银行为了履行宏观调控职能所制定的一系列相关规定和办法进行科学决策。重视内部管理,提高管理效率,从而完善中央银行的内部制约机制。

(2) 对中央银行审计的方法。审计署对中央银行财务收支进行审计监督,主要采取行业审计的方式对重要审计事项进行专项审计。实施审计时,以抽样审计为主,并运用计算机辅助审计技术对中央银行审计常用的基本方法包括基本审计方法和专门的技术方法。

①基本审计方法。从账户入手审计是中央银行审计取证的主要方法之一,是其他审计方法有效实施的前提。总结我国近年审计工作经验,账户入手审计方法是审计的基础方法。

账户入手审计,一般是指审计机关以中央银行的账户为起点,查证相应的会计科目,监督财政、财务收支真实性、合法性和效益性的审计活动。它既是审计监督的重要内容,又是我国审计工作的基础方法,从账户入手审计,有利于查清被审计单位资金的来龙去脉,有利于全面、系统的审计监督,中央银行是管理金融的国家机关,是特殊的银行,其货币结算、资金调拨等不单纯反映在银行存款账户中,相当一部分资金活动还反映在往来账户中。因此,对中央银行自身行政经费审计和对其所属的企事业单位财务收支的审计,从银行存款账户入手,可以完全掌握资金总体情况。但对中央银行业务收入和支出的审计,必须同时注意从往来账户入手,才能够全面掌握资金运动的总体情况。特别是对联行往来和金融机构往来账户进行重点审计联行往来是指同一银行内所属各行之间的资金账务往来联行往来账户集中反映了银行办理货币结算和资金调拨的全过程。金融机构往来,是指各银行跨系统的资金划拨、款项汇划,以及办理货币结算而相互代收、代付款项所发生的资金账户往来。中央银行金融机构往来账户反映金融机构与中央银行存贷资金及利息收付等资金往来。

②专门的技术方法。专门的技术方法可分为内部控制测评、实质性测试、审计专项调查、计算机审计方法等取证方法。内部控制测评。是对中央银行的内部控制进行调查、测试和评价。它的基本步骤包括调查和描述中央银行内部控制、初步评价内部控制情况、内部控制测试、最终评价内部控制。实质性测试是对中央银行各项业务及其所影响的财务报告项目余额进行的详细检查和分析性复核,实质性测试中一般使用

抽样审计方法专项审计调查是指审计机关通过审计方法对与中央银行财务收支活动有关的特定事项进行的专门调查；计算机审计方法，是利用计算机技术对电算化会计核算系统进行检查。计算机审计方法又分为：第一，绕过计算机审计。绕过计算机审计是指审计人员用传统的手工方式对计算机系统的输入与输出结果进行审计，判断其处理过程的正确性。第二，对计算机信息系统进行审计对计算机信息系统进行审计是指对计算机信息系统程序设计，系统功能、数据处理过程及相关控制进行审计，重点强调对计算机数据处理过程内部控制的审计计算机信息系统审计，主要有数据检验技术和平行模拟技术。第三，计算机辅助审计技术是指以计算机为工具完成某些审计工作的方法，计算机辅助审计技术主要有通用审计软件、嵌入审计模块技术、审计管理和作业自动化技术等。第四，网络审计技术是指利用网络技术将中央银行的会计信息数据与审计机关的网上审计中心联结起来，通过审计软件对这些财务信息数据实施网上实时审计，包括对计算机网络系统及环境的审计以及利用计算机网络进行辅助审计。

3. 中央银行审计的主要内容

审计署对中央银行审计监督的内容有：一是审查在金融业务活动中发生的各项财务收支及结果的真实、合法和效益；二是审查中央银行每个会计年度是否将其收入减除该年度支出，按照国家核定的比例提取总准备金后的净利润全部上缴中央财政。具体内容包括：

（1）中央银行财务收支情况的审计。

中国人民银行实行独立的财务预算管理制度，其预算经国务院财政部门审核后，纳入中央预算，成为国家预算的重要组成部分。《审计法》规定：审计署对中央银行的财务收支进行审计监督。《审计法实施条例》规定：审计署向国务院总理提出的中央预算执行情况审计结果报告，应当包括中央银行财务收支情况。按照法律赋予的职责，审计署每年应当组织力量对中央银行预算执行情况进行审计。审计对象主要包括中国人民银行总行机关（含国家外汇管理局）和一、二级分行及其支行。审计的主要内容包括：

①按照财政部批准的财务收支计划向所属分支机构批复财务收支计划的情况、财务收支计划执行中调整的情况和财务收支变化情况。审查中央银行是否按照财政部批准的财务收支计划层层下达，是否存在超额度下达计划等问题。

②审查会计资料的真实性。通过对中央银行会计凭证、账簿、报表情况的审查，确认会计资料是否真实，有无在系统预算之外设立财务收支账户。

③审查中央银行各项财务收入的完整性。审查各项业务收入和各项利息收入的计算、反映以及入账情况，利息收入的计算是否准确无误，有无截留、少列收入等问题。

④审查中央银行各项财务支出的合规性。审查各项利息支出的计息范围、利率和按实际列支情况，各项业务支出开支标准，各项管理费用的开支范围和提取标准，各专项支出在限额内使用和专款专用情况，是否有以预提、摊销等名义虚列支出的情况，以及是否有向所属或被监管单位集资、摊销费用和虚列支出的情况。

⑤审查其所属事业单位年终利润并入财务决算情况。

⑥审查中央银行系统在汇总决算反映的财务收支计划执行情况时，重点审查预算收入是否完成计划，预算支出是否控制在财务支出计划限额内，以及盈利解缴或亏损拨补、总准备金提取和使用情况等。

(2) 内部管理与内部控制情况测评。

审查中央银行内部控制和内部管理控制程序的健全性、相关性、制约性和有效性，以及各项内部控制执行情况。

(3) 其他财务收支情况的审计。

主要审查中国人民银行（含国家外汇管理局）系统专项贷款、专项资金或基金的财务收支情况以及中央银行所属的事业单位的财务收支情况及所属的企业（含挂靠的企业单位和企业化管理的事业单位），如中国印钞造币总公司和中国金币总公司的各项资产形成和运用，各项负债形成和偿付以及由此产生的财务收支情况。

(二) 财务计划审计

财务计划审计主要是通过审查财政机关批准的年度财务计划和调整财务计划的批件、对本级和各分支行核批的年度财务计划和调整财务计划的批件、汇总后的本级年度财务报告等资料，审查财务计划的编制是否符合财务制度的要求，内容是否完整，依据是否可靠，程序是否规范，财务计划的考核是否严格，是否发挥了计划的指导与促进作用。

中国人民银行财务收支计划是以货币形式对一定时期内财务活动引起的财务收入与支出以及财务成果等进行的规划。按照预算管理制度的要求，中国人民银行各级行每年要编制财务收支计划，并逐级上报，由总行汇总报财政部批准后层层分解落实，并按计划进行控制管理。财务收支计划作为全行业业务经营计划的重要组成部分，是财务预算管理的重要内容之一，是考核全行财务收支的主要依据；同时也是对中央银行进行财务审计的主要内容。财务收支计划是综合性计划，应当根据信贷收支计划、存贷款利率、机构人员、费用开支等的增减变化，并参照以往各项收支规律进行编制。审计财务计划编制时，应从计划编制的内容是否齐全、计划编制的依据是否可靠两方面进行重点审计。

(1) 审计财务收支计划内容是否完整。

中国人民银行财务收支计划主要内容应当包括两部分：财务收入和财务支出。财务收入包括利息收入和业务收入。财务支出包括利息支出、业务支出、管理费用、专项支出和其他支出。以上收支相抵后为利润或亏损。审计财务收支计划应当对计划的内容逐项核实，检查有无遗漏的项目或是否列入了不应列入的内容。

(2) 审计财务收支计划编制的依据是否真实。

编制财务收支计划应体现中国人民银行的业务特点，按照既保证业务发展需要，又节约费用开支的原则，根据年度信贷收支计划、各项业务需求、机构人员和费用开支标准等情况，参照上年财务收支规律，考虑物价调整及其他政策性因素，采取预测、计算等方式，按会计科目、账户及使用说明逐项编制。其中，各项利息收入和支出是财务收支计划的主体，对整个计划的实现具有决定作用，因此审查各项利息收支必须以当年信贷收支计划、存贷款计划、利率档次为依据,确保数据可靠。此外,各项费用开支是财务计划的重点内容,它关系到财经纪律的执行和成本核算,应当从机构人员变化、业务范围变化、费用开支范围和标准等方面检查各项费用是否符合制度规定,各项税金及其他支出是否按财经法规正确编制。

(三) 财务收入审计

中国人民银行财务收入包括利息收入和业务收入两大部分。财务收入的管理要求是:(1) 各项贷款必须按照央行规定的利率计收利息,不准擅自调高或调低利率,以达到减少或增加利息收入的目的。低息和贴息贷款的利差,除国务院批准由中国人民银行补贴的项目外,实行谁批准、谁补贴的办法,各级行不得自行增加低息、贴息项目。(2) 各级行的财务收入要严格按照国家政策和有关规定准确计算,认真核实,真实反映。按规定收取的各项收入,应全部列入有关科目核算,不得截留或挪作他用。(3) 财务收入发生多收或少收时,应由有关人员提出依据,经会计主管人员审核批准,从有关账户退还或补收。各项财务收入发生后,根据其内容正确使用有关账户,会计分录应当为:

借:××科目
　　贷:利息收入(或业务收入)

财务收入的审计主要是以会计凭证、账簿、报表为依据,根据存贷款利率和财务制度的有关规定,审查各项收入是否完整、真实、正确。审查核算手续是否严密,账务处理是否正确,内部控制是否健全,有无管理不严、账务不清、计算错误,漏收、少收利息收入或业务收入等情况有无转移财务收入、故意不进账或弄虚作假甚至徇私舞弊等影响财务收入的违法行为。

1. 利息收入的审计

利息收入是指以资产形式存在的各类资金按国家规定的利率计收的利息,包括金融机构再贷款利息收入、再贴现利息收入、邮政汇兑资金往来利息收入和其他利息收入等。

(1) 再贷款业务审计。

再贷款是中央银行向商业银行和政策性银行发放的贷款,也是中央银行运用基础货币向商业银行和政策性银行以多种方式融通资金的总称。包括年度再贷款、短期再贷款和再贴现等。

再贷款业务审计的内容主要包括:再贷款总量的确定与分配情况,审批权限管理、限额控制,审批、发放、收回程序。

①对总行再贷款总量的确定与分配情况进行审计时核对"再贷款额度通知书"及相关文件,查看短期再贷款总量的确定与分配,是否符合各地实际情况及银行的经营情况,是否用于解决银行支付清算的临时头寸不足。

②对短期再贷款审批权限进行审计时,通过调阅"再贷款额度通知书"、相关批件、短期再贷款管理台账、借款合同、借款借据以及下级行再贷款申请的审批资料等,检查是否符合以下规定:第一,发放期限超过20天的短期再贷款,必须报经总行批

准；第二，分行可审批期限不超过 20 天的短期再贷款；第三，经分行授权，省会城市和副省级城市中心支行，可审批期限不超过 20 天的短期再贷款；第四，其他中心支行，可审批期限不超过 7 天的短期再贷款；第五，县（市）支行不得审批短期再贷款。

③对贷款对象、条件和用途的审计。央行短期再贷款的对象仅限于辖区内具有法人资格的商业银行和全国性或区域性商业银行。短期再贷款的借款人应具备的基本条件是：在当地中国人民银行设立了准备金存款账户；具有法人资格的借款人，应足额存放法定存款准备金；不具有法人资格的，应在申请贷款之前 3 个月内未发生透支行为；资信情况良好，能按期归还短期再贷款；央行规定的其他条件。

分行发放期限超过 20 天的短期再贷款，应采取质押担保的方式，而且仅限于辖区内具有法人资格的商业银行。分行发放的短期再贷款只能用于解决借款人同城票据清算和联行汇差清算的临时头寸的不足，以及其他短期流动性的不足。

④对贷款操作程序和内部控制的审计。央行应建立完善的短期再贷款操作手续，明确有关业务部门的职责，定期组织业务检查；总行对分行的短期再贷款业务实行按月考核。检查贷款申请、贷款审查、贷款发放和贷款收回这些环节是否按规定进行。

（2）再贴现业务审计。

再贴现是商业银行以其持有的未到期贴现票据向中国人民银行申请贴现，通过转让贴现票据取得中国人民银行再贷款的融资行为；其审计的内容包括再贴现总量分布和分配情况是否合理，审批权限的管理，限额的控制，再贴现的审批、发放和收回程序等。

①调阅总行有关会议记录、文件以及所批"再贷款额度通知书"，检查再贴现资金总量的确定是否合理，数额的分配是否适合当地商业信用的发展状况。

②对再贴现申请人资格条件进行审计。再贴现的票据目前只有商业汇票，再贴现申请人必须是银行，并且具有较强的支付能力，能按时足额缴纳存款准备金。

③对再贴现会计处理合规性的审计。审计时应当检查、调阅再贴现申请书及所附资料，查看是否对商品交易合同、贴现申请人与出票人之间的增值税发票、贴现凭证、汇票及背书转让复印件等再贴现申请资料的真实性、合法性进行严格审查。调阅再贴现申请书、审批表、再贴现凭证，检查再贴现期限是否控制在贴现期限内，并执行中国人民银行总行发布的再贴现利率；检查是否按照规定权限，对受理的再贴现申请，由经办人员审查提出初审意见，报部门负责人和分管行长逐级、逐笔审查、审批并签署意见。

（3）利息收入审计。

是否正确计算利息收入是中央银行财务收支审计的重点。审计利息收入应从计息范围、利率档次、计算方法和收账情况等方面检查利息收入是否正确、完整、合法。

①计息范围的审计。对再贷款、再贴现、邮政汇兑资金往来等账户，应逐户检查应收利息的计息范围是否正确，应收利息有无低估漏列或高估虚构的情况。

②利率档次的审计。审查各类贷款（含再贴现）及邮政汇兑往来资金的利率使用是否正确时，应检查各项利率往来是否按中国人民银行总行规定的利率正确

计收利息，有无擅自变动利率导致减少或虚增利息收入的情况对低息和贴息贷款的利差，除国务院批准由人民银行补贴的项目外，检查各级行有无自行增加低息、贴息项目的贷款。

③计息方法的审计。审查计息方法是否正确时，应检查是否按规定日期办理计息，有无擅自提前或推后计息的情况。审计利息收入是否正确、完整，应分别把按季计息、逐笔计息和当时收息三种类型分开，分别审查核实。

2. 业务收入的审计

业务收入是指中国人民银行在行使中央银行职能、实施货币政策过程中所产生的利息收入以外的各项业务收入，包括金银业务收入、手续费收入、证券业务收入、罚款净收入及其他收入等。审计业务收入时，要检查各项收入是否按规定计算，计算是否正确，入账是否及时，有无错漏、截留和转移私分的问题。

(1) 金银业务收入审计。

中国人民银行在办理金银收售过程中发生的升色、升秤等的收益和办理金银配售中发生的差价收入均应全部计入营业收入，不得转移截留。首先，检查升色、升秤是否正确，价差是否准确，有无情况不实、弄虚作假的现象。其次，检查账实是否相符，管理控制制度是否严密。最后，检查金银业务收入是否全部及时入账，有无隐瞒或截留、转移的问题。

(2) 手续费收入审计。

中国人民银行为金融企业办理业务可按规定收取一定的手续费。审计时应当检查各项业务手续费是否按规定的收费标准收取，有无擅自扩大或缩小收费范围，有无改变收费标准以及错收、漏收、多收的情况；全部收入是否及时入账，有无转移收入、私设"小金库"的情况。

(3) 罚款收入审计。

主要检查该收取的罚款是否有漏收、错收或故意不收的情况，如果发生退还罚款，要检查其理由是否正当，是否经有权审批人签章重点检查收取的罚款收入是否转移账外而不作收入处理。

(4) 金融机构往来收入审计。

金融机构往来收入是中央银行与各商业银行之间的资金往来发生的利息收入。由于这类资金数额较大，对中央银行收入的构成影响也大。因此，应作为审查重点。

①计息范围的审查各项往来资金是否全部按规定计息，有无遗漏或错记的情况。

②利率使用情况审查各项资金是否按规定正确使用有关利率档次，有无随意混淆新、旧利率的情况。有无违反利率政策、随意抬高或降低利率的情况。

③利息收入入账情况的审查。对金融机构往来收入审查的重点在于各项利息收入是否及时入账，有无弄虚作假、转移收入的情况。

(5) 金融市场收入和外汇调剂市场收入审计。

金融市场收入和外汇调剂市场收入指中央银行在行使宏观调控职能时产生的金融市场拆借资金利差收入、外汇调剂差价收入。审计时，重点检查金融市场、外汇调剂市场利差收入核算的正确性,有无故意将利息收入、外汇调剂收入列入往来科目中,有无增加支出的情况,年终是否并入了中国人民银行大账的收入。

(四)财务支出和盈余缴拨审计

财务支出作为中国人民银行财务管理的重要内容,主要包括利息支出、业务支出、管理费用。专项支出及其他支出等内容财务支出的管理要求:(1)各项财务支出实行分类核算,利息支出按实列支。业务支出、其他支出由总行核定预算,分行在预算内组织辖区实施,按实列支。管理费由总行核定指标,分行在指标内掌握开支专项支出按照核定的专项支出指标和专项预算拨款的方式进行管理。(2)财务支出必须划分界限,应在管理费用中列支的费用不能列入业务支出和其他支出,应在专项支出中列支的费用不能列入业务支出、管理费用和其他支出。(3)各行要加强财务支出的管理,在满足正常业务支出、保证业务发展需要的同时,努力增收节支,严格按预算管理,提高资金使用效果各项财务支出发生后,应当根据其内容正确使用有关科目,会计分录应为:

借:利息支出(或有关科目)
　　贷:××量颇开审计财务支出,应严格按照《审计署关于中央银行财务审计的实施办法》和中国人民银行财务制度有关规定执行,不得擅自扩大财务支出范围、开支标准和随意摊销,以维护财经纪律和提高管理水平。

1. 利息支出审计

利息支出是对中央银行的负债按国家规定利率计付的利息,它包括金融机构存款利息支出、保险企业存款利息支出、邮政储蓄存款利息支出、邮政汇兑资金利息支出、债券利息支出和其他利息支出等利息支出审计应当审查各项利息支出是否按国家规定的计息范围、利率档次计付各类存款利息,有无错计、漏计情况,有无弄虚作假、转移利息情况。

2. 业务支出审计

中国人民银行在行使中央银行职能、实施货币政策过程中所发生的业务费叫支出,即为业务支出,它包括货币发行费、钞币印制费、安全防卫费、邮电费、电子设备运转费、调研信息费、印刷费、业务宣传费、租赁费、修理费、金银业务支出、手续费支出、证券业务支出、咨询费和其他业务支出等。审计时重点检查各项费用开支的范围和标准是否依据规定执行。审查各项费用支出是否按规定按实列支、费用计算比例是否按规定执行,有无擅自改变比例的情况;计算数据是否真实、准确,有无多计、错计;支付、审批的手续是否严密和有无预提的情况;审查修理费使用是否合理,有无应由专项支出负担的费用列入修理费支出,业务支出是否按实列支,有无虚报、预提的问题。

3. 管理费用审计

管理费用指办公经费、个人经费及其他公用经费支出,包括会议费、差旅费、劳动保护费、水电取暖费、低值易耗品购置费、保险费、职工工资、工会经费、职工教育费、职工福利费、外事费、绿化费、公杂费、业务招待费及其他管理费用等。

审计个人经费时注意是否按规定如实列支,有无扩大工资范围虚报多列,或不按规定比例和范围多提、重提、多用的情况。审计公用费用时注意是否按规定正确列支,有无擅自扩大开支范围、提高开支标准、变相发放钱物、挤占公用费用等情况。对专项支出审计时,应当检查是否按中国人民银行总行核定的专项支出指标使用。

4. 盈亏缴拨情况审计

按照人民银行财务管理办法,各级中国人民银行每一会计年度的各项财务收入扣抵年度各项财务支出后,所得盈亏要在年终决算后全额逐级汇总上划总行,亏损由总行审核后逐级拨补。全行净利润经财政部批准提取准备金后,由总行全部上缴中央财政。如发生亏损首先由历年提取的总准备金弥补,不足弥补的部分由中央财政拨补。

审计盈亏解缴的重点在于检查盈亏总额的真实性、合法性,这是对中国人民银行进行财务收支审计的重要环节。它对维护国家法纪和财经政策,考核利润的实现情况,分析利润增减变化的原因,促进人民银行加强内部管理,具有重要意义盈亏审查,总的来说就是要查明盈亏是否真实、正确、合法和合理。具体地说,有以下几个方面:第一,审计盈利或亏损的真实性、正确性、合法性。第二,揭露和纠正盈利或亏损中存在的错误和弊端,监督中国人民银行更好地遵守财经法纪。第三,审查中国人民银行内部控制制度的健全性、有效性,监督盈利总额的准确性并及时地上划,对发生的亏损要真实反映。

第三节 商业银行审计

一、商业银行审计概述

(一) 商业银行审计的意义

商业银行审计在各国现代金融风险监管活动中起着重要作用,它与金融法规、金融监管当局的监管、商业银行内部控制以及商业银行内部审计稽核等共同构成一国银行大监管体系。有效的商业银行审计不仅能提高商业银行财务报表的可信度,促进商业银行加强内部管理,提高资产质量和效益,防范和化解金融风险,也为各国金融监管当局实施有效的风险监管提供可靠的第一手资料,大大提高监管效率,为监管当局实施重点监管打下基础。

(二) 我国商业银行审计模式发展轨迹及其问题

纵观我国商业银行审计二十多年的发展历程,我们可从中窥其审计模式发展的轨迹。作为金融审计重要组成部分的商业银行审计,其发展经历了三个阶段:

第一阶段是 1983~1994 年,审计署确立的审计目标是核实盈亏的真实性和财务收支的合规性,通过查错防弊、收缴罚款等,促进金融机构规范财经纪律。这一阶段商业银行审计模式基本属于账项基础审计模式,审计方法以全部业务和账目为基础,审计内容局限于银行的收入和支出。但是在这一期间，以 1987 年我国历史上第一家向社会公众公开发售股票的商业银行——深圳发展银行的上市为标志，商业银行审计开始纳入我国社会审计业务范围，包括资产负债表和损益表在内的会计报表审计和制度基础审计模式在我国商业银行审计模式中开始得到应用。

第二阶段是 1995~2000 年，以《中华人民共和国审计法》的颁布实施为标志，逐步探索完善了对金融机构资产负债损益审计的新路子，金融审计向法制化、规范化逐步迈进。商业银行审计的内容从财务收支扩展到检查银行的业务经营、信贷资产质量，再到关注银行风险，审计内容不断扩大；审计手段从传统的手工审计逐步发展到计算机辅助审计；商业银行审计实务中开始重视对商业银行内控有效性进行测试评价，但受审计力量和人员素质的限制，制度基础审计模式难以全面推广使用。

第三阶段是 2001 年至今，在开展对金融机构资产负债损益审计的基础上，围绕"风险、效益、管理"，进一步深化审计内容，加大审计力度，对金融机构所从事的与财务收支有关的金融业务活动进行全面审计。随着上市银行由一家逐步发展为目前的五家，社会审计中商业银行审计业务范围和内容不断深化，制度基础审计模式得到更广泛的运用，并且以《独立审计准则》和《商业银行审计指南》的出台为标志，风险导向的审计思想开始彰显。

从总体上看，我国商业银行审计尚处在账项基础审计向制度基础审计和风险基础审计过渡的阶段。

（三）我国商业银行审计制度的特点和不足

我国商业银行审计主要由审计署及各级审计机关承担。无论是《中华人民共和国宪法》《中华人民共和国审计法》，还是《中华人民共和国商业银行法》，均规定国有商业银行应接受审计署的审计，对其财务收支进行审计监督，而对于专门针对商业银行的社会独立审计暂时未予以规定。目前只有股份制商业银行（特别是上市银行）按照《公司法》和《中华人民共和国证券法》的相关审计规定，应接受注册会计师财务报表审计。此外，根据国务院 1994 年 3 月颁布的《中华人民共和国外资金融机构管理条例》的规定，所有在华外资金融机构必须委托中国的注册会计师对其财务报表、内部控制等进行独立民间审计。这种以政府审计为主体的金融审计制度安排是由目前商业银行管理的二元结构所决定的，有其好的方面，但也存在不足，主要体现在如下几点：

（1）信息严重不对称。

信息披露不足，导致信息严重不对称。国家对金融机构的审计结果，并未要求向社会公众披露。广大存款人和投资者，无法从市场上了解每家银行的真实财务状况和经营水平，无法准确判断各家银行的风险程度，这种信息的不透明导致垄断性竞争和金融资源的浪费。

（2）委托代理关系不明。

委托代理关系不能公平地反映出所有关系人的利益。政府审计主要是对国有金融机构的财务收支的真实性、合法性和效益进行审计监督，它代表的是国家利益。而国有商业银行要按现代企业制度进行股份制改造，意味着必须自负盈亏，并以保护投资人和存款人的利益为其主要经营目标。政府审计不能很好地反映这种委托代理关系。

(3) 审计力量缺乏连续性和系统性。

审计力量满足不了社会要求,审计监督缺乏连续性和系统性,防范金融风险的能力有限。按照《审计法》规定的管辖范围,国有及国有控股商业银行都是审计署及其派出机构的审计范围,而审计署及其特派办从事金融审计的人员不足300人。相对我国地域广阔、经济规模较大和银行机构众多而言,审计力量薄弱。近五年来对四大国有商业银行进行了审计,并且审计监督不连续,间隔一般在四年左右,下一次很难利用上一次的审计成果。由于审计面窄和间隔时间长,不能及时发现和揭露商业银行经营中的问题和风险隐患,因此弱化了审计监督的作用。

(四) 商业银行审计的实施重点

1. 审查资产负债管理的有效性和真实性

国有商业银行资产质量不高是十分突出的问题。审计人员主要对流动资产、固定资产、长期资产、无形资产、流动负债、长期负债和所有者权益等项目进行审计。对商业银行资产负债质量、盈亏状况,尤其是对资产负债比例的高低、流动资产比例的大小、支付能力的强弱、信贷资产质量状况优劣等主要指标做出准确的审计判断。了解资产负债表上所反映的各项资料是否真实可靠,防止资产的高估,确保资产质量,加强对不良资产的审计。了解负债结构的合理性,审查商业银行吸收的存款是否符合国家规定的范围,是否严格地执行了利率政策,有无违规拆借资金等。

2. 审查损益的真实性

针对国有商业银行存在的家底不清、损益不实、会计核算不真实、造假现象严重等问题,应审查商业银行是否严格地执行国家和行业的有关法律、法规,严格核算财务收支等。主要包括对营业收入与支出、成本费用和损益等项目进行审计。

3. 审查有价证券业务的合法性、真实性

审查证券和长短期投资科目中有价证券发生额是否真实合法,有无利用信贷资金购买股票的现象;审计自营、代理或托管证券业务是否经过批准,有无超额代理发行,或以代理或托管之名行自营之实。尤其要审查代理股票买卖业务的操作是否符合国家的有关规定。

4. 审核会计报表填列的真实性、合法性

现行的金融企业会计制度采用了国际上通用的财务报表体系,由资产负债表、损益表、财务状况变动表、有关附表及财务情况说明书等组成。金融审计重点审查商业银行的资产负债表是否真实、规范,有无隐瞒、虚报等人为调节数据的现象。中央银行通过商业银行的会计报表,了解整个金融业的运行状况,从而采取适当的调控措施。

5. 法定准备金制度和存贷款利率的真实性和合法性

法定准备金和利率政策是金融宏观调控的重要工具。对法定准备金是否足额地缴纳进行审计。对存贷款利率的审计主要包括:存贷款利率是否正确、真实,有无为扩大存款而采取不正当竞争手段等行为。

6. 审计与评价商业银行的内部控制制度

商业银行的内部控制是商业银行为实现经营目标,通过制定和实施一系列制度、程序和方法,对风险进行事前防范、事中控制和事后评价的动态过程和机制。内部控制作为商业银行防范金融风险的第一道防线,审计部门在实施金融审计时,首先要对商业银行的内部控制制度,即对商业银行经营与管理有关的规章制度是否完善、有效进行评价。其次要对商业银行主要业务环节内部控制实施审计,包括授信业务、资金业务、存款及柜台业务、中间业务、会计业务、计算机信息系统等。

案例拓展 6-1:

中国农业银行股份有限公司 2016 年度资产负债损益审计

根据《中华人民共和国审计法》的规定,2017 年 7 月至 9 月,审计署对中国农业银行股份有限公司(以下简称"农业银行")2016 年度资产负债损益情况进行了审计,重点审计了农业银行总行和所属北京、上海、广东、福建、陕西、深圳分行及农银汇理基金管理有限公司(以下简称"农银汇理公司")等 7 家二级单位,对有关事项进行了延伸和追溯。

一、基本情况

农业银行于 2010 年 7 月在上海证券交易所和香港联合交易所挂牌上市。据其 2016 年度合并财务报表反映,农业银行 2016 年底资产总额 195 700.61 亿元,负债总额 182 484.7 亿元,所有者权益 13 215.91 亿元;当年营业收入 5 060.16 亿元,净利润 1 840.6 亿元。普华永道中天会计师事务所(特殊普通合伙)对此合并财务报表出具了标准无保留意见的审计报告,该审计报告在农业银行官方网站公开。

审计署审计结果表明,农业银行积极加大对重大战略、重大项目的信贷支持,创新小微、涉农信贷业务,服务实体经济;推进经营机制改革,全面推开三农金融部改革;加强内控风险管理,修订完善内控制度,加强案件防控和问责整改。审计也发现,农业银行在业务经营、公司治理和内部管理、风险管控、落实中央"八项规定"精神及廉洁从业规定等方面还存在一些问题。

二、审计发现的主要问题

(一)业务经营方面

1. 2013~2016 年,河北、福建、深圳、上海、广东 5 家分行违规向提供虚假资料的企业提供贷款、办理票据贴现等,涉及金额 40.69 亿元。

2. 2014 年 10 月至 2016 年底,农业银行通过理财资金向房地产企业提供融资、违规向土地储备中心和部分建筑工程施工许可证等"四证"不全的房地产企业等提供融资,涉及金额 96.44 亿元。

3. 2015~2016 年,上海、广东 2 家分行及农银国际(中国)投资有限公司违规向地方政府融资平台或实际承担融资平台功能的企业提供融资 17.37 亿元。

4. 2014~2016 年,农业银行"三农"金融部贷款增速等信贷指标未完成有关考核要求;未严格执行涉农贷款统计制度,将向城市法人和长期居住地为城市的个人发放贷款按涉农贷款统计，至 2016 年底余额 227.54 亿元。陕西分行向具有城镇户口或公职身份的人员发放农民安家贷款 211.89 万元。

5. 2015 年和 2016 年，农业银行将向不符合小微企业标准的金融机构、企事业单位发放的贷款按小微企业贷款统计，至 2016 年底余额 228.35 亿元。2015 年底、2016 年底的小微企业贷款余额中，单户 500 万元以下占比偏低，仅为 4.41% 和 3.56%。

6. 2016 年，福建省分行在监管部门明确禁止的情况下，违规设立时点性存款规模考核指标。

7. 2014 年 10 月和 2015 年 1 月，北京分行违规为从事虚拟货币交易的两家企业提供结算服务。

8. 2015 年 1 月，农业银行将按其行内标准评估为常规合作的保险公司调整为重点合作公司并下达保费指导计划。

9. 2014 年至 2016 年，福建、上海 2 家分行在未提供实质性服务的情况下，向企业收取顾问费等 1 711.71 万元。

10. 2014 年 11 月和 2015 年 6 月，农业银行借助信托等通道将理财资金 15.24 亿元违规投资本行非公开发行优先股。

（二）公司治理和内部管理方面

1. 至 2016 年 2 月，农业银行有 4 项董事会议案、3 项股东大会议案未按规定提交党委会审议，有 51 项境内机构调整事项事后未按规定报告董事会。

2. 2013~2016 年，上海、北京 2 家分行及农银汇理公司、武汉培训学院在工资总额之外发放补贴 1.92 亿元，总行及陕西、福建等 3 家分行、农银汇理公司存在损益不实、费用报销管理不规范等问题 2 429.76 万元。

3. 至 2016 年底，农业银行有 5 处房产长期闲置，涉及 14.71 万平方米；北京市分行未严格按照总行批复要求签订房屋租赁合同，至审计时已按合同支付租金和物业费 1 538.31 万元，租用的房屋因未完成工程竣工验收备案手续一直无法使用。

4. 2007~2016 年，农业银行总行及所属信用卡中心、北京分行等单位在集中采购管理中，存在未按规定聘请外部专家、未向主管财政部门报告、未严格执行采购价格等问题，涉及金额 3 040.59 万元。

5. 2014~2016 年，农业银行重要信息系统突发事件定级不够准确，10 起系统突发事件未及时上报；C3 信贷管理系统部分数据不准确。

（三）风险管控方面

1. 2011~2016 年，北京分行因未严格执行票据出入库制度、未经批准销售非本行理财产品等，39.15 亿元资金面临损失风险。

2. 至 2016 年底，农业银行部分理财资金投向其他金融机构发行的理财产品。

3. 个别分支机构信贷管理中存在资产风险分类不准确、地域性"担保圈"、行业过度授信等风险问题。

（四）落实中央"八项规定"精神及廉洁从业规定方面

1. 2015 年，农业银行总行 10 名部门总经理级别人员在国内出差乘坐飞机头等舱并全额报销 15 次。

2. 中央"八项规定"出台后,所属长春培训学院、福建省分行仍存在消费高档酒水问题。

三、审计处理及整改情况

对以上审计发现的问题,审计署依法出具了审计报告,下达了审计决定。农业银行正在组织整改,已制定修改相关制度、办法等 35 个,完善系统建设 5 项,处理有关责任人 670 人次,具体整改情况由其自行公告。

案例来源:审计署 2018 年第 40 号公告。

二、商业银行审计的目标

目前,我国的金融体系由四部分组成:一是中央银行,即中国人民银行;二是商业银行,如中国工商银行、中国农业银行、中国银行、中国建设银行、交通银行、光大银行、华夏银行、招商银行等;三是政策性银行,如国家开发银行、中国进出口银行等;四是各类非银行金融机构,如保险公司、证券公司、租赁公司等。本节讲述商业银行审计。

《审计法》第十八条明确规定:"审计署对中央银行的财务收支,进行审计监督。审计机关对国有金融机构的资产、负债、损益,进行审计监督。"因此,商业银行审计是审计机关对国有商业银行或国有股份商业银行的资产、负债、损益的真实性、合法性和有效性的审计。

商业银行资产按其流动性可分为流动资产、长期股权投资、固定资产、无形资产和其他资产,其中体现商业银行特色的资产包括:贷款、存放同业、存款准备金、商业银行负债按其流动性可分为流动负债、应付债券、长期准备金和其他长期负债等,其中体现商业银行特色的负债包括:存款、同业存放等。

商业银行损益是商业银行在一个会计期间经营货币商品而产生的最终的经营成果。其总体构成内容与一般企业相同,包括营业利润、利润总额和净利润三个部分,计算公式也与一般企业相同。具体构成内容则与一般企业有所不同,如体现商业银行特色的营业收入包括利息净收入、金融机构往来收入、手续费收入、汇兑收益等,再如体现商业银行特色的营业支出,包括利息支出、手续费支出等。

本节论述限于体现商业银行特色的资产、负债和损益的审计,其他商业银行资产、负债和损益的审计请参考其他章节相关内容,本节不再赘述。

商业银行审计的目标包括:审计与评价商业银行内部控制的健全性和有效性;审查资产负债的真实性、合法性和有效性;审查损益的真实性和合法性;审核会计报表填列的真实性、合法性;法定准备金制度和存贷款利率的真实性和合法性;审计与评价商业银行的内部控制。

三、商业银行审计内容

实施商业银行的政府审计,可以按照商业银行的主要业务,如存款、贷款、承兑汇票、提供担保等划分审计的工作要点；同时，现金业务由于其流动频繁、金额巨大，也应纳入审计的重要内容。

(一) 现金业务审计

现金业务审计的内容中包括对"库存现金"和"贵金属"科目的审计。之所以将贵金属归于此类，是因为贵金属的保存、流通特性与现金非常相似。

1. 基本风险

银行由于日常要处理大量的现金收付业务，因此会存在大量现金。另外，银行中也会保存黄金、白银等贵金属。现金控制体现在现金收付、运送和保管过程中。贵金属的控制主要体现在其计量、计价、保管的过程中。容易出现的问题包括：现金短失；相关账目出现错误；相关业务的责任制的缺陷甚至缺失；在办理相关业务的过程中违反国家法规。

2. 内控测试和评估内容

对银行内控制度的审计体现为以下内容：

（1）金库管理。在非营业时间里，所有的货币、贵金属是否都锁进金库或保险柜；金库是否装备有合格的防盗防抢报警等装置；金库的开启是否由定时锁控制，金库是否在每个营业日都最晚打开、最早锁闭；金库备用现金箱是否置于一个由双层锁保护的特别隔间内；金库中备用现金的动用是否由双人监管，共同记录等。

（2）出纳员岗位职责管理。各出纳员是否持有自己的现金并对该现金的货币名称和金额进行了记录；出纳员是否在其经手的交易凭证和现金封条上签字或盖章；收到顾客现金时，出纳员是否向顾客提供收据；出纳员在工作上是否受到严格监督，是否实行出纳岗位轮换制度；出纳员的职责是否限制在办理出纳交易的范围内，是否禁止其办理自己私人支票的收付业务，是否允许其接收非本国货币作为其现金的一部分，是否禁止出纳员接触除现金日记账之外的其他会计账簿等。

（3）现金岗位安全管理。每个出纳员的工作岗位是否都装备了防盗报警装置；每个出纳员在金库中是否都拥有属于自己的隔间，以用来隔夜储存自己持有的现金；每个出纳员的工作岗位是否都备有上锁的现金保管设施，以供出纳员离岗时存放现金；顾客存取现金的营业网点是否装有防弹玻璃等防弹设施，对运钞出纳员和大额现金交易网点是否进行了特别的安全防护等。

（4）资金限额管理。对出纳员是否建立和实施了现金限额制度；各分支机构所持有的现金总额是否维持在合理的最低水准；出纳员对其持有的超额周转现金是否进行特别的防护。

（5）现金核查管理。所有出纳员的现金总额是否每天都与中央复核部门所加总的现金总额核对相符；出纳员所持有的现金是否定期由指定专人进行突击核点，对核点情况是否记录保存；在每个出纳员度假之前或突然离岗超过一天以后，是否对该出纳员的现金进行清点。

（6）长短款管理。出纳长短款项是否按日结清；是否记入按出纳员设置的出纳长短款账户；以反映各出纳员累计发生的出纳长短款总金额；出纳经理是否审核现金出纳长短款项账户。

（7）贵金属的计价、记账管理。贵金属是否全部入账；初始及期末按成本与可变现价值孰低计量时的计量、入账价值是否正确；期末按成本与可变现价值孰低计量时价格标准的判断依据是否充分。

3. 实施符合性和实质性测试

在对银行的内部控制进行测试之后，可以根据对内部控制的初步判断，开始安排实质性测试。实质性测试的内容和步骤如下：

（1）清点出纳系统的全部现金，对出纳员持有的现金及金库的贵金属进行突击清点，观察和验证出纳员是否遵守了安全和控制制度。

（2）清点备用现金并将之与出纳员报告的现金总额及"库存现金"总账余额进行试算平衡；将金库中清查到的贵金属种类和数量与明细账及总账核对。

（3）全面评价现金控制制度的充分性、有效性和效率性以及出纳运作的质量。

（二）存放同业和同业存放业务审计

"存放同业"账户核算银行存放于境内、境外银行和非银行金融机构的款项。"同业存放"科目核算银行吸收的境内、境外金融机构的存款。虽然另外一个科目"存放中央银行款项"科目核算的内容与前两个科目在性质上并不完全相同，但因为它们同属银行款项的对外存放，因此也归于这类业务，一起进行审计。

1. 基本风险

银行存放同业与同业存放业务中常常出现以下风险：挪用存放同业资金，并导致存放同业账户出现透支情况；账务上漏记存放同业资金或同业存放资金；备付金准备不足；存放同业账户上资金闲置过多；从同业存放账户或存放同业账户中错误付款或重复付款，且款项无法追回，导致资金损失；伪造汇票不能识别。

2. 内控制度审计

针对上述基本风险，审计机构应对以下内部控制制度进行审计：

（1）不相容职务及业务记录管理控制。是否指定专人负责支用存放同业账款；账户调节人员是否被禁止拥有支取存放同业账款的权利；是否禁止调节人员处理现金、现金项目或有价证券，是否禁止其进行账务处理；是否把资金调拨职责、授权职责和账户调节职责分离开来，一人一职；对空白汇票是否实行共同保管。

（2）业务授权管理控制。对各授权人员的身份及权限范围是否进行了明确的规定；所有汇票是否都进行事先编号，且根据不同的账户行（即汇票的付款行）编制不同序列的号码；在采用签字盖印机签署汇票的情况下，是否对签字机进行特别控制；本行关于存放同业事项的政策是否由董事会制定和批准执行；本行的开户行是否经董事会批准指定。

（3）往来业务管理控制。在同业存放账户项下发生借记（即付款）事项时，是否向有关代理行（即在本行存入款项的其他银行）编发正式的借记通知书（即付款通知书）；在存放同业账户下是否向代理行提供贷记通知书（即收款通知书）。

（4）对账管理控制。存放同业账户的收付款通知书、已付汇票和对账单是否直接寄给本行独立的账户调节部门（或岗位）；定期向代理行寄发对账单，将对账单直接寄给代理行的对账部门；是否建立日常的账户调节制度；是否指定了一名职员或监督员负责定期正确地调节账户；是否保持完整的账户调节记录，并由监督人员进行审核；对利息支付、收入的计算、记录、审核是否有专人负责；对本行的每一开户行是否都设有一个明细存放同业账户与之对应；是否根据对账单的差异项目定期进行逐个调节，以列出每个差异项目的发生日期和金额；是否对对账单的更改进行审核。

（5）账户头寸分析管理控制。在存放同业账户中是否只存有有限的资金，以供代理行对盖印签字的汇票进行付款；是否由高级经理人员对本行头寸表进行审核，根据向代理行提供的服务范围对同业存放余额进行具体分析，确保本行从代理行账户中所获利益大于本行存放代理行资金的机会成本和本行的服务费用；是否在存放同业账户中保留必要的余额，并定期将余额情况向主管账户头寸的官员进行汇报，以便将多余的头寸进行投资，或对不足的头寸进行拆借补足；是否根据既定的频率计划，对存放同业账户定期进行调节；是否制定了账户平均余额方针，用以指导确定在每个开户行中存放的平均余额；对本行有关存放同业与同业存放的政策是否每年审议一次；是否按存款账户的控制制度来控制同业存放账户；是否还对同业存放账户进行特别的控制；是否制定了有关核销调节项目的方针。

（6）汇票签发管理控制。汇票的签发、承兑签发后六个月未清偿的汇票是否置于特别控制之中；是否将已付汇票逐一或按总额与对账单进行比较核对。

3. 实施符合性和实质性测试

（1）通过分析内部控制制度决定实质性测试的范围和具体实施办法。

（2）确认"存放同业""同业存放"及"存放中央银行款项"账户总账、明细账余额及各账户余额是否合乎要求。

（3）确认存放同业账户的调节表相关金额。

（4）审核存放同业账户和同业存放账户的活期余额。

（5）确认存放同业账户定期余额产生的利息收入和同业存放账户定期余额产生的利息支出的实际金额与计算金额相符。

（三）投资和相关收入业务审计

与投资相关的科目比较多，在新的会计制度下，商业银行用到的科目包括"交易性金融资产""衍生金融资产""买入返售金融资产""债权投资""其他债权投资""其他权益工具投资""长期股权投资""投资性房地产""投资性房地产累计折旧（摊销）""投资性房地产减值准备""交易性金融负债""衍生金融负债""卖出回购金融资产款""利息收入""投资收益""公允价值变动损益""长期股权投资减值准备"等。

1. 投资业务的基本风险

投资业务的基本风险包括：投资本金不能回收，甚至发生损失；对购入的有价证券保管不善，发生票券丢失或被盗的情况；对投资业务不按银行行业或公认会计原则的要求进行会计处理，造成会计核算混乱；投资及其收益核算不规范，发生挪用、侵吞相关资金、利息的情况。挪用或侵吞用来购买有价证券的资金、出售有价证券所得的资金、证券到期收回的资金以及应收的证券利息。

2. 内部控制审计

银行应针对上述基本风险，确立有关投资业务的内部控制制度。

（1）授权制度管理。本行的总体投资战略和投资政策是否正式成文，并经董事会批准执行；董事会或其下属的投资委员会是否对投资证券的购买、出售和调换进行了正式授权；是否只有经董事会或投资委员会指定的人员才有权发起投资交易；在董事会或投资委员会的会议记录中是否记录了对投资交易的批准决定；本行投资业务的经纪人是否经董事会慎重选择和正式批准。

（2）不相容职务的管理控制。负责上述试算平衡的职员是否与投资证券的交易授权、收发保管、账务记录等职责没有直接关联；投资明细账的记账职责是否与投资业务的实际执行职责相分离，负责记账的职员是否被禁止发起投资交易或被禁止接触投资证券；投资会计报告的编报人员是否被禁止拥有投资权限；报告的内容是否经过监督人员的复核和审查；每笔投资交易的原始凭证是否由不负责发起投资的职员进行审核。

（3）账务管理的控制。投资会计系统所记录的数据是否能满足合理确定应计利息收益和证券利得或损失的需要；上述数据是否由来自独立渠道的充分证据（如经纪人开具的发票、代理行的通知等）进行证实；对投资证券是否进行了明细账记录，投资明细账是否按月与投资总账进行试算平衡；是否根据投资的性质将其计入相应的科目。

（4）证券安全管理的控制。购入的各种投资证券在可能的情况下是否都由代理行（或代保管机构）进行保管；在证券由代保管机构代为保管的情况下，本行是否持有代保管收据；存放在本行内的证券是否由双重锁锁存，并实行共同保管制度；对双重锁钥匙采取的防范措施是否达到任何一人都不可能同时拿到两把钥匙的安全程度；归本行拥有的证券是否与不归本行拥有但由本行持有的证券分开存放；对投资证券的移动是否实行了双重控制，如对证券的入库或出库是否由两人签字等。

（5）投资收益核算管理控制。是否对投资收益做出预算；投资收益是否由独立于投资授权和明细记账这两项职责的职员负责收取和存放；投资证券利得和损失是否在实现时进行计算和确认；对不能赎回的投资证券进行核销，是否经过董事会批准；对持有的投资证券，是否定期审查其信用级别和市场价值；公允价值的变动是否及时、准确进行反映和正确；本行的投资业绩与其他投资机构相比，是否在证券的信用等级、到期期限和实际收益率上具有优势。

3. 实施符合性和实质性测试

在对内控制度进行分析判断的基础上，再进行符合性测试和实质性测试。测试内容包括：

（1）对有关的总账与所属的明细账进行试算平衡。

（2）核实已入账的各类投资实际存在情况及账务处理是否符合管理当局的投资意图。

（3）详细分析投资业务的处理过程是否符合新企业会计制度的相关规定，对账户的分类是否正确。

（4）审查投资交易的审批手续是否合法、合规。

（5）审查各项投资的成本价及按公允价值计价的投资"公允价值变动"计算、处理是否合理。

（6）审查到期收回或售出的投资项目是否正确入账。

（7）审查投资利得和损失是否正确入账，与相关的投资记录是否相符。

（8）审查应收利息、累计折价摊销和累计溢价摊销金额是否正确，利息的相关计算与债券的相关账务是否相符。

（9）审查利息收益、折价摊销和溢价摊销金额是否正确。

（10）审查投资性房地产租金的计算是否正确，是否收回现金。

（11）审查双重控制是否有效，有关凭证是否健全；查证有关信息的准确性。

（12）存在长期股权投资的企业，其"应收股利"中因长期股权投资应收回利润部分计算、核算是否正确。

（13）涉及"持有至到期投资"进行重分类时，注意入账价值的确定。

（四）商业贷款和抵押品管理业务审计

商业贷款是商业银行的重要工作。与之相关的科目主要有："拆出资金""发放贷款和垫款""向中央银行借款""拆入资金""吸收存款""应收利息""应付利息""利息收入""利息支出"等。

1. 贷款主要流程

一般贷款流程。

（1）受理贷款申请，调查借款人的信用状况；

（2）办理贷款支付，建立会计记录；

（3）负责收贷收息及本金；

（4）监控贷款的执行情况；

（5）建立和审查贷款档案；

（6）抵押贷款流程；

（7）受理贷款申请，调查借款人的信用状况，以及对抵押财产进行评估，据以做出贷款决策；

（8）办理贷款资金的支付，建立会计记录；

（9）办妥和保存与贷款有关的各种文件；

（10）负责贷款的会计核算和会计报告；

（11）监控贷款的执行情况；

（12）负责抵押品的收入、保管和发还工作。

2. 贷款及抵押品管理主要风险

（1）贷款政策制定不完善，执行不力，造成信贷过于集中，贷款信息不准确和不完整，致使银行遭受较大的信贷损失。

（2）贷款使用监督不力或贷款发放监督不慎，致使贷款失去安全性。

（3）违法拆贷而受到法律或法规的处分、罚款或其他制裁。

（4）无法识别如借款人编制虚假的财务信息，以伪造的证券作为抵押品，以及对抵押品进行挪用或转换等外部欺诈行为而致使银行蒙受损失。

（5）因内部人员截留和挪用借款人归还的本息金额，侵吞抵押品，捏造虚假贷款，以及在贷款发放过程中收受回扣等内部欺诈行为而致使银行蒙受损失。

（6）个别职员为追求个人工作业绩而出现擅自更改与贷款账户有关的信息，隐瞒逾期贷款信息等情况。

（7）账务处理错误。

（8）对抵押财产的价值评审失误（尤其在贷款需求较旺的情况下），从而导致借款人不能偿还贷款而抵押财产价值又不够抵补贷款本息，使银行遭受损失。

（9）抵押契约出现错误，抵押财产的投保不当，抵押财产置留权税负由银行负担，以及抵押财产的产权不完整（即除银行外还有其他人也对抵押财产享有优选置留权或权益），由此使银行蒙受与抵押财产有关的损失。

（10）质押财产因保管措施不严造成质押财产的损害、灭失。

3. 相关内部控制审计

针对以上风险，审计人员应该对以下内部控制制度进行审计：

（1）贷款政策制定方面。董事会是否正式制定和批准了本行的总体贷款政策；是否有贷款限额、规模、地区、利率和费率、期限的相关规定及独立监督执行政策；对拖欠贷款是否有报告、催收制度；对信贷的集中情况是否进行定期报告；商业贷款政策每年是否至少审查一次；本行在办理商业贷款业务中是否遵守了有关的法律和法规，遵守情况是否有凭有据，是否经过检查；是否具有合适的不动产抵押贷款政策；每年是否至少审查一次不动产抵押贷款政策；是否制定了有关程序，以保证本行遵守国家和地方关于贷款限额、贷款信息披露以及反歧视和高利贷等内容的法律规定；是否制定了有关程序，以保证本行遵守贷款担保机构或贷款保险机构的要求；就建筑贷款来讲，本行是否要求承包商和主要分包商就其专业技能提交充分的证明文件；本行是否要求对各建筑阶段都要进行成本明细估算；建筑协议和贷款协议是否需要经本行律师和其他专家审查；对建筑协议的更改是否必须经过本行律师、长期贷款人、建筑设计商、项目管理工程师以及主要租户的书面批准；建筑协议和贷款协议是否规定了工程的完工日期，是否禁止在本行没有批准的情况下擅自开工，是否规定了本行对工程现场进行检查的权利和按工程进度支付贷款的权利，以及在发生违约的情况下，贷款人对工程进行及时而全面控制的权利；是否只有在对工程的现场检查报告得到审查通过后，以及只有在承包商、借款人、现场检察官和信贷官员进行书面授权后，才能对贷款按事先安排好的计划进行支付；本行是否持有承包商支付代扣的员工税款、建筑险保险费、工人补偿保险费和公共义务保险费的凭证；在董事会或贷款贴现委员会的会议记录中是否记录了对抵押财产估价师进行授权的内容；本行的律师是否对长期贷款人所做出的赎回承诺的可接受性进行审查；本行是否审查长期贷款人的财务报表，以确定其承担财务责任的能力。

（2）有关票据的管理。对借款人提交的贷款票据是否进行连续编号，并记入票据登记簿；在营业时间内，对票据是否进行安全保护；在非营业时间内，是否将票据存入保管库中，妥为保管；所有的票据是否经贷款官员签署；是否禁止本行职员持有借款人已签字的空白票据。

（3）贷款支付的管理。贷款是否采用本票或采取转存借款人账户的方式进行支付。

（4）贷款人信息管理。对所发放的每笔贷款，是否都相应地保存有经借款人签字的借款申请书；是否为每个借款人建立了信贷档案并保证规定内容齐全（一般包括借款目的、支付方式的说明、偿还计划、调查报告、财务报表等）；对信贷档案中更新、补充信息（如借款人应提交最近一期的财务报表），是否有一定的控制程序予以保证；是否将已清偿贷款项下的票据或有关文件及时退给借款人；是否在退回的票据上或有关文件上加盖了"已清偿"戳记，表示票据或文件已经注销；对去向不明的文件，是否制定了系统追查程序；是否指定专人负责检查贷款关闭账户后所有文件的起草、执行及存档情况。

（5）不相容职务管理。贷款的记账是否与票据签发分开；进行贷款明细账与总账之间的试算平衡与办理、记录商业贷款明细账的职能是否分开；对贷款余额进行查询的职员是否不接触现金；调整贷款的文件是否由不接触现金的职员进行核验；负责发出预期贷款通知的职员是否不接触收款；不动产抵押贷款明细账的建账和过账工作，是否由不接触现金或无权签发本票和汇票的职员负责进行；贷款明细账与总账之间的调节事项是否由不接触现金的职员进行查询；贷款明细账与总账之间的试算平衡是否经常进行，进行这项工作的职员是否不负责办理不动产抵押贷款业务和登记不动产抵押贷款明细账。

（6）账务处理管理。贷款利息是否按期计算入账并与贷款相核对；贷款明细账是否按日记账、过账并与贷款总账进行核对调节；是否将商业贷款分录记入了日记账并每天与总账进行核对调节；对作为抵押品的证券所产生的利息，是否采取了及时、充分的会计处理；不动产抵押贷款明细账是否按日过账，是否按日与贷款总账进行核对调节；是否将不动产抵押贷款分录记入了日记账，是否将日记账每天与总账进行核对调节；本行已持有其产权证书的抵押财产是否在账务上转作本行拥有的其他不动产。

（7）抵押程序管理。不动产抵押贷款承诺是否以书面形式发出；在贷款文件档案中是否保存有经借款人签字的每笔不动产抵押贷款申请书；是否设有专人负责不动产抵押贷款文件的档案工作；是否编制文件清单以保证贷款文件按要求收妥和存档；本行是否持有抵押财产所有者支付不动产税和灾害保险费的文件凭证。

（8）抵押品管理。在收到借款人交来的抵押品时，是否开具一式多联和预编号码的抵押品记录单；记录单是否至少包括三联（一联作客户的收据；一联作为抵押品的明细在账记录；一联作为抵押品登记副本）；对可流通抵押品，是否由双人共同保管；两位保管员在抵押品的收发环节是否都在抵押品记录单上同时签字；是否把作为抵押品的股票与这种股票的授权转让书分开保存；从保管库里临时提取用来抵押的证券，是否采用了预编号码的出库单进行控制；对所有抵押品的价值和状况，是否采取了充分的程序进行监控;是否采取了充分的程序,以确保本行在必要时能立即对抵押品进行清算变现。

(9) 逾期贷款管理。对逾期贷款,是否采取了由系统的和不断强化的程序进行跟踪催收,如及时向逾期借款人编发逾期通知书;对逾期贷款、有问题贷款和未清贷款承诺总额,是否采取了系统的程序向董事会进行报告。

4. 实施符合性和实质性测试

在对银行贷款内部控制制度分析评价的基础上,进行符合性和实质性测试。

(1) 对贷款余额进行试算平衡,核对明细账、总账余额。

(2) 选取具有代表性的贷款样本核对有关文件、支付凭证、跟踪记录、利息收取凭证、本金收回凭证等内容。

(3) 直接与借款人确认抽样贷款余额。

(4) 审查所有的非正常贷款(包括逾期贷款、利息未按期收回的贷款、重整贷款以及商业贷款部门认定的有问题的贷款)。

(5) 对重要贷款项下的票据进行大比例抽查。

(6) 盘点贷款抵押品并与抵押记录相核对。

(7) 有重点地审查信贷档案。

除了对以上银行主要业务的审计之外,还要注意审计地方商业银行股份制运作的规范性。如组织机构中股东大会、董事会、监事会的设立和行长的任职资格问题,公司章程是否对公司股东、董事、监事、行长具有约束力的问题;以及股东大会的职权、议事方式、表决程序的合法、合规性问题。另外还有所有者权益中各项资本成分的数量及比重、资本充足率问题,资本公积、盈余公积、公益金的获得、提取、使用是否符合法定要求及利润分配的行为是否合法、顺序是否合规、未分配利润是否真实等问题。

第四节 非银行金融机构审计

一、保险业务审计概述

(一) 保险业务审计的内容

保险业务审计包括以下内容:审查保险展业、防灾和理赔工作是否做到合法、合理、真实和有效;审查财务收支和各项经济活动是否正确、真实与合法;审查是否管好用好流动资金;对固定资产管理进行审计监督;对专项基金进行审计监督;对保险企业偿付能力的审计监督;对内部控制制度的健全、有效及执行情况进行监督检查。

(二) 保险业务审计的主要风险

保险公司业务审计的风险源于保险公司业务的特点:

（1）由于保险公司的产品是保险合同，而与合同相关的是一系列不确定性问题，这些问题一直到保险合同到期才能有确定的答案。以寿险合同为例，寿险合同期限一般很长，与其相关的实际死亡率、投资回报率和通货膨胀率与订立保单时的预期常常会出现较大的差距，从而为保险公司的经营带来较大的风险；财险合同也面临预期损失率与实际损失率发生重大偏差的经营风险这些业务的不确定性为审计判断带来了较大的风险。

（2）由于保险资金投资结构的不断变化，投资渠道也日益多元化，这在加大保险资金和保险公司经营风险的同时也增加了审计风险。

（3）由于保险行业有准备金、其他负债准备金和再保险准备金的要求，需要充足、可靠、客观地提取各类准备金，以具备足够的偿付能力，并实现风险转移的有效性，这也是险公司业#审计中的一个重要风险点。

（4）保险公司复杂的管理体制和业务经营既增加了保险公司的经营风险，也加大了审计风险，形成复杂的审计难点。

二、保险业务审计的具体内容

（一）保险业务内部控制审计

1. 产品开发审计

在产品开发方面，主要审计：是否成立产品开发部门和决策机构，并明确精算责任人和法律责任人的责任；是否建立并实施产品开发管理程序，并对新产品的开发、论证、审核等进行控制，对产品的销售、盈利和风险情况进行定期跟踪分析。

2. 销售管理审计

在销售管理方面，主要审计：是否建立并保持书面程序，对销售人员或机构的甄选、签约、解约、薪酬、考核、档案、品质管理、宣传材料管理等进行控制；是否定期对销售人员进行专业培训和职业道德教育，建立销售人员失信惩戒机制；是否对于销售过程中已识别的风险建立并保持控制程序，并将有关程序和要求及时通报销售人员或机构，确保其遵守寿险公司相关的控制要求；是否建立并实施客户回访制度，按照有关规定确定客户回访范围和内容，对客户反馈信息进行分析整改并定期跟踪。

3. 核保核赔管理审计

在核保核赔管理方面，主要审计：是否建立了明确的核保、核赔标准，并实施权责明确、分级授权、相互制约、规范操作的承保理赔管理机制；是否明确核保核赔人员的适任条件，定期对核保核赔人员进行培训，确保核保核赔人员具有专业操守并勤勉尽职。

4. 服务质量管理审计

在服务质量管理方面，主要审计：是否建立并实施了业务操作标准和服务质量标准，对销售、承保、保全、理赔等活动的服务质量进行规范管理，并建立客户服务质量考评机制和咨询投诉处理程序，对咨询投诉处理中发现的问题进行核实、分析、反馈，以进行整改和跟踪监督。

5. 再保险管理审计

在再保险管理方面，主要审计：是否建立并实施科学的分保管理流程，建立职责分明、互相制约的分保机制，合理确定自留额和分保方式，确保及时、足额进行分保。具体包括保险经纪人是否按照与再保险分出公司的约定，及时寄送账单、结算再保险款项以及履行其他义务，是否有挪用或者截留再保险费、摊回赔款、摊回手续费以及摊回费用的问题；保险经纪人是否按照与再保险分出公司的约定，将其知道的再保险分出公司的自留责任以及直接保险的有关情况及时告知再保险分入公司等。

6. 单证、印鉴、档案管理审计

在单证、印鉴、档案管理方面，主要审计：是否建立并保持控制程序，对保险单证的印刷、保管、领用、作废和核销，印鉴的刻制、保管、使用范围、使用审批、使用登记、作废和核销以及档案的保管实施控制；是否对假造重要单证、仿制印鉴等违法违规行为进行责任追究。

7. 业务处理系统审计

在业务处理系统方面，主要审计：是否建立了稳定、高效、能够对业务提供全面功能支持的业务处理系统；是否制定了业务处理系统的管理规章、操作流程、岗位手册和风险控制制度；实施操作权限管理，并及时根据业务和控制需要对业务处理系统进行改进。

8. 会计处理审计

在会计处理方面，主要审计：是否对不相容职务进行了规定并实施定期或不定期轮岗制度；是否保持了完整、准确的会计记录，并及时、完整、准确地提供会计信息，建立、健全财务会计系统；是否妥善保管现金、有价证券、空白凭证、密押、印鉴等；会计处理是否遵循国家财政部门的统一规定；是否对资金进行了统一管理，严格控制费用开支，实行财务双签制度；是否定期核对现金和银行存款账户，保证现金和银行存款的安全；是否建立了独立的内部稽核审计部门，制定了完善的稽核审计制度，并配备一定比例的专职稽核审计人员。

（二）实施符合性和实质性测试

在对保险业务内部控制制度分析评价的基础上，进行符合性和实质性测试，具体包括：对各账户余额进行试算平衡，核对明细账、总账余额；选取具有代表性的保险样本核对有关保险合同、保费收取凭证、理赔、退保支付凭证、跟踪记录、投资业务有关凭证等内容；直接与经纪人、客户确认保单相关金额；审查所有的大额非正常项目（包括退保、理赔及出现与客户发生纠纷的项目）；对重要保险项下的合同、单据进行大比例抽查；对保费收入、赔款支出、未决赔款、险种结构、责任限额、案均赔款、损失率等数据进行核实和分析，对经营状况、险种盈亏、业务流程的管理情况做出客观评价。

此外，对保险准备金的审计要作为一个专门的重要内容进行。在新的《企业会计准则》所规定的会计科目及报表中，对保险业务的准备金有比较详细的划分。包括有

"长期健康险责任准备金"科目、"应收分保未到期责任准备金"科目、"应收分保未决赔款准备金"科目、"应收分保寿险责任准备金"科目、"未到期责任准备金"科目、"未决赔款准备金"科目、"寿险责任准备金"科目、"应收分保长期健康险责任准备金"科目、"存出资本保证金"科目、"一般风险准备"科目。在对这些科目进行审计时除了要注意科目金额的核对外,还应该计算、分析其提取比例,并与相关规定相对照,审核其合规性。

案例拓展6-2:

中国人寿保险(集团)公司2014年度资产负债损益审计

根据《中华人民共和国审计法》规定,审计署2015年对中国人寿保险(集团)公司(以下简称"国寿集团")2014年度资产负债损益情况进行了审计,对有关事项进行了延伸和追溯;重点审计了国寿集团本部及中国人寿保险股份有限公司、中国人寿财产保险股份有限公司、中国人寿养老保险股份有限公司、中国人寿资产管理有限公司、国寿投资控股有限公司(以下分别简称"国寿股份"、"国寿财险"、"国寿养老"、"国寿资管"、"国寿投控")等5家子公司。

一、基本情况

国寿集团为国有独资公司,下设7家子公司和1家直属机构,其中国寿股份在纽约、香港、上海3地上市。据合并财务报表反映,国寿集团2014年底资产总额27 467.95亿元,负债总额25 602.58亿元,所有者权益1 865.37亿元;当年实现营业收入5 375.83亿元,净利润206.24亿元。

审计结果表明,国寿集团能够贯彻落实国家经济金融政策,不断提升经营管理水平,多项业务位居行业前列,但在财务收支、重大决策和执行、风险管控和廉洁从业方面也存在一些薄弱环节。

二、审计发现的主要问题

(一)财务收支方面

1. 至2014年底,国寿集团本部对股改中承接的历史存量保单业务,未按会计准则规定的方法计提保险合同准备金。

2. 2012年3月至2014年底,国寿集团本部和国寿股份等5家子公司超国家规定的上限为职工缴存住房公积金共计31 519.99万元,其中2014年11 564.22万元。审计指出后,国寿集团已于2015年7月停止超上限缴存住房公积金。

3. 2013~2015年6月,国寿集团本部和国寿股份、国寿资管、国寿投控3家子公司及个别下属机构在"福利费"科目中列支职工家庭财产险保费、物业费等7 462.84万元,未纳入工资总额核算,其中2014年2 557.53万元。

4. 至2014年底,国寿集团本部有65套住房长期闲置或被不符合条件的职工低价租用。

5. 2012~2014年,国寿股份所属江苏、上海、广东、深圳4家省级分公司通过投保后退保的方式,累计虚增保费收入 13.03 亿元,其中 2014 年 2.68 亿元。

6. 2014 年,国寿股份违反权责发生制原则,将应在 2014 年和 2015 年分摊的广告费全部在当年列支,造成 2014 年多计支出 3 588.97 万元。

7. 2013 年,国寿财险合肥、南京 2 家中心支公司通过退保再投保的方式拆分保单,将应计入 2012 年保费收入的 632.47 万元人为调节至 2013 年核算。

8. 2012 年 4 月至 2014 年底,国寿财险、国寿养老、国寿投控和中国人寿电子商务有限公司通过购买商业保险违规为职工设立补充养老保险,累计支出 4 833.87 万元(单位承担 3 877.7 万元),其中 2014 年 1 482.77 万元。

(二)重大决策制定和执行方面

1. 2012 年 4 月,国寿集团违规将债权投资计划审批流程予以简化,至 2014 年底,共有 5 个债权计划未经过集体审议直接由相关领导审批通过。

2. 至 2014 年底,国寿集团有 4 个信托计划投资未按规定流程审批,涉及出资 107.82 亿元。

3. 2012 年 4 月至 2015 年 4 月,国寿集团本部有 11 个单笔 100 万元以上的采购事项未履行规定的集体决策程序,涉及金额 2 999.96 万元,其中 2014 年 850 万元。

4. 2013~2015 年 6 月,国寿集团、国寿股份、国寿投控和国寿资管等公司部分重大投资项目存在前期调查未尽职、项目未按规定程序审议、投资款被借款单位挪作他用等问题,涉及金额 84.1 亿元。

5. 至 2014 年底,国寿股份未按集团要求制定"三重一大"事项实施细则。

(三)业务经营方面

1. 国寿集团未严格按照有关政策要求积极发展农业保险、小微企业贷款保证保险和投资养老服务领域,其中 2014 年承保农业保险仅占当年全国市场份额的 0.97%;33 家财险分支机构中只有 7 家开展了小微企业贷款保证保险业务,2014 年保费收入仅 484.84 万元;2013 年启动投资的 4 个养老项目,有 3 个项目至 2015 年 6 月尚未开工。

2. 2013~2014 年,国寿财险郑州、南京、南通 3 家中心支公司通过虚挂中介业务、虚列费用等方式违规支付手续费 2.33 亿元,其中 2014 年 2.32 亿元。

3. 2012~2014 年,国寿股份北京、广东 2 家省级分公司存在代客户签字、未尽告知义务等销售行为,涉及保单 477 件。

4. 至 2014 年底,国寿股份北京、广东、深圳 3 家省级分公司部分员工通过个险、银保和电销渠道违规领取佣金 845.98 万元,其中 2014 年 788.06 万元。

5. 2014 年,国寿财险北京市分公司承保的 8 笔团体意外险中,有 8 634 笔赔付对象不在承保名单内,涉及赔付金额 564.65 万元(占赔付总额的 34%)。

6. 2014 年,国寿养老将 2.39 亿元企业年金投资于财务公司存款,超出国家规定的可投资品种范围。

7. 2013~2014 年,国寿股份上海市分公司虚列会议费 176.19 万元用于销售支出,其中 2014 年 83.6 万元。

（四）风险管理和内部控制方面

1. 至2014年底，国寿投控董事会未按规定设独立董事。

2. 至2014年底，国寿资管独立董事占董事会成员的比例未达到规定的1/3以上；监事会成员2人，不符合监事会成员不得少于3人的要求。

3. 至2015年6月，国寿集团本部及国寿资管等公司未按照国家相关要求及时制定完善公务接待、出国出境等管理办法。

4. 至2015年6月，国寿集团集中采购项目评审人员未按规定从成员库中随机选择，而是由采购申请部门提出建议名单后，由相关部门直接指定。

5. 至2015年6月，国寿集团尚未按照监管部门的要求及时建立健全保险资金风险容忍度、资产质量量化指标等风险管理措施。

6. 信息系统建设方面，存在数据中心建设部分功能未达到监管要求、信息系统未有效利用，以及信息系统管理不能有效防范人为调节数据风险等问题。

此外，国寿集团未能严格执行其自身制定的责任追究制度等管理制度。

（五）廉洁从业方面

1. 2014年，国寿养老将265平方米办公室改造为内部接待餐厅，总投资277.34万元，装修费标准达8 962元/平方米。

2. 2014年，国寿财险在原青岛保监局局长退休后聘任其担任独立董事，并违规发放独立董事津贴。

三、审计处理及整改情况

对审计发现的问题，审计署已依法出具了审计报告，下达了审计决定书。国寿集团正在组织进行整改，已制定、完善相关规章制度28项，并对相关责任人进行了处理。具体整改结果由国寿集团向社会公告。

本次审计发现的违法违纪问题线索，已依法移送有关部门进一步调查处理。

案例来源：审计署2016年25号公告。

三、证券业务审计概述

（一）证券业务审计

实施市场经济，就必须有证券市场。建立发展健康、秩序良好、运行安全的证券市场，对我国优化资源配置、调整经济结构、筹集更多社会资金、促进国民经济发都具有重要作用。但是，对于证券市场的消极因素和风险，我们需要有清醒的认识。由于证券业务的金融性特征，使得国家需要对证券业务进行审核和监管，因此需要证券业务审计。

依据我国《证券法》第九条，"国家审计机关依法对证券交易所、证券公司、证券登记结算机构、证券监督管理机构进行审计监督"。证券业务审计是社会主义市场经济深化发展的必然要求。

（二）证券业务审计的风险

1. 政策不完备引发的风险

由于我国证券业发展比较晚，证券业政策、法规不完善且相对变化频率较快，这不仅为证券公司的经营带来很大的风险,也在审计依据、方法、标准等方面带来风险。

2. 证券公司违规引发的风险

由于我国证券业发展的特殊历史条件、相关法律建设的现状及证券业巨大利润的诱惑,使得我国股市发育尚不成熟,证券公司有意无意地违规成为普遍现象。这势必使审计人员面临更大的审计风险。

3. 证券业务本身的风险

根据《证券法》的规定,证券公司必须将其证券经纪业务、证券承销业务、证券自营业务和证券资产管理业务分开办理,不得混合操作。由于证券公司内部管理薄弱,这个原则得不到完全、严格的遵循,因此也会产生风险。

4. 因规避各种税收产生的风险

由于我国各地有一定的税收优惠自主权,因此出现了一些证券公司为了纳税的原因将收入转到亏损的总部或营业部,或将收入转到对证券公司的所得税有优惠政策的城市的营业部,而在经营所在地不办理任何手续,以达到隐藏经营收入和其他应税收入的目的。

5. 计算机技术带来的审计风险

计算机在该业务范围内的广泛覆盖,一方面对审计人员的计算机水平提出了较高的要求,另一方面也因程序本身的人为问题或程序缺陷造成的问题加大了审计风险。

四、证券业务审计的内容

与原来相比,在《企业会计准则》(2019)之下,会计科目和各科目的核算内容都有很大的改变。

1. 证券业务内部控制测试

(1) 公司经营的合规性测试,主要包括:公司(包括证券营业部,下同)是否有经营经纪业务的许可;重要岗位(如证券营业部负责人、财务主管和电脑主管等)是否在回避的基础上实行委派制和定期轮换制;公司负责经纪业务管理的高级管理人员是否有相应的证券从业资格;公司拨付下属证券营业部营运资金总额是否超过其注册资本金的80%;公司对所属营业部的客户交易结算资金的管理模式是否适合公司的实际经营状况、保证资金安全;公司的网络系统是否能随时反映或掌握所属营业部的交易情况(即时的或隔天的);公司下属证券营业部是否以合资、合作方式设立,是否存在以承包、租赁方式经营的情况,是否有伪造、涂改、出租、出借、转让许可证的行为;公司下属证券营业部是否下设证券服务部,下设的证券服务部是否获得中国证监会的批复;公司是否下设其他远程服务终端,其远程服务终端是否以合资、合作方式设立,是否存在以承包、租赁方式经营的情况,其他远程终端是否有演变成营业场所的情况等。

(2) 经纪业务控制情况测试,主要包括:开户客户开户证件是否合法,开户手续是否齐全;客户资料的保存是否完备;是否存在法人以个人名义开立账户的情况,是否存在个人开立多个股票账户或资金账户的情况,客户的股票账户和资金账户是怎样的对应关系，对应关系是否明确；开户资金的存取程序和授权有无审批制度；开户取款是否三证齐全；公司有无为客户保密的具体措施；公司办理经纪业务是否有统一制定的证券买卖委托书供委托人使用，采取其他委托方式的是否做出委托记录；公司接受证券买卖的委托是否根据委托书载明的证券名称、买卖数量、出价方式、价格幅度等，按照交易规则代理买卖证券；买卖成交后，是否按规定制作买卖成交报告单交付客户或定期寄送对账单并保证其真实性；公司接受委托卖出证券是否为客户证券账户上实有的证券；公司有无以任何方式对客户证券买卖的收益或者赔偿证券买卖的损失做出承诺；是否以交易佣金分成（返佣）等不正当竞争方式吸引投资者；证券交易的收费是否合理，是否公开收费项目，收费标准和收费办法；交易是否如实进行记录，是否有虚假记载；营业部是否存在向客户融资的行为；公司是否存在将客户的证券借与他人或作为担保物的行为。

（3）投行业务控制情况测试，主要包括：公司是否建立投行业务的风险责任制；公司投行业务的操作流程是否根据投行业务和证券品种的不同制定不同的操作流程、作业标准和风险防范措施；公司投行业务是否存在内核程序；公司是否建立发行人质量评价体系；公司承揽业务时是否为客户提供资金或替客户贷款提供担保。

（4）自营业务控制情况测试，主要包括：公司经纪业务是否与自营业务、资产管理业务严格分开，是否有制度做保证；公司自营业务有无明确的授权、审批程序；公司自营业务的决策程序和操作程序，自营业务的管理部门、操作部门、资金结算部门与会计核算部门是否相互分离、相互监督；公司自营业务所使用的账号，是否以个人账户进行；公司有无挪用客户交易结算资金用于自营业务；公司自营业务的核算方法是否符合准则要求；公司转入下属营业部的自营资金和自营证券是否单独核算；公司自营业务有无保密措施；公司有无从其他金融机构或企业拆借资金的情况。

（5）资产管理业务控制测试，主要包括：公司有无专门部门负责资产管理业务，是否统一承揽业务；公司有无以任何方式对客户受托资产的收益或者赔偿代管理资产的损失做出承诺；受托资金的投资形式是否合法；公司受托资金投资是否有授权、审批程序；资产管理业务的管理部门、操作部门、资金结算部门与会计核算部门是否相互分离、相互监督；公司受托资产投资股票、债券所使用的账号，是否以个人账户进行受托资产投资业务；公司受托资金是否专户存放，并与股民保证金分开。

2. 实施实质性测试

在对证券业务内部控制测试的基础上，进行实质性测试，具体包括：对各账户余额进行试算平衡，核对明细账、总账余额；选取具有代表性的业务样本核对有关开户、投资、保管，跟踪记录有关凭证等内容；直接与相关银行、经纪人、客户确认相关金额；审查所有的大额非正常项目（包括开户、交易项目）；对大额客户的交易单据、记录进行大比例抽查、核对；对证券承销业务收入、受托客户资产管理业务收入、利息收入、投资收益等收入的金额、结构进行核实和分析，对经营状况、业务盈亏、业务流程的管理情况做出客观评价。

对《企业会计准则》（2019）重新划定核算范围的专业性科目，包括"客户资金存款""结算备付金""拆入资金""拆出资金""衍生金融负债""交易性金融资产""卖出回购金融资产款""衍生金融资产""代理买卖证券款""代理承销证券款""存出保证金""一般风险准备""代理买卖证券业务净收入""证券承销业务净收入""受托客户资产管理业务净收入""代理兑付证券"等进行重点核定。

复习思考题

1. 什么是金融审计？金融审计的定义包括哪些内容？
2. 商业银行审计目标有哪些？
3. 简述保险业务审计的内容。
4. 证券公司面临的风险有哪些？
5. 如何对表外业务进行有效审计？

案例分析题

2011年9月8日，A公司将5 000万元存入某银行上海浦东分行，定期存款一年。但A公司的财务人员于2012年5月11日到银行提前支取该存款，却发现巨额存款不翼而飞。经调查，此案系银行内部员工与外部人员勾结，合伙骗取银行资金。

A公司是某银行上海浦东分行的重要客户，银行为其专门配备了一名客户经理李某，长期代理银行与该公司之间的业务。根据规定，定期存单只能用于结算或从定期存款账户中提取现金。如果需要提前支取定期存款，必须提供公章、财务专用章和法定代表人章等印鉴。

李某利用工作之便，伪造企业的印章，偷盖银行印章，克隆了一张定期存单，并利用该存单，先将定期存款转为活期存款，然后通过"蚂蚁搬家"的形式，先后把资金从某银行转到华夏银行等六家银行，最后汇入一家公司——上海某度假村的账户，资金去向不得而知。

问：根据案例，分析在执行金融审计任务时，重点应从哪些方面开展审计工作？

第七章

国有企业审计

学习目标
1. 了解国有企业审计范围和目标。
2. 熟悉国有企业领导人经济责任审计的程序。
3. 熟悉各业务循环内部控制及控制测试。
4. 掌握国有企业财务审计的程序和方法。
5. 掌握各业务循环中主要账户的实质性测试。
6. 掌握国有企业领导人经济责任审计的内容和评价指标。

重要概念：国有企业审计；财务收支审计；经济责任审计；业务循环；内部控制；内部控制测试；实质性测试

第一节 国有企业审计概述

一、国有企业审计的含义及作用

国有企业审计，是审计机关依据法律、法规和政策规定，对国有以及国有资本占控股地位或主导地位的企业的资产、负债、损益的真实、合法和效益情况，进行的审计监督。国有企业审计以维护国有资产安全，促进国有企业科学发展为目标，加强对国有企业权力和责任的审计，有利于推动国有企业及其领导人员落实宏观政策、转变发展方式、加强经营管理、防控重大风险、推进反腐倡廉等。

二、国有企业审计的构成

一般而言，国有企业审计主要包括两方面内容：一是对企业财务收支（资产、负债、损益等）的真实性、合法性和效益性审计；二是对国有企业及国有控股企业领导干部的任期经济责任审计。

（一）财务收支审计

对于企业财务收支审计，我国的《审计法》第二十条规定，"审计机关对国有企业的资产、负债、损益，进行审计监督"。《审计法》第二十一条还规定，"对国有资本占控股地位或者主导地位的企业、金融机构的审计监督，由国务院规定"。同时，按照

《中华人民共和国审计法实施条例》的有关规定，审计机关对国有资产占控股地位或者主导地位的企业依法进行审计监督，包括：国有资本占企业资本总额50%以上的企业；国有资本占企业资本总额的比例不足50%，但是国有资产投资者实质上拥有控制权的企业。

（二）任期经济责任审计

经济责任审计，是指审计机关依法依规对党政主要领导干部和国有企业领导人员经济责任履行情况进行监督、评价和鉴证的行为。所谓经济责任，是指领导干部在任职期间因其所任职务，依法对本地区、本部门（系统）、本单位的财政收支、财务收支以及有关经济活动应当履行的职责、义务。

对于国有企业领导人员任期经济责任审计，其对象一般包括：企业领导人员即企业的法定代表人；企业领导人员所在的企业；企业领导人员所在企业的下属单位；企业领导人员所在企业投资的企业；与企业领导人员经济责任相关的其他单位。其主要内容包括：

（1）企业财务收支情况；
（2）内部控制情况；
（3）国有企业领导人员履行职责情况；
（4）同时应关注贯彻执行国家政策、重大经济决策、廉洁从业及其他相关情况。

经济责任审计有利于加强对党政主要领导干部和国有企业领导人员的管理监督，强化对权力运行的制约和监督，推进党风廉政建设和反腐败工作，推进国家治理体系和治理能力现代化。

（三）国有企业财务收支审计与任期经济责任审计两者关系

财务收支审计是经济责任审计的基础，经济责任审计是财务收支审计的深化和升华。经济责任审计的落脚点是企业的管理者、负责人，重点是权力的运用和责任的界定，对财务收支审计揭示的问题，经济责任审计要落实相关人员的责任。

经济责任审计的内容比财务收支审计更为广泛，除了反映企业经营管理中的问题外，还对企业领导人员的经济责任作出评价，为组织部门考察了解领导人员提供参考，也对从源头上防治腐败起到一定作用。

三、国有企业审计的内容

（1）审查国有企业会计信息的真实性和经济活动的合法性。重点关注国有企业的损益状况、资产质量、负债情况，揭露和查处弄虚作假等重大违法违规问题，维护国有资产安全。重点关注国有企业治理结构及内部控制制度的建立和执行情况，推动国有企业加强内部管理。

（2）审查国有企业经营中的突出问题和绩效状况。加强对重要经营领域和关键环节的监督，加强对重大决策、重大项目、资金使用、资源利用等相关权力和责任的监督，促进国有企业健全权力运行机制。揭示影响国有企业科学发展的突出矛盾和重大风险，维护国有企业和国家经济安全，促进深化改革和完善制度。

(3) 审查国有企业落实国家宏观经济政策、履行社会责任情况。重点关注国有企业贯彻执行国家战略性结构调整、发展战略性新兴产业、提升核心竞争力、增强自主创新能力、实施节能减排等重大决策部署和宏观政策措施的情况，深入分析企业经济活动与国家方针政策之间的内在关联，促进国家方针政策和相关法律法规的贯彻落实。

四、国有企业审计的程序

（一）财务收支审计的程序

国有企业财务收支审计的程序遵循计划、准备、实施和终结四个阶段。

审计机关按照企业年度审计项目计划，对企业资产、负债、损益进行审计时，应当根据法律、法规和国家审计准则规定的程序，选派审计人员组成审计组，确定审计组组长，开展审前调查，并组织审计组成员学习相关的法律、法规、政策以及被审计企业生产、经营等方面的必要知识，编制审计方案，送达审计通知书。

审计组及其审计人员实施审计时，应当对被审计企业的控制环境、会计系统、控制程序进行调查、测试和评价。审计组及其审计人员对被审计企业的内部控制进行调查、测试和评价后，应当对被审计企业会计账目存在重大错误、舞弊并由此造成固有风险的可能性；对被审计企业会计账目存在重大错误、舞弊未被内部控制防范和纠正，造成控制风险的可能性，做出恰当的评估，正确地确定实质性测试的范围和重点。

审计组对审计企业实施内控测评后，可以根据需要，按照规定的程序调整审计方案，进一步明确审计目标，完善审计程序，尽可能地减少审计人员未发现被审计企业会计账目存在重大错误、舞弊而造成审计风险的可能性。审计组及其审计人员应当在内控测评的基础上调整审计方案，完善审计程序，对已经明确的审计目标和重点进行符合性测试和实质性测试。

审计人员应当按照《审计机关审计证据准则》的规定，通过恰当的审计方法收集审计证据。在审计中获取的审计证据应当作为审计工作底稿的附件妥善保存；审计证据的名称、来源和取得的时间等，应当记入审计工作底稿。审计组及其审计人员应当按照《审计机关审计工作底稿准则》的规定，复核审计人员编制的分项目审计工作底稿，编制汇总审计工作底稿。

审计组就审计工作情况和审计结果拟定审计报告，依法征求被审计企业的意见后，向派出的审计机关提出审计报告。审计机关应当按照法定程序审定审计组提交的审计报告，对审计事项作出评价，出具审计意见书；对违反国家规定的财务收支行为，需要依法给予处理、处罚的，在法定职权范围内作出审计决定，或者向有关主管机关提出处理、处罚意见。

（二）经济责任审计的程序

依据2010年中共中央办公厅和国务院办公厅印发的《党政主要领导干部和国有企业领导人员经济责任审计规定》，国有企业领导人经济责任审计的程序主要包括：

(1) 审计机关应当根据年度经济责任审计计划，组成审计组并实施审计。

(2) 审计机关应当在实施经济责任审计3日前，向被审计领导干部及其所在单位或者原任职单位（以下简称"所在单位"）送达审计通知书。遇有特殊情况，经本级政府批准，审计机关可以直接持审计通知书实施经济责任审计。

（3）审计机关实施经济责任审计时，应当召开有审计组主要成员、被审计领导干部及其所在单位有关人员参加的会议，安排审计工作有关事项。联席会议有关成员单位根据工作需要可以派人参加。审计机关实施经济责任审计，应当进行审计公示。

（4）审计机关在经济责任审计过程中，应当听取本级党委、政府和被审计领导干部所在单位有关领导同志，以及本级联席会议有关成员单位的意见。

（5）审计机关在进行经济责任审计时，被审计领导干部及其所在单位，以及其他有关单位应当提供与被审计领导干部履行经济责任有关的下列资料：

①财政收支、财务收支相关资料；

②工作计划、工作总结、会议记录、会议纪要、经济合同、考核检查结果、业务档案等资料；

③被审计领导干部履行经济责任情况的述职报告；

④其他有关资料。

（6）被审计领导干部及其所在单位应当对所提供资料的真实性、完整性负责，并做出书面承诺。

（7）审计机关履行经济责任审计职责时，可以依法提请有关部门和单位予以协助，有关部门和单位应当予以配合。

（8）审计组实施审计后，应当将审计组的审计报告书面征求被审计领导干部及其所在单位的意见。根据工作需要可以征求本级党委、政府有关领导同志，以及本级联席会议有关成员单位的意见。

（9）被审计领导干部及其所在单位应当自接到审计组的审计报告之日起10日内提出书面意见；10日内未提出书面意见的，视同无异议。

（10）审计机关按照《中华人民共和国审计法》及相关法律法规规定的程序，对审计组的审计报告进行审议，出具审计机关的经济责任审计报告和审计结果报告。

（11）审计机关应当将经济责任审计报告送达被审计领导干部及其所在单位。

（12）审计机关应当将经济责任审计结果报告等结论性文书报送本级政府行政首长，必要时报送本级党委主要负责同志；提交委托审计的组织部门；抄送联席会议有关成员单位。

（13）被审计领导干部所在单位存在违反国家规定的财政收支、财务收支行为，依法应当给予处理、处罚的，由审计机关在法定职权范围内做出审计决定。

（14）审计机关在经济责任审计中发现的应当由其他部门处理的问题，依法移送有关部门处理。

（15）被审计领导干部对审计机关出具的经济责任审计报告有异议的，可以自收到审计报告之日起30日内向出具审计报告的审计机关申诉，审计机关应当自收到申诉之日起30日内作出复查决定；被审计领导干部对复查决定仍有异议的，可以自收到复查决定之日起30日内向上一级审计机关申请复核，上一级审计机关应当自收到复核申请之日起 60 日内做出复核决定。上一级审计机关的复核决定和审计署的复查决定为审计机关的最终决定。

五、国有企业审计的方法

（一）财务收支审计方法

国有企业财务审计的方法是指在财务审计整个过程中审计人员采用的方法，具体包括运用内控测评、抽样法、详查法、分析性复核以及函证等基本审计方法，对被审计企业资产、负债、损益进行审计。

分析性复核，是指审计组及其审计人员对被审计企业会计报表反映的会计信息的重要比率或者趋势进行的分析，其中包括调查异常变动以及这些重要比率或者趋势与预期的数额和相关信息的差异。

审计人员对被审计企业实施的内部控制测评，应当包括对被审计企业的内部控制调查、内部控制测试和内部控制评价。审计人员对被审计企业内部控制进行调查和测试时，可以参考上期审计时的调查、测试结果，但对本期内部控制变化情况仍需进行调查、测试。

内部控制测试，是指审计人员在对被审计企业实施内部控制调查的基础上，选用恰当的方法对内部控制的执行记录、实物控制设施、制约职能分工、操作状况和控制执行效果进行的符合性测试。内部控制测试的方法包括：询问、观察、检查、重新执行。

实质性测试是在内部控制测试的基础上，检查财务报表项目或账户余额的真实性。实质性测试的方法包括：检查记录与文件、检查有形资产、观察法、询问法、函证法、计算法和分析性程序。

（二）经济责任审计方法

国有企业领导人经济责任审计要在财务资料真实的基础上进行，因此上述国有企业财务收支审计方法在经济责任审计中同样适用另外在经济责任审计中因有其他审计内容，还需要使用其他审计方法，如对财经法纪遵守情况的审计，需要采用审计推理和账外查询的方法；对资产保值增值的审计和对各项经济指标完成情况的审计，需要更多地运用指标分析法和因素分析法；对领导人员管理素质的审计，需要运用调查表法、评分法等。

第二节 国有企业财务收支审计

企业财务审计，是指审计机关按照《中华人民共和国审计法》及其实施条例和国家企业财务审计准则规定的程序和方法对国有企业（包括国有控股企业）资产、负债、损益的真实、合法、效益进行审计监督，对被审计企业会计报表反映的会计信息依法作出客观、公正的评价，形成审计报告，出具审计意见和决定。其目的是揭露和反映企业资产、负债和盈亏的真实情况，查处企业财务收支中各种违法违规问题，维护国家所有者权益，促进廉政建设，防止国有资产流失，为政府加强宏观调控服务。以下按照企业会计报表和资产、负债、所有者权益、收入、费用、利润六要素涉及的科目，分别阐述其审计目标和内容。

一、会计报表审计

会计报表审计，是指对企业资产负债表、损益表、现金流量表、会计报表附注及相关附表所进行的审计。

（一）具体审计目标

（1）真实性，指报表反映的事项真实存在，有关业务在特定会计期间确实发生，并与账户记录相符合，没有虚列资产、负债余额和收入、费用发生额。

（2）完整性，指特定会计期间发生的会计事项均被记录在有关账簿并在会计报表中列示，没有遗漏、隐瞒经济业务和会计事项，无账外资产。

（3）合法性，指报表的结构、项目、内容及编制程序和方法符合《企业会计准则》及国家其他有关财务会计法规的规定，存货计价、固定资产折旧、成本计算、销售确认、投资、报表合并基础等方法的改变经过财税部门批准，经过调整后没有违规事项。

（4）准确性，指准确无误地对报表各项目进行分析、汇总并反映在有关会计报表中。

（5）所有权和义务，指列入报表的资产在资产负债表日确实为被审计单位所有，负债为其法定偿还的债务责任，对或有负债作了充分说明，没有遗漏和不具产权的列报。

（6）公允性，指会计报表在所有重大方面的表述公允地反映了被审计单位的财务状况、经营成果和资金变动情况。

（7）一致性，指编制报表时，在会计处理方法的选用上前后期保持一致，各种会计报表之间、报表内各项目之间、本期报表与前期报表之间具有勾稽关系的数字保持一致。

（8）表达与揭示，指会计项目在资产负债表、损益表及现金流量表中被恰当地分类、描述和揭示，并对报表使用者关心或会计报表无法揭示的内容在会计报表附注中予以充分揭示。

（二）审计内容

首先要检查各类报表是否编报齐全，仔细阅读报表说明，注意报表反映的会计期间的财务状况、经营成果以及资金变动情况与其他会计期间的分析对比，有关重大影响因素是否予以揭示，并要结合报表内容的审计，验证报表附注说明是否真实。审计要点如下：

1. 资产负债表审计

审计人员应注重检查资产负债表编制方法的正确性、报表项目的完整性以及报表所反映项目和内容的一贯性。

（1）检查资产负债表是否按照会计制度规定的科目及格式编制，复算报表各项之间的勾稽关系。

（2）将本期资产负债表各项目数字与前一期或各期相比，查明有无变动较大或异常情况；同时，检查资产负债表与其他报表的勾稽关系，并进行复算核对。

（3）全面核对资产负债表项目与总账科目或有关明细账数字是否相符，以总账的本期发生额及余额与其所属明细账各分类科目的本期发生额及余额之和相核对，检查账与账之间的记录是否相符。

（4）审计人员在上述检查中应特别注意，经分析比较，若出现某些项目的数额与企业生产经营活动不相符的情况，就要对这些项目作重点检查，从总账科目追查至原始凭证，必要时应结合对往来账的函证、对存货和固定资产等项资产的盘点，核实报表数字的真实性。

2. 损益表审计

（1）检查损益表内各项目填列是否完整，有无漏填、错填；核对各项目数字之间的勾稽关系。

（2）检查损益表与其他报表的勾稽关系，特别注意核对损益表所列产品销售收入、产品销售成本、产品销售费用和销售税金及附加的本年发生数，是否与其附表数一致，损益表所列净利润是否与利润分配表数字一致。

（3）核对损益表各项目数字与相关的总账、明细账数字是否相符，同时通过分析核对，发现有关损益项目数字的变化是否异常，并对疑点作进一步检查。

（4）结合对成本费用、销售收入、利润分配等有关明细账的检查，核实成本费用、各项收入、投资收益和营业外收支等项数字是否准确，必要时要检查有关原始凭证。

（5）结合对纳税调整的检查，核实所得税的计算是否正确，对各扣除项目进行详查，审查有关明细账和原始凭证，注意有无多列扣除项目或扣除金额超过标准等问题。

3. 现金流量表审计

（1）检查现金流量表是否按照有关企业会计具体准则的规定编制。

（2）检查现金等价物的确定是否恰当。

（3）检查企业经营活动、投资活动和筹资活动中现金流入流出量的计算是否完整、准确，与有关的会计资料和报表的记录是否相符。

（4）检查是否正确计算汇率变动对外币现金流量的影响。

（5）检查不涉及当期现金收支但对企业财务状况或未来现金流量产生影响的重大投资活动、筹资活动（如以长期投资、偿还债务等）是否在现金流量表附注中加以说明。

4. 合并报表审计

（1）检查合并报表编制的基础。即审核合并报表内容的全面、完整性；子公司提供资料的完整性（包括子公司会计政策差异、母子公司往来业务、债权债务、投资资料，子公司利润分配、股权变动资料）；母子公司决算日和会计期间的一致性；母子公司之间会计政策的一致性；母公司对子公司投资的会计核算处理的正确性。

（2）检查确认合并报表范围。根据母公司的长期投资账和表明母公司与子公司之间投资与被投资关系的批准文件，确实属于合并范围的企业。对于应合并而未合并的子公司，要查明因何种原因未将其纳入合并范围；对于不应合并而进行了合并的企业，要查明母公司是否存在未经批准而收购（转让）股份等情况。

（3）检查企业集团内部经济往来情况。即检查母公司提供的有关经济往来的资料是否完整，并通过核对合并报表的抵销关系，验证合并报表的真实性。

①检查母公司对子公司投资收益的处理是否按会计制度规定采用权益法进行核算，少数股东权益是否予以正确反映。母公司对子公司权益性资本投资项目的数额与子公司所有者权益中母公司所持有的份额是否相抵销。

②检查子公司与母公司之间以及子公司之间发生的债权债务的相互抵销情况。根据有关资料，核实债权债务是否真实存在；检查母公司是否按程序和规定将核对一致的债权债务进行抵销，对债权债务不一致的情况逐项核对，确定应否抵销及抵销多少；检查内部应收账款所计提的坏账准备是否与管理费用进行了抵销，抵销金额是否正确。

③检查未实现内部销售利润的相互抵销是否正确。在检查原始资料的基础上抽查部分抵销分录，用以查证母公司将母、子公司以及子公司间的内部销售和未实现利润抵销的正确性和真实性。

（4）检查集团公司是否编制完整的抵销会计分录，运用规定的抵销程序编制分录进行测试，看是否存在已进行汇总而未编制抵销分录以及抵销分录的编制不正确等问题。

二、资产审计

资产审计，是指对企业流动资产、长期投资、固定资产、在建工程、无形资产、递延资产和其他资产所进行的审计。

（一）具体审计目标

（1）真实性，指记录在有关账簿及会计报表的资产真实存在。

（2）完整性，指所有发生的资产业务全部记入有关账簿及会计报表中，没有账外资产。

（3）所有权，指记入有关账簿及会计报表资产的所有权归企业所拥有，没有不具产权资产的列报。

（4）计价，指所记录资产计价正确，没有高估冒算各项资产价格。

（5）分类，指所记录资产分类正确，遵照相关财务会计制度规定和标准，将资产分门别类地计入相应的会计科目，没有混淆不同标准的资产。

（6）截止日，指资产业务记录于正确的会计期间，没有提前或延迟记账而人为调整资产余额。

（7）账务正确性，指资产业务会计处理是正确的。

（8）揭示充分性，指在会计报表中充分表达和揭示了按规定应该予以揭示的信息。

（9）合法性，指记入有关账簿及会计报表的资产业务发生和账务处理符合国家有关法律法规以及《企业会计准则》和相关会计制度、财务制度的规定。

（二）审计内容

1. 流动资产审计

流动资产，指企业在一年或者超过一年的一个营业周期内变现或者耗用的资产，包括货币资金、短期投资、应收账款、应收票据、预付账款和存货等。流动资产审计要点如下：

(1) 货币资金。

账务正确性：审查账证表的一致性和账实的一致性。合法性：审查有无超范围收支现金问题，乱开银行账户问题，坐支、违规凭证抵库、公款私存、账外公款、套取现金、代存代支、套取银行信用、出租出借账号或存款不入账等问题。审查有关货币资金管理制度的执行，注意原始凭证审核、货币资金清点、日收日存、未达账项调整等制度的执行情况。必要时，进行资金的盘点复查。审查外币收支业务时，应注意汇兑损益计算摊销、有无逃汇、套汇及其他违反外汇核算与管理规定的问题。

(2) 短期投资。

合法性：审查确认用于投资的资金是否属于暂时闲置的资金。计价：审查确认有价证券是否以实际成本入账；审查确认出售有价证券是否以市场当日交易价格计算，其增减变动及其收益（损失）核算的真实性和完整性。充分揭示：审查确认对在市场中交易活跃的有价证券已揭示其市价信息。

(3) 应收票据、应收账款及预付账项。

应收票据的审查重点包括。分类：审查确认带息与不带息票据是否分类核算；有追索权和无追索权票据是否分类核算；审查确认到期违约票据是否已转入应收账款。所有权：查明有追索权的票据是否已列为企业的或有负债。票据利息核算账务核算的正确性：审查确认利息收入是否已冲减财务费用。充分揭示：审查确认会计报表揭示了由票据贴现业务产生的所有负债，正确列示了应收票据余额减除应收票据贴现后的净值。

应收账款的审查重点。真实性：审查确认账上记录的应收账款是否存在，是否是可以收回的债权，必要时，函证金额较大的账项。计价正确性：审查确认应收账款净值是否等于应收账款余额减坏账准备。坏账准备核算的合法性：审查确认企业是否按规定比例提取坏账准备，并按规定冲销。充分揭示：审查确认会计报表正确反映了应收账款的余额和净值。

预付账款的审查重点。真实性与合法性：审查确认每笔预付货款是否均有合同依据，所订货物是否均属企业生产需要；应函证重要项目的预付账款，并调查长期挂账的预付货款。

(4) 存货。

真实性和完整性：查明存货的实际存在，确认已领用、产成品和销售的存货是否已及时减记原材料、在产品和产成品，已购入、领用和产成品的存货是否已完整地计入原材料、在产品和产成品。所有权：审查确认已销售未发出的、代存代销的存货未列入企业的存货账，寄销的、在外代存的存货已列入企业的存货账。计价：审查存货成本计算方法和计价方法的合理性和前后期运用的一致性；商品流通企业还应注意商品削价准备核算的合理性。分类：工业企业的存货应按原材料、在产品、产成品、委托加工材料、包装物和低值易耗品分类核算；商品流通企业应按商品材料物资、包装物和低值易耗品分类核算；工商企业都应注意低值易耗品与固定资产的界限。截止日：审查确认结账日前后发生的存货收发业务是否列入正确的会计期间。账务正确性：审查存货总账与明细账的一致性和存货账实的一致性；审查企业对存货盘点制度的执行情况。合法性：查明企业存货成本计算与计价方法是否符合会计制度规定，企业购销业务是否符合合同与协议的规定，查明盘盈盘亏处理是否经过审批。充分揭示：审查确认会计报表对存货成本计算方法、存货计价方法及前后期运用的一致性做了必要说明；对抵押、滞销、陈旧、代存代销、寄存寄销的存货做了必要说明。

2. 长期投资审计

长期投资，是指不准备随时变现、持有时间在一年以上的有价证券以及超过一年的其他投资，主要有股票投资、债券投资和其他投资。长期投资审计要点如下：

（1）股票投资。计价：审查确认股票投资入账价值是否按实际支付款扣除应收股利后的差额确定。核算方法：查明对被投资单位拥有实际控制权的股票投资核算是否采用了权益法；相反，是否采用了成本法。审查股票投资增减变动及其收益（损失）核算的账务正确。

（2）债券投资。计价：审查确认债券投资入账价值是否按实际支付款计算，含有应计利息的是否扣除应计利息；查明债券溢价和折价在债券到期前采用直线法予以摊销的正确性。分类：查明对含有应得利息的债券投资其应计利息是否单独核算。债券投资增减变动及其收益（损失）核算的账务正确性。充分揭示：审查确认会计报表说明了一年内到期的长期债券投资和期末债券的市价。

（3）其他投资。计价：以实物和无形资产投资的是否以资产评估或合同协议认定的价值入账。

3. 固定资产审计

固定资产，是指使用期限超过一年，单位价值在规定标准以上，在使用过程中保持原有物质形态的资产，主要有房屋及建筑物、机器设备、运输设备、工具器具等。固定资产审计要点如下：

（1）真实性，审查确认固定资产的出售、报废、毁损是否转入固定资产清理予以冲销；查明向其他单位投资转出固定资产是否转入长期投资；查明经营租入固定资产是否增加企业固定资产账。

（2）完整性，审查已完工不结转固定资产和融资租赁固定资产不入固定资产账的情况。

（3）所有权，应区分经营和租赁两种性质的租入固定资产，查明后者是否已纳入固定资产核算；应确定作为债务担保抵押出去的固定资产。

（4）计价，应分别验证购入、自建、投资转入、融资租入、改建扩建、捐赠、盘盈固定资产的入账价值；应确定折旧计算及累计折旧账户余额的正确性，以便认定固定资产净值的正确性。

（5）分类，除审查按实物形态进行分类明细核算外，还应查明使用、未使用和不需用固定资产，经营租入和融资租入固定资产，提折旧与不提折旧固定资产，改扩建支出与修理支出的分类正确性。

（6）账务正确性，审查确认固定资产总账、明细账以及实物资产的一致性，必要时可对固定资产进行监督盘点。

（7）合法性，审查固定资产增减变动的批准手续；查明固定资产入账价值确定的合规、合法性，查明折旧方法及其运用的合法性。

（8）充分揭示性，审查确认会计报表对折旧方法、固定资产增减变动、资产租赁抵押等情况做了必要的说明。

4. 在建工程审计

在建工程，是指尚未交付使用的固定资产建筑工程和安装工程，包括自营工程、出包工程、设备安装工程。

在建工程审计要点是：审查工程完工结转工程实际成本的情况。审查确认工程报废和毁损、试运转业务、工程借款费用核算和缴纳固定资产投资方向调节税的合法性，查明乱记或记错工程成本及相关账户的情况，审查确证工程成本结转和借款费用资本化的截止日的正确性。

5. 无形资产、递延资产和其他资产审计

无形资产，是指企业长期使用而没有实物形态的资产，包括专利权、非专利技术、商标权、著作权、土地使用权和商誉等。递延资产，是指不能全部计入当年损益而应在以后年度内分期摊销的各项费用，包括开办费、租入固定资产改良工程支出等。其他资产，是指特种储备物资、银行冻结存款、冻结物资和诉讼中的财产等。

无形资产的审计要点是：各种无形资产计价和摊销的正确性。

递延资产的审计要点是：开办费核算的真实性和完整性，查明有无开办费多计少计的情况；开办费和租入固定资产改良工程支出摊销的合法性。

其他资产的审计要点是：逐项检查其他资产形成的原因，验证原始凭证和实物；查明有无专人负责管理并单独核算；入账转销的合法性及账务处理的正确性。

三、负债审计

负债审计，是指对企业流动负债、长期负债，包括短期借款、应付票据、应付账款、预收账款、其他应付款、应付工资、应付福利费、未交税金、未付利润、其他未交款、预提费用、长期借款、应付债券、长期应付款等会计项目所进行的审计。

（一）具体审计目标

负债审计具体目标与资产审计具体目标性质相同，但具体内容和侧重点有所不同。

（二）审计内容

1. 流动负债审计

流动负债是指企业将在一年内或超过一年的一个营业周期内偿还的债务，包括各种应付及预收款项和短期借款。其中应付账款、应付票据、预收账款的审计要点如下：

（1）应付账款。真实性：审查确认有无虚列应付账款，调节成本费用和虚减资产的情况，必要时可进行函证。完整性：审查确认有无漏列应付账款，虚减负债余额的情况，必要时进行零余额函证，即向明细账余额为零的经常性供货单位进行函证。所有权：查明发票已收但没入账的情况。计价：确定企业选用总额法还是净值法，再查明方法运用及计算的正确性。账务正确性：查明应付账款明细账与总账余额的一致性。合法性：审查确认有无利用应付账款挂账进行违规违法活动的情况，如截留收入等。

（2）应付票据。真实性和完整性：通过审核原始凭证和函证查明有无虚列和漏列情况。计价：查明应付票据是否按面值入账；如有贴现，确定贴现正确性和应付票据减除贴现后净值正确性。分类：查明逾期应付票据本金和利息转入应付账款的情况。充分揭示：查明逾期未付票据和票据贴现在会计报表中的揭示情况。

（3）预收账款。真实性、完整性和合法性：审查是否存在利用虚列、漏列、挂账等手段进行违规违法活动的情况；查明所有预收账款是否均以合同为依据；抽查收款收据，对疑点进行函证。充分揭示：对预收账款在应收账款贷方核算的应注意账务处理的正确性，并查明会计报表列示时将两者进行了正确的划分。

（4）其他流动负债。审查其他流动负债时应特别注意合法性目标。例如，应注意有无利用其他应付款调节本期损益问题；有无擅自扩大应付福利费开支范围；以及偷漏增值税、营业税、所得税、固定资产投资方向调节税等税金问题；有无利用预提费用调节本期损益问题等。

2. 长期负债审计

长期负债，是指偿还期在一年或超过一年的一个营业周期以上的债务，包括长期借款、应付债券等。长期负债审计要点如下：

（1）长期借款。合法性：审查确认借款是否有计划，有合同；借款用途是否符合计划和合同的规定；借款本金和利息的归还是否按计划进行；借款抵押品实物是否确实存在。计价：查明长期借款账户到期余额是否等于本金加逐年应计利息之和。分类：审查确认长期借款费用资本化核算的分类正确性，应分别查明筹建期费用是否计入开办费，生产期费用是否计入期间损益，购建期费用是否在竣工决算之前计入购建成本，之后计入期间费用。截止日：审查确认企业是否正确地确定了长期借款费用资本化的始点和终点。充分揭示：查明企业在会计报表上正确揭示了年内到期的长期借款、借款抵押等情况。

（2）应付债券。合法性：查明企业发行债券是否符合相关的法律规定，如发行程序是否合规、手续是否齐备，票面内容和格式是否符合规定，票面利息是否高于国家规定的利率水平等。计价：审查确认应付债券账面价值是否等于应付债券面值加减溢折价，并查明溢折价摊销的正确性。充分揭示：查明会计报表对债券种类、抵押、年内到期等情况是否做了必要说明。此外，也要注意费用资本化核算时分类和截止日的正确性以及应付利息核算的正确性。

四、所有者权益审计

所有者权益审计，是指对企业实收资本、资本公积、盈余公积、未分配利润所进行的审计。

（一）具体审计目标

所有者权益审计具体目标与资产、负债审计具体目标性质相同，但具体内容和侧重点有所不同。

（二）审计内容

1. 实收资本审计

合法性：审查确认注册资本筹集是否符合国家规定，审批手续完备，出资协议齐全，符合企业章程的有关规定；审查确认注册资本增减变动是否符合国家规定，增资经验资并经变更登记，减资经债权人同意并经变更登记，转让经其他出资人同意。真实性：审查确认有无通过假验资虚列实收资本，注册完毕抽逃资本，虚假评估虚列实收资本问题。所有权和分类：查明企业是否正确划分了权益性资本与借入资金的界限、实收资本与资本公积的界限、股本与资本公积的界限。计价：审查确认以现金以外有形和无形资产投资的入账价值与合同、协议规定的价值及资产评估确认价值的一致性。

2. 资本公积审计

分类：审查确认资本公积是否按资本或股票溢价、法定财产重估增值、捐赠、资本汇率折算差额分类核算，查明四者有无计入实收资本或其他账户的情况。计价：查明资本公积的入账价值与捐赠协议、资产评估确实价值的一致性。所有权：审查确认资本公积是否只用于转增资本金，没有转作他用。合法性：查明转增资本金是否具有合法手续。

3. 盈余公积审计

合法性：审查确认企业提取盈余公积是否符合财务制度的规定；审查确认盈余公积的使用是否遵循财务制度的规定，用于弥补亏损、转增资本、分配股利、兴办职工福利；审查确认弥补亏损或转增资本后，以及分配股利后，盈余公积是否低于法定的数额（不应低于注册资本的25%）；查明支付股利数额是否超过法定的百分比（不超过股票面值的6%）；查明转增资本是否具有合法手续。分类：审查确认盈余公积是否按法定盈余公积、任意盈余公积和公益金分别核算，相互之间没有混淆现象。

4. 未分配利润审计

真实性：未分配利润是利润总额进行利润分配后的余额，因此未分配利润审计应结合利润及利润分配审计进行。审计时应查明有无因漏缴或少缴所得税，漏计或少计利润而减少未分配利润的情况；审查确认利润分配比例是否符合合同、协议、章程以及董事会纪要的规定，利润分配额及年末未分配数额一致。充分揭示：查明资产负债表与利润分配表中未分配利润数的一致性，以及损益表与利润分配表中利润总额的一致性。

五、损益审计

损益审计是指对企业销售收入、销售成本、销售费用、产品（商品）销售税金及附加、其他业务利润、管理费用、财务费用、投资收益、营业外收入、营业外支出、以前年度损益调整、所得税等会计项目所进行的审计。

(一) 具体审计目标

损益表各项目上的审计具体目标与资产负债表各项目上审计具体目标性质相同，但具体内容不同。

(二) 审计内容

1. 收入审计

收入，是指企业在生产经营活动中因销售产品、商品或提供劳务而取得的各项收入，主要包括产品（商品）销售收入和其他销售收入。收入审计要点如下：

(1) 产品（商品）销售收入。完整性：审查确认有无各种虚减、漏列、隐匿销售收入，如错开、不开、篡改、销毁发票或以收据、调拨单代替发票等手段隐匿销售收入；通过以货易货方式隐匿销售收入；通过往来账、营业外收入、预收货款、其他成本费用账户漏列和虚减销售收入等情况。计价：审查销售价格与规定价格或价目表的一致性；审查确认销售收入净额是否等于销售收入抵减销售折扣、折让及销售退回。对于商品流通企业而言，要查明总额法与净额法的选用与各期运用的一致性。分类：查明企业将主营业务收入和其他业务收入、一般销售与分期付款销售等进行分类核算的正确性。截止日：查明企业确定的销售实现时点的正确性；查明结账日前后销售收入计入的会计期间是否正确。账务正确性：审查确认销售收入总账与明细账的一致性；审查销售收入明细账与应收账款明细账的对应性。所有权：审查寄销与代销业务的正确性。合法性：审查销售计价、分类、入账核算与财务制度的一致性；审查销售业务与计划、合同的一致性；审查销售发票使用的合规、合法性。

(2) 其他销售收入。其他销售收入审计除与产品（商品）销售收入审计的共同点外，应侧重于合法性目标上。如入账依据的充分性、会计记录的完整性以及计算的正确性。

2. 成本费用审计

成本费用，是指企业为生产经营产品（商品）和提供劳务而发生的各种支出。包括各项直接支出（直接材料、直接人工，商品流通企业为商品进价）、间接支出（制造费用）和期间费用（销售费用、管理费用和财务费用，商品流通企业为经营费用、管理费用和财务费用）。

制造成本的审计要点。真实性：审查计入生产成本的费用是否属于应计入的费用，有无有高估、虚列、乱挤成本现象，有无将非生产费用、在建工程支出、管理费用计入成本等问题。完整性：审查应该计入生产成本的费用是否都已经计入生产成本，有无低估、漏列、虚减成本现象。计价：审查成本核算方法的合理性及各期运用的一致性；审查成本计算单中总成本及单位成本的正确性。分类：审查应计入与不应计入产品成本费用界限的划分是否正确；审查各种不同产品费用的界限划分是否正确；审查完工产品和在产品费用的界限划分是否正确；审查基本生产和辅助生产费用的界限划分是否正确。截止日：查明企业成本核算是否严格遵循了权责发生制原则，正确地划分了不同会计期间的费用界限。合法性：审查企业各项成本开支范围和标准与财务制度的一致性；审查成本核算方法的选用与财务制度的一致性。

期间费用审计的侧重点是：各项期间费用的计提、使用、摊销、列支的合法性和账务处理以及损益表列示的正确性。

3. 利润审计

利润，是指企业在生产经营中取得的收入与发生的费用相抵减后的净收入。主要包括营业利润、投资净收益和营业外收支净额。

（1）营业利润审计。由于营业利润是产品销售收入、产品销售成本、产品销售费用、产品销售税金及附加、其他业务利润、管理费用、财务费用相加减后的余额，因此，对营业利润的审计实际上是对上述各项内容进行审计基础上的复核。审查时应特别注意收入实现原则的运用、配比原则的运用、销售成本结转的正确性，其他业务收入与成本核算的合法性和正确性，销售费用、管理费用和财务费用三项期间费用的合法性。

（2）投资净收益审计。投资净收益是投资收益扣除损失后的余额。对投资净收益的审计应结合对企业长短期投资审计进行，查明投资收益的计算依据是否充分，投资收益的期间归属有无混淆，成本法和权益法的使用是否正确。

（3）营业外收支净额审计。合法性：审查企业发生营业外收支业务与财务制度规定的一致性。真实性和完整性：查明企业有无超范围列支营业外支出，有无漏计营业外收入。分类：审查企业划分营业外收支与成本列支、在建工程列支、期间费用列支的界限是否正确，有无各种列支相互混列的问题。

（4）利润分配审计。营业利润、投资净收益、营业外收支净额相加等于企业利润总额。企业当期实现的利润应按规定程序进行分配。在进行利润分配审计之前，审计人员应首先审查本年利润账户结转当期利润的正确性，以便确定利润分配账户贷方金额的正确性。利润分配审计的侧重点应该放在合法性目标上，即审查公积金和公益金提取比例、向投资人分配利润的比例与财务制度规定、企业章程规定或企业管理部门决定的一致性；审计人员还应审查利润分配账户借方金额账务的正确性，以便最终确定出应转入资产负债表中未分配利润金额的正确性。

案例拓展 7-1：

中国电信集团有限公司 2016 年度财务收支等情况审计结果

根据《中华人民共和国审计法》的规定，2017 年 5 月至 6 月，审计署对中国电信集团有限公司（以下简称"中国电信"）2016 年度财务收支等情况进行了审计，重点审计了中国电信总部及所属中国电信股份有限公司等 3 家二级单位，对有关事项进行了延伸和追溯。

一、基本情况

中国电信成立于 2000 年，主要从事基础电信业务、增值电信业务，与通信及信息业务相关的系统集成、技术开发、技术服务、设计施工，承包境外电信工程和境内国际招标工程等。据其 2016 年度合并财务报表反映，中国电信 2016 年底拥有全资和控股子公司428家、参股公司138家；资产总额8 048.83亿元，负债总额3 441.78亿元，所有者权益4 607.05亿元，资产负债率42.76%；当年营业总收入4 144.58亿元，利润总额245.48亿元，净利润181.30亿元，净资产收益率3.97%；国有资本保值增值率100.3%。中审众环会计师事务所（特殊普通合伙）对此合并财务报表出具了标准无保留意见的审计报告。

审计署审计结果表明，中国电信逐步推进通信主业战略转型和混合所有制改革，通过业务、平台和终端融合创新，培育新增长点；加快基础电信业务升级换代，推进4G移动网络建设和开展提速降费工作；优化公司治理结构，逐步完善内控体系和业务流程规范。审计也发现，中国电信在财务管理和会计核算、经营管理、落实中央八项规定精神及廉洁从业规定等方面还存在一些问题。

二、审计发现的主要问题

（一）财务管理和会计核算方面

1. 2016年，中国电信总部多计成本，造成少计利润1.6亿元。

2. 2016年，所属一家企业通过实收资本弥补未分配利润、成本费用列支不规范等方式，多派发股息1 312.56万元。

3. 2016年，中国电信及所属两家企业工资性支出1 047.23万元列支不规范。

4. 2016年，中国电信及所属两家企业提供给职工的通信费补贴741.38万元列支不规范。

（二）经营管理方面

1. 2015年至审计时，所属上海国脉实业有限公司等两家企业违反内部规定开展货物购销业务，造成损失983.16万元。

2. 2016年，所属一家企业劳务外包不规范，涉及金额20.32亿元。

3. 至2015年底，中国电信未按规定将闲置土地、房屋资产上报，未上报资产涉及账面金额16.84亿元。

4. 2015年12月，所属宁波分公司等4家企业违规开展业务，造成损失3 013.64万元。

5. 2011年和2013年，所属北京分公司、上海分公司未经集团批准购置生产办公用房，涉及金额4.72亿元。

6. 2016年，所属广东分公司违反内部规定选择回收商处置废旧铜缆，涉及金额7 505.11万元。

7. 2016年，所属四川分公司等3家企业未经招标采购物资和服务，涉及金额3.41亿元。

8. 2012~2015年，所属上海电信工程有限公司违反内部规定确定项目施工方，涉及合同金额2.08亿元。

9. 2011~2015年，所属中捷通信有限公司未经报备对外签订销售合同，在应收账款逾期后继续发起新业务，致使逾期应收账款1.59亿元难以收回。

10. 2013年8月至2014年6月，所属广州分公司未及时计取一家公司语音和数据业务集成服务相关费用，造成 6 270.95 万元欠费难以收回。

11. 至 2017 年 6 月，所属天翼电信终端有限公司个别产品库存积压 842.81 万元。

12. 2015 年至审计时，所属江苏分公司违反内部规定未经评估对外出租 4 处房屋，涉及租金 1 756.39 万元。

13. 2013 年 11 月，所属广州分公司在承揽的项目建设中未按合同约定先收款再采购，因对方违约，至审计时垫付的设备款等 367.11 万元一直未收回。

14. 所属九江分公司未经集体决策，减免出租营业厅应收房租，2012 年 6 月至 2015 年 6 月少收租金 50.41 万元。

15. 2013 年 12 月至 2014 年 9 月，所属湖南省电信实业集团有限公司未向评估公司提供评估资产的实际情况，违规转让下属公司股权。

16. 至 2016 年底，所属北京分公司等 3 家企业在批准使用期结束后仍违规继续使用公务免费手机卡。

17. 至 2016 年底，对个别已连续 3 年亏损、资产负债率高的所属企业，中国电信未按规定认定为特困企业。

18. 2012 年至审计时，中国电信未按要求完成资产投资计划以及 2 项规划事项，同时尚有少量移动用户实名制身份证登记不准确；2016 年，中国电信未按要求完成一年以上应收账款压控工作。

（三）落实中央"八项规定"精神及廉洁从业规定方面

2012～2014 年，所属上海市信产通信服务有限公司违规聘任已退休总经理为顾问，未按规定及时免去其在子公司兼任的董事长职务，支付补贴和薪酬 168.7 万元。

三、审计处理及整改情况

对以上审计发现的问题，审计署依法出具了审计报告、下达了审计决定书。中国电信通过调整有关会计账目和财务报表、建立健全相关制度等方式进行整改，具体整改情况由其自行公告。

案例来源：审计署 2018 年 6 号公告。

第三节 国有企业领导干部经济责任审计

一、经济责任审计概述

关于经济责任审计的概念，既可以从广义上理解，也可以从狭义上界定。审计产生的客观条件之一就是财产所有权与经营管理权的分离，其主要目的就是为了保护财产的安全和完整，保证会计资料的真实和可靠，明确财产经营管理者的经营管理责任。因此，从根本上看，任何一种审计都是经济责任审计，也就是说，广义的经济责任审计包括一切审计。狭义的经济责任审计，则是特指我国在近些年来出现的旨在明确国家机关和国有企业事业单位领导人经营管理责任而进行的一种审计活动，这也就是我们通常所说的任期经济责任审计或者离任审计。本节主要是从狭义的角度对经济责任审计加以介绍。

1. 经济责任审计的目的

经济责任审计的目的不同于常规审计。常规审计的主要目的是维护财经法纪，改善经营管理，提高经济效益，其出发点是被审计单位和国家的经济秩序。而经济责任审计的主要目的则是分清经济责任人任职期间在本部门、本单位经济活动中应当负有的责任，为组织人事部门和纪检监察机关及其他有关部门考核使用干部或者兑现承包合同等提供参考依据。

2. 经济责任审计的分类

对经济责任审计进行适当的分类，有助于从各种经济责任审计的不同特点出发，加强经济责任审计的针对性，以便突出重点，抓住主要矛盾，客观公正地作出审计评价，分清被审计人的经济责任。按照审计的内容、审计的时间、被审计单位的性质，可以将经济责任审计分成如下几类：（1）目标经济责任审计和破产经济责任审计；（2）事前经济责任审计、事中经济责任审计和事后经济责任审计；（3）党政领导干部任期经济责任审计和国有企业领导人员任期经济责任审计。本节主要是从国有企业领导干部经济责任审计角度加以介绍。

二、国有企业领导干部经济责任审计范围及依据

（一）国有企业领导人员任期经济责任审计的范围

按照《审计法》及其实施条例的规定，审计机关对国有企业的资产、负债、损益进行审计监督；对有国有资产的其他企业进行审计监督，则必须是国有资产占控股地位或者主导地位的企业。据此，目前国有企业领导干部任期经济责任审计的范围主要是国有独资企业、国有资产占控股地位或者主导地位的股份制企业的法定代表人（董事长或总经理）。

（二）国有企业领导干部经济责任审计的依据

（1）全国人民代表大会及其常委会制定颁布的与经济责任审计相关的法律，如《审计法》《会计法》等相关法律。其中《审计法》第二十五条规定："审计机关按照国家有关规定，对国家机关和依法属于审计机关监督对象的其他单位的主要负责人，在任职期间对本地方、本部门或者本单位的财政收支、财务收支以及有关经济活动应负经济责任的履行情况，进行审计监督。"

（2）2010年中共中央办公厅、国务院办公厅印发的《党政主要领导干部和国有企业领导人员经济责任审计规定》。

（3）2014年7月印发的《党政主要领导干部和国有企业领导人员经济责任审计规定实施细则》。

（4）国务院各部门制定、颁布的部门规章，省、自治区、直辖市、计划单列市和较大城市的人民代表大会及其常委会制定的地方性法规，如《国家审计准则》《黑龙江

省国有企业及国有控股企业领导人员任期经济责任审计条例》等。

（5）审计署制定的有关经济责任审计的文件和规范等。

三、国有企业领导人员经济责任审计的内容

国有企业领导人员经济责任审计一般应根据干部管理部门的具体要求、领导人员所在企业的实际情况和与领导人员经济责任相关程度来确定审计重点。一般包括如下内容：

（1）贯彻执行党和国家有关经济方针政策和决策部署，推动企业可持续发展情况；

（2）遵守有关法律法规和财经纪律情况；

（3）企业发展战略的制定和执行情况及其效果；

（4）有关目标责任制完成情况；

（5）重大经济决策情况；

（6）企业财务收支的真实、合法和效益情况，以及资产负债损益情况；

（7）国有资本保值增值和收益上缴情况；

（8）重要项目的投资、建设、管理及效益情况；

（9）企业法人治理结构的健全和运转情况，以及财务管理、业务管理、风险管理、内部审计等内部管理制度的制定和执行情况，厉行节约反对浪费和职务消费等情况，对所属单位的监管情况；

（10）履行有关党风廉政建设第一责任人职责情况，以及本人遵守有关廉洁从业规定情况；

（11）对以往审计中发现问题的整改情况；

（12）其他需要审计的内容。

案例拓展 7-2：

斩断攫取广告利益的"黑手"

七月盛夏，骄阳炙烤着南国小城 G 市。G 市审计局受市委组织部委托，派审计组进驻市电视台对原台长 T 某进行经济责任审计。

根据审计调查了解，电视台广告部对广告业务和广告资源具有控制权，对广告业务收支进行核算，管理相对独立，电视台对广告部的监管和控制相对较弱，所以风险较高。故审计组对单位的财务收支、账户设置、资金流量、往来账结构及走向进行了详细审查，并重点审计了广告部的财务及业务管理情况。在时间紧、任务重，大量内控管理资料缺失、外调暗访多有不便的情况下，审计人员经过缜密的预判分析和艰辛的调查求证，发现 T 某任职期间，电视台财务管理混乱，会计信息失真，从往来账上大额转移单位资金；业务管理流程严重失控，违规实行广告超低折扣，抵顶广告费的多处账外房产被个人侵吞等违纪违规问题，涉及金额 4.5 亿元。同时审计人员还发现，电视台原台长 T 某、广告部主任 L 某等人利用单位内部控制失效的漏洞，采取隐瞒、

欺骗等手段涉嫌贪污公款、谋取不正当利益，造成国有资产流失，金额共计 2.49 亿元的案件线索。

焦灼的不速之客

G 市电视台成立于 20 世纪 80 年代，依托 G 市这座国际旅游名城和历史文化名城，打造当地有广泛影响力的主流媒体，肩负着新闻宣传、服务党政及社会民生、丰富百姓文化生活、促进社会文化事业发展的重任。电视台成立以来，一直没有接受过专门的审计，然而这次经济责任审计是市委组织部临时追加的委托项目，时间紧，任务重。

审计进点后不久，一名电视台原监管部的职工就来反映情况。他告诉审计人员，依托 G 市得天独厚的历史文化底蕴和积极开放的经济发展格局，电视台的业务实力和经济效益原本在全省同行业中占有绝对的优势，但从 2012 年以后，台里的发展渐渐停滞不前，不仅节目质量下降，收视率不稳定，创收效益也一年不如一年，职工待遇越来越差，季度奖、年终奖没有着落，甚至连"五险一金"都得不到保障。尤其最主要的创收部门——广告部，L 某当部长的这些年，变得越来越神秘，就像一个碉堡，针戳不破，刀插不进。究竟每年他们与哪些广告客户签约，签了多少量，广告折扣率和回款率是多少，一概不容许台里监管和掌握，电视台监管部被严重架空，甚至连广告播控上载的权限都被广告部自己牢牢控制，广告部俨然一个"小电视台"，还有人给 L 某取外号叫做"L 台长"。台里人心涣散，各种传闻满天飞。有传言原台长 T 某把自家亲戚安排到广告部工作，并与广告部部长 L 某一起捞了不少好处。

听了这些情况，主审林奕珊脑海中闪过一幕幕令人担忧的场景。经历了这些年的侵蚀，电视台的处境已极其艰难，大量资金外流难以收回，造成资金链紧张；一些国有资产、经济资源被非法转移、占有，造成国有资产重大流失；广告业务资源被不法分子利用，广告业务所产生的利益被大量分割，造成业绩下滑，财务状况恶化。职工们都希望这次审计能够挽狂澜于既倒，扶大厦之将倾，铲除蛀虫。

消失的银行存款

审计现场，电视台的财务资料和业务资料堆积如山。审计人员对此习以为常。他们拿出愚公移山的毅力和一丝不苟的严谨态度，严格按照审计规程进行周密分工，从电视台的内部编制、管理章程、业务流程、内控制度、会议记录等基础情况资料，进行研究分析，从"全面审计，突出重点"的规定动作入手，力求排查疑点，突破难点。这个项目来得如此匆匆，他们在与时间赛跑，希望尽快从纷繁芜杂的材料和数据中找到突破口。通过初步调查了解，电视台内设办公室、总编室、监管部、广告部等 15 个部门。其中广告部负责经营管理电视广告业务，是单位的创收部门，出于经营管理的需要，采用企业会计制度独立核算。

很快，主审林奕珊就发现了疑点。广告部的客户众多，为方便结算，在多家银行分别开设了账户。林奕珊运用娴熟的计算机技术，将各账户近 4 年的发生额数据合并，再生成直观的图表进行连续比对，发现大多数账户各年、各月份的发生额较为均匀，资金量的消长变化符合单位日常经营业务增减变动的趋势。然而有一个在 L 银行开设的账户，发生额却具有极大的跳跃性，大多数时候维持在 10 万元或以下的水平，但有几个月突然突破了500万元，甚至1 000万元。通过反复查阅厚厚的银行存款对账单，林奕珊始终没发现这个L银行账户对账单的踪影。单位的财务人员也以新旧财务未作交接，该账户自接手以来未发生业务为由，不提供银行对账单。

为了解开L银行账户的谜团，审计人员第二天就前往银行调取了账户资料。根据银行提供的资料显示，截至2014年底，这个账户上仅剩下51.95元，但银行存款日记账的账面余额却高达1 500万余元，仿佛一个巨大的资金黑洞，着实让审计人员吃了一惊。

据银行对账单显示，2012~2015年期间，共有7个月份发生了一次性转款500万元以上的业务，但在银行存款日记账中，多笔大额款项收支业务并没有登记，因此账面余额会比账户实际余额多出1 500多万元。如：2014年1月，经广告部主任L某批示，500万元被转到了JT公司。审计人员顺藤摸瓜，赴工商局调查，并按照公司注册登记地址现场核实，发现JT公司没有正规办公场所；再到相关银行查询JT公司的账户资料，发现款项转到了一个叫X某的个人账户。而X某正是JT公司的法定代表人，公安部门提供的身份信息显示，他是T某的侄女婿。在广告部的业务台账中，也没有发现JT公司、X某个人的业务往来记录。L银行还提供了三份电视台向银行贷款的合同，均是500万元一年期的流动资金贷款，从2012~2014年连续贷了三年。另外还有一份由广告部主任L某于2015年9月签署的关于500万元贷款的偿还承诺书，本息合计640万余元。

至此，审计人员大胆推断：T某、L某、X某三人共同操纵着这个L银行账户，他们以电视台的名义连续三年向L银行贷款500万元，利用广告部的收益偿还本息，并把1 500万元的资金通过JT公司转到了X某的个人账户。通过向X某个人账户的开户银行调取账户资料，印证了这一推断，形成了完整的证据链。

离奇的广告折扣

电视台的广告业务是创收的主要来源。台里拥有新闻综合、公共影视和科教旅游三大频道，有效覆盖G市11县6城区500万人口，具有垄断全市的电视广告业务资源的绝对优势。广告部提供的业务台账显示，广告业务量在逐年增长，但财务账上广告款收回的比率却在逐年下降，财务状况每况愈下，职工福利得不到保障。而广告部却每年还给主任L某和另外2名副主任发放高额的创收达标绩效奖。二者之间的矛盾把审计组带进了一张迷雾重重的大网。究竟广告业务中隐藏着怎样的秘密？审计人员开始解剖广告业务数据。

林奕珊翻阅着近三年的广告台账，每年数千条的广告业务记录，每个记录涉及十几个字段，记录着每条广告所投放的频道、时段、时长、周期、刊例价、签订价、折扣、合同编号等详细信息。但很多业务记录都存在瑕疵，刊例价、折扣等关键信息缺损。这让林奕珊颇为疑惑：广告台账是广告部绩效考核的重要依据，怎么会存在这么多不完整的业务记录？是录入信息操作失误，还是有意隐瞒？林奕珊又根据合同编号抽查了十多份纸质的广告合同，并根据合同内容复原了缺损的字段信息，发现一些合同的签订价与刊例价相去甚远，折扣低至1折以下。但根据电视台制定的《关于加强广告经营监督管理试行办法》规定,"低于3折一律不再签订广告合同。"

林奕珊心里一惊:为什么明明有折扣下限的规定,但随机抽查了十几份合同,都出现了这么低的折扣,在其他的合同当中,有没有类似的情况呢?为此,她叫来了另外2名审计人员,一起分析研究广告业务数据。经过讨论,大家认为有必要对近三年广告低折扣的情况进行重新测算。林奕珊充分结合广告业务时段性、周期性、套餐营销、频道主推等业务特征,紧扣关键字段,编写语句,设计分析模型,高度还原了广告价格计算流程,再由审计组成员分工协作,把近三年的广告台账进行了重新测算。

近万条广告业务记录,要在核对合同原件信息,并复原缺损字段的基础上,再导入分析模型进行刊例价的测算,然后再与合同签订价进行比对,得出实际的广告折扣,工程量十分巨大。整整5天的奋战,大家的思维和神经在一堆堆合同和一批批数据中往返穿梭,办公室里,行云流水般的翻阅声,清脆铿锵的键盘声,还有时常简短的讨论声,构成了一支支美妙的旋律。大家都憋足了劲儿,一定要啃下这块硬骨头,揭开了广告低折扣的真相。测算结果终于出来了,低于3折的广告合同一共70份,折扣金额共计2.21亿元。这70份合同中不乏一些知名企业连签三年,刊例价高达数千万的合同,但最后都以几百万的"特殊优惠价"签订下来,连刊例价的零头都不到,审批的领导是T某、L某。这个结果远远超出了审计人员的预判!广告折扣如此乱象,究竟是什么利益驱使电视台的领导和广告部的主任在"没有底线的打折"?

在数据整理的过程中,审计组发现,广告业务涉及房产、商贸服务、食品药品、金融、旅游、汽车等行业,代理公司也有近10家。于是,审计组又运用数据图表,对这70份合同进行了行业和代理公司的分类分析,了解各行业、各代理公司的合同签订金额、折扣及各自的比重。经过分析得出,房产和商贸服务两类广告所占比重最大,低折扣最多。在诸多广告客户中,有一家H房产公司引起了审计组的注意。这是一家G市的龙头房企,每年都有几个著名楼盘与电视台签订广告营销合作协议。在代理公司中,有1家Z广告公司表现最为突出,代理的广告占据了业务总量的60%,而低折扣则占据了58%。

审计人员随即在电脑上调出了这两家公司的往来明细账。H房产公司虽然实力雄厚,广告业务量大,但账上却显示广告回款率较低,有近2000万元的账款挂在往来账上,多年未收回。而ZD广告公司的情况更离奇,在2012～2015年期间,电视台收到这家公司转入的广告代理费仅仅600余万元,但却转账给这家公司1 700余万元,转款申请单上没有注明款项的用途,却赫然签着两个熟悉的名字"申请人:L某,批准人:T某"。审计人员立马带着证件暗中前往H房产公司和ZD广告公司。

在H房产公司的往来账上,审计人员发现公司已将应付电视台的广告款冲平了。H公司的财务人员提供了12份商品房买卖合同,房子都位于H公司2014年开发的某著名高档楼盘内,且房产所有者是T某、L某、X某等人。

顺利地在H房产公司拿到了重要证据,审计人员又信心满满地前往ZD广告公司。但出乎意料的是,ZD公司大门紧闭,人去楼空。透过一扇残缺的百叶窗,窥见办公室里一片狼藉。根据工商部门提供的资料显示,ZD公司的法定代表人不是别人,正是T

某的侄女婿 X 某。1 700 万元转入 ZD 公司有去无回，很可能又落入了这伙人的手里。

查阅 ZD 公司代理广告的合同，审计人员惊奇地发现，很多签订广告的业务员就是电视台广告部人员，而且一些大客户的业务是由广告部主任 L 某亲自签订的。

蹊跷的稿费返还

电视台在收入环节出现了巨大的资金漏洞，那么成本费用环节会怎样呢？林奕珊查阅电视台支出类的各个项目，发现一项"劳务费"的支出每年高达 400 万余元，包括支付给各栏目组的稿费，以及一些广告客户的稿费。审计人员对上述两类稿费进行了统计，发现每年支付给广告客户的稿费都超过了栏目组的稿费。

通过进一步抽查原始凭证对比，发现支付给栏目组的稿费从制单到三级审核再到签字领取的手续都齐全规范；但支付给广告客户的稿费却没有制单人，只有 T 某审核签字，且都是由广告部主任 L 某及另外 2 名副主任代为领取，2012~2015 年共计 800 万余元。

"电视台里有很强大的团队专门为客户提供广告设计制作服务，为什么稿费还会支付给广告客户呢？如果说这些钱真的是稿费，那么稿费也有多种正规的发放方式，为什么偏偏要由这 3 个人经手代领？这 4 年 800 多万的资金是真的发放到了广告客户的手里吗？"林奕珊凝视着一沓沓厚厚的稿费发放签领单，感觉这其中藏着巨大的猫腻。

为了不打草惊蛇，林奕珊没有立即找财务部和广告部的人员进行调查，而是找来了一位金牌栏目的主持人交谈了解情况。

通过交谈，审计人员了解到，台里确实对各栏目组采取了以稿费为主的激励机制，但每年的任务、发放标准、审批程序都有明文规定。各个栏目在策划和广告套播方式上存在很多细节，主要靠栏目组与赞助商沟通，广告部配合跟进，而且台里也没有规定要给客户支付稿酬。因此，账上所谓给客户的稿费压根就是子虚乌有，系 L 某等人蓄意套取单位资金的行为。

紧张的正面交锋

无论是操纵单位账户大额转移银行资金，还是利用广告业务应收账款换取高档小区商品房，以及赤裸裸的稿费套现，样样都有广告部主任 L 某的份。审计组经过讨论，决定找 L 某本人进行谈话，并设计了谈话提纲。可是离约定时间已过了 1 小时，L 某一直没有出现。

经过电话再三催促，一个皮肤略黑、身材干瘦的中年男子走进了审计组的办公室。他看上去略显紧张，并以发烧为自己的迟到做辩解。为了使 L 某放松警惕，主审林奕珊开始只是问一些经责审计需要了解的常规性问题，慢慢再聊到广告的折扣和代理业务。

L 某告诉审计人员，一般广告业务员的打折权限于 2 折，低于这个折扣，要向广告部副主任和主任口头汇报。出于对优质客户的特殊因素和感情方面考虑，会给予较低的折扣，主要由 T 台长来定。而 ZD 公司是 2012 年成立，并与电视台开展广告业务合作。后来因缺乏人员和技术，就依赖台里广告部的人员。现在 ZD 公司的业务都是由他负责管理经营，T台长也知道并表示支持。

"现在广告业务很难做，我们也是想尽量扩宽渠道，而且这几年我们年年创收都有新突破，台里的效益不就是靠我们多拉广告才能提高的吗？"说到广告创收，L某自我感觉颇为良好，甚至飘飘然。

"既然效益越来越好，为什么每年还向L银行贷款呢？"林奕珊立刻抓住L某飘飘然的间隙，提出十分具有针对性的问题，同时还拿出了贷款合同。

对此，L某显然有些措手不及，他翻看了贷款合同后想了半分钟后给出几个理由："因为台里要添置硬件，加上新栏目要运作，广告部又要进行业务拓展等，所以很多方面需要周转资金……"

"但是你们广告部与银行的账面存款对不上，而且这些钱都转到了JT公司，这怎么解释？"林奕珊直奔主题。"我不太清楚呀，贷款回来，怎么分配使用得问财务部呀。"L某开始回避问题。但审计人员将L某批示的转款单、还贷承诺书以及JT公司负责人X某与T某亲属关系的证明材料摆在他面前时，他目瞪口呆，并意识到回避和隐瞒已无济于事了。

经过一番智勇较量，最终L某承认了他伙同T某、X某操纵广告部的银行账户，转移资金到JT公司和ZD公司，并以超低折扣换取广告客户赠予的高档汽车、别墅，借着电视台与H房产合作营销楼盘的名义，用广告账款换取商品房并从中谋利，并以稿费返还的形式虚造花名册套取资金等事实。

在媒体广告资源相对稀缺的行情背景下，电视台广告部具备优质的经营团队和精良的专业设备，对全市的广告业务资源形成了集中垄断。但与此同时，电视台的经营业绩却在逐年下滑，财务状况捉襟见肘，职工福利更是清贫寡淡。这其中存在的矛盾让审计人员加倍警惕。实际上，以L某为主的部分工作人员，掌握着广告业务和广告资源的控制权，掌控着广告部与ZD公司的经营大权，并利用ZD公司参与了电视台广告代理经营，将广告收入及利益转移和分割。长期以来，广告部、ZD公司在电视台形成"独立王国"，控制了广告签订、制作、播出上载等重要权限，并声称广告合同与播控记录在执行完毕后全部销毁。由于管理混乱，会计资料及业务合同、内控流程资料不完整，给广告监管与合同的审查造成诸多障碍，监管部无法对广告业务经营进行有效的实质性监督。电视台原台长T某安插亲属进入广告部，并存在挪用公款、谋取不正当利益、造成国有资产流失等重大嫌疑。

经过审计人员夜以继日的缜密查核与多方外调求实印证，电视台的资金消失之谜终于浮出水面，使那些在暗中操纵广告业务和银行账户、攫取广告利益的贪婪黑手无处遁形。2015年12月，有关线索移交市纪委，2016年2月市纪委对电视台原台长T某、广告部原主任L某予以双开。2016年3~8月，G市检察系统对9名涉案人员立案侦查，11~12月以贪污罪、行贿罪、套取和截留公款罪，对9人向法院提起公诉，等待他们的，将是法律的制裁。

案例来源：某市审计局。

四、国有企业领导干部任期经济责任审计的评价指标

审计评价是经济责任审计核心的组成部分，在评价过程中必须坚持实事求是、客观公正、谨慎稳重的原则。在对审计评价指标构建时，需要注意权责之间的相互对等，根据具体环境采取定量分析与定性分析相结合的方法，从而达到时效性、可操作性等原则的要求。

国有企业领导人任期经济责任审计的评价指标包括以下内容：

1. 经营绩效评价指标

经营绩效方面的评价指标是评价企业负责人任职期间对上级下达的年度各项考核指标成情况。在全面核实企业各项资产、负债、权益、收入、费用、利润等账务的基础上，依据国家绩效评价政策规定及公司有关规章制度，对企业负责人任职期间经营成果和经营业绩，以及企业资产运营和回报情况进行客观、公正和准确的综合评价。任期内主要经济指标完成情况是一个单位管理得好坏，经营水平高低的表现，很大程度取决于领导干部管理能力的强弱、努力程度的高低。

2. 资产质量状况评价指标

资产质量状况评价是评价企业负责人任职期间各项资产质量是否得到改善，是否存在严重损失、重大潜亏或资产流失等问题，企业国有资产是否安全、完整，以及对企业未来发展能力的影响。采用反映企业所占用经济资源利用效率的资产营运能力指标对企业的资产经营能力进行评价，从局部角度可以反映企业的生产状况和经营者的资产管理水平。

3. 内部控制评价指标

内部控制制度是任何组织管理体系中不可缺少的组成部分，它对企业的生存和发展至关重要，是企业经济效益优劣的重要标志，也是观察了解企业领导管理水平的重要方面。内部控制制度的建设是国有企业领导人员重要责任之一，一套健全有效的内部控制制度可以保证企业认真贯彻落实法律法规，顺利完成企业经营目标。领导干部在任职期间要不断改进管理方法，提高管理水平，建立健全内部控制制度。内部控制制度审计是领导干部经济责任审计的重要内容，通过对企业各项内部控制制度进行测试，可以评价内部控制制度执行情况，同时，可以评价企业经营风险状况，及时向上级领导说明企业经营中存在的问题。主要通过衡量内部控制制度的健全性和有效性两个定性指标，来对企业内部控制情况进行说明评价。

4. 遵纪守法情况评价指标

遵纪守法情况的评价主要是审计企业负责人及企业有无违反国家财经法纪，以权谋私，贪污、挪用、私分公款，转移国家资产，行贿受贿和挥霍浪费等行为，以及弄虚作假、骗取荣誉和企业经营成果的真实性、企业财务收支核算的合规性，有无蓄意编制虚假会计信息等重大问题。被审计者作为一个单位的领导干部，不仅有自觉遵守财经法规的义务，而且有认真贯彻执行财经政策的责任。审计时除采用定性评价方式对相关事项进行考核外，还可以对违纪金额、违纪违规率等定量指标来对此项经济责

任做出鉴证。

5. 廉政建设评价指标

在当今物欲横流的社会，领导干部的廉洁自律更为重要。审计人员应从内查外调与账审相结合，重点对领导干部个人违反规定取得收入情况，公务活动包括出国出访的审批和经费支出情况，家庭住房、工作用车和使用（占用）国有资产情况，直系亲属在本人管辖范围内经商活动情况，领导人员有无行贿、受贿的行为；群众举报反映的情况进行评价。廉政建设这个评价指标，可以说是领导干部政治生命的"一票否决权"，因而需要慎之又慎，但这个指标的评价基础单纯在财务资料中又很难得到，使得这项评价更加困难和复杂。解决这个问题还可从财务资料以外三个渠道获取有关线索，一是组织人事部门、纪检监察机关，审计机关在实施审计前，应当听取组织人事部门、纪检监察机关等有关部门对被审计单位及其领导干部的意见，根据组织人事部门、纪检监察机关通报的情况，通过审计查证，做出相关结论；二是制定问卷表调查表，向领导干部所在地区（单位）有关个人或机构发放问卷表，获取有关情况，然后确定审计重点，进行审计查证。三是与具体审计项目有关的群众来信、来访记录、举报材料等。

6. 经营风险评价指标

资产负债率、流动比率是国际公认的反映企业负债偿还能力和经营风险的重要指标，同时反映利用债权人提供的资金从事经营活动的能力。资产负债率适度，通常说明企业投资人或债权人的投资风险较小，企业未来生产经营风险也较小。在实际分析时，应结合行业发展趋势、企业所处竞争环境等具体条件进行客观判定。同时考虑其他重大经营风险，如对外投资、对外担保、出借资金和大额应收账款等是否存在风险，是否建立健全了全面风险管理体系，包括风险管理策略、风险理财措施、风险管理的组织职能体系、风险管理信息系统。

7. 发展能力评价指标

目前常见的关于企业发展能力的评价指标常用销售增长率、资本积累率等成长性指标，认为只要企业的成长性指标显示出高增长率，那么企业就具有良好的发展能力。其实不然，作为反映历史趋势的成长性指标并不一定能较好地解释企业未来的发展前景，加之指标考察的时期太短，评价结果极容易出现大的偏误。企业的技术创新、人力资源素质等指标当中的内在因素对不同规模企业的发展前景来说也是极其重要的指标。

8. 社会责任履行情况评价指标

利税指标、就业增长率、环境保护责任履行、节能减排效果、行风测评情况、安全生产情况等，这些指标综合反映了企业社会责任履行情况。上述指标的采用应坚持与实际情况相适应的原则。由于审计人员所面对的被审单位情况各不相同，所以在实际的运用中需更加注意有针对性地选择其中的一些主要指标进行对比分析评价。在运用这些指标时，可以与领导干部任职初期相比，还可以与本地区乃至全国同行业相比较。通过纵向、横向比较，了解被审计单位的管理水平和企业状况。

五、国有领导干部任期经济责任审计结果的报告与运用

(一) 审计结果报告

审计机关进行经济责任审计必须来自干部管理部门的委托,其审计成果不仅仅是"自用",更重要的是"他用",即提供给干部管理部门使用,如组织部门、纪检监察部门和其他相关部门。经济责任审计结果报告主要有叙述式、表格式和条文式三种基本格式,在撰写过程中,也可以将三种格式综合使用,形成综合式格式。经济责任审计结果报告的格式应统一,要素要齐全,其基本格式一般应包括标题、主送单位、前言、正文、发文单位、发文日期、主题词、抄送单位等。审计署2002年1月23日召开审计长会议,讨论研究经济责任审计结果报告,提出了以下规范性意见:

(1) 报告标题。统一为:××××(审计机关名称)关于××××(被审计单位)×××(被审计人员姓名)同志任期经济责任审计结果的报告。

(2) 报告内容。前言部分简要概括审计的依据、范围、内容、方式、起讫时间等。正文可分为如下几部分:

①被审计单位基本情况(如被审计人员所在单位情况较为简单,也可将基本情况放在前言部分,不予单列)。

②审计评价(简要概述经审计可以确认的被审计人员的经济工作业绩和存在的主要问题及应负有的责任和其他相关评价)。

③主要业绩(较为详细说明经审计确认的被审计人员的主要业绩。如业绩不突出,内容不多,也可以将这部分概括到'审计评价'中去。不予单列)。

④审计中发现的主要问题(阐述经审计确认的被审计单位财政财务收支中存在的、与被审计人员有直接或间接责任关系的主要问题及被审计人员应负的责任)。对于被审计人员所在单位存在的与被审计人员没有责任关系的其他问题,可在全文的最后加以简要的阐述及提出处理原则。

⑤领导人员任期经济责任审计结果报告应做到形式统一,结构严谨,观点明确,条理清晰,用词恰当,数字尽可能用较大数位表述。

(二) 审计结果报告的运用

经济责任审计结果报告是反映审计结果的重要文书。审计机关、组织部门以及对干部实施监督管理的纪检监察机关,可以适当地运用审计结果。

审计机关实施经济责任审计后,应当对领导干部所在部门、单位违反财经法规的问题,依法作出处理。对领导干部本人任期内的经济责任作出客观评价,向本级政府提交领导干部任期经济责任审计结果报告,同时抄送同级组织人事部门、纪检监察机关和有关部门。

组织人事部门接到审计机关提交的领导干部任期经济责任审计结果报告后,应当将其作为对领导干部的调任、免职、辞职、退休等提出审查处理意见时的参考依据。应当给予党纪政纪处分的,由任免机关或纪检监察机关处理。应当依法追究刑事责任的,移送司法机关处理。

经济责任审计结果报告格式：

宜宾市审计局

经济责任审计报告

×××〔20××〕××号

审计项目：××（单位名称）××（党政职务）××同志任期经济责任审计

（注：根据审计通知书内容表述项目名称）

根据《中华人民共和国审计法》（以下简称《审计法》）第二十五条、《党政主要领导干部和国有企业领导人员经济责任审计规定》（中办发〔2010〕32号）（以下简称《经济责任审计规定》）和20××年审计工作计划，宜宾市审计局派出（组成）审计组于××年××月××日至××月××日，对××同志任××（单位名称）××（党政职务）经济责任履行情况进行了××（送达、就地）审计。××同志和××（单位）对其提供的财务会计资料以及其他相关资料的真实性和完整性负责，并对此作出了书面承诺。审计机关的责任是依法独立实施审计，并根据《经济责任审计规定》第二十八条的规定出具审计报告。

（审计依据、审计时间和审计事项应当与审计通知书保持一致）

一、基本情况

（一）××同志任职情况

（二）××（单位名称）基本情况及财政（财务）收支情况

（以批准的该单位"三定方案"和财政财务资料为准表述，表述时间原则上为截至上年末的主要数据）

（三）审计实施的基本情况

本次审计以××（单位名称）财政财务收支及有关经济活动的真实、合法、效益为基础，重点审计了××同志守法、守纪、守规、尽责情况。审计时间范围为20××年××月至20××年××月任职期间，重点是20××年至20××年，部分重点事项延伸到其他年度。审计了与××同志履行经济责任情况有关的部门（单位），并对××等相关单位进行了必要延伸。调阅了与××同志履行经济责任有关的党政办公会议纪要（记录）等文件及有关资料，听取了领导干部本人及其部分班子成员领导干部的意见，并对相关人员进行了调查。本次审计还利用了以前年度相关审计检查结果。

二、审计结果

审计结果表明，××同志任职期间，×××。

但审计也发现，××（单位名称）×××，根据经济责任审计相关规定，××同志应承担相应责任。

（一）贯彻执行重大经济方针政策和决策部署，推进部门经济社会发展情况

（本段请结合履职行权情况简要评价）

（二）遵守有关国家法律法规情况

（本段请结合履职行权情况简要评价）

（三）重大经济决策情况

（本段请结合履职行权情况简要评价）

（四）财政收支和国有资产管理情况

（本段请结合履职行权情况简要评价）

（五）履行党风廉政建设主体责任及廉洁从政情况

（本段请结合履职行权情况简要评价）

（六）其他需要反映的问题

（注：与领导干部无责任关联的但需要整改的问题纳入此部分，以往审计整改未到位问题内容纳入此部分反映，其中被审计领导干部仍在被审计单位任职又整改未到位的，按执行整改性质定责反映）

三、审计建议

（说明：审计建议的对象为被审计单位及领导干部本人。如需要被审计单位和其他有关单位共同整改的，应建议被审计单位商有关单位共同研究解决。如为离任审计，可不对领导干部个人提建议）

对本次审计发现的问题，请××（单位名称）在自收到本报告之日起60日内将整改情况书面报告宜宾市审计局。

本报告中与财政财务收支有关的问题及整改情况将以适当方式公告。

××（同志）对本经济责任审计报告如有异议，可以在收到本审计报告之日起30日内向宜宾市审计局申诉。

宜宾市审计局
××××年××月××日

资料来源：宜宾市审计局关于印发《宜宾市审计局经济责任审计报告和结果报告模板（试行）》的通知。

第四节 管理审计

管理审计是企业内部审计发展到一定程度的产物，是以提高企业管理素质和管理水平为目的，审查被审计事项在计划、组织、领导、控制、决策等管理职能上的表现，促使被审计单位提高经营活动的经济性、效率性和效果性的一项管理活动。它能够评价企业的各项管理及与其相关的内部控制制度、程序及目标等是否存在缺失或不当，从而帮助企业完善基础管理，提高内部控制水平。从国有企业管理审计的目标来看，其主要是为了确定国有企业经营活动、财务活动及管理活动的经济性、效率性和效果性。

一、开展管理审计的原则

（1）以内控审计为切入点。开展管理审计应以内控审计为抓手，发挥管理审计的建设性作用,督促企业完善内部控制制度,使企业的各种管理活动都得到有效控制,杜绝实际的和潜在的管理漏洞;针对控制系统的缺陷,提出切实可行的措施;优化资源配置,提高经济效益,增强控制力。

(2) 把握大局。开展管理审计应服务于企业发展大局,服务于企业发展战略和规划;应关注企业发展的外部环境和内部条件,关注企业持续经营和不断发展的相关因素,如国家宏观经济状况,所在行业市场需求变化,企业内部资源统筹等;关注管理层重视的热点问题等。

(3) 突出重点。开展管理审计应突出审计重点,应根据企业实际情况,关注经营管理活动中的重要环节和对经济效益产生影响的重大方面,以及企业管理过程中的薄弱环节,以降低管理审计成本,体现管理审计效果。

(4) 成本效益原则。开展管理审计应遵循成本效益原则,应通过科学编制计划,控制审计程序,编制费用预算,合理控制成本;改进审计方法,合理配置资源,提高审计效率;以最低的审计成本最有效地实现审计目标。

(5) 关注业绩完成。开展管理审计应以完成年度经济任务为目标前提,应关注影响企业业绩实现的相关因素尤其是不利因素,对主要经济指标完成情况不好的企业,就其未能完成考核任务的深层原因进行审计。

(6) 个性化原则。管理审计的开展应体现个性原则,企业应根据行业和经营特点、业务模式和类型、人员配置和能力,自行进行设计和安排,选择性地开展管理审计试点,逐步拓展管理审计领域。

二、开展管理审计的内容

(一) 内部控制审计

内部控制审计是通过对被审企业内控制度的审查、分析测试、评价,确定其可信程度,从而对内部控制是否有效做出评价的一种审计活动。主要内容包括:一是内部控制制度的建设情况(健全性)。审计企业生产经营管理、实物控制各环节的内部控制是否健全,是否制定了合理、可行的规章制度。二是内部控制制度的执行情况(符合性)。审计各项内部控制措施是否得到了贯彻执行,是否适当。可以采用穿行测试的方法检查企业各内部控制点。三是内部控制制度是否发挥了控制作用(功能性)。通过对企业内部控制的健全性和符合性的审计,评价企业和经营管理秩序是否衔接和规范,是否严密、有效。

(二) 经济效益审计

经济效益审计是在财务收支基础上对被审企业经济活动的效益性进行审计与评价,并提出审计意见与建议,促使被审计单位改善经营管理,提高经济效益。主要内容包括经济性审计、效率性审计和效果性审计。经济性审计是对财务支出是否节约或浪费所进行的审计;效率性审计是指对投入与产出之间关系所进行的审计;效果性审计是指对计划目标完成情况所进行的审计,即审查产出是否达到了预期的效果,是否获得了理想的效益。通过经济效益审计,对影响企业经济效益的问题,分析原因,从制度和机制上提出改进建议及具体措施，以促进企业增收节支、开源节流、挖掘内部潜力、降低成本费用。

（三）企业战略审计

战略审计是以被审计企业的战略管理活动为对象，通过综合、系统、独立和定期的核查，确定问题所在和各种机会，提出行动计划的建议，改进企业战略管理的活动。主要内容包括：首先，审计企业有无战略，是否制定出明确的战略方案。其次，审计企业战略是否与行业性质、竞争地位、业务规模相适应。再次，审计企业战略方案能否有效贯彻执行。其中包括四个理论探索与争鸣面，一是审计各职能部门是否根据企业总体战略，制定出分战略方案，各分战略方案是否能够说明本部门经营范围和目标；二是审计被审企业资源分配与经营计划的衔接是否适当；三是战略实施的方式和手段是否适当；四是审计企业战略实施过程中问题的纠正措施和权变计划是否适当。

（四）管理过程审计

管理过程审计是以计划、组织、决策和控制管理职能为内容的管理审计。内部审计通过对企业生产组织、工艺流程、技术改造、投资决策、业务经营、劳动人事等各个环节管理的经济性、效率性、效益性进行评价，来实现对企业生产经营全过程的管理。根据加强企业内部管理的需要，在企业管理的各个环节灵活地开展审计活动，最终超越账簿、深入流程、支撑管控。

（五）其他专项审计

其他专项审计主要包括：（1）重大项目审计。对企业重大投资、融资活动的效益性进行审计。（2）经济合同审计。对企业大额经济合同的签订、履行等各个阶段进行审计。（3）价格审计。对企业购销过程中发生的价格行为进行审计。（4）其他企业认为有必要进行的审计。

三、开展管理审计的作用

（一）实施管理审计是国家评价经营者履行受托责任的需要

国家作为所有者把企业委托给经营者，形成了委托代理关系。其结果也形成了经营者的受托责任。由于受托责任既包括受托财务责任又包括受托管理责任，所以，作为所有者的国家不仅要关注经营者的受托财务责任，而且也应该关注受托管理责任的履行情况。受托财务责任的履行情况是由财务审计来鉴证的。而受托管理责任是一种与受托财务责任完全不同的责任，所以，它无法由财务审计来全面鉴证。于是，为了鉴证受托管理责任，就需要开展管理审计。

（二）管理审计的效能有利于加强国企在国计民生中的特定地位

我国国有企业，一方面在国民经济中具有举足轻重的地位和较强的影响力，另一方面呈现行业多元化的特性。这都决定了国企不仅维护国家资产安全完整，还具备在国家的财政、金融、民生、资源环境、信息等领域发挥作用的功能，如中石油、中石化、中粮集团等大型国有企业的资源储备涉及国家资源安全和开发。而管理审计作为新型审计类型在企业主战场中具有事前监控的功能，嵌入国企经济社会建设大环境下，有助于着力破除阻碍国企发展的各种障碍，深入解决国企改革中出现的深层次矛盾和问题，改善管理绩效，更有积极深化的意义。

（三）开展管理审计是内控建设、风险防范和价值增值的需要

开展管理审计是内控建设的需要，通过对内控制度的健全性、有效性及执行情况进行评价，完善内部控制体系；管理审计是风险防范的需要，通过识别和评估管理过程中的各类风险，达到规避与防范的作用；管理审计是价值增值的需要，通过加强管理的科学化、信息化、程序化，提高企业的运作效率，降低成本费用，增加国有企业价值。

（四）开展管理审计是适应完善国有企业法人治理结构的需要

通过管理审计，保障企业财务、经营、审计、法律方面的信息真实、准确、可靠，为股东决策提供有效信息，保证股东利益；通过对董事会、经理层和监事会履行职责情况的评价和建议，有效发挥职能，实现企业资产安全完整、国有资本保值增值以及股东财富最大化。

四、管理审计的评价标准

（一）管理审计评价的原则

1. 定量和定性标准相结合

管理审计的标准应采用定量和定性相结合的原则，既要运用指标来评价企业的营运能力、盈利能力和偿债能力，还要结合某些非财务指标对企业的管理水平进行综合评价。

2. 投入产出原则

管理审计应遵循成本效益原则，采用投入产出比作为评价原则。投入产出比是指审计成本与审计活动带来的经济效益增加之间的比例，原则上小于1。

（二）管理审计评价标准的基本体系

管理审计的评价包括两个方面：管理结果层面的评价和管理过程层面的评价。管理结果评价包括综合评价和评价指标，大多采用定量的方式；管理过程评价则采用定性的方式。管理结果评价体系应包括但不限于：评价企业整体管理水平和能力的指标；评价企业经营管理安全性的指标；评价企业偿债能力的指标；评价企业营运能力的指标；评价企业获利能力的指标；评价企业成长能力的指标。管理过程评价应包括但不限于：评价管理过程是否符合内控基本原则；评价管理过程的基本规则以及具体操作规范是否得到遵循；对企业管理过程发表审计评价意见。

案例拓展 7-3：

重外围调查　完善基本证据链——设计合同违法分包案例

2013 年，南宁市审计局对某国有建设单位进行审计，该国有建设单位承担了南宁市大量的政府投资工程建设项目。审计人员在翻阅有关工程合同及图纸资料时偶然发

现，某大型工程的交通疏解工程存在两份设计合同（即存在两个设计单位），其中一份合同仅负责20余个标段中的3个，另一份合同负责剩余标段的交通疏解设计。出于职业敏感，审计人员觉得此事有"蹊跷"，故再次对两个不同设计单位出具的施工图进行审查，结果发现两套施工图相似度接近100%。经审计组讨论，初步认定该交通疏解工程应该为同一家设计单位设计的，也就是说，存在一家设计单位非法转包或者违法分包的现象。

后经审计组调查，发现两个设计单位的特点是：A单位为外地设计院，承担了大部分标段的设计任务，设计合同金额高达400多万元；B单位为本地设计院，承担了其中3个标段的设计任务。鉴于交通疏解工程自身的特点，初步怀疑A单位非法转包或者违法分包设计合同给B单位。

外围调查，取证显真功

为了查实上述疑点，审计人员开始了大量的外围调查。首先，调取查阅了项目业主支付A单位和B单位设计费的会计凭证。接着，调取查阅了监理的有关资料，包括现场签证资料、现场会议纪要。第三步，调取了有关的设计交底、答疑资料进行核查，最后实地勘察施工现场，并调取查阅施工单位项目部的通讯录、往来函件等资料。经过上述四个步骤的查实，发现项目业主支付设计费的会计凭证并无可疑之处，但是在设计交底、答疑以及现场签证资料中发现了B单位的设计人员在A单位标段资料上签字的情况，并且整个工程的施工现场取得的通讯录、设计方的联系人均为同一批。此时，审计人员基本可以认定A单位存在非法转包或者违法分包设计合同给B单位的行为。

为了取得更多的证据，审计人员前往B单位，与该交通疏解工程设计的项目负责人、设计师等有关人员进行了谈话，对其阐明利害关系，晓之以理、动之以情，终于查清了前因后果，该项目负责人向审计人员提供了一份A单位与B单位签订的合作协议。

原来，A单位虽然具备相应的设计资质和设计能力，但是由于属于外地设计院，而交通疏解工程需要与本地各行各业的各部门有大量的接触，自认为无法应对交通疏解工程，所以在没有取得项目业主书面同意的前提之下，擅自将设计合同整体转给本地设计院B单位，并且向B单位收取设计合同金额15%的管理费。

坚定收网，定性明责任

审计人员在取得一系列外围证据之后，开始召集业主单位的有关人员进行询问，发现业主单位的有关人员事实上知晓A单位的行为，但并没有按程序进行书面审批，甚至并无要求A单位按程序书面申请审批的意识。

最后，审计人员与A单位摊牌，在躲避推脱审计人员数日后，A单位的负责人终于答应与审计人员见面。审计人员还没有列举完所有的证据材料，A单位负责人就承认了与B单位存在合作的事实，并向审计人员提供了A单位将收到的每一笔设计费扣除15%的管理费之后向B单位转账的会计凭证。但是，该负责人坚持认为他们与B单位的合作协议取得了业主单位的口头同意，并不属于非法转包或者违法分包行为。

结合上述调查事实,经与建设行政主管部门以及项目业主沟通后,审计人员认定这是一起违法分包设计项目的行为,在完善了审计取证资料以及审计工作底稿后,根据《建设工程勘察设计管理条例》第三十九条:"违反本条例规定,建设工程勘察、设计单位将所承揽的建设工程勘察、设计转包的,责令改正,没收违法所得,处合同约定的勘察费、设计费 25% 以上 50% 以下的罚款,可以责令停业整顿,降低资质等级;情节严重的,吊销资质证书"以及《审计法》的有关规定,将其移送建设行政主管部门进行查处。

总结经验,审计促整改

审计人员经过不懈努力,最终挖出 A 单位违法分包设计项目的事实。审计报告对这个违法事实进行披露后,被审计单位除了感激之外,也对自身的经营管理进行了检讨及整改:一是提高公司职工的法律法规意识,避免此类违法违规问题再次发生;二是在所承建的政府投资项目中进一步排查是否存在非法转包或违法分包的行为;三是完善分包工程的审批程序;四是完善工程发包程序,对于特殊的工程项目,将专门向有关部门请示其承包商的选择方案。

回顾审计过程,审计人员总结了以下几点审计经验:一是要有敏锐的洞察力。工程设计合同的非法转包以及违法分包具有极强的隐蔽性,需要审计人员有敏锐的洞察力,这就需要审计人员不断的加强学习,提高自己的业务能力。二是要注重外围调查。外围调查具有极其重要的作用,经过大量的外围调查,可以完善基本的证据链,使被审计单位和个人无辩解之力。三是要对不同的情况采取灵活的审计方法,才能又快又准地查找到问题的关键所在。四是要严格遵守审计工作纪律,避免在审计中迷失方向,规避审计风险。

案例来源:南宁市审计局。

复习思考题

1. 简述财务收支审计的审计目标。
2. 简述经济责任审计的审计目标。
3. 简述管理审计的原则及类型。
4. 简述国有企业领导经济责任审计结果报告的内容。
5. 简述国有企业领导人任期经济责任审计的评价指标。

第八章

固定资产投资审计

学习目标
1. 明确固定资产投资审计的概念。
2. 理解并掌握审计建设项目开工前审计。
3. 理解并掌握建设项目在建审计。
4. 理解并掌握竣工决算审计。

重要概念：固定资产投资；在建审计

第一节 固定资产投资审计概述

一、固定资产投资审计的概念

固定资产投资审计，是指审计机关运用一定的技术和方法，对国民经济各部门固定资产投资活动以及与之相联系的各项工作进行的审查、监督与评价。根据《审计法》的规定，审计机关对政府投资和以政府投资为主的建设项目的预算执行情况和决算进行审计监督，与国家建设项目直接相关的建设、设计、施工、监理、采购等单位的财务收支，也应当接受审计监督。由于固定资产投资项目一般具有建设周期长、消耗大、参与单位多等特点，且其投入产出是分阶段完成的，因此，对固定资产投资项目的审计，根据项目具体情况的差异，可以划分为投资项目管理审计、建设项目管理审计、工程价款结算审计、建设项目财务收支审计以及项目后评估等类型。

二、固定资产投资审计的内容

固定资产投资审计的内容包括建设项目资金筹措及使用的审计、建设项目开工前审计、建设项目在建审计和建设项目竣工决算审计。

建设项目开工前审计是指对建设项目从筹备建设到正式开工前这段时间的工作内容所进行的审计，包括建设项目资金筹集审计、投资立项审计、设计（勘察）管理审计、招投标审计、合同管理审计等。

建设项目在建审计是指对建设项目从正式开工到竣工验收前的建设实施阶段的内容进行的审计，包括建设项目资金来源、到位及资金使用情况的审计、工程管理审计、工程监理审计、工程造价审计、建设项目物资审计和概预算调整审计等。

建设项目竣工决算审计是指对已完工建设项目的初步验收情况、试运行情况、合同履行情况及投资完成情况实施的审计，包括编制的竣工决算是否符合建设项目实施程序的审计、项目建设及概算执行情况的审计、交付使用资产的审计、在建工程审计等内容。

三、固定资产投资审计的特点

（一）审计内容的专业性和复杂性

固定资产投资审计涵盖投资项目管理审计、建设项目管理审计、工程价款结算审计、建设项目财务收支审计以及项目后评估等，审计机关不仅要审计投资计划安排、预算安排是否符合国家的投资政策和公共财政政策，而且要审计项目前期工作的合规性；不仅要审计资金筹集、管理和使用情况，而且要审计项目管理情况；不仅要审计建设项目工程造价的真实性，而且要审计和评价投资效益情况。因此，审计内容涉及的领域广、跨度大、专业性强。

（二）审计过程的阶段性

一般来说，国家建设项目的建设周期较长，为了及时、完整地反映国家建设项目的资金使用、建设管理等情况，审计机关需要分阶段对建设项目实施审计。一是项目在建阶段的审计，即在项目建设期间对其预算（概算）执行情况进行的审计；二是项目竣工决算的审计，即对已完工项目的决算报表、交付使用资产、尾工工程、结余资金、投资效益等进行的审计。

（三）审计对象的广泛性

国家建设项目数量多、分布广，无论是基础性项目、公益性项目，还是竞争性项目；也无论是国家重点建设项目，还是各部门或单位的一般项目，只要是以国有资产投资或融资为主的，都应当依法接受审计监督，审计对象十分广泛，涉及固定资产投资建设各领域及各种性质的单位。

案例拓展 8 – 1：

审计重案调查：长江堤防造假牵出 30 余 "蛀虫"

审计长江堤防隐蔽工程建设情况发现，部分施工单位买通建设和监理单位，采取各种手段弄虚作假，偷工减料，水下护岸抛石少抛多计，水上护坡块石以薄充厚，工程质量令人担忧。抽查 5 个标段发现，虚报水下抛石量 16.54 万立方米，占监理确认抛石量的 20.4%，由此多结工程款 1 000 多万元，目前部分堤段的枯水平台已经崩塌；抽查 11 个重点险段发现，水上块石护坡工程不合格的标段达 50% 以上。在该工程建设管理中，有关责任人以权谋私、大肆受贿。此案上报国务院后，有关部门立案查处，目前已逮捕 21 人。

——摘自《审计工作报告》

6月,长江大堤正经历着汛期大考,而一场审计风暴也正在进行中。

审计署在6月23日出具了一份审计报告指出,在长江堤防隐蔽工程建设中,部分施工单位买通建设和监理单位,采取各种手段弄虚作假、偷工减料,工程质量令人担忧。

以水下护岸抛石为例,审计部门检查5个标段发现,施工单位虚报水下抛石量16.54万立方米,占监理确认抛石量20.4%,由此多结工程款1 000多万元;而11个重点险段水上块石护坡工程,不合格标段达50%以上。

6月29日,湖北省检察院一位检察官透露,2003年8月至今年5月,审计署武汉特派办介入长江堤防隐蔽工程(因该工程都由国债投入建设,该工程也称长江国债项目)审计以来,共发现涉嫌经济犯罪案件线索15起,已向司法机关移送案件7起,涉案人员30余人。

国债资金逾百万被侵吞

武汉市水电工程公司董事长潘绍山被检察机关批捕,有关单位认为其利用公司改制,侵吞国有资产。2003年12月24日是西方国家的平安夜,但对武汉市水电工程公司董事长潘绍山来说,这天有一个"不平安的转折"。据该公司一位职工介绍,潘绍山于当天被检察机关批捕,至今仍在看守所。

对于潘绍山的问题,审计署武汉特派办提交审计署的材料是这样描述的:"在工程建设中,作假账隐匿工程结算价款1 150万元,之后利用公司改制之机,将这部分国有资产侵吞。"

来自长江水利委员会的资料显示,长江堤防隐蔽工程法人单位是长江水利委员会长江建管局。该工程跨湖北、湖南、江西、安徽四省,岸线长度近2 000千米,共分28个单项工程、400多个标段,工程概算投资为64.94亿元。经竞标,挂靠于武汉市水利局的国有企业武汉市水利水电工程公司获得长江堤尹魏堤段护岸工程的施工权。

据公司总工程师周新介绍,工程2001年2月10日开工,合同工程款为2 165万元,同年5月15日完工,后经长江建管局对地质情况、设计变更等工程因素重新评估后,核定工程款为2 308万元。

此时,武汉市水利局要求公司改制,其最后期限是当年7月30日。

据周新透露,尹魏堤段护岸工程于2001年9月完成分部工程验收,2003年完成单位工程验收,但至今尚未进行最后的竣工验收。"我们一直在追加投资,由于工程造价无法确定,财务部门在公司改制之初将这项工程的利润估算为65万元。"

依此改制,国有企业武汉市水利水电工程公司,就此变成了民营企业。

2003年9月,审计署武汉特派办介入此工程审计,认为尹魏堤段护岸工程的利润至少达250万元,故认为公司负责人"利用公司改制之机,将这一笔国有资产侵吞"。

克隆报表多报工程量骗钱

"他们造假也不想动脑筋,就拿现成的数据重抄一遍骗钱。"而克隆一份报表可能套现国债资金10余万元。据一位曾接近审计组的知情人透露,武汉市水利水电工程公司的问题不仅是"隐匿工程结算价款",还在于"作假账"多报工程量。他举例说,在一份"水下抛石验方凭证表"中，施工方在2000年5月10日、5月12日两天内签了四次施工经历。

令人惊讶的是，对照监理方于2000年5月19日、2000年5月23日签署的另一份"验方凭证表"，其"计算方量"和"核定方量"精确到小数点后的两位数字，竟然一模一样。

8份空白表格虚报工程量

本应由监理公司填写的监理日志变成了空白表格，这为施工单位虚报工程量埋下伏笔。6月29日上午，距离武汉城区约50千米的武青堤上，江风拂面，闷热渐消。正在堤上巡视的一位工作人员介绍，堤防隐蔽工程主要包括涵闸穿堤建筑物、基础防渗处理、水下抛石固基三个部分。"这些设施大多隐蔽在水面之下或地下，现在汛期根本看不到。"他说。武汉干堤武青堤段素来是武汉市长江防汛抢险的险工险段，其水下抛石工程由中港第二航务工程局第一工程公司承建。

长江建管局建设部一位专家介绍，所谓"水下抛石"，是将块石按设计要求抛入水下堤脚区域，像一条棉被一样均匀地覆盖在堤脚上，防止江水直接冲刷堤土，由此护岸固基。此项目占堤防隐蔽工程护岸项目整个投资的50%。审计署武汉特派办出具的几份资料，能清楚看出这一工程建设过程中弄虚作假、套取国债资金的伎俩。

根据有关规定，监理公司的人员需每天详细记录施工单位当日在施工区域的船只数量和抛石量，作为工程原始资料。2000年3月29日"武青堤段护岸工程监理日志"显示，上面虽有监理单位审核盖章，但船只数量和抛石量等本应填写的表格均为空白。"这样做就是为施工单位随意虚报工程量埋下伏笔。"一位审计人员解释。令人吃惊的是，类似空白表格从2000年3月19日至3月31日共出现8次。

"五联单"变成"一联单"

"五联单"本应由石料供应、施工、监理等五方单位人员签字，但事实上很多时候并非如此。"施工五联单"是施工单位向建设单位结算工程款的凭证，需石料供应、施工、监理等五方单位人员签字。但在武汉干堤武青堤段隐蔽工程中，"五联单"却成了"一联单"。耐人寻味的是，"一联单"所记载的水下抛石数量，还与监理日志（或监理周报）产生矛盾。例如，2001年4月1日的监理日志显示该工程已暂停施工，但"五联单"却显示抛石1 096立方米；同年5月12日的"五联单"记录工程已完工，而监理周报却显示5月12日至18日继续抛石1.92万立方米。

经审计发现，武青堤段监理人员确认的水下抛石结算量为20.40万立方米，但施工单位石料采购量仅14.64万立方米，虚列抛石量5.76万立方米，占确认量的近30%，从中套取国债建设资金300多万元。

堤防工程虚报工程量并非个案

根据审计数据显示，5个标段中施工单位累计虚报水下抛石量16.54万立方米类似的情况并不止于武汉干堤武青堤段。另一组审计数据显示，在武汉干堤、荆南干堤等5个标段的抽查中，施工单位累计虚报水下抛石量16.54万立方米，占监理确认的水下抛石量的20.36%，多套取工程建设资金1 045.51万元，占结算资金的20.30%。其中由中国水利水电闽江工程局承建的长江堤防荆南干堤工程,虚报水下抛石量近4万立方米,占合同工程量的24%,套取国债建设资金246万元。此外,由青岛海防筑港工程北海总队承建的马鞍山腰坦池和陈焦圩护岸工程,伪造监理签字,结算水下抛石工程量4万多立方米,涉及金额280多万元。

据审计部门估算,部分工程的石料结算用白条或假发票,以至于石料供应商涉嫌偷漏增值税近亿元。审计报告还指出,中港第二航务工程局第一工程公司"向项目建设单位有关人员行贿90万元。"

建设单位过去5年都是临时机构

工作人员一般为临时调动,收入比原单位少了,但手头掌握着建设资金长江干堤隐蔽工程的法人单位是长江建管局,全称"长江水利委员会长江重要堤防隐蔽工程建设管理局"。1999年12月2日经水利部批准成立。不过,在过去5年里,长江建管局仅为一个临时机构。

长江建管局综合部一位工作人员埋怨,由于长江建管局是临时机构,工作人员一般为临时调动,工资由原单位发,几年未领一分钱奖金。2003年5月15日,《中国水利报》对此的描述是:"许多同志到长江建管局工作后,工作比原单位忙了,经济收入却比原来少了,而手头掌握着建设资金,有了产生腐败的外部条件。"尽管长江建管局内部至今尚没暴露重大的腐败案件,但从2002年底开始,长江干堤国债项目出现腐败案例,就有所披露。2003年6月25日,审计署《审计工作报告》表明:"湖北省荆州市长江河道管理局洪湖分局某副局长与他人相互勾结,在界牌河段长江干堤综合治理项目建设中,采取捏造项目、签订虚假合同、伪造验收资料等手段,涉嫌骗取私分国债资金206万元。"

颇让人吃惊的是,该案从工程立项套取国债资金,到出图施工,以致监理和最后的评审,所有的环节都存在虚构伪造,但工程最后还被评为了优良工程。

在新华社2002年8月3日的一篇报道中,长江水利委员会一位副主任向记者介绍说,当时对长江干堤隐蔽工程分部工程验收的标段合格率为100%,优良率在80%以上。

多个检查单位都没发现问题

"多头检查可能的一个后果是谁也没真正检查。"长江水利委员会一位不愿具名的专家透露,长江建管局成立时,曾抽调了专业干部设立独立于建管局的稽查办,负责对建设资金使用过程中每一笔资金划拨的审核签字、同步稽查,以确保国债资金有效使用。

对于上述严重腐败事件为何不能自我发现,长江建管局稽查办一位人士回复:"我们也只是一个临时机构。"

审计署武汉特派办副主任曹山去年在接受媒体采访时表示,政企不分是这类案件的深层次原因。一个不可回避的事实是,目前参与重大工程建设的施工单位,基本拥有复杂的行业背景。

长江建管局稽查办有关人士则认为,多头检查给检查效果带来了一定影响。他说,目前工程先后接受财政部驻鄂专员办事处、审计署驻汉特派办、湖北省纪委稽查部门和各级人大的交叉检查；而水利系统内部，还有水利部执法检查组、水利部建设管理总站、水利部质监总站和长江流域分站等机构。

"多头检查可能的一个后果是谁也没真正检查。"他说。与此同时，长江建管局的机构名称和人事也变更频频。今年3月20日，根据水利部批复，长江建管局更名为长江工程建设局，规格为副局级，作为长江水利委员会负责流域内中央投资水利工程项目建设的法人单位。长江工程建设局是一个常设机构。同一天，董晓伟被任命为长江工程建设局局长。

司法机关正加紧对有关负责人问责

长江水利委员会新闻中心一位负责人透露，他们将于近期召开新闻通气会，对相关情况做一次澄清。6月28日，董晓伟一早就领一组人"去北京汇报工作了"。"对隐蔽工程的审计，其实是我们主动邀请审计署来的。"长江工程建设局综合部一位同志解释。据他透露，去年6月开始，长江干堤隐蔽工程基本结束，单位工程验收后，邀请审计署驻武汉特派办进行工程审计。他还让记者重申两个问题：一是审计部门的审计工作历时近一年，"不是抽查，而是普查"；二是整个工程没有竣工验收，审计正处于扫尾阶段，但对方已单方面公布了审计数据。

长江水利委员会新闻中心一位负责人透露，他们将于近期召开新闻通气会，对相关情况做一次澄清。具体内容她表示暂不方便透露。而对某些实施单位负责人的问责，司法机关正在加紧侦查审理当中。早在去年年底，审计署武汉特派办就已将潘绍山案移交给湖北省检察院，经省、市两级最后交由公司所在的江汉区检察院侦查。

在武汉市水利水电工程公司内部，部分职工对"作假账隐匿工程结算价款1 150万元"的说法表示异议。一位职工表示，国家重点工程的最高预算利润也只能达到7%，按总价2 308万元折算，也不可能达到上1 000万元之巨。

"目前我们都在观望，也期待有个明确的说法。"该公司总工程师周新说。

6月29日，江汉区检察院政治处喻主任告诉记者，由于此案责任人的量刑可能达到10年以上，按级别规定已移交武汉市检察院，并已进入起诉程序。

武汉市检察院反贪局一位检察官介绍，江汉区检察院对此案的侦查结果之一，是"潘绍山没有上报的国有资产为190万元"。目前，市检察院正在做进一步调查，他表示不便公布相关消息。这位检察官同时表示，对中港第二航务工程局第一工程公司的调查也在进行当中，该公司至少两名主要负责人已被逮捕。不过，中港第二航务工程局一位知情人士透露，该公司也已进行了相应的改制。对于目前案情的进展，他表示不方便透露。据了解，负责该工程的有关监理人员已有人被逮捕。

一位接近审计部门的知情人士表示，虚报背后是严重的质量隐患。今年初，审计部门会同建设、质监等部门对安徽枞阳干堤、湖南岳阳干堤、湖北武汉干堤等共11个标段进行质量检查，结果是：在每个标段抽取的7至10个检测点中，不合格测点超过一半。一位曾参与检查的水利专家告诉记者，在"水落石出"的枯水期，上述堤段部分区域或者块石颗粒小、重量轻，或者块石扎堆，或者根本不见石头。这位水利专家表示，这一工程的护岸固脚作用已大打折扣。

根据审计报告，由中港第二航务工程局第一工程公司承建的安徽枞阳干堤，所检查的 10 个点，设计为 30 厘米厚的块石护坡，有的只有 17 厘米，平均仅 24 厘米。设计为 20 厘米的碎石砂垫层，平均只有 11 厘米，有的地方根本没有垫层，石块下面直接是土。有些标段以毛石代替块石，块石尺寸小于规范设计要求，叠砌、浮塞和中间以小石填心的现象屡有发生，有的甚至叠砌了 3 至 4 层。

上述专家介绍，堤防的抗洪标准是按最薄弱处计算的，一旦某一小段堤防出现问题，受影响的可能是整个大堤。比如，一座大堤有的堤段抗洪能力是百年一遇，有的堤段是 50 年一遇，还有的堤段是 30 年一遇，那么整个大堤的抗洪能力只能算是 30 年一遇。"千里之堤，溃于蚁穴，说的就是这个理。"他说。

不过，长江建管局建设部一位专家认为，目前出现的腐败现象不会对长江大堤造成致命影响。根据长江委披露的一项统计，隐蔽工程实施以来，在汛期均正常运行，未发生溃堤垮坝现象。而干流河道发生的崩岸险情数量较 1998 年以前明显减少。此外，湖北省长江干堤长达 1 000 多千米，实施堤防除险加固后，部分河段防汛特征水位提高 0.5 米左右，抵御洪水能力明显提高。

他同时透露，对于审计查出的长江隐蔽工程质量问题，长江水利委员会也已责成有关施工单位认真整改。随着工程建设的完工，长江工程建设局目前正在进行竣工验收准备工作。

在武青堤段，工作人员告诉记者，施工单位已对不符合要求的干砌石护坡进行了返修，重新砌筑块石和加进碎石砂垫层。此外，对于水下抛石不足的标段，长江工程建设局安排进行了水下测量，并要求施工单位根据实际情况把虚方量足额补抛到位。

案例来源：新京报 2004 年 6 月 30 日第三版。

第二节　投资项目资金筹集与使用审计

一、投资项目资金筹集审计

根据《国务院关于投资体制改革的决定》，对于企业不使用政府投资建设的项目，国家不再实行审批制，区别不同情况实行核准制和备案制。其中，政府仅对重大项目和限制性项目从维护社会公共利益角度进行核准，其他项目无论规模大小，均改为备案制。对于企业使用政府补助、转贷、贴息建设的项目，只审批资金申请报告。对于政府投资项目，采用直接投资和资本金注入方式的，政府从投资决策角度只审批项目建议书和可行性研究报告，除特殊情况外不再审批开工报告，同时严格政府投资项目的初步设计、概算审批工作。

1. 审查立项申请

立项申请是项目筹建单位或项目法人，根据国家和地方的中长期发展规划、产业政策、生产力布局等提出的某一具体项目的建议文件，是对申请项目的一个长期的总体设想和规划。审计机关在对立项申请进行审计时，主要审查：是否符合党和国家经济发展的大政方针，与国家及地方制定的中长期发展规划是否相符；内容是否完整；是否按照规定权限报批；主管部门是否及时进行研究、审查并出具审查意见。

2. 审查可行性研究报告

可行性研究报告是指立项申请批准后，项目法人委托有相应资质的设计、咨询单位，对建设项目在技术、工程、经济和外部协作条件等方面的可行性进行全面的分析、论证后，所形成的文件。审计机关对可行性研究报告的审计内容主要包括：是否符合国民经济和社会发展中长期规划和年度计划；是否符合国家法律、法规的规定；申报材料是否规范、齐全、有效；主管部门是不是及时进行研究、审查并出具审查意见。

3. 审查初步设计

可行性研究报告批准后，项目建设单位或法人通过招投标选择有相应资质的设计单位，按照批准的可行性研究报告的要求，编制初始的设计文件。审计机关对初步设计的审计内容主要包括：检查报告的编制是否以批准的可行性研究报告为依据；是否委托有相应资质的工程咨询机构或专家，对勘探设计中的社会经济、重大技术、环境问题和工程方案进行咨询论证；是否包含所有必要的文件；主管部门是否按照规定及时出具审查意见。

二、投资项目资金使用审计

政府投资预算资金一般实行分级管理、分级负责的原则。对预算资金使用情况的审计需要对不同的部门分别进行审查。

1. 各级财政部门

检查其是否切实履行了本级的职责，是否严格监督检查了预算资金的使用，能否对发现的问题及时做出处理；是否根据基本建设程序、年度基本建设支出预算、年度投资计划及工程进度及时核拨资金；是否按照规定组织地方配套资金并及时拨付到位，有无因资金拨付不到位影响项目建设问题；是否严格执行专款专用，有无挪用、滥用、转移项目资金问题。

2. 各级行业投资主管部门

检查其是否按照有关规定，严格管理和使用预算资金，有无截留、挤占、挪用、滥用预算资金问题；是否存在利用下属公司或关联单位侵占预算资金问题；是否及时审核所属预算单位上报的支付申请，有无超过期限审批影响工程建设等问题。

3. 建设单位

检查其是否建立、健全建设资金内部管理制度；是否严格控制费用支出；有无截留、挤占、挪用、滥用建设资金问题；有无管理不善造成重大损失等问题。

政府审计

案例拓展 8-2：

2016 年第 8 号：北京市审计局关于本市轨道交通建设资金管理使用情况的审计结果

根据《中华人民共和国审计法》和《北京市审计条例》的规定，2015 年 4~7 月，北京市审计局对本市轨道交通建设资金管理使用情况进行了专项审计。审计主要涉及北京市基础设施投资有限公司（以下简称"京投公司"），延伸调查了 9 个与轨道交通规划、建设、管理和运营事务相关的部门单位。

一、基本情况和审计评价

截至 2015 年一季度，本市轨道交通运营线路总里程 528.2 千米、在建线路总里程 143.2 千米、规划建设线路总长 328.7 千米。2011 年至 2015 年 3 月，市区财政和京投公司共筹集轨道交通建设资金 1 401.52 亿元。其中市级财政性资金 361.91 亿元，区级资金 100.66 亿元，京投公司自筹资金 938.95 亿元。

审计调查结果表明，在"十二五"期间，本市轨道交通建设得到了极大的发展，轨道交通建设为缓解交通拥堵、方便市民出行做出了重要贡献。截至 2014 年底，轨道交通运营里程达到 528.2 千米，比 2010 年底的 336 千米增加了 57.2%；2014 年运送客流 33.9 亿人次，比 2010 年的 18.5 亿人次增加了 83.2%；市民各种交通方式出行构成中，轨道交通出行的比例达到 22.4%，比 2010 年的 12.6% 提高了近 10 个百分点。轨道交通的发展大大缓解了地面交通的压力，体现了对城市交通体系的支撑，方便了市民出行，推动了轨道交通沿线的社会经济发展，促进了城郊之间人口和资源的流动，为节能减排、建设"绿色北京"起到了有力的推动作用。从审计情况看，未来几年轨道交通建设财政投入缺口较大，亟待引入社会资本。按照《北京市城市轨道交通建设规划（2014-2020）》所列的建设计划、建设规模，以及截至审计时实际投资完成的进度测算，未来 8 年轨道交通建设在财政投入上平均每年面临超过 200 亿元的资金缺口。

二、审计发现的主要问题

一是部分轨道交通线路拆迁结余资金未及时退回。2011 年以来，地铁 4 号线、5 号线、10 号线一期、10 号线二期、15 号线一期东段、大兴线、亦庄线、昌平线一期、房山线等 9 条线路拆迁结余资金 14.26 亿元，在相关区财政局、建设主管部门滞留，尚未退回京投公司，增加了轨道交通建设资金利息负担。

二是 4 号线、8 号线（奥运支线）和 10 号线一期 3 条线路已建成通车，但 3 条线路有 4 个股东资本金尚未实缴到位，涉及资金 6.86 亿元。

三是部分已通车的线路存在未实施的尾工。"十二五"期间投入运营的 6 号线、7 号线、8 号线（含昌八联络线）、10 号线二期、14 号线、15 号线共 6 条线路，均有尾工尚未实施，共计 321 项，其中 249 项尾工对运营效率有所影响。

四是部分线路调整建设内容，个别已投入运营线路车站出入口建成后拆除，导致投资增加。

三、审计处理和初步整改情况

市审计局针对征地拆迁结余资金滞留问题,建议各主管部门、项目业主单位、建设管理单位积极采取有效措施,研究制定专门方案,尽快督促各区将征地拆迁剩余资金退回;针对部分线路的外部股东资本金不到位的问题,建议市重大办协助京投公司协调相关外部股东,使项目资本金尽快足额到位;建议轨道公司和快轨公司与运营单位积极沟通协调,尽快安排实施相关尾工,消除或减小对运营效率的影响;针对建设内容调整导致投资增加的问题,建议轨道交通规划、设计单位和京投公司在规划阶段更加充分地进行方案论证。

针对审计中发现的问题,相关部门正在积极组织整改。目前,滞留的拆迁结余资金已退回京投公司8.96亿元,未实缴到位的股东资本金已缴到位6.58亿元,未实施的尾工已完成206项。针对未来几年轨道交通建设财政投入缺口较大的情况,市政府召开了专题会议,研究并通过本市城市轨道交通投融资机制创新方案,对京投公司采取授权—建设—经营的模式,进一步明确政企职责,京投公司在市政府的授权下履行本市轨道交通业主职责,提供城市轨道交通项目的投资、建设、运营等整体服务,根据市场情况利用多种融资工具统筹兼顾融资成本和运营效率,引入其他社会资本。

案例来源:北京市审计局2016年第8号公告。

第三节 建设项目开工前审计

一、建设项目开工前审计的概念及必要性

（一）建设项目开工前审计的概念

建设项目开工前审计是指对建设项目从筹备建设到正式开工前这段时间的工作内容所进行的审计,包括对建设项目前期建设程序、设计（勘察）、招投标合同、建设资金等进行审计具体来讲,就是审计机关对项目前期准备工作、建设资金筹集情况、建设程序、征地拆迁、施工图预算（总预算、分项预算或者单项工程预算）的真实性、合法性进行的审计监督。

（二）开展建设项目开工前审计的必要性

建设项目实行开工前审计,是国家对投资规模调控的一项重要措施。为加强固定资产投资项目管理。控制投资规模,提高投资效益,固定资产投资项目实行开工前审计制度。建设项目开工前审计制度作为我国固定资产投资宏观调控的机制和有效手段,已经实行了近十年的时间。越是加大和鼓励投资,开工前审计就越有必要的主要原因有:

（1）可以保证建设项目的顺利实施,提高投资效益。开工前审计制度着重对建设资金的监督审查,强调资金来源的正当和落实。审计的重点是建设项目的资金是否落实和是否符合国家的有关规定。审计资金来源时发现有违规拆借资金、以银行贷款作

自筹、未经批准的社会集资等，应予纠正，资本金须落实，且必须达到当年计划投资数的一定比例，以保证施工的连续。通过严格把关，确保了项目的建设资金。对那些无资金来源或资金来源不足，草率上马的工程，起到了控制作用，避免了投资风险和金融风险，提高了投资效益。

（2）可以调节固定资产结构。控制投资规模与投资结构不合理是国家固定资产投资中突出的问题，建设项目开工前审计对解决此问题能起到重要作用。按照要求，开工前审计要检查项目是否符合国家的产业政策，是否存在违反国家政策的有关问题，对属于国家明令禁止的或限制发展的项目，如一些高耗能、高投入、低产出的项目应坚决出具不同意开工意见书，因此开展项目前审计就更加必要。

二、建设项目开工前审计的目标及主要内容

（一）建设项目开工前审计的审计目标

建设项目开工前审计的审计目标是：

（1）项目建设规模、内容和标准是否符合经批准的项目计划，有无超规模、超标准的问题，是否与可行性研究报告相符。

（2）项目开工前的各项审批手续是否完备、合法，建设项目及投资是否纳入年度投资计划。

（3）建设项目是否严格履行基本建设程序，有关审批和对外签约是否相符，工程开工前是否完成工程项目的所有前期工作。是否存在边勘察、边设计、边施工的"三边"工程。

（4）项目总预算、分项预算是否符合总概算、分项概算。

（5）项目征地拆迁、勘察、设计、监理、咨询服务等前期工作及其资金运用的真实性、合法性。

（6）项目是否符合国家的产业政策，是否存在违反国家政策的现象及其他有关问题。

（二）建设项目开工前审计的主要内容

1. 建设项目资金筹集的审计

建设项目的资金来源包括基建拨款、基建投资借款和外资等债务性资金、自筹资金等。第一，基建拨款，由国家财政、主管部门和企事业单位拨入建设单位无偿使用的基本建设资金，由预算拨款、项目资本金、贷款贴息资金和专项资金组成预算拨款是建设单位从中央或地方财政预算中取得的无偿用于基本建设的资金；项目资本金是按项目资本金制度的规定和经营性项目的需要，以国家资本金形式拨入建设单位的基建资金；贷款贴息资金是对能源、原材料、农林、水利等基础产业使用银行贷款和开发银行应贷款项目给予的财政贴息资金；专项资金是除上述预算内基建支出外，国家财政为解决一定时期内特殊经济建设需要安排的专项基建支出，以及各部门建立的专项基金原在预算内列支的资金。第二，基建投资借款和外资等债务性资金，由银行借款、国家开发银行投资借款、以国家信用担保的国外贷款和借入外资组成。第三，自

筹资金，由企业自筹资金和项目资本金组成。企业自筹资金是企业主管部门和企业专用基金、基建收入留成等用于基建部分的资金；项目资本金是按项目资本金制度的规定和经营性项目的需要，项目法人在项目总投资中筹集的一定比例的非负债资金。

对基建拨款的审计主要审查建设单位是否符合预算拨款的范围，建设项目是否符合国家产业政策规划的要求，建设项目是否已经纳入批准的年度基本建设计划，建设单位取得预算拨款的依据是否完备合法，有无违规挪用财政周转资金和专项资金的情况，有无违规申请、使用基建贷款贴息资金等。对基建投资借款和外资等债务性资金的审计主要审查建设单位是否符合规定的借款范围，有无偿还债务的能力，借款的依据是否真实、齐全（如项目建议书、可行性研究报告、初步设计和概（预）算文件以及年度基本建设计划等是否齐全），借款合同是否按照批准的基本建设计划、设计概算签订，借款合同的签订是否符合《中华人民共和国经济合同法》《借款合同条例》以及国家规定借款利率等法规文件的要求。对自筹资金的审计主要审查自筹基建资金项目是否纳入国家基本建设计划，审查建设单位是否存在挤占生产成本、乱摊派、乱集资的情况，有无截留应上缴利润和拖欠税款等情况。

2. 投资立项审计

投资立项审计是指对建设项目从立项、论证、批准建设到准备开工过程中决策程序的真实性、完整性进行的审查与评价。审计的主要内容包括：

（1）根据项目建设特点、规模、相关机构审批权限，审查项目建议书、可行性研究报告、初步设计文件审批程序是否完整，是否按顺序进行。项目决策是否经过比选、分析、控制等过程，项目建设是否符合国家规定及发展战略。决策内容是否真实、完整，依据是否充分，是否经专家进行全面论证。

（2）审查可行性研究报告及初步设计文件是否按项目规模由相应的审批部门批复，项目实际情况与批复内容是否存在差异。未取得批复即开工的项目应查明原因，明确该项目应取得的施工许可手续是否已由相应的主管部门审批。

（3）审查建设项目用地数量、方式是否符合实际需要，建设用地是否经政府部门批准；各种土地补偿安置费用是否符合当地政府规定的标准；项目用地是否拆迁完毕，施工场地是否平整；施工用水、供电、道路、通信是否通畅；施工单位的资格资质是否符合要求并已完成开工前准备工作；是否已向施工单位交付满足进度所需的施工图纸，主要设备、材料采购订货是否开始。

3. 设计（勘察）管理审计

设计（勘察）管理审计的目标主要是：审查和评价设计（勘察）环节的内部控制及风险管理的适当性、合法性和有效性；勘察、设计资料依据的充分性和可靠性；委托设计（勘察）、初步设计、施工图设计等各项管理活动的真实性、合法性和效益性。审计的主要内容包括：

（1）审查设计（勘察）单位确定方式是否合法；设计（勘察）单位资质是否符合要求，是否与其签订正式的合同，是否明确规定勘察设计的基础资料、设计文件及其提供期限；是否明确规定勘察设计的工作范围、进度、质量和勘察设计文件份数；勘察设计费的计费依据、收费标准及支付方式是否符合有关规定；委托设计（勘察）的范围是否符合已报经批准的初步设计文件要求。

（2）审查初步设计完成的时间及其对建设进度的影响；是否及时对初步设计进行审查，报经批准的初步设计文件是否符合经批准的可行性研究报告及估算要求，可行性研究报告未经批准不得作为编制设计概算的依据。

（3）审查编制设计概算所依据的指标、定额、费率、材料（设备）的预算价格等是否现行适用；定额与取费标准的采用是否配套，定额和标准的选用是否合规，有无违反规定、高估冒算的问题，并结合项目建设地的概预算编制要求、工程造价资料、相关市场价格和造价信息、施工现场需要进行审查总概算文件及所附整套资料是否齐全；文件中列支的各部分投资及费用是否与各单项工程数额相一致；编制说明是否将需要说明的问题均已阐述清楚，概算总表的各个部分是否完整，有无错漏。

（4）审查施工图设计完成的时间及其对建设进度的影响；施工图交底、施工图会审的情况以及施工图会审后的修改情况；施工图设计的内容及施工图预算是否符合经批准的初步设计、概算的范围要求；施工图预算的编制依据是否有效、内容是否完整、数据是否准确；施工图设计文件是否规范、完整。

4. 招投标审计

招投标审计是指对建设项目的可行性研究、设计（勘察）、监理、施工、设备采购等各方面的招投标和工程承发包的质量及绩效进行的审查和评价。审计的主要内容包括：

（1）审查建设单位是否执行国家招投标管理制度，招标范围、程序和方式是否符合规定，招标文件是否齐全，内容是否全面准确。

（2）招标是否符合平等竞争的原则，是否委托有资质的招标单位进行；招投标代理费用是否符合规定；招标文件是否正确完整；招标文件中所列规模是否控制在批准规模之内；招标单位是否按照规定的程序和方式进行招标。

（3）投标企业资质是否符合建设工程的要求，有无越级投标的情况；投标单位是否按照规定的程序和方式进行投标；投标单位标书内容是否完整；报价是否合理；选择的施工方法和施工组织设计是否科学、先进，有无保证工期和工程质量的具体措施。

（4）审查开标的程序是否符合相关法规的规定；评标标准是否公正，是否存在对某一投标人有利而对其他投标人不利的条款；是否对投标策略进行评估，是否考虑投标人在类似项目及其他项目上的投标报价水平；中标人承诺采用的新材料、新技术、新工艺是否先进，是否有利于保证质量、加快速度和降低投资水平；定标的程序及结果是否符合规定；是否有可能发生泄漏标底的情况；是否按中标通知书与中标单位签订合同，有无夹带计划外项目的问题；是否存在人为控制中标单位的问题。

5. 合同管理审计

合同管理审计是指对项目建设过程中各专项合同内容、各项管理工作质量及绩效进行的审查和评价。审查的主要内容包括：

（1）审查建设单位是否建立有效的合同管理制度，由专人负责合同的归档和保管，是否制定合同管理台账；合同管理环节的内部控制及风险管理是否适当、有效；合同管理资料是否充分、可靠；合同的签订、履行、变更、终止的程序是否真实、合法。

（2）审查合同当事人的资质、履行合同的能力，合同的签订是否符合招投标程序，合同条款是否完整、合法、清晰，有无不合理的限制性条件，法律手续是否完备；审查是否存在合同变更的相关控制制度，变更程序执行的有效性及索赔处理的真实性、合理性；变更的原因以及变更对成本、工期及其他合同条款的影响的处理是否合理；有无影响合同继续生效的漏洞。

（3）审查是否全面、真实地履行合同；合同履行中的差异及产生差异的原因；有无违约行为及其处理结果是否符合有关规定；合同最终的履行情况、费用及其支付情况；合同资料的归档和保管，包括合同签订、履行、跟踪监督以及合同变更、索赔等一系列资料的收集和保管是否完整。

（三）建设单位需提供的相关材料

为了使建设项目开工前的审计顺利进行，建设单位需提供如下资料：项目审批文件、计划批准文件和项目分项概算、总概算；项目前期财务支出等有关资料；施工图预算（分项预算或者单项工程预算）及其编制预算；与审计相关的其他资料。

三、建设项目开工前审计的作用及应注意的问题

（一）建设项目开工前审计的作用

通过对拟建项目的审计，可以发现该项目开工前的各项审批手续是否完备、合法；通过对拟建项目的审查，可以综合评价该项目建设的必要性与可行性，从而发现拟建项目规模是否过大，等级是否过高；项目的设计、采用的技术是否先进和符合实际需要；工程量的计算是否有多计、重计、漏计，是否存在计划外工程；土地征用、拆迁是否真实准确、合乎手续；通过对项目资金来源及落实情况的审查，可以查明建设资金是否落实，防止出现"半拉子工程""胡子工程"，有利于严肃财经纪律和确保项目工程建设顺利完工。

（二）建设项目开工前审计应注意的几个问题

建设项目开工前应注意以下几个问题：（1）拟建项目未能提供批准的项目建议书、可行性研究报告、初步设计，资金来源不符合国家有关规定，资金未按时到位或资金不落实，审计部门可不受理其开工前审计申请。（2）经审计拟建项目审批程序和手续完备的，应出具同意办理开工手续意见书；否则应出具不同意办理开工手续意见书。（3）对拟建项目开工前审计发现的其他问题可按国家有关规定处理。（4）开工前审计，审计部门应集中力量，以最快的速度审完并做出结论，以便项目法人报批早日开工。（5）审计部门出具结论要求实事求是、客观公正，应严格控制造价，切实核定项目工程投资总额，做到工程竣工，项目造价控制在批准的概算之内。

案例拓展 8-3：

关于泰州市 2013 年至 2015 年 8 月政府投资项目招投标审计调查结果的公告

根据《中华人民共和国审计法》第二十七条规定，2015 年 10 月 19 日至 2016 年 3 月 18 日，泰州市审计局对海陵区人民政府、高港区人民政府、泰州医药高新区管委会、市有关部门和单位组织实施的 2013 年 1 月至 2015 年 8 月政府投资项目招投标情况进行了专项审计调查。

一、基本情况

泰州市公共资源交易中心于 2014 年 4 月 28 日正式对外运行，此次审计调查抽阅了市公共资源交易中心 132 个政府投资项目或标段的招投标情况，项目中标价为 1 718 962.34 万元，其中：市医药高新区项目 56 个、中标价 1 074 368.08 万元，高港区项目 28 个、中标价 276 744.9 万元，海陵区项目 25 个、中标价 174 728.55 万元，市本级项目 23 个、中标价 193 120.81 万元。

二、审计调查评价意见

市公共资源交易中心紧紧围绕《中华人民共和国招标投标法》《中华人民共和国招标投标法实施条例》以及相关法律法规，大力推进工程招投标电子化平台建设，规范交易流程，加强内部管理，强化服务理念，创新服务举措，着力打造"公开透明、规范有序、高效便捷"的阳光交易平台，实现了交易全程电子化。相关部门和单位基本能自觉执行招投标相关法律法规，政府投资项目基本能按规定招投标，招投标行为基本合规。但审计也发现了部分项目未按规定公开招标、招标人未按招标文件收取履约保证金等问题。

三、审计调查发现的主要问题

1. 部分项目未按规定进行公开招投标。审计调查过程中发现有些项目应招标但未公开招标，有些项目先直接发包后补办手续，有些项目应公开招标采用邀请招标，有些项目代建项目代建未招标且约定代建管理费超标准。

2. 未按招标文件要求收取或退还履约保证金、投标保证金。审计调查发现部分项目未按招标文件对履约保证金进行管理，主要表现为一是少收履约保证金或未提交履约保函；二是改变履约保证金缴纳方式；三是提前收取和退还履约保证金；四是履约保证金、投标保证金超规定比例。

3. 部分项目采用费率招标，未编制招标控制价。泰州医药高新区、高港区、海陵区和市凤城河管委会共有 28 个项目或标段未编制招标控制价而采用费率招标，涉及金额 999 024.7 万元。

4. 付款方式优惠后未重新发布招标公告。医药高新区部分项目招标人在与中标人签订合同时，改变了资格预审公告、招标公告中提供的付款方式，主要是提高付款比例并增加施工期利息，但均未重新发布公告。

5. 其他不规范的行为。审计调查中发现还存在以下一些不规范的行为：一是招标代理、预算编制等收费未执行减半征收政策；二是部分项目项目经理、监理人员未按合同约定到位；三是部分未中标单位隐瞒或未如实提供业绩和相关资料；四是超资质范围承揽业务；五是某工程修建性详细规划及建筑方案邀请招标单位与投标单位、中标单位、签订合同单位不一致。

四、审计调查建议及整改情况

对审计调查中发现的问题，我局已依法出具审计调查报告，并提出了以下建议：一是严格执行招投标的相关法规，加强国有资金投资项目招标投标的监督管理；二是建议市政府对政府投资项目招投标情况进行专项治理；三是规范设置投标人资格条件；四是规范投标行为，完善评标方法；五是规范标后履约行为；六是建立招标项目代理责任制，规范招标代理收费；七是完善体制机制，防范廉政风险。对审计调查提出的问题，各责任单位均进行了及时整改，市委、市政府主要领导对审计调查结果高度重视，批示要求在全市范围内对政府投资招投标项目开展专项治理，以促进我市招投标工作的规范化。

案例来源：泰州市审计局 2017 年第 2 期审计公告。

第四节　建设项目在建审计

一、建设项目在建审计的概念及目标

（一）建设项目在建审计的概念

在建工程是指尚未交付使用的固定资产建筑工程和安装工程，包括自营工程、出包工程、设备安装工程。建设项目在建审计是指对建设项目从正式开工到竣工验收前的建设实施阶段的工程管理、工程监理、工程造价、建设项目物资等的真实性、合法性实施的审计。

（二）建设项目在建审计的目标

建设项目在建审计的具体审计目标是：确定在建工程是否存在；确定在建工程是否归被审计单位所有；确定在建工程增减变动的记录是否完整；确定在建工程的年末余额是否正确；确定在建工程在会计报表上的披露是否恰当。

二、建设项目在建审计的内容

建设项目在建审计应关注工程管理、工程监理、工程造价、建设项目物资等全方位的内容，以评价建设单位是否按规定开展各项工作。

（一）建设项目资金来源、到位与使用情况审计

对建设项目资金来源、到位与使用情况审计主要审查：建设资金来源是否合法，建设资金是否落实，建设资金是否按计划及时到位，建设资金使用是否合规，有无转移、挪用和侵占建设资金问题，有无非法集资、摊派和收费问题，建设资金和生产资金是否严格区别核算，有无损失浪费问题等。

（二）工程管理审计

工程管理审计是指对建设单位在项目建设过程中的进度控制、质量控制和投资控制所进行的审查和评价。审计的主要内容包括：

（1）审查建设单位工程管理有关内部控制的健全性、有效性。工程管理内部控制的健全性、有效性的审查内容包括：现场管理资料是否完整，对于设计变更，隐蔽工程、材料代用、工程质量、事故的管理是否规范，工程价款结算是否符合实际情况、手续齐全、授权明确。设计变更内容是否符合实际要求，是否符合建设项目管理程序，概算调整是否按规定程序取得主管部门批准，手续是否完备。工程管理资料是否与工程同步，资料的管理是否规范。

（2）结合实际工程完成情况，审查施工合同签订的主要条款的履行情况、施工合同主要条款的履行情况的内容包括：对设计文件规定的承包方式、规模、工期、质量、材料消耗和取费、奖惩等项目，施工单位是否认真履约，是否存在转包或违规分包的现象，有无擅自修改工程设计的问题。检查施工组织设计和施工图纸会审工作中，对会审所提出的问题是否进行处理；有无因设计图纸拖延交付而导致的进度风险；是否按规范组织了隐蔽工程的验收，对不合格项的处理是否适当；对不合格工程和工程质量事故的原因是否进行分析，其责任划分是否明确、适当。

（3）审查施工组织设计是否合理、有序。施工组织设计的审查内容包括：各项部署是否有利于工程建设进度，计划进度的制订、批准和执行情况，实际进度与项目计划进度、施工合同是否吻合，对于工期延误应查找原因，划分责任。检查有无工程质量保证体系，施工单位是否建立了工程质量管理机构，并依据质量管理规定对施工各环节进行检查监督。

（三）工程监理审计

监理责任制是监理单位依据国家规定，受建设单位委托，对项目建设进行监督、管理、控制和评价的制度。工程监理审计包括：（1）监理机制的审计。审查建设项目是否执行监理制，监理公司的资质与建设项目的规模是否相符，监理报酬的计算方法和支付方式是否符合有关规定，监理工作内容、监理权限是否明确，项目监理规划及实施细则是否清楚。（2）监理内容的审计。监理单位是否按合同对工程进度、质量和投资进行监督和管理，有无超越合同批准的业务范围从事监理的行为，有无转让监理业务的行为，是否有监理月报、监理日记、协调会议和专题会议纪要、分项分部工程质量验收认可单、质量事故的处理资料、造价控制资料、工程价款结算资料、质量控制资料、进度控制资料、合同管理资料、监理通知、监理人员情况和监理工作总结等内容。监理单位有无与施工单位、供货单位串通损害建设单位利益的现象，有无因监

理单位工作失误造成重大事故的问题。

（四）工程造价审计

工程造价审计是指对建设项目全部成本的真实性、合法性进行的审查和评价。审计的主要内容包括：

1. 建筑安装工程投资审计

审查施工合同价款的合法性与合理性，审核实际结算与合同价格不同的部分；审核工程量计算、单价取定及取费标准是否符合规范要求；检查工程价款结算的方式是否能合理地控制工程投资支出。

对于不同的工程类别，按合同价款的确定方式，审查建筑安装工程投资。对采用概算或预算价格作为"包干"价格方式结算的，审查是否根据实际完成的工程量套用预算定额及调整系数、地区材料预算价格、取费标准和税率进行计算；有无概算外工程费用列入，有无将预付备料款、预付工程款等未形成工程进度的支出计入投资完成额的情况，设计变更、隐蔽工程、材料代用是否符合实际要求，内容是否真实，手续是否齐全，工程量计算和费用取定是否正确，是否符合合同规定要求。

对采用招投标确定"包干"价格进行结算的，审查招标程序是否规范，标底价格是否合理，中标合同价是否与工程结算一致，审查不一致的原因。

对采用工程量清单计价的工程，审查工程量清单编制的准确性、完整性；计价是否符合国家清单计价规范要求的"四统一"，即统一项目编码、统一项目名称、统一计量单位和统一工程量计算规则。

2. 设备投资审计

设备采购是否采取招标方式，购入的设备、工器具的规格型号、数量与金额是否与设计所附设备清册一致，有无计划外购买设备的情况；计入设备投资时是否已到达建设单位仓库或指定地点，并经验收合格设备投资是否按照合同规定的价格结算；运保费的支出是否符合有关规定。

3. 其他投资审计

审查建设单位管理费列支是否合理，使用是否符合会计制度规定，是否存在擅自提高标准、扩大开支范围的现象，对建设单位管理费支出超概算要查明原因；审查土地征用数量是否合理，有无擅自多征土地的问题，土地征用及迁移补偿费是否按照规定的标准和范围支付，有无严重高估、弄虚作假的问题；勘察设计费是否按照国家有关规定支付，有无提高收费标准或用其他名义虚列设计费的问题；审查研究试验费用支出是否按照有关规定使用，有无计划外项目和应由生产单位、施工单位、勘察设计单位负担的费用混入；审查借款利息支出是否只包括计划规定的建设期内利息，有无将应由生产企业、施工企业和建设单位自有资金支出的借款利息、逾期还款的罚息、投产后利息等列入的现象。办公生活家具、器具购置支出是否控制在概算数额之内；有无利用此项投资为生产单位购置工器具的情况。

（五）建设项目物资审计

建设项目物资审计是指对项目建设过程中设备和材料采购环节各项管理工作质量

及绩效进行的审查和评价。审计的主要内容包括：

1. 审查各种设备、材料的订购是否建立了有效的控制制度

审查订购的各种设备、材料是否属于设计文件和建设项目计划范围；采购程序是否规范；是否按照公平竞争、比质比价、招投标的原则来确定供应方；对新型设备、材料的采购是否进行实地考察、资质审查、价格真实性的审查；采购合同与财务结算、计划、设计、施工、工程造价等各个环节是否存在因脱节而造成的资产流失、延误工期等问题。

2. 采购合同审计

采购合同的签订是否合规，条款是否清楚齐全；合同中所列物资名称、规格、数量是否与设计概算和年度物资采购计划清单所列一致，有无计划外或擅自提高标准购置的情况；供货单位是否具备相应的资质等级，工艺、产品的质量能否达到标准的设计要求；合同价格是否合理；国外采购设备和材料是否以合同规定的货币进行结算，对到货的设备存在短少、规格不符、质量低劣的问题，建设单位是否按照合同规定及时联系退货或索赔。

3. 验收、保管与领用审计

审核购进设备和材料是否按合同条款进行验收，是否有健全的验收、入库和保管制度，审核验收记录的真实性、完整性和有效性；审核验收合格的设备和材料的生产许可证、质量合格证等是否齐全，是否全部入库，有无少收、漏收、错收以及涂改凭证等问题；审核设备和材料的存放、保管工作是否规范，是否设置库存保管台账，保管措施是否有效；审核设备和材料领用的内部控制是否健全，领用手续是否完备；有无用于计划外工程，生产企业生产设施的更新改造与大修理、其他建设项目混用的情形；设备材料是否按照设计标准使用，审核领用设备和材料的质量、数量、规格型号是否正确，有无擅自挪用、以次充好以及换取生活物品等问题。

4. 有关会计资料的审计

审核设备和材料货款的支付是否按照合同条款执行；有无任意提高采购费用和开支标准的问题；会计核算资料是否真实可靠；会计科目设置是否合规及其是否满足管理需要；检查采购成本计算是否准确、合理，材料成本差异的分摊是否合理；预付账款的记账依据是否充分，期末有无对账签证手续；库存物资的盘盈、盘亏是否真实、合理并分析原因，会计处理是否合规、正确。

（六）预算调整的审计

固定资产投资预算一经确定，就要在项目建设过程中予以贯彻执行。但是在执行过程中，当建设条件、预算定额、标准发生变更时，需要对原预算进行调整。此时需要对预算调整情况进行审计，审查的主要内容是：设计变更的内容是否符合规定，签证手续是否齐全；调整预算（概算）是否依据规定的编制办法、定额、标准由有资质单位编制，套用定额和计提费用有无错误，是否经有权机关或单位批准；影响项目建设规模的单项工程间投资调整和建设内容变更，是否按规定的管理程序报批，有无擅自改变建设内容、扩大建设规模和提高建设标准的问题。

案例拓展 8-4：

2019 年度第一阶段"8·8"九寨沟地震灾后恢复重建跟踪审计

按照四川省委、省政府关于"8·8"九寨沟地震灾后恢复重建的工作部署，2019年3月至5月审计厅组织对受灾地区的发改、财政等行政主管部门在灾后恢复重建过程中的履职情况，以及部分省直部门负责的灾后恢复重建项目进行了跟踪审计。

一、基本情况

（一）灾后重建项目推进情况

截至 2019 年 5 月，根据四川省"8·8"九寨沟地震灾后恢复重建委员会办公室提供的资料反映，纳入《"8.8"九寨沟地震灾后恢复重建规划项目（中期调整版）》目录的 217 个项目，规划总投资 113.45 亿元，累计开工 213 个、开工率 98.20%；完工 97 个、完工率 44.70%；完成投资 48.6 亿元，占规划总投资的 42.80%。

（二）灾后重建资金管理和使用情况

截至 2019 年 5 月，四川省财政厅到位全省"8·8"九寨沟地震灾后重建资金共42.40 亿元，其中：中央专项资金 11 亿元，省级专项资金 17.87 亿元，捐赠资金 0.53亿元，新增预算资金 13 亿元。

截至 2019 年 5 月，四川省财政厅下达全省"8·8"九寨沟地震灾后重建资金共42.40 亿元，其中：省本级 1.27 亿元，阿坝州州本级 20.46 亿元，九寨沟县 17.22 亿元，松潘县 1.90 亿元，若尔盖县 0.43 亿元，绵阳市 0.06 亿元，平武县 1.05 亿元。共计安排阿坝州"8·8"九寨沟地震灾后重建地方政府债券 10.44 亿元。

（三）灾后重建政策措施贯彻落实情况

在省委、省政府的坚强领导下，阿坝州人民政府，九寨沟、松潘、若尔盖县人民政府作为灾后重建工作的责任主体和实施主体，较好地落实了财政、税收、金融、土地、就业和社会保障、产业扶持等方面的灾后重建政策措施，但也存在减免施工企业负担等个别政策执行不力的情况。

审计结果表明，"8·8"地震灾后恢复重建在州（县）人民政府领导下，各相关职能部门相互协作，项目建设有序推进，资金管理使用和项目建设整体情况较好。但是，由于灾后恢复重建资金量大、项目建设任务较重等原因，本次跟踪审计也发现相关职能部门存在一些履职不到位的情形和问题，还需引起高度重视并加以改进。

二、跟踪审计发现的主要问题

（一）部分地方发展改革部门履职尽责存在不到位的情形

一是未按规定将灾后重建项目立项批复文件信息通报相关行政监督部门，未形成监管合力；二是监管不到位。部分灾后重建项目未按发展改革部门核准的招标方式实施。如：九寨沟县中学校灾后恢复重建项目、松潘县中藏医院急救中心建设项目、若尔盖县特色种养殖基地等项目批复依据《招标投标法》实施方式为公开招标，实际变为按政府采购的竞争性谈判、询价等方式实施。

(二) 部分地方财政部门履职尽责存在越位、不到位的情形

一是未征求相关部门意见出台文件等行为，导致部门职责不清、部分项目推进受到影响。如州财政局出台的《关于进一步加强州本级"8·8"九寨沟地震灾后恢复重建项目评审工作的通知》规定"……确因需增加和变更的，报州重建办审批……"但该文未事先征求州重建办的意见，州重建办明确不具备审批工程变更事项的职能。九寨沟景区89处地质灾害隐患点治理和诺日朗综合服务中心建设等项目业主办理变更事项程序不清，项目推进受到影响。

二是州（县）财政、发改部门对项目招标事项监管不够协同。财政部门将发改部门已批复进行公开招标的事项纳入政府采购方式实施。

三是未对财政投资评审机构报送的投资评审报告进行抽查或复核。灾后恢复重建项目财政评审是灾后重建资金管控的关键环节，财政评审质量关系重建资金安全。审计发现，阿坝州、九寨沟县、松潘县、若尔盖县财政局分别对灾后恢复重建项目的643个事项、494个事项、46个事项、5个事项进行了评审，均未对财政投资评审机构报送的投资评审报告进行抽查或复核。

四是部分项目的财政评审工作不及时，影响项目推进。在没有合理原因的情况下，截至审计日，州财政局对灾后恢复重建项目的192个施工招标控制价进行评审，其中5个未在规定时间内完成，占比2.60%；九寨沟县财政局对灾后恢复重建项目的227个施工招标控制价进行评审，其中86个未在规定时间内完成，占比37.88%；松潘县财政局对灾后恢复重建项目共计46个事项进行评审，其中20个事项未在规定时间内完成，占比43.48%。

(三) 部分地方住建部门履职存在行业监管不到位的情形

一是对部分项目的参建单位信用管理不到位，不利于当地建筑市场健康运行和灾后重建项目顺利推进。如九寨沟县住房城乡建设局在发现灾后重建过程中存在围标串标、部分备案的参建单位相关人员在施工时不在现场等问题时，未将相关违规责任主体按《四川省建筑市场责任主体不良行为记录管理办法》的规定，将其纳入建筑市场责任主体不良行为记录进行扣分管理。

二是未对灾后重建项目的质量、安全进行监督或监督不到位。审计发现，州住房城乡建设局应对未对九寨沟景区道路项目进行质量、安全方面的监管；九寨沟县住房城乡建设局未按规定对九寨沟县人民医院等6个灾后恢复重建项目危险性较大的分部分项工程进行质量、安全检查和验收监督。

三是部分受灾州（县）住建部门未按《四川省房屋建筑和市政基础设施工程施工安全监督实施细则》规定对灾后重建项目的安全文明施工情况进行检查，并严格记录、打分，致使部分项目安全文明施工脱离行业监管。

(四) 部分地方自然资源部门存在履职不到位的情形

一是部分项目行政审批事项办理不及时。如九寨沟县自然资源局共受理灾后恢复重建项目用地预审71个，其中30个项目审批时间超过规定时限，相关项目推进进度受到影响。

二是监督检查不到位。如州自然资源局未按2018年制定的《"8·8"九寨沟地震灾后恢复重建地质灾害防治项目监督检查工作方案》要求,每月开展或牵头开展监督检查工作,工作责任未落实。

(五) 省直部门存在的问题

个别省直部门负责的灾后重建项目存在未按规定专账核算、资金使用不规范的问题,已责成相关单位整改。

(六) 各相关单位政策措施落实方面存在的问题

审计抽查发现,部分受灾地区落实切实减轻建筑企业负担等政策措施不力,增加建筑企业负担。如九寨沟县只接受灾后重建项目中标单位以现金或银行保函两种方式缴纳履约保证金,只接受以现金或经阿坝州人社局备案的担保公司提供的担保函两种方式缴纳农民工工资保证金;松潘县要求已办理结算审计的灾后重建项目,按不低于工程结算价款总额的5%预留工程质量保证金,高于《建设工程质量保证金管理办法》不得高于3%的规定。

四、审计建议

(1) 州(县)人民政府提高政治站位,积极督促相关职能部门在重建过程中履职尽责。州(县)人民政府作为灾后重建工作的责任主体和实施主体,应提高政治站位,切实贯彻中央及四川省灾后恢复重建相关精神。同时把重建工作摆在突出位置,加强组织领导,精心谋划,周密组织,抓好项目建设、资金统筹。应针对此次审计发现的问题,督促各职能部门切实围绕省委省政府灾后恢复重建的决策部署,依法履职、高效履职、协同推进,确保灾后恢复重建各项工作科学有序、廉洁推进。

(2) 各职能部门要明确职责,提升行政管理水平,主动作为、主动履职。一是在灾后恢复重建工作中,各职能部门要明确自身权责范围,避免出现推诿拖延或越权越职的行为;二是各职能部门在简政放权、放管结合、优化服务、合理简化审批流程等方面,要加大工作力度,依法减少审批事项和环节,为灾后恢复重建营造良好的市场环境;三是职能部门各科(股)室相关人员应加强业务能力学习,提升履职水平,熟悉法规制度,掌握重建政策,主动作为、勇于担当,避免出现不作为、乱作为、慢作为的情况。

(3) 各职能部门要加强协调联动,做到上下一致、横向配合,紧紧围绕实现灾后重建目标开展工作。各职能部门要上下统一,完善横向协作机制,共同致力解决灾后恢复重建工作中遇到的难题。针对现阶段存在的问题,各职能部门应做到举一反三,认真清理并整改落实。同时大胆改革创新,在"三个区分开来"的基础上建立健全容错纠错机制,充分做到敢担当、善作为,形成合力扫清恢复重建过程中遇到的困难和阻碍,奋力实现灾后恢复重建的既定目标。

案例来源:四川省审计厅2019年9月11日公告。

第五节 建设项目竣工决算审计

一、建设项目竣工决算审计的概念

竣工决算审计是指对已完工建设项目的初步验收情况、试运行情况、合同履行情况及投资完成情况的真实性、完整性和合法性进行审查和评价的活动。

开展建设项目竣工决算审计的目的是加强对政府投资的有效控制，监督项目管理者廉洁守法，杜绝违法违规行为。具体而言，有以下目的：一是对项目竣工财务决算的真实性、合法性、完整性进行审计，核定总投资、总资产及待核销资产等；二是总结经验教训，促进项目建设相关部门和单位加强财务管理和财务监督，提高资金使用效益；三是提供竣工验收的条件和批复财务决算的依据。

二、建设项目竣工决算审计的依据和建设单位应提供的相关资料

(一) 建设项目竣工决算审计的依据

建设项目竣工决算审计的依据包括：国家项目建设和管理的相关法律、法规；国家有关项目建设和管理的文件规定；地方项目建设和管理的有关规定；项目立项、可行性研究、初设、调整、投资计划等相关批复文件；项目建设单位及主管部门（单位）的相关规定；与项目建设和管理有关的其他政策、文件。

(二) 建设单位应提供的相关材料

为了保证建设项目竣工决算审计的顺利进行，建设单位需提供如下资料：项目审批文件、计划批准文件和项目分项概算、总概算；项目前期财务支出等有关资料；施工图预算（分项预算或者单项工程预算）及其编制预算；有关招投标文件、评标报告、合同文件；项目管理中涉及工程造价的有关资料；竣工资料，包括竣工图、竣工验收报告；建设项目竣工决算报告、竣工决算报表；与竣工决算相关的其他资料。

其中竣工决算资料是建设单位竣工决算审计的重要对象，建设项目竣工决算资料由竣工决算报表和文字说明两部分组成。由于大中型项目和小型项目的不同情况和特点，其竣工决算报表的设置也不一样。建设项目竣工决算报表的种类有：（1）大中型建设项目竣工决算报表一般由建设项目竣工工程概况表、基本建设竣工财务表、建设成本表、交付使用资产（工、器、具）明细表、待摊投资明细表等报表组成。（2）小型建设项目竣工决算报表一般由建设项目竣工工程概况表、基本建设竣工财务决算总表、交付使用资产总表、交付使用资产（工、器、家具）明细表、待摊投资明细表等报表组成。（3）住宅项目竣工决算报表一般由建设项目竣工工程概况表、基本建设竣工财务决算总表、交付使用资产总表等报表组成。（4）经主管部门批准有未完成工程的竣工验收建设项目要补充编制未完工程明细表、应收、应付款明细表以及库存设备、

材料明细表等报表。

三、建设项目竣工决算审计的内容

建设项目竣工决算审计是在建设项目财务收支的基础上，对项目交付使用资产的数量及价值情况、项目建设情况、项目结算情况、项目管理情况及概算对比情况和建设项目竣工决算说明书等内容进行的全面审计。其具体内容如下：

（1）审计所编制的竣工决算是否符合建设项目实施程序。

审查竣工财务决算报告，有无将未经审批立项、可行性研究、初步设计等环节而自行建设的项目或不具备竣工条件的建设项目强行编制竣工决算报告的情况。

（2）审查项目建设及概算执行情况。

审核项目建设是否按照批准的初步设计进行，各单位工程建设是否严格按批准的概算内容执行，有无概算外项目和提高建设标准、扩大建设规模的问题，有无重大质量事故和经济损失。

（3）审查交付使用资产情况。

检查交付固定资产是否在初验后及时交付验收，交付手续是否齐全，交付的资产是否与入账资产一致，并与审计人员现场盘点的资产一致关注有无虚报完成及虚列应付债务或转移建设资金等情况。

（4）审查在建工程。

建设项目竣工时的在建工程是指建设单位已经进行施工并构成投资完成额但尚未完工又不影响投产的工程投资支出，以及虽已完工但尚未交付的固定资产价值。审查"在建工程"账户，是否存在属于概算外或其他建设项目的支出；是否将生产领用的备件、材料列入建设成本；是否按合同规定支付预付工程款、备料款、进度款；支付工程结算款时，是否按合同规定扣除了预付工程款、备料款和工程质量保证金是否存在扩大开支范围、提高开支标准以及将建设资金用于集资或提供赞助而列入待摊投资的问题；是否存在以试生产为由，有意拖延不办理固定资产交付手续的问题；是否存在将生产单位发生的费用列入项目投资的问题；报废工程是否经过有关部门鉴定，并报经主管部门批准。

（5）审查转出投资、应核销投资及应核销其他支出。

审查列支依据是否充分、手续是否完备、内容是否真实、核销是否合规、有无虚列投资的问题；

（6）审查尾工工程。

审查是否根据修正总概算和工程进度合理预留尾工款，尾工项目是否真实、合理、是否影响竣工投产，资金是否落实，有无将本项目以外工程列作尾工项目多留尾工款，将未完工程作为投资节余少留尾工款的问题。

（7）审计结余资金。

项目竣工时的结余资金包括储备资金、货币资金和结算资金。建设项目结余资金审查的要点是：审查结余资金是否真实完整，核实库存材料。设备的实际成本。审查有无转移、隐瞒、挪用库存物资。压低库存物资单价、少列结余资金的问题;核实结余的银行存款与现金;债权债务是否已清理完毕,有无虚列往来款项隐匿结余资金的问题;结余资金的处理是否合适,坏账损失是否严格审定,结余的资金是否按照有关规定进行了正确处理,处理物资时有无私分和营私舞弊现象。

(8) 审查基建收入。

建设收入是建设单位在基本建设过程中取得的临时性或一次性收入,它包括各项工程建设副产品的变价收入、负荷试车或试生产收入以及各种索赔和违约金等其他收入建设收入审查的要点:基建收入的核算是否真实、完整,有无隐瞒、转移收入的问题,如竣工后建设项目生产合格产品的营业收入、边建设边生产的单位前期投产项目所得的产品收入等列入基建收入;是否按照国家规定计算分成、足额上交或归还贷款;留成是否按规定交纳"两金"(即对留成是否按规定交纳国家能源交通重点建设基金和国家预算调节基金),分配和使用是否合理。

(9) 审查投资包干结余。

根据项目总承包合同核实包干指标,落实包干结余,防止将未完工程的投资作为包干结余参与分配;审查包干结余分配是否合理。

(10) 审查竣工决算报表。

审查竣工决算报表是否真实、完整、合规,报表格式和表中各项目的填列是否符合规定,各表之间的钩稽关系是否正确、一致;报表中有关概算和计划的数字是否与最后批准的设计文件和计划数一致;表中所列资金来源、交付使用资产、转出投资、应核销投资和应核销其他支出等项数字是否准确。

审查竣工决算报表编制说明书反映的数据和情况是否真实、准确,有无决算反映失实的问题,包括项目建设的依据,初步设计预算批准的日期,资金来源和占用情况等。

案例拓展 8-5:

总括全貌梳理脉络开展竣工结算审计——
某高速公路出城道路工程竣工结算审计案例

某高速公路田林县出城道路工程项目是某高速公路的重要组成部分,是田林县进一步推进城镇化建设的基础性项目,对田林县加快城镇化建设及经济社会发展有着重要作用。项目建设起点位于田林县西北部乐里河西岸(接规划的东丈路),经百花寨(K1+300),在平中(K2+400-K3+200)处与 G324 走向基本平行,从 K3+400 与 G324 相接后利用 G324 国道的路线走廊进行拓宽改建,裁弯取直,终点与某高速公路田林互通相接,路线全长 4.517 千米。项目业主单位为田林县交通局,资金来源为国家补助及地方自筹。

本项目总投资 1.5 亿元,其中高速公路 2 800 万元,地方自筹 1.22 亿元。由于县级财力有限,县委、县政府决定采用 BT 模式建设。由百色市开发投资有限责任公司

(后更名为广西百色开发投资集团)、广西壮族自治区公路桥梁工程总公司组建项目建设联合体对本工程进行投资建设,建成后由田林县交通局回购。根据BT合同,分三年回购,第一年按结算工程总造价的50%向投资方支付回购款,第二年支付结算工程总造价的30%,其余款项在第三年末支付完毕。支付每期回购款时,同时支付当期回购利息。

确定审计重点

田林县审计局全面深入地审查该工程项目履行建设的程序、进行招投标、签订和履行合同、管理工程施工、编报工程造价等情况,最终核减工程造价约3 357万元,核减达20%,在促进建设单位完善制度、规范管理、提高投资效益等方面发挥了积极作用。

按照审计工作程序,审计组首先对被审计单位和建设项目的基本情况进行审前调查,针对该项目投资额大、建设内容复杂、审计质量要求高的特点,确定项目审计的主要目标是竣工结算造价审计:合同内工程的完成是否真实有效;重点审计量大价高的项目,检查工程量计算是否有误,价格计取是否准确;全面审查设计变更和现场签证中签证工程是否真实有效,合同外增加工程的单价是否计算正确。

查找审计疑点和线索

根据审计重点,审计人员对项目送审资料进行全面审查,查找出了资料存在的一些问题:一是资料不完善,如竣工图没有盖竣工图章,签证单没有建设单位、监理单位、施工单位、签证小组签字确认盖章,施工方没有提供收方单记录、工程联系单、签证单原件;二是土石方收方记录没有标注开挖前后的标高,道路工程的收方工程量大大超过合同的工程量;弃土、回填土的弃土场和取土点及运距没有确认资料;三是道路变更项目特殊路基回填材料不符合设计要求;四是部分项目报价过高;五是路灯的价格在招投标阶段没有描述清楚要参照的品牌、型号及杆的高度等,施工单位未提供采购时的发票;六是改河道产生的抽水台班签证,没有监理和签证小组签字认可;七是人工费及材料价差的调整;八是检验试验费没有按实结算。

采取的措施

面对不完整的工程资料,审计人员认真思索,有针对性地采取不同的审计方法展开。

针对竣工图没有盖竣工图章,签证单没有建设单位、监理单位、施工单位、签证小组签字确认盖章,没有提供相关资料原件的问题,审计将问题一一列出发函给施工单位,要求其在规定时间内将资料补齐,并抄送给建设单位,由建设单位与相关单位协调尽快帮助施工单位完善资料。

针对道路土石方收方量超过合同量的问题,审计人员注重核查计量依据的资料,审查计量依据的充分性,组织建设单位、施工单位以及政府签证小组到现场进行确认,确定开挖及回填土石方的路段。

通过审查资料,审计发现道路工程土方开挖、回填工程量的计算均与实际竣工图不符,均应调减。审计根据施工单位提供的收方记录以及建设单位提供的设计图纸,利用软件计算出实际开挖的土方量及回填的土方量，并通过现场勘察和专家论证，确定挖石方的种类。最终，道路工程合同造价5 381万元，送审造价7 492万元，审定造价6 078万元，核减1 414万元，核减率18.87%。

取土、弃土地点和运距无法通过审阅资料等方式了解，审计组重新组织建设单位、施工单位、监理单位、签证小组对以上地点进行核查。经过核查，取土点、弃土点及运距符合设计要求，均为4公里。

经过现场勘察以及与建设单位、施工单位谈话了解，道路工程变更项目中特殊路基回填片石项目与实际情况不符。特殊路基处理采用回填片石方式，原合同为外购石片进行回填，在实际施工过程中有部分路基没有采用外购石片进行回填，而利用河卵石进行回填。但在收方记录中显示特殊路基全部回填片石，建设单位现场管理人员没有明确记录回填河卵石的路段。后经审计协调，施工单位双方同意在审定的工程量（54 495.715万元）的基础上按外购片石50%，河卵石50%进行结算。经审计重新计算调整后，道路工程变更项目核减送审造价522万元。

道路变更中特殊路基回填河卵石项目、涵洞工程变更项目全包双排1 350圆管涵项目、排水工程变更项目的回填无砂大孔项目等报价过高，审计要求施工单位重新复核报价。经过复核，施工单位回填河卵石项目报价56.31元/立方米，全包双排1 350圆管涵项目报价4 439.26元/米，回填无砂大孔项目报价324.1元/立方米。审计根据施工方法、施工期的材料价格，运用造价软件，重新对以上项目进行复核，回填河卵石项目复核单价25.81元/立方米，全包双排1 350圆管涵项目复核单价3 959.22元/米，回填无砂大孔项目复核单价为240.19元/立方米。

路灯的品牌、型号在招标过程中没有描述清楚，施工单位根据建设单位的要求对路灯进行采购。施工单位在结算时按照投标价格进行结算。通过现场勘察后，要求施工单位提供路灯的型号以及采购的发票。路灯合同工程量为308套，单价为10 625.57元/套。审计结算工程量为303套。施工单位已经购买308套单臂灯，因村民阻止安装5套路灯，故实际安装303套路灯，未安装的5套路灯移交给市政工程管理局路灯管理所保管。审计根据施工单位提供的单臂灯资料（品牌、规格、型号、采购发票）以及市场询价，确定单臂灯材料价8 000元/套。照明工程合同价800万元，送审造价808万元，审计进行计算调整后审定造价588万元，核减造价220万元，核减率27.22%。

按照合同规定，签证需要经建设单位、监理单位、施工单位、政府签证小组等四方签字盖章。但是施工单位提交的抽水项目签证只有建设单位、施工单位签字确认，没有监理单位和政府签证小组成员签字，并且抽水台班的工程量无法确认，审计不予以结算。

根据合同的约定调整材料价差，施工单位在结算送审文件中，对所有材料的施工期间信息价均按整个工程施工的期间进行笼统的平均，未能如实反映各种材料真正施工期间的信息价。审计人员根据竣工资料确定各单位工程的实际施工期间，按各单位工程的实际施工期间计算材料信息价的平均值，并与基准价对比，对变化幅度超过5%的材料信息价才予以调差。根据合同的约定调整材料价差，核减造价310万元。

审计成果及启示

某高速公路田林县出城道路工程项目竣工结算审计的质量得到了县领导、相关部门和被审计单位的高度认可。施工单位编报结算的工程造价为1.67亿元，经审核，审计审定结算金额为1.33亿元，核减金额3 357万元，核减率达20%。

审计人员从本项目中可以得到一些启发：一是竣工结算审计必须做好审前调查工作，针对审计项目的特点准确把握审计重点，找准审计切入点；二是必须多方面调查了解有关情况，特别是要关注和掌握施工中使用的各种材料的采购，以确保工程造价的计算准确；三是由于建设单位项目管理人员缺乏结算审计的专业知识，因此在项目实施期间，审计应对重大项目实施全覆盖有重点的跟踪审计。特别是对增加的工程，应要求施工单位进行报价，经审计审核后，针对增加的项目签订补充协议，以此作为结算的依据；四是必须严格按照合同进行结算。

案例来源：广西壮族自治区田林县审计局。

复习思考题

1. 简述固定资产投资审计的内容及作用。
2. 简述固定资产投资审计的特点。
3. 简述建设项目开工前审计的主要内容。
4. 简述建设项目竣工决算审计的内容。

案例分析题

案例背景：2003年8月至2004年5月，某审计小组对长江堤防隐蔽工程（因该工程都由国债投入建设，该工程也称长江国债项目，该工程跨湖北、湖南、江西、安徽四省，岸线长度近2 000公里，共分28个单项工程、400多个标段，工程概算投资为64.94亿元）进行审计。经审计发现，长江堤防隐蔽工程等部分基础设施建设存在隐患和效益不高等问题，在长江堤防隐蔽工程建设中，部分施工单位买通建设和监理单位，弄虚作假，偷工减料，水下护岸抛石少抛多计，水上护坡块石以薄充厚，工程质量令人担忧。抽查5个标段发现，虚报水下抛石量16.54万立方米，由此多结工程款1 000多万元，目前部分堤段的枯水平台已经崩塌；抽查11个重点险段发现，水上块石护坡工程不合格的标段达50%以上。在这一工程建设管理中，有关责任人以权谋私、大肆受贿。此案上报国务院后，有关部门立案查处，目前已逮捕21人。

问题：1. 从该案例的背景资料来看，该项目的审计主体应该是谁，为什么？
2. 如果你是审计人员，应从哪些方面对该隐蔽工程进行审计？
3. 隐蔽工程的审计风险一般都比较大，审计人员如何规避隐蔽工程的审计风险？
4. 在该项目审计中发现的问题，审计人员应该如何处理？

第九章

行政事业单位审计

学习目标
1. 了解行政事业单位审计的概念、目的和意义。
2. 熟悉行政事业单位财政财务收支审计的内容。
3. 熟悉专项资金审计、行业审计和专项审计调查的内容。
4. 掌握行政事业单位审计的主要类型、特点和方法,财务核算依据及基础。
5. 掌握专项资金审计、行业审计和专项审计调查的特点、审计内容及审计程序。
6. 掌握行政事业单位常见问题的审计。

重要概念: 行政事业单位;财政财务收支;专项资金;行业审计;专项审计调查

第一节 行政事业单位审计概述

一、概念

行政事业单位审计是审计主体依法对行政事业单位的财政、财务收支及其相关经济业务活动进行审查,以监督、评价其真实性、合法性和效益性的独立经济监督活动。理解这一概念需要从以下几个方面着手:

(一)审计主体

行政事业单位审计的主体是国家审计机关、社会审计组织和内部审计机构,而以国家审计机关为主。与本级人民政府财政部门直接发生预算缴款、拨款关系的国家机关、军队、政党组织、社会团体和事业单位,其财务收支的外部审计由国家审计机关进行,是国家审计机关的法定职责。与本级人民政府财政部门没有缴拨款关系的事业单位和社会团体,其财务收支的外部审计由社会审计组织进行。所有行政事业单位都可以设置内部审计机构进行内部审计。

(二)审计对象

行政事业单位审计的对象或客体,是行政事业单位及其各项经济活动。

行政单位是进行国家行政管理、组织经济建设和文化建设、维护社会公共秩序的单位,主要包括国家权力机关、行政机关、司法机关、检察机关以及实行预算管理的其他机关、政党组织等。

事业单位是指为了社会公益目的，由国家机关举办或者其他组织利用国有资产举办的，从事教育、科技、文化、卫生等活动的社会服务组织，事业单位大体可以分为"全额拨款""参公（即参照公务员）""财政补贴""自收自支"四类。

凡是与本级人民政府财政部门直接发生预算缴拨款关系的行政单位的财政财务收支和与本级人民政府财政预算有财务收支关系的事业单位的财务收支都是政府审计机关的审计对象，同时政府审计机关还应对国家机关、事业单位和社会团体履行或代为履行政府职能，按照国家有关规定收取、提取和安排使用的未纳入预算管理的财政性资金实施审计。

（三）审计目标

行政事业单位审计的目标是保证行政事业单位各项经济活动真实、合法财政财务收支的真实性和合法性，提高财政性资金的使用效益。行政事业审计的目标具有两个方面的含义：首先，保证财政财务收支的真实性和合法性与提高财政性资金的使用效益是行政事业审计目的的两个层次。提高资金的使用效益是审计的最终目的，而保证被审计单位财政财务收支的真实性和合法性是达到这一最终目的的关键所在。其次，这两个层次的目的又是统一的整体，真实性和合法性本身也是效益性的重要方面，被审计单位只有按法律、法规的规定使用资金，才能使资金发挥预期的效用，否则资金的效益就无从谈起，真实性、合法性与效益性在具体的审计项目中应该是统一整体的不同方面。因此，审计中应首先对财政财务收支的真实性和合法性进行检查，在此基础上，对财政性资金使用效益进行评价。

二、行政事业单位审计分类

（一）按审计对象分类

对行政事业单位经济活动审计主要是针对财政财务收支审计，按审计对象的不同，具体可分为行政单位财政财务收支审计和事业单位财政财务收支审计。行政单位财政财务收支审计是指政府审计机关和审计人员依据审计法对行政单位预算执行情况及其结果进行审计监督。事业单位财政财务收支审计是指政府审计机关和审计人员依据审计法对实行预算管理的事业单位的预算执行情况及其结果进行审计监督。

（二）按审计范围分类

按审计范围的不同，行政事业单位审计可分为全面审计、专项资金审计和专项审计调查。全面审计是指政府审计机关对行政事业单位的财务收支审计、经济效益审计以及其他方面问题的审计，是综合性质的审计。专项资金审计是审计机关对专项资金收支的真实性、合法性和效益性进行的监督活动，专项审计的对象既包括财政安排的经费、纳入预算管理的财政性资金，也包括未纳入预算管理的财政性资金，常见的有教育经费审计、科技经费审计、行政性收费和罚没收入审计等。专项审计调查是指审计机关在其职责范围内，对与国家财政收支有关的特定事项开展专项审计调查。

（三）按审计规模分类

按审计规模的不同，行政事业单位审计可分为对单个审计对象的审计和行业审计。

对单个审计对象的审计，顾名思义是对某个审计对象及其所属单位的审计。行业审计是指审计机关根据需要，在其权限内组织各级审计机关对该范围内某一相同类型的单位或某项专项资金的收支情况自上而下地同步开展的有重点的审计。

三、行政事业单位审计特点

（一）政策性强

从审计角度看，行政事业单位财务收支都有政策规定和预算控制，大多来源固定，专款专用，且掌握的专项资金项目多、资金量大，每项专项资金分配使用都是用来落实相应政策的，因此行政事业单位工作具有较强的政策性。

（二）突出合法性和效益性

查错纠弊、促进规范、评价效益是审计机关肩负的三大任务，真实性、合法性和效益性是国家审计的三大目标。如上所述，行政事业单位审计具有很强的政策性，因此要突出合法性的审计目标。效益性是建立在资金运动的真实性、合法性基础上的，角度和层次更高，更具宏观性和全局性，是行政事业审计的重要目标。

（三）兼具本级预算执行审计与财务审计双重属性

虽然行政事业单位的经济业务与企业相比相对简单，但行政事业审计既属于本级预算执行审计的重要组成部分，又属于行政事业单位的财务审计。

四、行政事业单位审计常用审计方法

（一）审查书面资料的方法

顺序检查法，包括顺查法和逆查法。顺查法是指按照经济活动运用的步骤或时间的先后顺序依次审查会计资料及其他资料的方法。逆查法是指逆经济活动运行的步骤或时间的顺序来审查会计资料及其他资料的方法。

范围检查法，包括详查法和抽查法。详查法是指对被审计单位一定时间内全部或一部分经济活动的有关资料进行全面的、细致的、彻底的审查的一种方法。它适用于被审计单位内部控制制度和核算工作质量较差的审计项目，以及经济业务简单、会计资料较少的审计项目。抽查法是指对被审计单位一定时间内全部或某一部分经济活动的有关资料中抽取一部分为样本进行审查，据以推断总体资料的正确性、公允性的一种方法。它适用于审计样本数目繁多的审计项目。

资料检查法，包括审阅法、核对法、查询法、分析法。审阅法是指审计人员对被审计单位的会计资料及其他资料进行仔细审查和详细阅读，以判断这些资料所反映的经济活动是否符合国家规定。审阅法主要审查以下会计资料：原始凭证、记账凭证、会计账簿、会计报表和其他资料，在采用审阅法时要注意审查会计资料的合法性、合规性。核对法是指在相关的资料之间进行相互对照比较，以确定其内容是否一致，记录是否正确。核对法主要进行证证核对、账证核对、账账核对、账单核对、账表核对、表表核对。通常审阅法要和核对法结合使用，查询法是指通过查对和询问来取得必要资料，以获得真实可靠的审计证据的方法。查询法包括询问法和函证法，函证法有两

种类型,即肯定式函证法和否定式函证法。两种函证方法使用的条件不同,要注意其使用条件。分析法是指通过对审计事项的相关指标对比、分析、评价,以便发现其中有无问题或异常情况,为进一步审计提供线索。

(二) 证实客观事物的方法

盘存法,包括直接盘存法和间接盘存法。直接盘存法是指由审计人员亲自到现场盘点实物,以确定其实有数额的方法。间接盘存法是指审计人员通过观察盘点借以确定实物实有数额的方法,调节法是指为验证某一项目数据的正确性,使两个独立和各自分离的相关数据,通过调整而趋于一致的审计方法。调节法主要应用于证实财产物资账实是否相符,证实相关数据是否趋于一致。

观察法是指审计人员亲临审计现场对被审单位的经济管理及业务活动进行实地观察,借以查明被审事项的事实真相。观察法适用于观察内部控制制度的执行情况及观察经济业务的运作过程。

鉴定法是指通过物理、化学技术鉴别等手段来确定实物资产的性能、质量和书面资料真伪的一种方法。

五、行政事业单位审计的意义

行政事业审计在维护法律尊严、促进党风廉政建设、为改革开放和宏观调控服务等方面发挥了重要的作用。

行政事业审计的意义主要表现在以下几个方面:

(1) 保障国有资产的安全和完整。通过审计,摸清行政事业单位的财政财务收支规模、来源渠道和使用方向,发现和揭露行政事业单位财政财务收支活动中存在的违法违纪问题,防止国有资产流失。

(2) 促进廉政建设。通过审计,可以发现和揭露以权谋私、贪污腐败等问题,严肃财经法纪,促进党风廉政建设。

(3) 提高财政性资金的使用效益。通过审计,可以发现和揭露资金使用不合理或损失浪费的问题,提出审计建议,促进被审计单位加强管理,提高财政性资金的使用效益。

(4) 为国家宏观调控服务。这一作用主要体现在两个方面:第一,保证国家宏观调控政策的落实。行政事业单位必须正确使用行政事业经费,才能保证行政事业单位行政管理职能和服务职能的实现,通过审计,督促行政事业单位合法、合理、有效地使用预算内、预算外资金,发现行政事业单位在执行国家法律法规、方针政策中存在的问题,保证国家宏观调控措施的落实和国民经济的持续、稳定、健康发展;第二,为国家制定宏观政策提供依据。通过审计,能够掌握行政事业单位财政财务收支活动真实情况,发现宏观经济管理中带有普遍性的问题,为国家有关部门制定政策提供可靠的信息。

六、行政事业单位会计改革的影响

为了积极贯彻落实党的十八届三中全会精神,加快推进政府会计改革,构建统一、科学、规范的政府会计标准体系和权责发生制政府综合财务报告制度，2015年10月23日，财政部发布《政府会计准则——基本准则》（以下简称《基本准则》），自2017年1月1日起施行。

多年来，我国在政府会计领域实行的是以收付实现制为核算基础的预算会计标准体系，主要包括财政总预算会计制度、行政单位会计制度和事业单位会计准则制度等。这一体系是适应财政预算管理的要求建立和逐步发展起来的，为财政资金的运行管理和宏观经济决策发挥了重要的基础性作用。然而，随着经济社会发展，预算会计标准体系难以适应新形势新情况的需要，主要表现为：一是不能如实反映政府"家底"，不利于政府加强资产负债管理；二是不能客观反映政府运行成本，不利于科学评价政府的运营绩效；三是缺乏统一、规范的政府会计标准体系，不能提供信息准确完整的政府财务报告。近年来，全国人大代表、有关专家等纷纷呼吁，要求加快推进政府会计改革，建立能够真实反映政府"家底"、绩效及预算执行情况的政府会计体系，审计署也提出了相关建议。与此同时，国际上一些发达国家都不同程度地进行了权责发生制政府会计改革，取得了较好的效果。

根据改革方案，我国的政府会计标准体系由政府会计基本准则、具体准则及其应用指南和政府会计制度组成。基本准则主要对政府会计目标、会计主体、会计信息质量要求、会计核算基础，以及会计要素定义、确认和计量原则、列报要求等做出规定。具体准则主要规定政府发生的经济业务或事项的会计处理原则，具体规定经济业务或事项引起的会计要素变动的确认、计量和报告。应用指南主要对具体准则的实际应用作出操作性规定。政府会计制度主要规定政府会计科目及其使用说明、会计报表格式及其编制说明等，便于会计人员进行日常核算。

《基本准则》作为政府会计的概念框架，统驭政府会计具体准则和政府会计制度的制定，并为政府会计实务问题提供处理原则，为编制政府财务报告提供基础标准。

《基本准则》是多年来我国政府会计理论研究和改革成果的重要体现，其重大制度理论创新主要有以下几点：

一是构建了政府预算会计和财务会计适度分离并相互衔接的政府会计核算体系。相对于实行多年的预算会计核算体系，《基本准则》强化了政府财务会计核算，即政府会计由预算会计和财务会计构成，前者一般实行收付实现制，后者实行权责发生制。通过预算会计核算形成决算报告，通过财务会计核算形成财务报告，全面、清晰反映政府预算执行信息和财务信息。

二是确立了"3+5要素"的会计核算模式。《基本准则》规定预算收入、预算支出和预算结余3个预算会计要素和资产、负债、净资产、收入和费用5个财务会计要素。其中，首次提出收入、费用两个要素，有别于现行预算会计中的收入和支出要素，主要是为了准确反映政府会计主体的运行成本，科学评价政府资源管理能力和绩效。同时，按照政府会计改革最新理论成果对资产、负债要素进行了重新定义。

三是科学界定了会计要素的定义和确认标准。《基本准则》针对每个会计要素，规范了其定义和确认标准，为在政府会计具体准则和政府会计制度层面规范政府发生的经济业务或事项的会计处理提供了基本原则,保证了政府会计标准体系的内在一致性。特别是,《基本准则》对政府资产和负债进行界定时,充分考虑了当前财政管理的需要,比如,在界定政府资产时,特别强调了"服务潜力",除了自用的固定资产等以外,将公共基础设施、政府储备资产、文化文物资产、保障性住房和自然资源资产等纳入政府会计核算范围;对政府负债进行界定时,强调了"现时义务",将政府因承担担保责任而产生的预计负债也纳入会计核算范围。

四是明确了资产和负债的计量属性及其应用原则。《基本准则》提出,资产的计量属性主要包括历史成本、重置成本、现值、公允价值和名义金额,负债的计量属性主要包括历史成本、现值和公允价值。同时,《基本准则》强调了历史成本计量原则,即政府会计主体对资产和负债进行计量时,一般应当采用历史成本。采用其他计量属性的,应当保证所确定的金额能够持续、可靠计量。这样规定,既体现了资产负债计量的前瞻性,也充分考虑了政府会计实务的现状。

五是构建了政府财务报告体系。《基本准则》要求政府会计主体除按财政部要求编制决算报表外,至少还应编制资产负债表、收入费用表和现金流量表,并按规定编制合并财务报表。同时强调,政府财务报告包括政府综合财务报告和政府部门财务报告,构建了满足现代财政制度需要的政府财务报告体系。

《基本准则》是政府会计领域一次重大的制度变革,实施《基本准则》对于行政事业单位(以下称单位)财务和会计管理将带来以下显著变化:

一是将进一步规范单位会计行为,提高会计信息质量。《基本准则》要求按收付实现制对预算收入、预算支出和预算结余进行会计核算,按权责发生制对资产、负债、净资产和收入、费用进行会计核算,同时对各个会计要素的确认、计量和列示等提出了原则性要求,对会计信息质量提出了明确的标准,有助于行政事业单位对各项经济业务或事项进行全面、规范地会计处理,不断提升单位会计信息质量。

二是将夯实单位财务管理基础,提升财务管理水平。实施《基本准则》,有助于单位贯彻落实国家各项预算管理要求,规范收支行为,夯实预算管理的基础,建立健全预算管理制度;有助于单位严格落实有关国有资产管理的规定,全面、真实反映增量和存量资产的状况,夯实单位资产管理的基础,完善控制国有资产流失的管理制度,提高单位国有资产管理的绩效;有助于单位严格落实有关财务管理规定,增强公共管理意识,实现资金、资产和资源的科学合理配置,防范和化解财务风险,促进单位持续健康发展。

三是将准确反映单位运行成本,科学评价单位绩效。《基本准则》要求单位按照权责发生制原则核算各项耗费,如计提固定资产折旧费用、无形资产摊销费用等,并要求编制收入费用表,合理归集、反映单位的运行费用和履职成本,从而有助于科学评价单位耗费公共资源、成本边际等情况,建立并有效实施预算绩效评价制度,提升单位绩效评价的科学性。

四是将全面反映单位预算执行信息和财务信息,提高单位财务透明度。《基本准则》要求单位在编制决算报告的同时,还要编制包括资产负债表、收入费用表和现金流量表在内的财务报告,全面反应映单位的预算执行情况和财务状况、运行情况和现金流量等。各部门还要按规定合并所属单位的财务报表,编制部门合并财务报告,全面反映部门整体财务状况,并按照规定进行审计和公开。《基本准则》的实施,将显著提升单位财务透明度。

随着政府会计的改革逐渐深入,必将对政府审计产生巨大影响。政府审计人员应及时掌握制度变化,明确审计内容的调整,以更好地开展行政事业单位的财务收支审计。

第二节 行政单位财政财务收支审计

一、行政单位财政财务收支的主要变化及内容

根据现行制度,行政单位实行"收支统一管理,定额定向拨款,超支不补,结余留用"的预算管理办法,各项收支统一纳入单位预算管理,统筹安排使用。行政单位应定期向同级财政部门或上级预算单位报送收支预算,请领经费,按批准的预算组织实施,并定期向同级财政部门或上级预算单位报告预算执行情况。

2014年出台的行政单位会计制度,针对当前的政府各项改革,对原有的行政单位会计核算进行了以下几个方面的修订。

（一）会计核算目标进一步明晰

定位于满足行政单位预算管理和财务管理的双重需求,不仅要反映行政单位预算执行情况,也要反映行政单位财务状况。

（二）会计核算方法进一步改进

原制度仅对固定资产采用"双分录"核算方法,新制度进一步扩大了"双分录"核算方法应用范围,除固定资产外,增加了在建工程、无形资产、政府储备物资、公共基础设施、存货、预付账款、应付账款、长期应付款8个科目的"双分录"核算。

行政单位会计核算目标所提供的信息既要全面反映行政单位财务状况,也要准确反映预算执行情况。"双分录"的核算本质就是为了解决会计核算目标的实现问题。

（三）更加完整地体现财政改革对会计核算的要求

对近年来出台的有关行政单位会计核算的补充规定进行系统梳理,在新制度中增加了"零余额账户用款额度""财政应返还额度""应付职工薪酬"等核算内容,将分散的会计规定集中体现在新制度中。

（四）进一步充实了资产负债核算内容

1. 资产方面

细化了有关资产的核算内容。比如,将原来通过"暂付款"核算的资产内容,细分为应收账款、预付账款和其他应收款。

增加了无形资产、在建工程、待处理财产损溢、受托代理资产等的核算内容。

2. 负债方面

细化了有关负债的核算内容。比如，将原来通过"暂存款"核算的负债内容，细分为应付账款、其他应付款和长期应付款。

增加了应缴税费、应付政府补贴款、受托代理负债等核算内容。

（五）新增了行政单位直接负责管理的为社会提供公共服务资产的核算规定

增设"政府储备物资""公共基础设施"科目，单独核算反映为社会提供公共服务资产情况，与行政单位自用资产相区分，使会计信息反映更科学。

（六）增加固定资产折旧和无形资产摊销的会计处理

新制度要求固定资产折旧和无形资产摊销时冲减相关净资产，而非计入当期支出。这种处理方法在不影响准确反映预算支出的同时，真实体现资产价值。

（七）解决了基建会计信息未在行政单位"大账"上反映的问题

基建会计信息要定期并入行政单位会计"大账"；解决了长期以来基建会计信息未在行政单位"大账"上反映的问题，有利于保证会计信息的完整性。

（八）进一步完善净资产核算

增设"资产基金"和"待偿债净资产"科目，主要反映非货币性资产和部分负债变动对净资产的影响，以便准确反映单位净资产状况。

"资产基金"反映行政单位非货币性资产在净资产中占用的金额，不能作为以后支出的资金来源。

"待偿债净资产"反映因发生应付账款和长期应付款而相应需在净资产中冲减的金额。

（九）进一步规范单位收支会计核算

1. 收入方面

按行政单位取得收入的资金性质设置了"财政拨款收入"和"其他收入"科目，取消"预算外资金收入"科目。

2. 支出方面

按行政单位支出使用主体的不同，设置了"经费支出"和"拨出经费"科目，其中，"拨出经费"科目限定为核算向所属单位拨出的非同级财政拨款资金。

（十）完善财务报表体系和结构

改进了资产负债表的结构，取消了原制度资产负债表中的收入和支出项目。

在收入支出表中增加了反映单位结转结余调整变动的项目。

增加财政拨款收入支出表，专门反映单位在某一会计期间财政拨款收入、支出、结转及结余情况的报表。

二、行政单位财政财务收支审计

（一）内部控制的测试

行政单位应建立、健全有效的内部控制，从制度上降低发生违纪违规问题的可能性，保证财政财务收支活动的真实性和合法性。审计人员要按国家和地方财政部门颁发的相关财务会计法规对行政单位的内部控制进行检查、评价，审查被审计单位是否结合单位实际建立完善了预算管理、固定资产管理、财务管理、会计核算、财务会计人员岗位职责等制度规定，其制度规定是否健全并得到有效落实和执行，就内部控制的不足之处提出审计建议，帮助被审计单位加强管理，并根据内部控制评审结果确定审计的重点。主要检查两方面的内容：（1）内部控制的健全性，即被审计单位是否在需要控制的所有主要环节均建立了控制制度，内部控制的设置是否符合有关法律、法规和制度的规定，内部控制能否有效防止违纪违规行为，保证单位业务目标的实现；（2）内部控制的有效性，即已建立的内部控制是否得到了执行，并取得相应的效果。重点审查大项支出是否大量使用现金，资金管理是否安全，银行账户是否按规定开户设置，会计出纳岗位、财务印鉴是否分离等情况。

（二）预算编制情况审计

行政单位实行严格的预算管理，国家对行政机关的人员、房屋、车辆等的编制及各项支出的标准均有明确规定，行政机关必须按照核定的编制和费用开支标准编制预算，并及时报送财政部门或上级预算单位。审计中主要审查：预算的编报是否及时，有无迟报的问题；预算的编制是否真实、正确，编制依据是否明确，有无虚列预算，骗取国家拨款的情况，有无突破国家规定的开支标准的问题；有无编制赤字预算的问题。重点审查被审计单位在预算执行当年年末计提的各种费用，如根据提供的基础信息表中存在的年末计提绩效考核工资、目标考核奖金及其他工作福利性补贴等，计提大额会议费、出国人员经费等；关注其他应付款科目，有无以暂存款的名义虚列支出。这类情况的存在发生，表明编制预算时就存在虚假套取的目的，实际支出时通常情况下都不能做到专款专用，而是另作他用，或沦为单位的"小金库"。对于项目预算，要注意审查是否存在分解项目到下属单位的情况，重点关注有无被审计单位在预算中申报编制的项目未在预算说明中明确项目具体承担单位或部门，项目决算时资料与实际执行不符的情况。

（三）预算执行情况审计

行政单位应严格执行预算，并定期向同级财政部门或上级主管部门报告预算执行情况。主要审计内容包括：预算批复和拨款到位情况，财政部门、上级主管部门是否按规定批复预算并办理拨款，有无预算批复不及时、占压拨款的情况；预算分配和转拨经费的情况，行政单位是否按财政部门批复的预算向所属预算单位分配预算并转拨经费，有无不按规定的预算级次拨款的问题；预算执行情况。经费使用是否符合预算，有无超支、各预算项目之间互相挪用的情况，并分析其原因；经费使用是否符合规定的用途和开支标准，有无挤占挪用、提高开支标准、扩大开支范围的情况，重点审查无预算、超预算列支办公费、会议费、接待费、差旅费、劳务费、出国费、咨询费等行政消耗性开支，有无挥霍浪费、贪污腐败等违规违纪行为；经费开支是否真实，有无本单位替他人或其他单位代支费用或将代支费用列入基本支出，有无虚列支出、私设"小金库"等问题；对项目支出预算应关注是否存在超范围支出或基本支出与项目支出调剂使用、项目打包的情况，有无挤占和挪用项支出、专款不专用问题；有预算上缴任务的行政单位是否及时足额上缴应缴预算收入，有无隐瞒收入、截留、占压、挪用应缴预算收入等问题。

（四）预算外资金管理情况审计

为加强对预算外资金使用的监督，现行制度规定，对行政单位预算外收入实行财政收支两条线管理，即收入缴入财政部门在银行开设的专户，使用时向财政部门提出使用计划，经审核后拨入行政单位支出账户，办理支出。经财政审核后拨付的预算外资金，才形成行政单位的预算外资金收入。审计时应注意检查行政单位是否按规定在银行开设收入过渡账户和支出账户，并将收入及时、足额缴入财政专户，有无多头开户，截留挪用、隐瞒、转移收入，坐支预算外资金等问题，是否按规定向财政部门请领预算外资金，有无虚报冒领的问题，应注意的是，行政单位在依法取得预算外资金时，这部分预算外资金并不立即形成行政单位的预算外资金收入，而应缴入财政部门在银行开设的专户，因此成为行政单位的应缴款项，属于负债性质。只有当财政部门将行政单位申请的款项拨入其支出账户时，才形成行政单位的预算外资金收入。另外，行政单位依法取得的应纳入财政预算管理的行政性收费、罚没收入、基金等，不属于行政单位收入，必须按规定上缴财政。审计中应注意行政单位是否及时足额上缴上述收入，是否存在隐瞒收入，截留、占压、挪用应缴款项等问题。

（五）资产管理情况审计

行政单位的资产包括货币资金、存货、应收及预付款等流动资产和固定资产、在建工程、无形资产等非流动资产。

库存现金、银行存款等货币性资产流动性较强，易发生错弊，应作为审计的重点。主要检查会计、出纳等有关岗位是否建立了不相容的职责分离；银行存款、库存现金的领用报销手续是否完善；银行开户是否合规，是否存在多头开户的问题、是否存在库存现金超限额、坐支现象；超出结算起点支付现金等违反现金管理制度规定的问题；审计人员还应核对银行存款余额，并对库存现金进行监督盘点。

行政单位除库存现金和银行存款外，还包括零余额账户用款额度和财政应返还额度，对零余额账户用款额度和财政应返还额度应注意审查以下几点：财政直接支付与财政授权支付的资金使用范围是否符合规定；是否按照编制预算、提出用款计划和支付财政资金的程序，办理预算资金的支付；手续是否齐全；是否按收付实现原则，及时反映财政拨款收入和经费支出的增加，尤其需要关注的是：年末是否按照财政直接支付预算指标数与当年实际支出数的差额，借记财政应返还额度，贷记财政拨款收入；是否依据已下达但尚未用完的财政授权支付额度，借记财政应返款额度，贷记零余额账户用款额度；是否依据财政授权支付预算指标数大于授权额度的差额，借记财政应返款额度，贷记财政拨款收入。

对实物性资产，应检查财务部门、资产管理部门和使用部门之间责任是否明确，三者之间的职责分工能否保证所有资产变动的情况均能在有关资料上得到正确的反映；资产的领用、核销手续是否健全；是否建立了资产的清查盘点制度，保证账账相符、账实相符；资产盘盈、盘亏的处理是否符合有关规定；资产的减少是否履行报批手续，转让计价有无合法依据，是否存在低价处理国有资产的问题；审计人员可根据需要对全部或部分实物性资产进行监督盘点。

对于预付账款、存货、固定资产、在建工程、无形资产、政府储备物资和公共基础设施等资产，是否按取得成本反映相应资产科目和资产基金的增加，按照实际支付的金额借记经费支出，贷记财政拨款收入等账户；是否存在只反映经费支出，不反映资产，形成账外资产的情况。对于"其他应收款"中核算的暂付款，要重点检查其合法性和真实性，有无擅自出借或挪用经费的问题，有无暂付款项长期不能收回的问题，必要时应向对方单位进行函询。对于已核销的应收账款、预付账款和其他应收款应注意审查是否符合核销的条件，核销的会计处理是否正确，已核销的款项是否在备查簿中反映，已核销的款项是否进行了正确的会计处理。

对于固定资产，应重点审查固定资产管理、使用部门登记的卡片账与财务部门的固定资产账登记时间是否基本同步、账账数据是否相符；固定资产的配备是否符合国家规定的标准，有无擅自提高标准的问题；检查对外出租资产设备是否经财政部门批准，重点审查出租资产设备的报批手续，审查房屋租赁合同中房屋面积与实际租赁面积有无较大差异，防止资产设备出租过程中发生违反财经纪律的行为；固定资产的折旧范围、应提取折旧额、折旧年限、折旧范围等是否符合规定，当月应提取折旧额的计算是否正确，提取折旧的会计处理是否正确。对于无形资产应注意审查：无形资产的形成和计价是否真实、正确；无形资产摊销方法、摊销期限、摊销额的计算是否正确；无形资产的转让是否经过资产评估，评估的程序是否合法，方法是否正确，是否存在压低转让价的问题；无形资产的会计处理是否正确。项目设备、大型专用设备采购情况，重点审查政府采购批准的设备项目与合同约定采购的项目和实物设备验收单名称、数量、单价等是否相符，审查是否存在私自更改政府中标采购结果，或违规采购大型设备、大宗物资，防止在资产设备采购活动中产生贪污腐败的违规违纪现象。

（六）经费使用效益审计

行政单位经费的使用效益主要体现为社会效益，主要有两方面的内容：一是经费的使用是否达到了预期的目的，即行政单位是否履行了其法定职责，向社会提供了有效的服务；二是经费的使用是否合理节约，有无明显不当和损失浪费的情况。

（七）财务报告审计

财务报告是行政单位为向有关部门和公众报告其财务状况和预算执行结果而编制的文件。财务报告综合反映了行政单位经费使用情况和结果，是有关部门考核行政单位工作的重要依据。财务报告应真实、准确、完整地反映行政单位的财务状况和预算执行结果。审计中应将财务报告与有关账簿记录进行核对，检查财务报告的真实性和完整性，并对财务报告的编制过程及方法进行检查，检查其正确性；还应检查行政单位是否按规定及时向有关部门报送财务报告。

行政单位还应按规定的指标和计算方法对本预算年度预算执行情况、开支水平、人员增减、固定资产利用状况等进行财务分析，并报送有关部门。审计人员应在核实有关数据真实性的基础上,对有关指标的真实性和正确性进行检查。

案例拓展 9-1:

收入应缴未缴 AO 审计明了——某县某局财政收支审计案例

2011 年 9 月至 2012 年 3 月,恭城瑶族自治县审计局根据计划对该县某局 2009 年至 2010 年财政收支情况进行审计。该县某局是隶属县政府的行政机构,主要负责全县国有土地的征用、补偿、划拨、出让以及矿产资源管理等工作,内设 6 个股室,下辖 9 个乡(镇)站、所,另设某交易所、某整理中心 2 个独立核算的自收自支事业单位。该局是所属 9 个乡(镇)站、所报账单位,经费由本级财政全额拨款,财务分账核算,分别执行《行政单位会计制度》和《事业单位会计制度》。该局及所属单位共 8 套独立核算的会计账,其中 4 套专项资金会计账为手工做的会计账。该局每年有 10 多种行政事业性收费项目,2010 年非税收入超过 2 亿元。于是,该县审计局将该县某局的非税收入是否真实、是否按规定及时上缴县财政作为这次审计的重点。

该县审计局通过审计查出该县某局及其所属单位至 2010 年末仍有 105 万元非税收入未按规定上缴县财政等问题。本案例主要简述该县审计局在该县某局 2009 年至 2010 年财政收支情况审计中从不同科目、不同角度发现非税收入未按规定上缴县财政的情况。

坐收坐支征地补偿费

国务院及财政部相关文件规定,从 2007 年 1 月 1 日起土地出让资金全额纳入地方基金预算管理,收入全部缴入地方国库,支出一律通过地方基金预算从土地出让收入中予以安排,实行彻底的"收支两条线"管理。根据上述规定,任何地区、部门和单位都不得以"招商引资""旧城改造""国有企业改制"等各种名义将应缴地方国库的土地出让收入,由国有土地使用权受让人直接将征地和拆迁补偿费支付给村集体经济组织或农民。

为查实被审计单位是否存在通过招商引资等方式坐收坐支征地补偿费的问题,审计人员将业务数据与财务数据进行对比以查找问题,审查了被审计单位 2009 年至 2010 年土地征收情况统计表、国有土地审批情况统计表、企业改制国有土地变更流转审批情况统计表、划拨土地补交出让金审批情况统计表。经审计,全县两年共征用土地 670.39 亩,实际支付征地补偿费 3 339 万元。

审计人员在现场审计实施系统(AO)审计中,进入"电子数据"——"会计数据"——"基础数据"——"凭证库存"——"编写 SQL 语句",查询某整理中心 2009 年至 2010 年会计凭证中征地补偿费明细账的情况;进入"执行 SQL 语句"——"排序分组表查看"——"SQL 查询器"——"在摘要栏中点击排序功能",将相同内容的明细账排放在一起。

与征地补偿费有关的会计明细账按摘要进行排序后,所反映的内容有收该县主管局和其他各部门转入的征地补偿费,也有支付给各项目单位的征地补偿费,其中一行

"收某水利发电公司转入某电站大坝坝址征地补偿费"的摘要引起了审计人员的注意。此时，审计人员点击"科目编码"右键，选编辑过滤条件，科目名称等于"某电站"，这样涉及"某电站"的征地补偿费便一目了然地反映在明细账上。

审计人员通过逐项业务的审查，发现"某电站征地补偿费"这个审计疑点，根据疑点审查记账凭证及其原始发票，并将会计数据与土地征收情况统计表对比，根据需要追溯审计到2006年，发现某公司开发的某电站是2006年该县政府招商引资的项目之一，被审计单位通过"其他应付款"科目核算某电站征地补偿费。

审计人员双击记账凭证中"其他应付款——某电站"科目，出现该科目明细账，按照明细账内容在凭证库存中设置查询条件，即科目编码为"207080"，查询出某电站2009年至2010年全部明细账。由于该整理中心将该县财政拨款通过主管部门转入某电站的征地补偿费与某水利发电公司交来的某电站征地补偿费在一个科目核算，审计人员经与财会人员进一步核实征地补偿费明细账后，最终查出被审计单位两年共坐收坐支征地补偿费140多万元。

审计人员运用同样的方法审计了该县某局和某交易所征地补偿费的收支明细情况，没有发现坐收坐支征地补偿费的行为。

土地出让金未缴财政

该县某局会计报表反映，2009年末、2010年末应缴财政专户款科目余额分别为75.3万元、2.7万元。该县某局应缴财政专户款年收费上亿元，应缴财政专户款科目下设10多个明细科目。

为弄清哪些项目的收费收入未按规定及时上缴县财政，审计人员在AO审计中，进入"审计分析"——"账表分析"——"凭证审查"，出现凭证库，点击查询，显示查询条件，即会计月份选择1月至12月，凭证日期填2009年1月1日至2009年12月31日，科目编码填202，选择查询，出现应缴财政专户款明细账；将应缴财政专户款明细账全部选择打"√"，在科目名称中点击排序功能，将相同内容的收费收入排放在一起，生成疑点，导入到资料树上，给生成的疑点取一个文件名；从项目资料树审计疑点中双击该文件，按不同内容进行分类、小计，得出每项收费收入当年收取、上缴和应缴未缴财政的合计情况。

审计人员以同样的方式做出2010年的表格，再运用Excel表格中的剪切功能，将2010年表格粘贴在2009年的表格后面，这样两年上亿元收费项目的收入、上缴、结存情况就反映在审计疑点一个文件上。

审计人员再用"图表查看"，查阅柱状图，了解各项收费收入的收入、上缴金额，更加直观地发现哪项收费收入未按规定及时上缴县财政，经过审计查出被审计单位2.7万元土地出让金未按规定上缴县财政。

收取评估费列作拨入经费

拨入经费是指行政单位按照经费领报关系，由财政部门或上级单位拨入的预算经费。行政单位取得的非税收入按规定不允许列入拨入经费科目作为本单位的经费收入登记入账。为此，审计人员查看该县某局"拨入经费"科目的总体情况，通过在科目余额表中设置模糊查询条件：查询 2 级科目，贷方发生额大于 0，科目编码以 "401" 开头，查询出 "拨入经费" 科目下有 6 个二级科目，其中有 3 个二级科目（政府机关经费、业务费、其他支出）有借贷方发生额。

审计人员双击 "拨入经费" 科目下 "政府机关经费" "业务费" "其他支出" 二级科目，分别打开它们的明细账，在摘要栏中点击排序功能，将相同内容的 "摘要" 排放在一起，通过逐项业务的审查，最后在 "拨入经费" 科目的 "业务费" 二级科目中查出 "广西某土地评估公司转来业务费" 的审计疑点；双击疑点行，出现记账凭证，再根据记账凭证号审查原始发票。结果查出该单位财务人员 2010 年将收取广西某土地评估公司的评估费 1 万多元作为拨入经费登记入账。

这个 AO 应用实例能够灵活运用 AO 的数据分析工具、图形工具，将财务数据与业务数据进行对照比较，确定审计重点，从而发现了审计线索；能够结合项目特点运用 AO2011 版电子数据功能，迅速查找两年各单位明细账，提高了速度，节省了数据空间；能够充分运用 AO 的排序功能，将相同内容的明细账排放在一起，有利于审计人员查找问题。

案例来源：恭城瑶族自治县审计局。

第三节　事业单位财务收支审计

一、事业单位财务收支的主要变化及内容

国家对事业单位实行核定收支、定额或定项补助、超支不补、结余留用的预算管理办法，定额或定项补助标准根据事业特点、事业计划、事业单位收支状况以及国家财政政策和财力可能确定，定额或定项补助可以为零。事业单位必须根据以前年度预算执行情况、本年度收入增减因素，以及事业发展的需要和财力可能等，编制收入预算和支出预算。事业单位提出预算建议数，由主管部门汇总报财政部门核定，事业单位根据财政部门下达的预算控制数编制预算，由主管部门汇总报财政部门核定后执行。

2013 年财政部修订了事业单位会计制度，主要变化体现在以下几个方面：

（1）配套新增了与国库集中支付、政府收支分类、部门预算、国有资产管理等财政改革相关的会计核算内容，实现了会计规范与其他财政法规政策的有机衔接，有利于促进各项财政改革政策的贯彻落实。

（2）创新引入了固定资产折旧和无形资产摊销。

新制度要求事业单位按照事业单位财务规则或制度规定确定是否计提折旧，并规定了 "虚提" 折旧和摊销的创新性处理方法，即在计提折旧和摊销时冲减非流动资产基金，而非计入支出。

这一处理兼顾了预算管理和财务管理的双重需要，既不影响事业单位支出的预算

口径，又有利于反映资产随着时间推移和使用程度发生的价值消耗情况，促进事业单位落实"实物管理与价值管理相结合"的资产管理理念和原则，为事业单位进行内部成本核算提供会计数据支持。

(3) 明确规定了基建数据并入会计"大账"。

原制度下，事业单位的基本建设投资执行《国有建设单位会计制度》，与基本建设相关的资产、负债及收支都只在基建账套中反映，基建账数据长期"游离"会计"大账"。

新制度要求事业单位对于基建投资，在按照基建会计核算规定单独建账、单独核算的同时，将基建账相关数据定期并入单位会计"大账"。这一规定有助于提高事业单位会计信息的完整性，为事业单位全面加强资产负债管理、防范和降低财务风险发挥会计信息支撑作用。

(4) 着力加强了对财政投入资金的会计核算。

新制度重新界定了财政补助收入的核算口径，要求在"事业支出"科目下单独对财政补助支出进行明细核算，增设了"财政补助结转""财政补助结余"两个净资产科目，对于财政补助收入、支出情况以及财政补助结转和结余的形成过程设计了清晰的账务处理流程，对于实施部门预决算管理、加强财政资金的科学化精细化管理将发挥更为重要的基础性作用。

(5) 进一步规范了非财政补助结转、结余及其分配的会计核算。

新制度严格区分财政补助和非财政补助结转结余，通过设置"非财政补助结转""事业结余""经营结余"等科目，进一步将非财政补助资金区分结转和结余分别核算，并对非财政补助结余的形成及其分配情况设计了科学的账务处理流程。

这些规定符合"财政拨款结转结余不参与预算单位的结余分配、不转入事业基金""专项资金专款专用"等部门预算管理规定，有助于进一步规范事业单位的支出和分配行为。

(6) 突出强化了资产的计价和入账管理。

新制度针对事业单位实务中普遍存在的对于接受捐赠、无偿调入资产计量口径不统一、相关资产不入账等问题，进一步明确了该种情况下资产的计量原则，要求在没有相关凭据、同类或类似资产的市场价格也无法可靠取得的情况下，将所取得的资产按照名义金额入账，并要求在会计报表附注中披露以名义金额计量的资产情况。

这些规定有利于提高事业单位会计信息可比性，促进取得的资产及时入账，通过资产账实核对手段加强国有资产管理，确保国有资产安全完整。

(7) 全面完善会计科目体系和会计科目使用说明。

新制度新增、取消了部分科目，对个别科目名称进行了修改，同时全面完善了各科目核算内容、明细科目设置、确认计量原则、所涉及经济业务或者事项的账务处理等内容，为事业单位会计实务操作供了更为科学、全面的依据。

(8) 系统改进了财务报表体系。

新制度增加了"财政补助收入支出表"，改进了各报表的项目、结构和排列方式，例如，对资产负债表项目按照流动资产/非流动资产、流动负债/非流动负债分类列示，取消了资产负债表中原来的收入、支出项目；改进了收入支出表结构，既全面反映事业单位一定会计期间的收入、支出全貌，又分资金类别列示"财政补助结转结余""事业结转结余"和"经营结余"，同时可以反映事业单位年度非财补助结余的形成及分配情况。

二、事业单位财务收支审计

事业单位财务管理在很多方面与行政单位类似，审计内容也有很多相同之处，在此不再赘述，仅就不同点介绍如下：

（一）预算管理情况审计

事业单位的事业收入、经营收入等是事业单位的重要收入来源，事业单位收入预算中这部分收入预算的编制是否真实、科学直接影响事业计划的完成和财政补助收入、上级补助收入的确定。审计中应注意检查事业单位是否参照以前年度预算执行情况，根据预算年度收入增减因素，合理确定收入预算，有无故意低报事业、经营等收入，骗取财政补助、上级补助的情况，或高报上述收入，影响事业计划完成的问题。

（二）预算执行情况审计

预算批复和拨款到位情况的审计包括：财政部门、上级主管部门是否按规定批复预算并办理拨款，有无预算批复不及时，占压拨款的情况；事业单位的各项收入是否全部入账并按规定纳入预算管理，统一使用，有无隐瞒、转移收入的问题；经费使用情况：事业单位是否按预算和规定的用途使用经费，有无突破预算、挪用经费的问题；是否存在基本支出核算和决算与预算口径不一致的情况，重点审查是否存在"事业支出——基本支出"中列支非财政补助收入来源的工资福利支出，防止应由事业单位自身承担的人员工资福利补贴转化成财政负担，变相骗取财政资金；各项经费的使用是否严格执行国家规定的标准，有无提高开支标准，扩大开支范围，挥霍浪费等问题；专项经费是否专款专用、单独核算并向有关部门报告经费使用情况；有预算收入上缴任务的单位是否及时足额上缴应缴预算收入，有无截留挪用的问题；事业单位成本核算是否正确，有无虚增、虚减成本的问题，各项应缴税费是否及时足额缴纳。

（三）结余及专用基金管理情况审计

结余的形成是否真实合法，有无虚增虚减的问题；结余分配的顺序、比例是否符合规定；各项专用基金的提取是否符合国家规定的标准和渠道来源；专用基金的使用是否符合规定的用途，有无挤占挪用的问题。

（四）资产管理情况审计

此处仅介绍事业单位与行政单位和国有企业在资产管理情况审计方面的不同之处。

对零余额账户用款额度和财政应返还额度应注意审查：年末是否按照财政直接支付预算指标数与当年实际支出数的差额，借记"财政应返还额度"，贷记"财政补助收入"；是否依据已下达但尚未用完的财政授权支付额度，借记"财政应返款额度"，贷记"零余额账户用款额度"；是否依据财政授权支付预算指标数大于授权额度的差额，借记"财政应返款额度",贷记"财政补助收入"。

对已核销的应收账款、预付账款和其他应收款的审计参见行政单位上述资产的审计。

对存货应注意审查:存货入账成本的确定是否符合规定,会计处理是否正确,尤其注意确定购入存货的入账成本时是否正确区分自用和非自用存货、一般纳税人和小规模纳税人,一般纳税人购入的非自用存货的入账成本不应包括增值税进项税额,其余则应包括增值税进项税额。发出存货的计价方法是否符合制度规定,前后期是否一致,低值易耗品是否按规定在领用时一次摊销计入支出,发出存货的会计处理是否正确。

对于长期股权投资、固定资产、在建工程、无形资产等非流动资产,按现行会计制度规定,取得时应该采取双分录核算,即在取得各项非流动资产时,应当按取得成本增加上述资产科目的同时相应地增加其对应的非流动资产基金;还应按实际发生的支出一次性借记"事业支出""经营支出""其他支出"等科目,贷记相关科目。审查时应注意审查是否存在只反映事业支出等,不反映资产和相对应的非流动资产基金,形成账外资产的情况。

对于对外投资应注意审计对外投资是否合法,是否经过主管部门和财政部门批准或备案,短期投资是否按照规定仅限于国债投资,长期投资是否违反规定利用财政拨款和结余进行投资,是否违反规定进行股票、期货、基金和企业债券投资;对外投资是否真实,即投出款项是否确实用于预定用途,必要时应向被投资单位核实;以有形资产、无形资产对外投资的,是否按规定进行评估,确定投资价值,有无故意压低投资价值,侵占国有资产的情况;债券投资收益的计算是否正确,长期股权投资收益是否按收到的利润入账,入账是否及时,有无遗漏。

事业单位将资产用于经营活动的,还应核算资产的使用成本,并与经营收入相配比。

(五) 往来款项管理情况审计

往来款项指事业单位的债权、债务。往来款项是否真实、合法,核算是否正确,直接影响到事业单位财务报告的真实性。审计中应重点审查往来款项是否合法,有无挪用事业经费、专项资金或违规拆借资金等问题;往来款项是否真实存在,有无虚列债权债务的问题,必要时应向对方单位查询;审计中还应对往来款的结算情况进行检查,督促事业单位及时催收到期债权,按期偿付债务。事业单位的负债,还包括事业单位收取的、应上缴财政预算的资金和应上缴财政专户的预算外资金、应缴税金及其他应上缴的款项,审计中应重点检查事业单位是否及时足额上缴,有无截留挪用的问题。审查往来款项中是否存在核算收入支出的现象,重点审查上级机关业务部门和其他部门拨入的专项经费、会议费、培训费等,应该纳入预算范围或记入收入而在往来科目中核算收支的行为,防止乱开支、乱花钱、偷税,以致出现转移、隐藏资金设立"小金库"的违纪问题发生。

(六) 经费使用效益审计

事业单位的效益可分为经济效益和社会效益。由于相当一部分事业单位主要从事物质生产活动，总的来看，对事业单位效益的评价，要比行政单位更侧重于经济效益方面。但由于事业单位在根本上是非营利性的服务性组织，社会效益仍然是评价其效益的主要内容。对事业单位经费使用效益的评价，主要有以下内容：(1) 事业计划的完成情况，即事业单位是否完成了事业任务，完成情况的好坏；(2) 事业单位业务活动对其本身产生的经济效益，即所谓"一次效益"，主要用投入产出比来衡量；(3) 事业单位业务活动产生的社会效果，即"二次效益"，如某一科研项目在社会上发挥的作用，教育经费的使用为公众提供的教育服务等；(4) 经费的使用是否合理节约，是否存在损失浪费的问题。

（七）财务报告审计

事业单位的财务报告和财务分析，只是在报表种类、具体的编制方法和分析指标上与行政单位有所不同，在此不再介绍。

案例拓展 9-2：

审计卫校大扫除　扫出不法"小蛀虫"

2005年10月，国务院印发了《关于大力发展职业教育的决定》；2008年起，广西全面实施职业教育攻坚；职业教育迎来了发展的大好时期。某卫生学校就是在这一时期迅速扩展壮大，在对其校长 2002~2014 年经济责任审计中，审计人员巧用 AO 锁定重点，前后左右关联分析，火眼金睛发现学校在经济上的脏乱差，扫出了贪污腐败问题，1 人被判刑，12 人受到党纪政纪处分。

巧用 AO 锁重点　有偿招生显疑云

某卫生学校属国家级重点职业学校，在全区名声赫赫，2008年新迁校区后更是发展迅速，招生规模逐年扩大；其附属医院收入连年攀升；其校长，受到社会广泛好评和肯定，得到干部职工师生的拥护。这样一个发展势头良好的学校，其财务管理也会规范严谨吗？

该校及其附属医院十多年没有经过审计，其新校区亿元建设工程因手续不完善也无法进行工程审计。就在大家举棋不定、不知从何下手的时候，审计组从财务科长处了解到，学校为了方便，多数支出还是用现金支付。近几年，全市大力推动公务卡支付，并把公务卡支付比例作为绩效考评指标，学校却还是惯用现金。于是，审计组灵活运用 AO，从现金科目切入，逆向分组查询对方科目，以汇总金额排序，着重关注 2010 年至 2014 年支出排名前 20 名的科目，并结合学校的主要职能和重大经济事项，确定重点审计学校招生费、零星工程维修费、接待费、借款等科目。

招生是学校的一项重点工作，但是有偿招生是明令禁止的。那么学校的招生费到底有多少？都用在哪些方面？是否用于有偿招生？运用 AO 对招生费查询分析后得知，2012 年至 2014 年学校列支招生费近 100 万，包括招生宣传、差旅和奖励。这种奖励就是社会上广泛流传的有偿招生，按照一定标准发放给推送生源的学校和老师。经过进一步查询统计，发现光是招生奖励就支出了 70 多万元。在查阅大额支出凭证的时候，发现2012年有2笔支出共计30万元，仅凭两张现金支票就列支了招生费。那这30万元具体用在哪里、发给哪些人、是不是真的用于招生，均无附件佐证。审计组检查了2012年至2014年支付招生奖励的所有凭证，发现招生奖励多数通过自制签领表发放，有的签领表有领款人签名，有的签领表上的多个签名是同一个人的笔迹，有的签领表干脆无人签名；奖励金额大小不一，没有文件或者会议纪要等资料。这些支出是真实的吗？审计人员打了一个大问号。

经过了解，学校为鼓励各招生片区积极送生，完成年度招生任务，学校领导班子会决定：按每生300元标准对各招生片区中学报送学生的班主任给予奖励，按1 000～2 000元标准对送生较多的学校负责组织送生的老师给予奖励，每年的标准稍有变化。而且，学校还辩解称，每个学校都有这个情况，如果没有奖励根本就招不到学生，实属无奈之举。但是对数字超级敏感的审计人员心里默算，按照这样的标准，每年招3 000名学生，假如有一半的学生须付招生奖励，那学校一年要付几十万元，而账面上三年还不到百万，缺口的钱从哪里来？这招生费肯定有问题，但是接下来怎么办呢？如果直接向他们了解，可能会打草惊蛇，还是先看看别的支出是什么情况，看能否找到关联的信息线索。

通过对往来科目查询分析，学校个人借款金额大，但都过了两三年了，招生办工作人员还有近30万元借款没还。审计组找到招生办的工作人员了解情况，当事人害怕要负责任，立即解释：借款是领导指示先借出来拿去招生，后面财务人员再想办法处理账务，至于账务如何处理，自己并不知道，并且发放招生奖励的签领表都已给了财务人员。照他这么说，这并非实质性借款，是招生支出。但是会计却说没收到报销单据无法冲账。总之，这借款和招生奖励脱不了关系。

发票日期现破绽　签名笔迹露马脚

学校2008年新迁校区，2010年以后零星工程维修相当频繁。抽查10笔使用现金支付的零星工程维修费，报账手续完善，没什么大漏洞，但是细心的审计人员盯上了其中一张8万元发票，出账日期是2012年，发票日期却是2010年，领导审批也是2010年，为什么会隔那么久才出账呢？在AO上使用重号分析功能查询零星工程维修费科目，发现只有两条相同金额记录，金额分别是8万元和5万元，重复次数均为两次。但不同的是，8万元两次都是现金支付，5万元一次是现金，一次是转账。审计人员立即翻阅凭证，发现确实是相同金额报账两次却只有一次附有发票，从备注说明中判断支付的是同一工程，可以肯定是重复报账。但是审计人员还是觉得蹊跷，因为这5万元2012年银行转账支付出账的时候没附发票，而在2013年现金支出时所附发票日期是2012年，这基本没什么异议。但这8万元两次都是2012年出账，并不是发票日期的2010年，这怎么解释呢？审计人员大胆设想很可能先是几个项目款一笔转账，后期分项目现金支付，现金报账手续齐全，以达到掩人耳目套取现金的目的。于是，审计人员马上查询筛选大额转账支付零星工程维修费，接着进一步核查凭证。果不其然，学校通过一笔银行转账将几个零星维修工程项目款支付给施工方，在没有任何发票凭据情况下就作为支出；在以后年度以现金支付形式再次报账。经过深入审核分析，发现重复出账 103 万元。这种重复出账套取的资金都用去哪里？是否和招生有关呢？

在审查 2014 年零星工程维修费的时候，审计人员发现一次用现金支付 4 项零星工程款共 14 万元，其中有两项是其附属医院发生的。附属医院单独核算，怎么会在学校报销呢？附属医院的财务科长很肯定地说学校没有为附属医院支付过零星工程款。那这工程款会不会也有诈呢？审计人员一遍又一遍地审核票据和结算书，发现发票只有校长审批，副校长审核，那财务人员呢？审计人员再次仔细核对 4 份结算书，发现有 2 份结算书"王某"的签名笔迹不一样，于是审计组找到了王某进行核实，果然不出所料，王某对这两份结算书的签名毫不知情，这两个签名都是冒充的！

频繁接待生乱象　审计出招揭黑洞

通过 AO 图表分析功能发现，2010 年至 2013 年学校招待费用均超百万，按一年 365 天计算，最高年份平均每天开支达 3 876 元，如果按照工作日计算，那么数额更加触目惊心。

审计组重点抽查了 2010 年以来大额现金支付招待费的情况，发现学校在 2010 年 2 月组织 300 人在圆园宾馆召开有关会议，现金列支住宿费 17 万元。300 人 3 天怎么就花了近 17 万元呢？审计人员以要召开 300 人大型会议的名义致电圆园宾馆，得到的答复是宾馆只有 100 间房、安排不了 300 人的大型会议；同样是 2010 年 2 月，学校召开有关会议现金列支餐费 19 万元，全部由同一餐馆开具定额发票。审计人员心想发票会不会有问题呢？于是借助税务机关发票查询系统，结果核查出几百张发票均为假发票。审计人员接着抽查 2013 至 2014 年大额现金支付招待费情况，发现多数招待费支出未附有通知、签到表、培训内容、接待清单等。在这种报账手续不完善、凭据不足的情况下，招待费的真实性非常让人怀疑，这些接待费会不会与招生有关联呢？

审计组通过对招生费、借款、零星工程维修费、招待费等发现问题进行汇总分析，初步核定学校存在重复出账、无任何依据出账以及与施工方串通、虚构工程成本、造假冒充签名等列支零星工程款；无任何依据出账和自制签领表列支招生费；虚列卫生费、绿化费、实习费、招待费、学校助学金、借款等套取资金，涉及金额 400 万元。但是资金是不是都用于招生呢？有没有贪污腐败问题？到了这个时候，被审计单位也知道审计发现了一些问题，都特别的客气谨慎，还通过各种渠道打探信息。眼下最要紧的是一鼓作气进一步突破落实资金去向，审计组经过一番商讨后决定，从招生奖励入手与学校摊牌，正面交锋。

首先从招生办主任开始，他承认有招生奖励备查账，但迟迟不提供。经过审计局领导多次出面交涉，他才提供了 2012 年至 2014 年 180 多万元生奖励的说明。这与审计查出的 400 万元相差了 200 多万元，是招生办报少了，还是钱用到了别的地方呢？

接着审计组找来了一个关键人物，那就是分管财务的罗副校长，他原来是财务科科长，所有的支出都由他审核签名，甚至是亲自办理领款等具体工作。罗副校长把提前准备好的说明材料都交给了审计组，这些资料反映了 2012～2014 年发放招生奖励

180多万元，列清楚了哪些是账面反映，哪些是通过套取获得，但是依然是相差200多万元。

审计组通过核对，把差额200多万元的经济事项挑出来，有针对性地选择了几项询问了解资金的去向，结果学校仅提供书面说明用于送礼、接待等方面，没有任何的证明性票据和材料。鉴于审计手段有限，审计组将虚开发票套取现金、违规支付招生奖励和送礼、超标准超预算接待、假发票报账、工程违规招投标等10多个问题移送纪委、检察、税务、住建等部门，并协助进一步核查落实。最后1人因采取侵吞等手段非法占用公款被判处有期徒刑五年，并处罚金100万元，继续追缴违法所得94万元；因违反财经纪律套取资金违规支付招生奖励和送礼，3人受到党内严重警告处分，8人受到党内警告处分，1人受到行政警告处分。

本案例之所以通过传统的审计手段也能巧妙地发现问题，原因有三：一是逆向思维，灵活运用AO查询、排序、分组、重号和图表等分析功能，精准锁定重点，达到事半功倍的效果。二是关联分析，找到各个问题相互的关联点，一举突破。三是着眼细处，从发票、签名、宾馆、餐馆等细微之处，找出破绽。

案例来源：北海市审计局。

案例分析：

2017年3月份，市审计局派出审计小组对某事业单位2016年的财务收支实施审计，审计小组对以下经济业务提出异议并记录于审计工作底稿：

1. 经检查发现，该单位2016年年终结账后借方仍有结余12 000元。

2. 发现该单位有一张到期、面值为5 600元的商业汇票和一张因付款人无力支付票款银行退回的未付票款通知书，被记录在应收票据账户下。

3. 该单位预提公寓的维修基金，借：事业支出2 800 000，贷：其他应付款（暂存款）2 800 000。

4. 该单位2016年申报国家重点研究课题，获得批准，收到主管部门拨入专款500 000元，当年实际发生专款支出450 000元，结余5万元。该项课题在2016年末已经完成，但尚未向主管部门申报结项。甲单位于2016年12月31日将拨入专款500 000元和专款支出450 000元转入事业结余。该单位为了鼓励课题组成员，经领导批准，在结余中提取20 000元作为奖励经费，计入其他应付款，其余30 000元转入事业基金。

5. 2015年6月30日，该单位与另一租赁公司签订一项协议，采用融资租赁方式租入一套网络设备，租期为4年，租金总额为2 000 000元，从2016年6月30日起，分4次等额支付，租赁期满设备的所有权归甲单位所有。甲单位于2015年7月1日收到网络设备并办妥相关手续，同时增加固定资产和固定基金2 000 000元。

6. 收到财政部门委托代理银行转来的财政直接支付入账通知书，财政部门为事业单位支付购买设备款，专用设备1台，买价68 000元，通用设备1台，买价21 000元。两设备共同发生运杂费640元，各负担50%，设备投入使用。该单位做如下会计处理：①借：事业支出——项目支出——专用设备68 320，通用设备21 320；贷：财政补助收入89 000，银行存款640。②借：固定资产——专用设备68 320，通用设备21 320；

贷：非流动资产基金——固定资产89 640。

要求：依据有关决策判断以上业务处理是否正确。如不正确，请作出正确的账务处理。

第四节　行政事业单位的其他审计

除上述主要审计类型外，行政事业审计还可以有其他一些审计类型，主要包括专项资金审计及专项审计调查。

一、专项资金审计

（一）概念

专项资金是国家为推动一定的项目或完成特定的行政任务，由财政预算安排的或有关部门、单位依法自行组织的，在行政单位日常公用经费之外，安排有指定用途的项目资金。具有项目多、金额大、使用范围广的特点，主要包括扶贫、农林水、教科文卫、交通能源和开发等资金。财政专项资金来源主要包括中央财政转移支付专项资金、地方财政安排的专项资金、本部门及其他部门安排的配套资金等。

专项资金审计是审计机关对专项资金收支的真实性、合法性和效益性进行的监督活动。审计机关可以根据需要，对某项专项资金的收支情况进行审计。专项资金审计只对某项资金的收支活动进行审查，一般不需要涉及被审计单位的其他财政财务收支活动。专项资金是具有专门用途的资金，必须专款专用，审计中应检查专项资金是否按规定用途使用，是否存在挤占挪用问题；专项资金是否按规定的标准使用，有无提高开支标准的问题。专项资金审计是一种专业性很强的审计，其具体内容依被审计资金的性质和管理要求而各不相同，审计人员应注意学习掌握与专项资金收支活动有关的法律、法规、政策和制度，了解其业务特点，做到具体情况具体分析。

专项资金审计针对性较强，审计结果能说明某一方面的深层次问题，是一种常用的审计方式。专项资金审计常采用行业审计的组织方式。常见的行政事业专项资金审计有教育经费审计、科技经费审计、行政性收费和罚没收入审计、计划生育经费审计等。

各级政府经常拨款举办或资助大型文化、体育等活动，如运动会、艺术节等。国家审计中的行政事业审计部门必须对这些活动的财务收支情况进行审计监督，以确保预算资金使用的真实、合法和效益。这类审计的对象也是具有特定用途的财政专项资金，因此也可归入专项资金审计。

（二）审计内容

审计人员对专项资金进行审计时，应重点审查以下内容：专项项目的论证、立项、审批的程序是否符合国家和相关机构有关规定，资料是否齐全；各项收入和支出是否按规定纳入预算管理，有无赤字预算；预算调整理由是否充分，是否符合规定的程序并报经批准后执行；专项项目建设过程中内部控制制度是否健全，执行是否严格、有效；专项资金是否及时足额到位、专款专用、单独核算，会计核算是否合规；配套资金是否及时足额到位；主办单位组织收入的合法性，是否存在向企业和个人摊派的问题，收入是否及时足额入账。有无隐瞒、挪用的问题；各项支出是否按预算执行，有无超预算开支等问题；资金使用是否符合法律法规和有关制度的规定，有无挤占挪用、提高开支标准、滥发钱物、贪污私分等问题。各项支出是否严格执行国家和相关规定的开支范围和开支标准，手续是否完备，有无虚列支出、以领代报和其他违规违纪问题；支出审批程序是否符合国家和相关机构的相关规定；设备、图书、软件、大宗物资采购，建设项目，大型修缮项目等是否按规定进行招投标；决算报表填制的内容是否完整，数字是否真实、准确，有无隐瞒、遗漏或弄虚作假情况；决算报告的文字说明是否真实准确地反映年度专项资金预算执行情况、资金使用效果和资金管理情况；对项目的效益进行评价。项目的效益包括社会效益和经济效益，根据项目性质的不同，评价的侧重点也有所不同。对社会效益的评价，主要是评价项目是否达到了预期的目的；对经济效益评价的主要内容有：收入（如门票收入、广告收入等）的组织情况，主办单位应尽最大可能组织收入，保证项目的顺利实施；支出是否合理、节约，是否存在损失、浪费的问题等；其他需要审计的事项。

二、专项审计调查

近年来，审计部门对人民群众关注的某些热点、难点和焦点问题开展专项审计调查，查出了一些带有普遍性、倾向性、苗头性的问题，有针对性地提出切实可行的建议，引起了各级领导和社会各界的高度关注，为强化宏观调控和政府决策提供了科学依据，取得了显著的成效。

据统计，审计部门发现和披露的问题中，通过专项审计调查占一半以上；审计部门每年开展的专项审计调查项目接近整个项目的一半左右。

（一）概念及范围

1. 概念

2001年8月1日颁布实施的《审计机关专项审计调查准则》第一条对专项审计调查的定义是：审计机关主要通过审计方法，对与国家财政收支有关或者本级人民政府交办的特定事项，向有关地方、部门、单位进行的专门调查活动。

2. 范围

审计机关可以对下列事项进行专项审计调查：国家财经法律、法规、规章和政策的执行情况；行业经济活动情况；有关资金的筹集、分配和使用情况；本级人民政府交办、上级审计机关统一组织或者授权以及本级审计机关确定的其他事项。

专项审计调查的特定事项主要包括：国家财经法律、法规、规章和政策的执行情况，重大决策的落实情况；地方财经法规、规章和政策的合法性、合理性与科学性；有关资金的筹集、分配、使用、管理和绩效情况；本地区行业重大经济活动情况或者跨行业、跨地区、跨单位的重大经济活动情况；群众关心、社会关注的重要事项；本级党委政府交办、上级审计机关统一组织或者授权的事项；本级审计机关确定的其他事项。

（二）特点

1. 调查项目的及时性

开展专项审计调查往往要贴紧政府的中心工作、当前的热点问题、群众关心的问题，因此对这些问题要快速反应。

开展专项审计调查的目的是为上级决策提供依据，因此作出审计调查结论和提出审计调查建议，必须要在上级部门作出决策之前，否则就会错过时机，使审计调查失去了应有的价值。

2. 调查目标的宏观性

由于专项审计调查是对经济领域中带全局性、普遍性、倾向性的特定事项进行系统调查了解，通过综合分析，向有关部门反映情况、揭露问题、提出解决问题的建议，为领导决策提供依据，为国家、企业宏观调控服务，因此专项审计调查的目标具有宏观性。

3. 调查范围的广泛性

主要体现在调查对象的广泛性和资料来源的广泛性两个方面。

从调查对象上看，凡是与被调查事项有关的单位和个人都属于专项审计调查的范围。

从资料来源上看，专项审计调查的证明材料既可以是从被调查单位的账册、报表中所收集的会计、统计数据，也可以是采用调查走访有关人员等方式所收集的与被调查事项有关的其他资料。

4. 调查方式的多样性

专项审计调查是审计和调查的有机结合，因此审计人员可以采用多种方式来开展审计调查。

专项审计调查既可以是单项调查，也可以是多项调查；既可以是单独的审计调查，也可以结合项目审计开展审计调查；既可以通过审核被调查单位的会计、统计资料进行调查，也可以通过召开座谈会和走访有关单位、个人，以及向有关单位、个人发放审计调查表等方式来进行调查。

（三）专项审计调查的环节

1. 专项审计调查的选题

专项审计调查能否达到预期目的，取得实效，选题是关键。审计机关专项审计调查的立项依据一般是党委政府交办、上级审计机关统一组织或审计机关自行确定。在选题时，要综合考虑以下五个要素：

一是宏观性。专项审计调查项目不能局限于个别的、局部的微观现象，至少也要定位在行业或系统这个层面上，否则审计调查结果的影响面就没有宏观性和代表性。最终成果也难以转化。

二是重要性。在确定专项审计调查项目时，必须要找准、抓住经济社会中的热点、重点、难点问题,以便政府领导了解情况,制定正确的决策,增强工作的针对性。

抓热点,就是要围绕经济社会发展中领导关注的焦点、群众关注的热点问题,有针对性地切入;抓重点,就是要统筹兼顾,在众多的经济社会事项中区别轻重缓急,善于抓主要矛盾;抓难点,就是要及时反映改革、发展、稳定中出现的新情况、新问题。

三是服务性。服务各级领导决策是专项审计调查的出发点和归宿,因此专项审计调查项目在立项时就要有明确的服务目标,整个调查过程不仅要揭露问题,更重要的是分析原因,提出建议与对策,使调查结果成为政府加强依法行政、提高执政能力的有力帮手,成为有关部门提高依法理财水平、加强内部管理、推广成功经验做法的有效手段。

四是时效性。专项审计调查要取得实效,就需要对一些改革发展中的重点、难点问题迅速做出反应。这就要求各级审计机关要时刻保持大局观念,对党委、政府的中心工作了解透彻,心中有数;对经济和社会运行状况比较熟悉,能够及时发现审计调查与经济社会发展的结合点和切入点;对有关情况和问题要迅速做出反应,提出意见和对策,促进有关部门研究解决弥补审计监督的滞后性。

五是前瞻性。专项审计调查项目在立项时,对社会经济生活中苗头性、潜在性问题要有前瞻性和敏感性,要善于准确分析和预测这些问题可能对今后工作带来的影响和后果,不能因为某些问题对当前经济社会的发展还不构成实质性影响而放弃,也不能因为某些问题暴露不充分而搁浅,要使专项审计调查在为经济社会发展服务的过程中做到关口前移、未雨绸缪。

2. 专项审计调查的准备

选题后,进入审计调查的准备阶段。这一阶段要花足够多的时间和精力去做,才能做到有针对性地实施调查。

(1)成立专项审计调查组。根据调查对象,合理调配人力资源,组成专项审计调查组,使之分工明细、密切沟通,能综合利用各种信息和成果,有效发挥整体和个体的双重优势。

(2)认真学习相关法律法规,领会其精神。审计署令第3号《审计机关专项审计调查准则》第五条,明确规定了审计机关可以对下列事项进行专项审计调查:国家财经法律、法规、规章和政策的执行情况;行业经济活动情况;有关资金的筹集、分配和使用情况;本级政府交办、上级审计机关统一组织或者授权以及本级审计机关确定的其他事项。足以看出,专项审计调查是一项政策性特别强的工作。

(3)制定周密实用的调查方案。在做好审前调查的基础上,围绕调查目标、范围、内容、时间和人员分工等制订调查方案,调查步骤和调查方法应详细制定,使调查方案真正做到切实可行。

3. 专项审计调查的实施方法

审计调查实施阶段的方法归结起来主要有两大类,即审计方法和调查方法。

审计方法包括:顺查、逆查、详查、抽查等一般方法;审阅、分析性复核、复算、核对、函证等具体方法；内部控制测评、风险评估、抽样审计、计算机审计等专门技术方法。

调查方法包括：询问、观察、记录、分析研究等。

掌握上述各类方法并不难，难在如何根据调查事项要求及调查现场情况变化等诸因素，科学灵活地选用这些方法，达到趋利避害、完成调查任务的目的。

从实践来看，主要应把握好以下十点：

第一，将审计方法与调查方法相结合。

一般来说，运用审计方法获取的数据资料真实性强、准确度高，但耗用的时间多；而调查方法虽然不如审计方法的权威性高，但它在一般问题的调查上，则有简便、易行、效率高的特点，如果使用得当，也能够发现一些重大问题。因此，在审计调查中，根据调查事项的具体情况，将审计方法与调查方法相结合，确保审计调查的效果。

第二，将审计调查的广度与深度相结合。

审计调查的广度，是指调查对象要多，所覆盖的区域范围要广。实践证明，经济运行中的普遍性、倾向性、苗头性问题，是各级党政领导十分关心和亟待解决的问题。因此，审计调查必须围绕这样的问题来确定调查对象数量和覆盖面。

审计调查的深度，是指所调查的问题事实清楚，既有能说明面上情况的综合数据，又有能说明问题严重程度、发展趋势的比较数据和典型事例，还有准确的原因分析和可行的对策建议。审计调查中，应当围绕这些方面进行情况搜集，为审计调查报告中的典型事例备好素材。

第三，将问与看相结合。

问，是就有关调查内容询问被调查人员，其方法有座谈、个别访谈、电话了解和疑点问题的随时询问等，也包括问卷调查、表格填报等广义上的询问方法。

看，指查看有关资料和现场情况，也包括观察对方心理等。问的目的是了解更多的情况，看的作用则是证实这些情况的真伪和准确程度。

第四，将个别访谈与集体访谈相结合。

个别访谈的优点是保密性比较强，容易得到真实情况；缺点是调查面窄，比较费时。

集体访谈具有公开性的优点，有利于在短时间内就某一问题了解面上的观点情况；缺点是隐秘性的问题难以挖掘出来。

根据二者特点，将二者结合，做好谈话方案，确定谈话的主题、提出的问题、谈话的态度、记录方式、提问方式等。

第五，将直接调查资料与间接调查资料相结合。

为弥补直接调查资料的不足，印证直接调查内容的真实准确性，比较有关数据指标的位次和发展趋势等等，需要到与调查对象有比较或证明关系的其他单位、互联网、图书馆或各类文献资料中获取一些相关资料和数据。这种间接调查有助于调查者掌握全面情况，使纵横比较写出来的调查报告有理有据。

第六，将调查获取资料与调查对象提供资料相结合。

较大型的调查项目，其资料全由现场调查获取，量大、效率低，可调整为根据调查的内容确定若干个量化指标，设计成审计调查表，让被调查者据实填写。

审计人员对填写后的数据进行审核后，将其中的重要问题或填报可能失实的数据作为调查的切入点，通过现场审计调查予以核实。

涉及与群众个体相关的热点问题的调查，如救灾、低保等专项资金的发放，教育、医疗等方面的收费等，可采取网上调查的方式，即将审计调查表在互联网站上公开，让被调查单位下载填写后，通过电子邮件传送给审计人员，调查后的结果向社会公开，广泛接受公众监督。

第七，将自上而下调查与自下而上调查相结合。

在实践中，自上而下的调查，一般都有被调查单位的领导人员陪同，调查活动受制的，往往查不到或较少调查到真实情况。在这种情况下，采取自下而上的调查。特别是微服私访式的调查，则可有效解决这一问题。对涉及群众利益问题的调查题目，自下而上的调查方法能够有效、快捷地发现问题。

第八，将调查与研究相结合。

一般来说，审计调查分为两大阶段，即调查与研究。在实践中，要做到：

调查之中有研究。调查过程中不仅要搜集问题方面的材料，还要随时分析研究问题的原因和对策，便于在调查阶段搜集齐全的材料，避免"二进宫"情况发生，减少调查成本。

研究之中有调查。在对调查阶段获取的材料进行分析研究的过程中，需要对有疑问的材料通过电话或网络向被调查单位进行了解。

第九，利用 AO 系统等计算机辅助审计技术。

由于审计调查点多面广，数据量较大，同时抽查范围有限，客观上要求充分利用计算机审计扩大调查覆盖面，借以提高审计成效。为此，审计人员应充分利用 AO 系统及数据库软件等强大分析功能，深入开展调查工作，全方位强化审计调查的广度和深度。

第十，引入专家咨询机制开展审计调查。

审计项目引入专家咨询机制，它在审计实践中可以起到三个作用：

首先，可以提高审计报告的质量。通过专家从不同的角度分析研究审计报告的内容，提出一些建议和意见，审计机关出具的审计报告可以在原有的基础上更加完善，从而提高审计报告的质量。

其次，可以拓宽审计人员的视野。审计调查引入专家咨询方法突破审计人员传统的就账查账的审计方式，增加审计调查的技术含量，同时可以培养审计人员大局观和整体观，增强宏观着眼、微观入手的意识。

最后，可以强化审计工作的宣传。审计项目专家咨询会可以拓展审计工作与社会各界的沟通渠道，起到宣传审计工作的作用，为审计工作创造一个良好的外部环境，进而让更多的人了解审计、关心审计和支持审计。

4. 专项审计调查的报告撰写

专项审计调查报告是反映问题、分析原因和提出意见建议的载体，是反映调查成果大小的关键。因此，要写好专项审计调查报告。

首先要从调查实施阶段做起，对调查事项不仅要查深查透，而且要查明原因，提出改进措施。

其次要注意搜集各方面信息资料，善于从繁杂的资料中提出有价值的东西，使调查报告能最大限度地反映专项审计调查的成果。

5. 对发现的违反国家财经法规行为应依法作出相应的处理处罚

由于专项审计调查取得证明材料的方法主要是审计方法，在调查过程中，可能会发现被调查单位违反国家财经法规行为，对此，审计调查组应及时报告审计机关，审计机关应依法作出相应的处理处罚。对于属于本机关法定职权范围的，可直接进行处理处罚，但处理处罚要按照项目审计法定的审计程序进行，程序必须到位和合法。对不属本机关法定职权范围的，应向相关部门和单位进行移送，并取得移送的证明文书。

6. 专项审计调查事项应认真建立完整的档案，加强档案管理

专项审计调查是审计机关的基本监督形式之一，要求将专项审计调查事项的全部相关材料建立档案进行管理。目前，有关项目审计的档案管理已建立了较完善的制度，专项审计调查事项的档案管理可参照执行。

案例拓展9－3：

斩断伸向扶贫资金的"黑手"——四川扶贫资金审计案例

审计人员实地调查扶贫资金发放情况，从茶农的齐声回答和异样表情中看出蹊跷，追查发现茶叶低改扶贫项目根本没实施，60万元资金还躺在账上"睡大觉"。

贫困地区企业负责人串通银行内部工作人员，伪造贷款合同、支取凭证和偿还贷款票据等，骗取财政贴息6.8万元。

最终，套取资金成功追回，10多名责任人员被追责……

"扶贫资金不是唐僧肉，弄虚作假定被捉。"——这是四川省审计厅审计人员参与完成几项财政扶贫专项资金审计，案件揭开谜底之后发出的感叹。

案例回放——

茶农的60万元扶贫资金躺在账上"睡大觉"　实地调查发现另有"隐情"

2014年，四川省审计厅派出审计组，对某县级市扶贫资金开展专项审计。在前期对市扶贫移民局、财政局和以工代赈办等扶贫资金管理单位审计中，无论是项目申报、审批，还是资金拨付及管理，都基本符合相关规定。审计组决定对重点资金、重点项目和重点企业进行实地抽查，看看国家扶贫政策的"最后一公里"即项目资金落地执行的情况如何。

审计人员分成3个基层乡村抽查小组，克服山道崎岖、坡陡路远、颠簸晕车等困难，对重点乡镇连片扶贫开发项目进行抽查。针对扶贫项目是否按实施方案执行、补

助资金是否及时发放到农户手中、是否达到预期的社会和经济效果等问题，审计人员们深入乡镇、村社，进行实地询问和调查。

一个被分到对该市某村茶叶低改扶贫项目开展实地调查的审计小组，很快发现了问题。在前往项目所在地的路上，该村村长和村支书各骑一辆摩托车，给审计人员随行带路。审计人员却发觉，一路上村长总是采取抄近路的方式，希望能提前到达项目地。当审计人员到达项目实施现场询问当地茶农时，茶农们纷纷回答："（项目）实施了的""我们都满意""肥料和补助款都领到了""感谢党和政府好政策"……

异口同声的回答，让审计人员心中疑窦顿生：为什么农户们都还不知道审计组的来意，就异口同声地回答问题？更奇怪的是，一些茶农的表情还有些奇怪和别扭。而当审计人员有意询问个别茶农具体细节时，对方的回答支支吾吾，目光不自然地望向旁边的村干部，表现出明显为难的情绪，有的人甚至闭口不再细说。通过这些细节，审计人员判断其中必有隐情！

补助发放花名册藏"猫腻"

审计小组决定采取其他审计措施核查其中的破绽。"财政扶贫资金实行的是县级财政报账制管理办法，凡是扶贫项目资金支出，均应到县级财政报账，如果有虚假报账，账目上一定能发现蛛丝马迹！"一位审计小组成员介绍说。

审计人员立即返回镇财政所，打算从镇财政所向市财政局上报项目资料入手，寻找突破口。通过对报账资料的详细检查，审计人员发现，其中有一张金额10多万元、实物量为50余吨的购买复合肥料发票，开具的销售单位是一名个体户。

"这么大的销售金额，竟然是一家个体户销售的，明显不符合常理！"审计人员马上警觉起来，进一步检查发现，根本没有购买肥料运货单、运费结算单、肥料发放清单等应该具备的关键证明资料。审计人员分析称，很可能存在虚假购置化肥经济事项、报账套取资金的问题！收集相关证据后，审计人员立即对采购经办人进行突击询问，通过讲解有关法规法律开展政策攻心，结果证实，该项目果然没有购买化肥，发票确实是找个体户虚开的。

审计小组又进一步抽查了两个年度发放补助的花名册，发现花名册也存在问题：虽然不同年度的人员顺序有变化，但领取的补助金额和签名字迹两年几乎都一模一样。审计人员立刻找到镇上负责编制补助工资花名册的经办人员进行单独询问，经办人最终交代称，镇干部自行编造补助人员花名册和技术人员的工资名单，统一私刻茶农私章，套取扶贫项目资金。

真相至此大白：茶叶低改扶贫项目根本没有实施，项目补助也没有发放给茶农。截至审计时，通过此方式套取的扶贫资金共计60余万元，仍结存在镇财政所尚未使用。

案件引起该市政府及有关部门高度重视。该市纪委迅速启动程序进行处理，被套取的60余万元资金成功追回，如数归还到市财政局统筹用于扶贫项目，14名相关责任人员被追责，其中2名责任人受到党内严重警告处分，12名责任人受到党内警告处分。随后，该市政府和相关管理部门又相继出台了一系列规范扶贫项目建设和资金管理的制度办法。

伪造300万元贷款合同骗取财政贴息

财政贴息作为扶贫资金的一部分，是一项惠民措施。贫困地区的一些企业、贫困户为了实现自身发展，会到当地银行或农村信用社去申请贷款。为了支持企业发展和贫困户脱贫致富，国家通过贴息的方式，对取得贷款的企业和个人进行补贴和扶持。

2014年12月，审计人员在对财政扶贫贷款贴息资金进行审计时，发现某县级市的一家畜禽养殖专业合作社通过一笔300万元的扶贫贷款，享受了6.8万元的财政贴息。

审计组决定对该企业的银行贷款是否真实，享受的贴息资金是否准确、享受贴息的项目是否带动贫困户增收情况进行核实。

审计组兵分两路，一路去银行核实贷款，另一路直奔该企业进行实地调查。审计人员在银行核实相关贷款资料时发现，银行的信贷管理系统中无该企业300万元的贷款，也没有收到过该企业的贷款利息。这一情况引起了审计人员的高度警觉，审计组立刻采取对银行的相关负责人进行谈话、进行外围调查等措施，通过审计人员的法律政策宣传和再三要求提供贷款合同和结息清单等资料的情况下，该银行负责人和相关人员承认出具了虚假的贷款合同和结息清单的事实。

在已掌握这笔贷款相关材料均系伪造的情况下，另一路审计人员又与该企业负责人进行了多次交锋，在事实面前，该企业负责人终于承认了其串通银行内部工作人员，伪造了借款金额为300万元的虚假个人综合消费贷款合同，并按照合作社申请财政贴息的需求，伪造了借款支取凭证和偿还贷款利息票据，最终骗取扶贫贷款项目财政贴息6.8万元的事实。

该市政府督促市财政局全数追回扶贫专项资金，同时责成制定并落实整改措施，严令今后不得再发生类似问题，相关责任人也受到了相应的处理。

"扶贫资金审计中发现的问题，暴露出个别农村基层干部无视财经法纪，也透露出了个别地方在扶贫管理和监督上存在缺陷，给我们带来了深刻的警示。"四川省审计厅相关负责人表示，各级干部要依法行政，绝不能与民争利。一些基层干部对扶贫资金打"歪主意"，试图要"小聪明"，通过各种"小伎俩"想雁过拔毛，但事实已经无数次证明，国家对侵害人民群众利益的行为绝不手软，只要伸手必被捉。作为国家扶贫政策执行的"最后一公里"，乡镇基层干部一定要以身作则，依法当好国家资金的"管理员"，三农政策的"宣传员"。

同时，大力宣传法规政策，让群众自觉维护自身权益也很重要。通过制定民生政策明白卡和警示册，利用宣传车、公示栏、广播等多种宣传工具，强化扶贫资金等民生政策的宣传，让法规知识和国家惠农政策家喻户晓。既要依靠群众管好用好各类扶贫资金，又要利用群众主动当好监督员，监督完成好各项民生工程。民生无小事，作为审计机关，要以法治思维和法治方式不断强化对民生资金和项目管理及政策执行方面存在问题的查处力度，为国家扶贫政策贯彻落实保驾护航。

案例来源：四川省审计厅。

第五节 行政事业单位常见问题的审计

一、预算执行及财务收支审计

(一) 审查预算执行的真实性、完整性、合规性

审计人员应关注预算执行是否落实到具体单位和项目并及时足额拨付，有无擅自改变预算资金用途的情况。

审计步骤：(1) 调阅被审计年度财政批复、追加预算的资料，对被审计单位财政财务收支进行分析性复核，从总体上把握被审计单位预算执行情况，关注收支异常变化。(2) 根据财政批复预算，审查预算执行情况，有无超预算、无预算支出等行为；检查项目资金是否专款专用，有无擅自改变预算资金用途，用于弥补经费不足等问题。

(二) 审查收入、支出的合规合法性

审计人员应关注收入是否全部纳入单位统一核算，是否虚列支出。

1. 虚列支出、隐瞒经费结余

抽查一些行政、事业单位的财务账，会发现如下会计分录：

借：经费支出（或事业支出）
    贷：其他应付款

通过虚列支出挂往来的方式，调整单位的年末结余。

【实例1】项目资金未使用完毕，虚列支出。

如某行政机关2016年收到财政预算安排的项目资金750万元，当年实际支出525万元，尚有225万元应转结余，但年底无任何依据做了如下会计分录：

借：经费支出   2 250 000
    贷：其他应付款   2 250 000

当年虚列支出225万元，影响了年末结余。

【实例2】收支对冲，虚列支出。

在对某局及其下属单位财务账审计过程中发现，部门项目经费采用收入和支出对冲的方式记账，即将未使用的专项资金虚列支出。如支付局域网建设费150万元会计处理为：

借：专项经费支出   1 500 000
    贷：拨入经费   1 500 000

【实例3】项目资金未拨付，虚列支出。

某行政单位年末将应拨但未及时拨付下级单位的经费1 100万元虚列支出，挂往来账。

借：拨出经费   11 000 000

贷：其他应付款　　　　　　　　　　　　　　　　　　　　　　　　11 000 000

在滞留应拨付下级单位经费的同时，减少了决算报表年末结余金额

【实例 4】 混淆会计处理方法，虚提资金。

某事业单位以预提其所属房产的维修基金为名，虚列"事业支出"，并虚挂暂存款 100 万元。

　　借：事业支出——房屋维修基金　　　　　　　　　　　1 000 000
　　　贷：其他应付款　　　　　　　　　　　　　　　　　　　　　1 000 000

该单位上报给其上级主管行政单位的决算报表少反映结余 100 万元。

【实例 5】 挤占行政及项目经费发奖金。

某行政单位每月固定作出如下会计分录：

　　借：经费支出——基本支出——业务费——宣传奖励费（其他人员）
　　　　项目支出——A 项目
　　　贷：其他应付款

从上述三个科目中按一定比例提取资金转入"暂存款"，用于发放奖金。

审计方法：根据支出科目的性质和金额的大小进行抽样，重要的开支要调阅凭证，尤其要注重记账凭证后所附的原始凭证并重点检查年末单位大笔进行调账处理的凭证，尤其要注意记账凭证后未附任何原始凭证的，很有可能就是单位进行了调账处理，以减少结余反映金额。

2. 虚列支出、转移资金

这类问题比较隐蔽，与一般会计分录相比并无异常：

　　借：经费支出（或事业支出）
　　　贷：银行存款（或库存现金）

简单从会计分录查证无法发现，应结合资金开支内容、原始凭证、支票等入手查证。

（三）审查是否通过往来账调节单位收支

《行政单位财务规则》对"暂存款"科目的实际使用有明确的规定，第四十六条"暂存款项是行政单位在业务活动中与其他单位或者个人发生的预收、代管等待结算的款项"，第四十七条"行政单位应当加强对暂存款项的管理，不得将应当纳入单位收入管理的款项列入暂存款项……"现行《行政单位会计制度》和《事业单位会计制度》均将"暂存款"纳入"其他应付款"会计科目。因此，对"其他应付款"的检查是行政事业单位审计的重点。

（四）审查决算报表是否真实、完整地反映单位收支结余情况

违反规定编制决算，决算报表反映不真实，不能真实完整反映单位财务状况全貌。具体表现为：账表不一致、其他收入未并入决算报表等形式。

审计方法：对比决算报表和各套财务账，检查决算报表是否真实、完整地反映了单位财务收支情况，审查是否将所有收入纳入财务统一核算，有无截留、坐支、隐瞒、转移、私存私放等问题。

二、专项资金审计

对行政事业单位财政专项资金管理使用情况的审计应主要把握四个环节：一是把握资金来源；二是把握资金管理环节；三是把握资金使用环节；四是把握项目的推动环节。

【实例6】 某市级机关主管"××专项资金"的管理、使用，自2007年以来共计安排×个项目数千万元。

审计步骤：（1）按年度收集财政部门批准的资金拨付及使用计划明细表，从该局明细账中筛选整理各年度专项资金实际下拨明细表。（2）按项目初步核对两表，发现×个项目×万元专项资金未及时拨付项目单位。（3）对项目资金使用单位进行分类，分别按不同的方法进行审查。

审查方法主要有：审查该单位及下属单位资金使用情况，重点资金是否存在专项资金中开支与项目无关的经费。抽查部分市级项目单位，发现部分项目申报不实、个别项目私自变更项目施工单位；深入到区县、乡镇，追查项目资金的使用情况，发现部分区县、乡镇未按规定进行配套。

三、"小金库"审计

（一）"小金库"的概念

"小金库"是一种形象的表述，也就是私存私放财政资金或其他公款。1995年，《国务院办公厅转发财政部、审计署、中国人民银行关于清理检查"小金库"意见的通知》（国办发〔1995〕29号）规定："凡违反国家财经法规及其他有关规定，侵占、截留国家和单位收入，未列入本单位财务会计部门账内或未纳入预算管理，私存私放的各项资金均属'小金库'。"

"小金库"的基本特点是：资金来源是公用的；形成方式是隐蔽的；使用性质是违法的。认定是否属于"小金库"，关键看资金或资产是否列入符合规定的单位账簿。

（二）"小金库"的表现形式

"小金库"的主要表现形式是：通过违规收费、罚款及摊派设立"小金库"；用资产处置、出租收入设立"小金库"；以会议费、劳务费、培训费和咨询费等名义套取资金设立"小金库"；经营收入不纳入规定账簿核算设立"小金库"；虚列支出转出资金设立"小金库"；以假发票等非法票据骗取资金设立"小金库"；通过上下级单位之间相互转移资金设立"小金库"。

（三）"小金库"的审计方法

1. 收入核实法

（1）有哪些收入。

（2）收入的流程。

（3）收入的单据。

（4）收入的记录科目。

（5）有哪些收入入账。
（6）收入是否全部及时入账。
（7）总账和明细账是否相符。
（8）总账和报表是否相符。
（9）账和凭证是否相符。
（10）重点收入：行政事业性收费、罚没收入、协会学会会费收入、投资分红、房屋出租收入、出售低值易耗品等收入。
（11）有无非法收入。
（12）有无不合法票据。
（13）有无截留收入。

2. 突击盘点法

（1）时间安排，不能事先通知，要突击检查。
（2）查哪些保险柜？各个办公室上锁的，全查。
现金盘点时，出纳一定要在场，相关主管会计人员一定要在场：
（3）有多个保险柜的，多组分别同时查。
（4）清查保险柜中存放的所有物品和现金，一一核实：房产证、土地证、笔记本、信封、钥匙、存折、其他文件资料。
（5）账实不符的，一查到底。

3. 支出追查法

（1）白条抵库。
（2）大额和金额较整的支出。
（3）可到相关单位核实数量、单价、金额等。
（4）记账混乱、账实不符，纪录不完整、凭证内容不合法、手续不全。
（5）是否有假账，是否有额外凭证、额外的物资。
（6）奇异数字现象：有司机工资，但没车辆购置费、没维修费油料费．涂改、伪造没有工程项目却有工程物资或费用。

4. 账户检查法

即从被审计单位的银行存款账户入手，查找账外账。通过查阅被审计单位提供的所有银行账户，把握其开户的总体情况，以确认资金的完整性。通过核对银行对账单与被审计单位的银行账以及账户之间的收付款项，来查找线索。尤其要注意银行对账单已收已付且收、付金额相等，而单位未入账款项等问题。

（1）有多少个账户。
（2）每个账户的对账单。
（3）每个账户的银行日记账。
（4）将对账单和日记账一一核对，不相符的查到底。
（5）关注对账单上已收已付且收付金额一致而单位来入账的业务。

5. 票据抽查法

发票和各种收据是单位经济活动的具体反映。

（1）在清理检查过程中首先要审查收费票据的购买、领用、缴销纪录，存根。

（2）抽查存根、核实金额是否真实、完整。

（3）是否及时入账。

（4）是否全额入账。

（5）支出发票，特别是专款支出票据的内容和收款对象是否真实，有无虚构支出、套取现金、转移资金的行为，可询问对方或现场核实。

6. 投资追踪法

对被审计单位的对外投资、资产的出租、出借等情况进行核查，检查其资产是否无偿提供给他人使用，收入是否入大账。

（1）有哪些投资？

（2）有哪些资产出租、出借？

（3）有无合同？

（4）有无审批？

（5）起止时间。

（6）资产是否存在并完好。

（7）投资分红。

（8）租金标准、支付时间、方式。

（9）资产出租出借手续。

（10）租金收入凭证。

（11）是否及时全额入账。

（12）可现场核实。

7. 挂账调查法

对被审计单位的往来账、结余资金进行追踪检查．特别是对往来款项数额较大的有关单位和有上缴款项的下属单位、派出机构，要有重点地进行外调，从中发现被审计单位收入不入账、私设"小金库"的问题。

（1）审计目的。

①确定往来款存在。

②确定往来款余额相符。

（2）审计资料：往来账、结余资金。

（3）重点审计领域：往来金额较大的单位，有上缴款项的下属单位。

（4）审计方法：函证法，外调、直接向对方查询、核对有无往来、余额是否一致。

（5）函证法的具体操作。

（6）特别注意：收函证的地址要写审计小组的地址。函证信件要自己直接收，不能由被审计单位收后再转交。

（7）案例：对方已支付，但本单位收款后并未入账。

8. 外围突破法

(1) 审计目的。

①确定有疑点的收支项目是否发生。

②确定有疑点的收支项目的金额是否正确。

(2) 审计资料：有疑点的收支项目的凭证、总账、明细账、日记账、报表等。

(3) 重点审计领域：下属单位、被管理单位、被收费罚款单位、业务和资金往来多的单位。

(4) 审计方法：函证法，外调、审阅法、直接向对方查询、核对有无往来、发生额和余额是否一致。

案例：在北京检查一家公司，该公司外围单位很多，大多数都在外地。在外围单位较多的情况下，并且距离较远时，如果每个单位都去，效率比较低，没有足够的时间。这个时候采用函证法比较方便、经济、节约时间。案例：被检查单位在北京市海淀区租一个写字楼，但是合同上租金有涂改的迹象，我们从内部不容易获取这些信息。我们先从外围着手，找到合同上房东的地址和电话，直接和出租方进行确认，合同签订的时间，金额，支付方式，支付时间，是否开发票。在条件允许的情况下，可以直接看合同原件，这样就可以得到有力的证据。这就是审阅外围单位的信息数据，能够有效地识别信息数据。

(5) 特别注意：收函证的地址要写审计小组的地址。函证信件要自己直接收，不能由被审计单位收后再转交。外调其他单位时，不用事先通知，以防串供通气。

要注意：

函件的回收，要直接寄给审计组。

如果要走访外围单位，一定不要通知被检查单位，防止串通，获取原始信息。

(6) 作用：账上查不出问题，但外围能查出问题，能提供线索。

(7) 可能还能发现往来单位的小金库或其他违规行为。

外围突破法能比较容易突破被检查单位内部的层层防线。

案例：被检单位租的写字楼装修，装修过程发生装修费，要确认被检查单位的账簿记录是否完整。假如账面金额是 500 万元。检查小组利用外围突破法，与装修单位联系，装修单位承认装修费用是 400 万元，所以有虚列支出的嫌疑，应该进行进一步检查。

(8) 案例：定点消费五星级宾馆的招待费用、会议费、租赁费、办公室维修费。

9. 审阅相关资料法

(1) 审计目的。

①确定存在和发生。

②确定计算准确性。

③确定完整性。

(2) 审计资料：会计凭证、会计账簿、财务报表及相关资料。

(3) 重点审计领域。

①审查会计凭证后附的原始凭单，辨别真假。
②审查合同、协议，关注保证金押金情况。
③审查会议记录。因为会议记录往往能反映一些单位违规问题的蛛丝马迹，可以通过审阅会议记录来获取一些问题的线索。
④查阅会计工作交接记录，会计人员交接记录是非常重要的检查证据，能够记录交接过程中涉及的全部会计账簿、资料等真实情况。认真检查历任会计、出纳人员的交接记录，可能发现违法乱纪问题的线索。

（4）审计方法：审阅，即查看、核对、复核、比较。
（5）特别注意：比对有关项目。
（6）案例：交接了5个银行账号，账上只有3个账号。

10. 调查询证法

询问调查有关部门或知情人员，并对其做思想工作，讲明利害关系，调查、进行核实，取得证据。知情人员：会计人员相关业务经办人员、主管人员。

比较：调查询证法与函证法。

11. 分析比较法

（1）对单位财务数据比较分析，从中发现问题。财务分析的数据可以利用历史数据、平均数据、行业数据等进行比较分析。

（2）财务指标比较。财务指标的比较减少了规模上的影响，显示内在规律的变动性，通过财务分析发现存在的问题。

（3）对同一类业务比较分析。

（4）分析差异原因，确定差异原因是否正常。

（5）可利用计算机筛选、分析，提高效率。

12. 现场勘察法

（1）现场勘察办公场所、经营场所。

（2）确定有无闲置租赁、电梯间有无传媒广告、通讯机站，这些都可能是有额外收入的。

（3）确定有无合同。如果有合同，能够更有效地控制这些额外收入的情况，检查合同能够更有效地发现额外收入。

（4）确定是否入账。

13. 延伸检查法

（1）调查和核实业务单位，确定被检查单位的记录真实性、完整性。

（2）现场勘察、询问、结合财务资料和经济资料分析。选择与被审计单位资金结算频繁、经济业务往来密切的单位进行调查。

（3）在分析判断发现疑点并掌握一定证据的基础上，向资金往来单位或其下属单位进行延伸审计。

（4）案例：把另一处房子出租，部分租金来入账。

14. 利用举报法

(1) 公布举报电话、传真、地址、信箱、邮箱。
(2) 记录举报信息。
(3) 鉴定举报信息真假。
(4) 调查被举报人员相关信息和业务信息。检查组应对举报信息的真实度进行判断。

15. 群众路线法
(1) 要深入群众、发动群众、争取知情者。
(2) 根据提供的线索，深入详查。
(3) 重点对象：业务骨干、会计人员、平时跟单位矛盾较多的人。
(4) 严格保密。

案例拓展 9-4：

小金库典型案例

一国企女会计，为了感激董事长的知遇之恩，不惜冒着犯罪的危险私设 3 600 余万元的小金库。老板突然驾鹤西去，女会计动了贪念……

原北京环境卫生工程集团有限公司经营发展部部长于小兰，在董事长唐大明给了她两套房产，又提拔她担任总会计师之后，感激涕零，不惜冒着犯罪的危险私设账户转存巨额资金，在小金库里积攒下 3 600 余万元。唐大明突然病故后，眼见老板指使她隐匿在小金库里的巨额资金无人知晓，起了贪念的于小兰设法将其据为己有。

于小兰贪污案是全国严查小金库专项活动期间审结的数额最大的案例，堪称"小金库第一案"。2009 年 5 月 22 日，经检察机关提起公诉，于小兰被北京市第二中级人民法院一审以贪污罪判处死刑，缓期两年执行。2009 年 8 月，北京市高级人民法院开庭审理于小兰上诉案。

会计遇到"好老板"，金钱官位唾手得

作为一个女人，51 岁的于小兰并不贪恋官位，但她的仕途却出人意料地一帆风顺。在担任北京环境卫生工程集团有限公司经营发展部部长之前，她曾任北京市第一清洁车辆场财务科科长、北京市一清环卫工程集团有限责任公司总会计师，在公司领导层中排名第四。

唐大明与于小兰是一起共事多年的老同事。1993 年初，唐大明担任北京市第一清洁车辆场场长，6 月份就任命于小兰为财务科科长。1999 年，清洁车辆场在朝阳区甘露园小区购买了 48 套住宅。按照唐大明定下来的规矩，这次分房要经过严格透明的程序。而于小兰和唐大明都分别已有 3 套住房，均已超标，两人都没有向单位提出过要房申请。谁都知道在北京拥有一套住房就等于拥有几十万甚至数百万元的家产。于小兰虽然非常想要套房子，但她刚刚分过房不久，当然不好意思开口。

让于小兰无论如何也想不到的好事突然落在了她的头上。1999 年 10 月的一天，唐大明把于小兰叫到办公室说："财政又补了 200 万元，你入到下属的振环公司账上。另

外，买甘露园的房子还有一部分尾款没结，你跟我一起去看看吧。"原来，由于开发商没有按时交房，便同意以优惠的价格再卖给清洁车辆场5套房。为此，唐大明向上级单位多申请了200万元。

唐大明和于小兰一起找到甘露园的开发商王总经理。在这次只有3个人的商谈中，唐大明向王总经理提出要求："我这次亲自来是准备给领导买3套房，但不方便以单位或者个人的名义买，希望王总经理能够帮我们代买，我们全额付款，只有一个要求就是这事只有我们3个人知道。"王总经理爽快地答应了唐大明的要求。

购买到晨曦园的3套房子之后，唐大明让于小兰亲自办理了这3套房子的手续，其中一套房子的产权人是唐大明的爱人陈某，而另外两套产权人则成了于小兰。唐大明说："这3套房子你一套我一套，另外一套写你的名字，先放着再说。这几套房子的房产证也由你保管，不能让咱们两人之外的任何人知道。"

两套房子的房产证办在了于小兰名下。2003年，于小兰花了7万多元对自己名下的两套房子进行装修。2006年3月1日，唐大明突然去世，一年之后，于小兰将晨曦园唐大明爱人名下的房子交给了唐的女儿。

在唐大明妻子为唐大明留下的房产迷茫的同时，于小兰也陷入无人商量的迷惘之中。她的主心骨唐大明已经去世，这两套房子都在自己名下，她不知道该把房子交给谁。交给组织显然是个自投罗网的笨办法，唯一可行的办法就是神不知鬼不觉地处理掉。

2007年1月，于小兰把其中一套房子卖了107万元。随后她在银行存进100万元做基金理财业务，收益11万余元。案发后，于小兰被法院认定伙同唐大明贪污238万余元购房款，构成了她贪污罪的第一项罪状。

知恩图报唯命从，经营巨额小金库

于小兰还没从天上掉下两套房子的兴奋中缓过劲来，2001年2月，唐大明任命于小兰担任一清车辆场会计师兼财务科科长。唐大明此举非常明显，就是让于小兰进入一清车辆场的决策层。

2001年12月，一清车辆场改制组建为一清环卫工程集团有限责任公司，唐大明任董事长及法定代表人，于小兰当上了一清集团总会计师。于小兰对唐大明更加感恩，当唐大明安排她独自管理单位的账外资金时，于小兰几乎想都没想就答应下来。尽管作为一名资深财务人员，于小兰明白单位私设小金库是违法的。一清集团公司下属10多个子公司，这些公司的所有收入均不入企业大账，而是单独立账，成为企业的小金库。而这些小金库的存在，只有唐大明和于小兰两人知道。

2005年7月，唐大明以合作开发环保项目为名，成立了董村垃圾处理有限公司。因项目没做起来，董村公司后来就成了空壳公司，只有唐大明和于小兰知道它的存在。很快，董村公司成了于小兰和唐大明倒账的工具，一清集团小金库中的资金开始不断存入董村公司的账户。至2006年2月，账户内的资金已高达3 600余万元。按照唐大明的指示，于小兰对这笔资金守口如瓶，除了她和唐大明，这个世界上没有第三个人知道。

老板驾鹤杳然去，部下贪念惊天下

时间很快到了 2006 年春节，唐大明突然被查出肝癌晚期。心急如焚的于小兰几次想请示唐大明如何处置这笔巨款，但见唐大明被癌症折磨得无比痛苦，她不忍心加重老板的痛苦，想等到唐大明病情好转之后再作请示。

令于小兰意想不到的是，2006 年 3 月 1 日，唐大明突然去世。对于这 3 600 余万元小金库和那 3 套房子如何处置，唐大明并没有留下遗言，也从未对任何人提起过。

于小兰不知道该如何处置老板留下的"遗产"。房子的事情好处理，但 3 600 余万元的小金库毕竟不是个小数目。唐大明活着的时候不让于小兰说，现在唐大明死了，于小兰害怕自己说不清楚，一旦说出去，责任必然落在自己头上。于小兰只能像头顶一颗定时炸弹一样，独自掌管着这 3 600 余万元巨款。这个世界上只有自己知道这个惊天的秘密，只有自己掌握着这个巨大宝藏的密语。

也就在唐大明去世一个月后的 2006 年 4 月，一清集团、二清集团等 4 家集团合并重组为北京环卫集团，一清集团成为环卫集团下属的一清分公司。2006 年 4 月，在对一清集团审计过程中，北京市国资委及一清集团共同编制了清产核资管理手册。因为于小兰的隐瞒，这个审计报告和核资手册中没有涉案 3 600 余万元账外资金。

此后，审计组对唐大明任职期间履行经济责任情况进行了审计。2007 年 1 月 24 日的这份审计报告中也没有董村公司及其账户内 3 600 余万元资金的内容。小金库一直没被发现。

2006 年 8 月，于小兰调任北京环境卫生工程集团有限公司经营发展部部长。随后，于小兰让人注销了董村公司。注销时于小兰只让手下负责到工商、税务部门去办理注销手续，并没有安排注销银行账号。

于小兰轻易地避开了这几次审计和清理，依然独守着这个 3 600 余万元小金库的惊天秘密。但这笔钱让于小兰辗转难眠，她决定先将这笔钱从董村公司的账上转出去。不久后的一天，于小兰通过在兴业银行亚运村支行工作的包先生，将 3 500 万元从北京银行转到兴业银行。2007 年 6 月，于小兰又通过包先生的朋友，将这笔钱转到北京农商行高碑店支行。至此，这笔账外资金完全脱离了国家控制。

很少有人知道董村公司的存在，更没有人想到这个空壳公司的账上还"潜伏"着一笔惊天巨款。直到 2008 年 3 月初，因有人举报于小兰的会计证造假，她才进入纪检部门的视线。经过大规模审计，2008 年 3 月 3 日，于小兰隐匿小金库一事终于浮出水面。

2008 年 4 月 29 日，于小兰因涉嫌犯贪污罪被逮捕。11 月 17 日，北京市检察院第二分院向北京市二中院提起公诉。检察机关指控，于小兰与唐大明将公款 238 万余元非法占有购买 3 套住房，将公款 3 612 万元予以隐匿并非法占有。

2009 年 5 月 22 日，北京市第二中级人民法院对于小兰贪污案作出一审判决。从法官宣读判决书开始，于小兰的右手一直紧紧捏着衣角。当法官宣读到"被告人于小兰犯贪污罪，判处死刑，缓期两年执行"时，她的身体晃动了几下，随后仅说了一句"听明白了"。

案例来源：《检察日报》，2009 年 9 月 10 日。

四、津补贴审计

(一) 津补贴的主要政策

《中央纪委、中央组织部、监察部、财政部、人事部、审计署关于严肃纪律加强公务员工资管理的通知》规定:"各地区、各部门、各单位必须坚决维护国家公务员工资政策的严肃性,自本通知下发之日起,一律不准以任何借口、任何名义、任何方式在国家统一工资政策之外新设津贴、补贴、奖金项目,一律不准提高现有津贴、补贴、奖金的标准和水平,一律不准以现金或其他任何形式发放新的福利。"各级党的机关、人大机关、行政机关、政协机关、审判机关、检察机关、民主党派机关以及经批准参照《中华人民共和国公务员法》管理的单位均应按财政核定的各职级标准发放津补贴。

需要注意的是:第一,行政事业单位工作人员因突发事件、自然灾害或完成国家紧急任务以及上级部门、本单位安排的其他紧急公务需要加班的,应安排同等时间的补休,不发加班补贴。第二,对于特殊岗位必须长期安排值班的,在正常工作日值夜班且单位无法安排补休的人员,可按实际值班天数给予夜班伙食补助,不得实行定额包干或按单位人均发放。

(二) 津补贴的审计

津补贴审计的内容主要包括:(1) 公务员、参公管理职工津补贴是否严格按规定标准发放,有无以各种借口、名义、方式违规发放津补贴问题;(2) 公务员、参公管理职工是否在下属经济实体、学术团体等单位兼职取酬。

五、行政事业性收费及罚没收入审计

行政事业性收费是指国家行政机关或者法律法规授权的组织,在依法行使国家行政管理职能过程中,向特定对象实施特定管理收取的费用,或提供特定服务收取的补偿性费用。行政事业性收费一律凭《收费许可证》亮证收费,无《收费许可证》不得收费。

(一) 行政事业性收费及罚没收入的违规形式

审计中发现仍有部分行政事业单位依然存在违反行政事业性收费管理制度的收费行为,具体表现在:(1) 擅自出台收费项目;(2) 扩大收费范围,提高收费标准;(3) 对已明令取消,暂停执行或降低标准的收费项目,仍按原项目、标准收费或改变名称收费;(4) 越权减免、缓缴行政事业性收费。

(二) 行政事业性收费及罚没收入的审计

行政事业性收费及罚没收入主要审查以下内容:(1) 行政事业性收费是否有收费许可手续,并办理《收费许可证》;(2) 行政事业性收费是否按规定标准收费,有无超标准、违规减、免、缓情况;(3) 行政事业性收费是否执行"收支两条线"规定,全额上缴财政,有无截留、坐支、挪用等违规行为;(4) 罚没收入是否及时、足额解缴财政,有无违规减、免、缓缴罚没款。

六、银行账户审计

按规定，行政事业单位的银行账户的开设必须报经财政或主管部门审批或备案，行政事业单位在银行账户管理上常见的问题：一是未经审批开设银行账户；二是外借银行账户；三是银行账户管理不严，资金相互混用；四是套取现金。

银行账户审计的主要内容包括：（1）银行账户开设是否合规；（2）根据银行存款账及对账单，审查是否编制余额调节表，未达账项是否长期挂账未做清理；（3）对银行账户之间的资金划转和大额的银行存款收付，关注是否存在资金混用、出借账户等情况。

七、固定资产审计

行政单位及参公管理的事业单位适用《行政单位国有资产管理暂行办法》（财政部令第35号），事业单位适用《事业单位国有资产管理暂行办法》（财政部令第36号）。

固定资产审计的主要内容包括：（1）是否建立固定资产实物台账，账账、账实是否相符；（2）房屋、车辆权属关系是否明确；（3）购置固定资产手续是否完备，是否经过政府采购；（4）房租收入是否足额上缴财政或完税；（5）资产处置是否履行审批手续，处置变价收入是否足额上缴财政。

八、基本建设投资审计

（一）行政事业单位基本建设投资存在的主要问题

行政事业单位基本建设投资存在的主要问题包括：

（1）越权审批立项。基本建设项目的立项应由发改委批准，但有的行政主管部门却越权批准下属单位基建项目立项。

（2）虚列投资。国家建设项目投资的完成额不按照相关会计制度、工程建设进度正确核算。

（3）超概算投资。项目概算指根据项目的工程量、管理成本、原材料和设备成本、劳动力成本等项目的初步估算所确定的建设资金总额。经过批准的概算是国家建设资金的最高限额。审计中发现不少部门存在超概算投资现象，表现在：低概算申报项目，超概算投资；擅自提高各项费用定额，超概算投资；擅自扩大建设项目的标准、规模；不按程序进行概算调整，擅自改变概算或者超概算。

（4）截留、挪用国家建设资金。具体表现为：将基建资金用于行政经费等支出；将A项目建设资金用于B项目建设；将基建资金存定期存款，利息用于弥补行政经费不足；项目建设资金应退未退财政，用于其他开支。

（5）项目竣工后，工程结余资金长期挂账，未进行财务清算，未计入固定资产账。

（二）行政事业单位基本建设投资的审计内容

对行政事业单位基本建设投资主要审计以下内容：

（1）项目立项手续是否齐备。

(2) 项目是否按规定实行招投标程序。
(3) 资金来源、使用是否合规，有无挤占、挪用等问题。
(4) 项目是否超面积、超概算、虚列投资。
(5) 是否及时结转固定资产，资产权属划分是否准确。

复习思考题

1. 简述行政事业单位审计的主体和对象。
2. 简述行政事业单位审计的特点。
3. 行政事业单位审计的主要类型有哪些？
4. 专项资金审计、行业审计及专项审计调查的概念是什么？
5. 简述行政单位和事业单位的收入和支出内容。
6. 简述行政单位和事业单位预算执行审计的重点内容。

案例分析题

某行政单位 A 局实行国库集中支付和政府采购制度，其下属 B 单位是财政领拨款关系的事业单位，其下属 C 单位是没有财政领拨款关系的事业单位。2016 年 3 月，市审计局派出审计小组对 A 局 2015 年的财务收支实施审计，审计小组对以下经济业务提出质疑并记录于审计工作底稿：

1. 2015 年 1 月，A 局经市财政局批准出租一栋闲置办公楼，取得租金 20 万元，直接支付办公楼维修费用，假设租金收入使用的营业税税率为 5%，房产税税率为 12%，城建税税率为 7%，教育费附加费率为 3%。

2. 2015 年 2 月，经有关部门批准，A 局决定建一座新办公楼，工程总预算 4 500 万元，图纸及预算均经相关部门审批，新办公楼经过招标后已开工建设，施工中因办公需要，在原图纸基础上增加配楼一座，追加工程预算 800 万元，A 局办公会议认为增加的预算是自筹资金，为加快施工速度不再上报有关部门审批。

3. 2015 年 3 月，B 单位经 A 局审核，报该市财政局审批，用账面价值 15 万元的小轿车与某公司的商务车进行置换，B 公司聘请专业资产评估公司对其小轿车价值进行重新评估，评估金额为 10 万元。

4. 2015 年 5 月，A 局下属 B 单位因经营资金周转不灵，急需用款，向 A 局申请借款。A 局局长办公会会议研究认为，A 局经费紧张，暂无力借款，但为解决下属单位用款问题，决定以本单位原值 3 000 万元的办公大楼做抵押担保，向某商业银行借款 100 万元，该笔借款借给下属单位 B 用于经营周转，并约定 1 年内还清，B 单位支付 A 局 15% 的资金使用费，财务部门照此办理，并仅仅在固定资产明细账做备查处理，尚未收到资金使用费；

5. 2015 年 6 月，A 局在进行财产清查过程中盘盈办公用甲材料 3 500 元，盘盈照相机一台，估价 2 000 元，会计处理如下：借：存货 5 500 贷：资产基金——存货 5 500。

6. 2015 年 7 月，A 局通过局长办公会会议形成决议，以本局接受无偿调拨的一栋房屋作为抵押物，为 C 单位的银行借款提供担保。

7. 2015 年 9 月，下属 C 单位出现经费困难，申请 A 局给予补助，经局长办公会会议研究决定：为保证 C 单位业务活动正常运转，用预算资金拨给 C 单位补助款 300 000 元，会计处理如下：借：对附属单位补助 300 000 贷：银行存款 300 000。

8. 在年终决算工作中，A 局为保证年终各项工作及时进行，对下属 B、C 单位提出如下要求：

（1）对下属 B、C 单位拨款截至 12 月 25 日，逾期不再拨款。

（2）为争取当年决算工作及时主动，在实际工作中，A 局年终决算以 12 月 25 日为结账日。

（3）A 单位考虑到时间紧迫，决定先办理年度结账，编报决算，决算后，再对各项收支项目、往来款项、货币资金和财产物资进行全面的年终清理结算。

（4）对本年的各项收入都要及时入账，本年的各项应缴预算款和应缴财政专户的预算外资金收入，应在年终前全部上缴。

（5）年度单位支出决算，以基层用款单位 12 月 25 日的本年实际支出数为准，不得将年终前预拨下年的预算拨款列入本年支出，也不得以上级会计单位的拨款数代替基层会计单位的实际支出数。

（6）事业单位的决算经财政部门或上级单位审批后，不再调整决算数字。

要求：依据有关决策判断以上业务处理是否正确，如不正确，请做出正确的账务处理。

第十章

外资审计

学习目标
1. 了解外资审计机构具有监督和公证双重职责。
2. 熟悉国外贷援款项目审计的内容、不同审计项目的审计主体、审计项目实施方案的内容。
3. 掌握外资审计的审计程序、审计报告的内容、审计意见的类型及适用情形等。

重要概念： 外资审计；国外贷援款项目审计；外资审计程序；外资审计报告

第一节 外资审计概述

利用外资促进国民经济的发展是我国一项长期的战略决策。改革开放以来，我国把国际金融组织和外国政府贷款作为对外开放、利用外资的重要组成部分，取得了很大的成绩，有力地促进了我国经济建设和社会事业的发展。

与我国对外开放和利用外资的进程相对应，外资审计从审计公证联合国、世界银行等国际组织和外国政府贷援款项目的年报起步，逐步扩展到了审计外国政府贷援款项目和国外商业贷款项目，近几年还拓展了外资利用的效益审计，已经成为国家外资管理体系中的重要组成部分，有力地推动了各级政府及其主管部门和项目执行单位贯彻落实改革开放的基本国策，积极、合理、有效的利用外资。

前审计长刘家义指出，全球性金融危机对我国经济发展带来了危害，但如果我们把握得好，各种政策措施得当，中国可以化"危"为"机"，成为除美国之外的次赢家。审计是国家治理的重要组成部分，要充分发挥审计保障国家经济社会健康发展的"免疫系统"功能。本章拟从外资审计的演变过程和取得的成效中，总结经验教训，对外资审计的发展提出一些粗浅的看法。

一、我国外资审计的历史沿革及发展

（一）外资审计的历史沿革
1. 我国利用外资的实际需要催生了外资审计

我国利用外资初期主要是利用国外贷款援款。国外贷援款项目是国际组织、国际金融机构、外国政府及其机构，向我国政府金融机构及其部门提供的贷款、援款及赠

款项目,向我国金融机构和企业事业单位提供的、由我国政府及其部门担保的贷款项目,向受我国政府委托管理有关基金、资金的社会团体提供的援助和贷款项目,以及其他国外贷款项目。国外贷援款机构要求,接收国外贷援款的中方机构在项目建设期的每个会计年度结束后的规定期限内,向其提供经过审计的年度财务报告。从国家利用外资的实际需要出发,1984年5月,审计署成立外资运用审计司,开始承担对国际金融组织和外国政府贷款项目的对外审计公证业务。

2. 审计法确立了贷援款审计是国家审计机关的法定职责

1994年8月31日第八届全国人民代表大会常务委员会第九次会议通过的《中华人民共和国审计法》第二十四条规定,审计机关对国际组织和外国政府援助、贷款项目的财务收支进行审计监督,确定了审计机关开展外资审计的职责和法律地位。外资公证审计初期,为了维护我国利用外资形象和信誉,我们按照"内外有别"的原则,对重大问题和对外报告实行内外两个报告的做法,比较注意将问题消化在内部。随着利用外资领域的一些重大问题暴露,世行、亚行等国际组织对国家审计的公正性和独立性产生质疑,加强了对项目的检查。外资审计感受的外部压力增大,从内部也意识到了极大的审计风险。从1998年开始,审计署下发了一系列文件,要求"依法审计,客观公正,如实披露,规避风险",改变传统的内外两个报告的做法,合二为一,对内对外统一为一个报告(代审计意见书)。此外,审计署外资司开发的《外资审计管理平台》和《外资审计作业平台》的推广应用,从技术手段上规范了审计操作程序,一定程度上降低了审计中错误出现的概率。

3. 对外债项目和中外合资合作经营企业展开审计和调查

根据《审计法》第二条的规定,国务院各部门和地方各级人民政府及其各部门的财政收支,国有的金融机构和企业事业组织的财务收支都应接受审计监督。所有政府部门、国有金融机构和企业事业组织采取直接或间接方式利用的外资都应属于外资审计的范围。为此,各级审计机关进行了外债项目的审计调查,并开展了对部分中外合资合作经营企业的审计。但是,对中外合资合作经营企业的审计因与企业、事业和投资审计的职能和项目交叉重复等原因,未纳入常规外资审计计划。

4. 外资公证审计方式转变

2004年,审计署国外贷援款项目审计服务中心正式组建。它的作用主要体现在两个方面:第一,是使政府外资审计部门更好地履行法定职责。对国际组织和外国政府援助、贷款项目的财务收支进行审计监督,是《审计法》对政府审计机关外资审计职能的规定。而对国外贷援款项目财务收支审计的内容应该是真实、合法、效益。所以,过去政府审计机关从事公证审计是履行法定职责之外的一项附加职能。中国政府审计机关对世界银行提供公证审计服务有利于保障我国外资的利用。但是,法律赋予外资审计的职责主要不是对外提供公证,而是对国外贷援款项目的财务收支的真实、合法、效益进行审计监督。国家审计机关每年出具数百份的对外公证审计报告,牵扯了大量的精力,对真实、合法、效益这方面的审计工作受到了较大影响。所以,为了更好地履行法律赋予外资审计的职责,必须从这种繁琐的对外公证审计中解脱出来。第二,是为了回避政府审计的风险。由中国政府审计机关直接对国外贷援款机构提供公证性的审计报告，这样就把政府审计机构直接摆在第一线。一些项目执行中不真实、不合规、不合法的现象，不一定对外如实披露了，这就是审计风险。如果这种风险被公开化，就会严重损害中国政府审计的形象和声誉。成立一个事业单位，作为一个独立法人机构，对外单独出具公证审计报告，承担法律责任，这样政府审计机关就有了一个缓冲的余地。外资审计服务中心的组建，为外资审计今后在更广、更深的程度开展工作打下了一个很好的基础。

5. 外资审计目标转变

在完成公证审计任务的同时，外资审计还逐步开展了多项专项审计调查，如 2002 年和 2003 年开展的政府外债管理和使用情况审计调查、2004 年开展的政府外债铁路项目设备效益审计和世行贷款科技项目终期审计、2005 年开展的国外无偿援助项目审计调查、2006 年开展的世亚行贷款项目的效益专项审计调查等，经过几年的实践，逐步探索出了一套外资效益审计的路子。2009 年，时任审计长刘家义在全国外资审计业务培训班上的讲话中提出，要紧紧围绕促进积极、合理、有效利用外资的目标开展外资审计工作。外资审计要积极和全面推进绩效审计。外资审计要在出具公证审计报告的基础上，把更多的精力放在资金使用的效益、效率和效果方面，关注它产生的社会效果及其对资源、环境等方面的影响，还要注重查处资金管理使用过程中有没有重大违法违规和损失浪费问题。

（二）外资审计取得的成效

1. 向国际金融组织、外国政府提供公证审计报告，为各类项目执行单位顺利地向国际组织和其他国外贷款组织提取所借贷款提供了保障

世界银行和亚洲开发银行等国际投资者在融资谈判阶段坚持要求，受资方必须承诺在项目建设期按时提供经由审计师公证的年度财务报告，否则不予贷款；项目开工后如不能收到合格的审计公证报告，就停止支付各项贷款。我国审计机关开展利用外资项目审计以来，每年对所有在建的国际组织贷款和援助项目的年度财务报告进行审计公证，及时建议项目执行单位调整或纠正审计发现的问题，避免了重大财务信息的漏报或误报，有效地提高了这些财务报告和有关会计记录的真实性和可靠性，既为项目管理部门机构、各级政府主管部门和国内外投资者提供了可靠、有用的财务信息和决策依据，也有效地维护了我国利用外资的国际信誉，为各类项目执行单位顺利地向国际组织和其他国外贷款组织提取所借贷款提供了保障。

2. 依法查处违法违纪行为和事项，维护国家外资管理法规的严肃性，维护了中外投资者的合法权益

各级审计机关按照国家财经法规、外资管理法规制度以及贷款协议进行审计。对审计中发现的弄虚作假、挤占挪用项目资金、私自买卖外汇等违法违规行为，以及国外贷款机构违反贷款协议的过分要求，及时予以制止；坚持不纠正的，依法予以揭露和处理，从而保障了国家法规制度和利用外资项目协议、合同的贯彻落实，维护了国家在利用外资领域的经济秩序。同时，促进了我国政府在利用外资方面实行的平等互

利和效益原则的落实,保护了中外投资者的合法权益,改善了我国利用外资环境,增强了国外投资者对中国投资的信心

3. 督促项目单位建立健全内部控制制度,促进提高利用外资项目的管理水平

对外资项目内部管理和内部控制制度的健全性和有效性教训测评,是外资审计的一项重要内容。通过审查评价,发现和揭示项目执行单位在财务管理、采购管理、物资管理、施工管理、质量管理和成本控制等方面存在的薄弱环节,分析原因,提出改进建议,促使项目执行单位健全内部控制制度,加强项目管理,严格控制项目执行的进度、成本和质量,提高项目建设的效率。对法规制度不适用或不完善所造成的管理问题,以及影响宏观管理效率的倾向性问题,审计机关则通过审计意见书或专项审计报告,向项目执行单位的行业主管部门、各级人民政府等,提出改进宏观管理的建议,促使我国利用外资管理体制不断完善。

4. 积极开展外资项目绩效审计,促进提高外资利用效益

实现利用外资项目的经济效益和整体效益,推动我国经济结构的优化和经济增长方式的转变,促使国民经济持续稳定健康发展,是我国利用外资的目的所在,也是防范金融风险、维护国家经济安全的根本途径。审计利用外资项目财务收支的真实性或合法性,最终都以促进提高外资利用效益为着眼点。通过审计,发现影响实现项目效益的障碍,分析评价排除障碍的途径,向政府主管部门及时反映项目资本金不到位、配套资金不足、基础设施不配套等阻碍项目建设和运营的外部条件问题,提出减少损失浪费、挖掘提高项目效益内在潜力和增强外债偿还能力的审计建议。审计机关还通过综合分析和揭示外资运用领域具有普遍性和倾向性问题,向各级政府、主管部门提出提高外资使用效益等方面的建议,为各级政府积极、合理、有效利用外资,促进实现利用外资项目的整体效益,加强对外资运用的宏观调控,发挥了积极作用。

二、外资审计的概念

(一) 外资的定义和种类

1. 定义

外资是我国经济建设和社会发展中利用的境外资金。

2. 种类(从利用外资的方式和外资来源看)

(1) 外国政府贷款;
(2) 国际金融组织贷款;
(3) 国际商业外债;
(4) 外商直接投资;
(5) 中央财政对外举债;
(6) 境外机构和个人无偿援助的资金;
(7) 其他。

(二) 外资审计的定义

外资审计是指审计机关按照我国法律法规和中外双方签订的贷援款项目协定,对

一些外资运用项目的财务收支进行的审计。

注意：

（1）并非所有的外资项目都是审计机关的审计对象。

（2）一些利用外资的项目虽总体上属于审计机关的审计对象，但主要适用其他专业审计制度。

（3）本章论述的外资审计主要指审计机关对国际组织和外国政府援助、贷款项目，以及一些商业外债项目的审计。

三、外资审计的作用

（一）提高项目财务会计信息资料的真实性和可靠性

（二）依法查处违法违纪行为和事项，维护国家外资管理法规的严肃性，维护中外投资者的合法权益

（三）促进提高利用外资项目的管理效率

（四）促进提高利用外资项目经济效益

四、外资审计的对象

我国利用外资工作的主管部门及其所开展的相关经济活动。包括发展改革委、商务部、财政部、外汇管理局等政府部门。

国外贷援款资金、项目及其执行机构。国外贷援款是指国际组织、外国政府及其机构，向我国政府及其机构、受政府委托管理有关基金与资金的单位，提供的贷款、援助和赠款；以及向我国企事业组织及其他组织提供的，由我国政府及其机构担保的贷款等。

国有资本占控股地位或主导地位的外商投资企业及其接受的外商直接投资等。

五、外资审计的特点

外资审计具有以下主要特点：

（1）审计项目多，审计范围广，几乎遍及全国各个地区。

（2）工作量大，审计工作时间不足，国外贷援款协议一般都要求在每个财务年度结束六个月之内提交审计报告。

（3）行业跨度大，难度大，与其他行业审计不同，外资审计的项目分布在各个行业，涉及不同部门，审计难度比较大。

（4）由于我国国家审计准则与国际审计准则之间存在差异，审计机关编制国外贷援款项目审计报告的内容和格式与国内审计报告有一定区别，要求按照国际审计标准编制。

（5）对审计人员要求高，应具有较宽的业务知识面，要熟悉不同行业的情况，熟悉世界银行、亚洲开发银行等国际组织的审计要求、国际审计惯例，具备一定外语能力。

第二节 国外贷款项目审计

一、国外贷款项目审计概念

(一) 概念

国外贷款项目，是指使用国际组织、国际金融机构、外国政府及其机构（以下简称"国外贷款机构"），向我国政府及其部门提供的专项贷款所建设的项目，或向我国金融机构和企业事业单位提供的、由我国政府及其部门担保的专项贷款所建设的项目。

(二) 国外贷款项目审计

1. 定义

国外贷款项目审计是指审计机关依法对国外贷援款项目和项目执行单位财务收支的真实、合法和效益进行的审计监督活动。

2. 审计分工

审计署根据国外贷款项目的债权债务关系和项目受益者的财政财务隶属关系，按照审计署制定的《审计机关关于审计管辖范围划分的暂行规定》，确定审计分工，办理审计授权。

（1）中央财政或国务院各部门及直属企业事业组织直接受益、承担债务或者提供债务担保的项目，由审计署外资运用审计司直接审计，或者授权有关审计署派驻地方特派办和派出部门审计局审计。

（2）地方财政或地方政府及其各部门和所属企业事业组织，接受财政部、中国人民银行及其他中央主管部门转贷或转拨外资的国外贷援款项目，一般由审计署授权有关地方审计机关进行审计监督。

二、审计内容

(一) 评审项目内部控制系统

评审项目内部控制系统目的是通过检查核对部分经济业务和会计事项与内部控制制度的符合性程度，验证和评价内部控制系统的健全性和有效性，发现其缺陷和不足，据以估计审计风险，明确审计重点和审计方法，调整或修改审计方案，向项目单位提出改进和完善内部控制的建议

内控系统评审要点在于审查、评价项目及其执行机构是否具备健全有效的授权控制、职责分离控制、岗位责任制度、资产保护控制、内部审计和稽核制度、账务处理和财务报告编制的及时、完整、准确性控制及会计档案保管控制等机制，来保障经济业务处理真实、合法和有效。

(二) 审查项目财务报告编制方式

审查内容主要包括以下三方面：

（1）项目财务报告或项目汇总财务报告编制的依据、格式、内容、程序、时间等与有关会计制度、项目协定和国际会计准则的符合程度，以及前后一致性，有无缺表、缺页、缺项、缺说明、错格、错行或漏填的情况。如发现有重大遗漏或重大差异的，应查明原因，并要求项目执行单位按照国际会计准则的要求进行纠正，不能纠正的要在财务报表说明中作适当注解。

（2）项目财务报告中各类合计数计算的正确性，各种相关数据和相关会计报表之间衔接勾稽关系的符合程度，以及本期报告与上期报告的勾稽关系。对项目汇总财务报告，要重点检查数据来源是否经过审计，上下级之间的往来数据处理是否正确。

（3）会计报表和报表说明与有关会计总分类账和明细账、会计凭证及其他有关证明文件、实物资产记录的一致性。

（三）审查项目资金来源

国外贷款项目资金是项目建设不可缺少的资源，总体上分为外资和国内配套资金。

按资金性质及来源细分，外资可分为国际组织、国际金融机构和外国政府项目投资贷款及联合融资；国内配套资金可分项目财政预算拨款、国内银行贷款、企业债券、其他自筹和其他收入等。

（四）审查项目资金运用

国外贷款项目资金主要用于项目工程建设、设备和物资采购、人员培训费和专家服务费等。其中，外资主要用于固定资产投资、引进设备和物资采购、外国专家聘用、出国人员培训等必须以外汇支付的开支；国内配套资金主要用于为引进设备配套的土建工程建设、项目区移民、项目管理、预付工程款等不需使用外汇支付的境内开支。它们是项目财务管理和会计核算的主要内容。

审查内容主要包括以下几方面：

（1）项目支出。国外贷款项目支出分类比较特殊，通常分两类，一类按国内基本建设支出项目分类，包括在建工程、其他支出和交付使用资产三项。另一类按国外贷款项目协定确定的项目贷款"核定分配金额"项目分类，包括土建工程、设备采购、货物采购、培训考察、咨询服务等。

（2）实物资产。

（3）预付、应收（应付）款。

（五）审查项目银行账户

对项目银行账户实施审计监督，是国外贷款项目审计的一项重要内容。尤其对国际金融组织贷款项目外币专用账户，每年必审，审计意见要在审计报告中专项表述。

（六）审查项目外币业务

外币收支在国外贷款项目财务收支中占有相当大比例。审查项目外币收支的真实性和合法性是国外贷款项目审计不可缺少的内容。重点检查发生外汇业务时或年末是否按国家规定的汇率折合人民币记账；外汇兑换和汇兑损益的会计处理是否符合规定；有无擅自经营外汇业务、有无将项目外汇资金转移境外开户存放。

（七）评审项目管理和资金使用效益

（八）审查项目执行单位财务报告

三、国外贷援款项目审计程序

一般说来，贷款项目审计程序涵盖援赠款项目审计程序，而各类贷款项目中，世界银行贷款项目审计程序最为规范、最为系统。以下以世界银行贷款项目为例介绍国外贷援款项目审计程序。为避免重复，与其他政府审计程序的雷同之处不再赘述。这里介绍的国外贷援款项审计程序指的是对项目执行期内财务报告进行审计并发表审计意见的审计程序，对于国外贷援款项目其他内容的审计程序也不再赘述。

在最初的年度审计开始之前。审计机关（一般是审计署）首先需要对审计任务作出安排，此后负责项目审计的审计机关每年都要对项目前一年度的项目活动和财务报告进行审计并对外出具中英文审计报告，直至项目结束次年。国外贷援款项目年度审计程序包括审计准备、审计实施和审计终结三个阶段。

（一）项目审计任务安排

国外贷援款项目审计任务的安排主要考虑以下两种情况：一是审计机关根据审计法规进行监督、调查的需要自主决定对国外贷援款项目进行的审计；二是根据国外贷援款方以及项目协定的要求，审计机关需要对项目进行审计并对外出具审计报告。

在审计任务安排上，第一种情况与其他政府审计一样，本节主要介绍第二种情况下审计任务的安排。第二种情况下，外资审计兼具公证和监督两种职能。在我国政府与国外贷援款方签订的贷款（信贷、赠款）协定中，明确规定我国政府应确保由贷援款方能够接受的独立审计师按照公认的、适当的审计准则进行审计，并在最迟不超过该财政年度后六个月内，向国外贷援款方提交审计报告。因此，虽然我国审计机关没有与这些国外组织和政府签订专门的审计业务约定书，但审计业务的委托和受托关系已通过贷款（信贷、赠款）协定规定下来。通常，对外窗口单位在代表国家与国外机构签订项目协定之前，应就单个项目或者某一类项目是否需要政府审计机关审计征得审计机关同意。如果项目协定规定由我国政府审计机关对项目进行审计并对外提交项目审计报告，则于项目协议签订以后一定时间内，由项目主管单位向审计机关发来委托审计函件以及项目协定等材料，审计机关根据项目内容、协定要求以及项目执行单位的财政财务隶属关系及所属地域作出审计安排。审计安排的一般原则如下所述，但特殊情况下也有例外。

1. 中央项目的审计安排

在北京的中央项目由审计署直接审计。项目主管单位在北京，而且项目执行单位也在北京的，由审计署外资运用审计司或国外贷援款项目审计服务中心审计，根据情况也可安排审计署派出审计局或驻地方特派员办事处审计；项目主管单位在北京，而分项目执行单位在京外的，根据所属地域，一般安排审计署驻地方特派员办事处审计，特殊情况下也可以授权地方审计厅（局）审计。

京外的中央项目审计一般安排审计署驻地方特派员办事处审计，特殊项目也可以授权地方审计厅（局）审计。对于项目执行单位涉及多个审计署驻地方特派员办事处辖区的，分项目由所在地审计署驻地方特派员办事处审计；如需汇总审计结果或者汇总出具审计报告，由审计署确定负责汇总的审计机关，其他负责分项目审计的审计机关将分项目审计结果按要求报送承担汇总工作的审计机关。

2. 地方项目的审计安排

地方项目一般授权省级审计厅（局）审计。对于仅涉及计划单列市的审计项目，应直接授权计划单列市审计局审计。对于省级项目包含计划单列市的，只授权省级审计厅（局）审计，对于计划单列市项目的审计由该省审计厅（局）自行安排。对于省与计划单列市并列的项目，则分别授权省级审计厅（局）和计划单列市审计局审计，但对计划单列市的授权文件要抄送该省级审计厅（局）。

3. 中央和地方拼盘项目的审计安排

这一类项目又分为两种情况。第一种情况是，一个统一独立核算的项目中既有中央项目投资又有地方项目投资。对于这种项目一般按照项目投资比重大小做出审计安排或者授权地方审计机关审计，如果中央项目投资占比重大，则一般由中央级审计机关审计，通常是安排审计署驻地方特派员办事处审计；反之，则授权地方审计机关进行审计。另一种情况是，一个项目既包括中央项目单位，又包括地方项目单位，但是都分别独立核算，能够划分清楚核算主体。对于这种项目，一般根据财政财务隶属关系分别授权中央级审计机关或者地方审计机关审计。如需汇总出具对外审计报告，一般由中央级审计机关负责。

对于授权省级审计机关审计的项目，省级审计机关可以参考上述原则对本省的审计任务进行安排。审计署一般不向省级审计厅（局）和计划单列市审计局以下审计机关直接安排国外贷援款项目审计任务。

上述审计任务安排给审计署派出审计局、审计署驻地方特派员办事处，要发出审计任务安排的通知；将审计任务授权地方审计厅（局）的，要下发授权审计通知书。安排审计任务的通知或授权通知书的主要内容包括：项目名称、项目执行单位（被审计单位）、项目主管部门、贷（援）款协定编号、协定签署日期、协议生效日期、项目执行期限、贷款总额、项目投资总额、审计期限即出具审计报告的起止年度、出具审计报告的审计机关和每年出具审计报告的时间要求。

由于国外贷援款项目审计一般需要在项目执行期内进行连续审计，因此，每一个项目的审计就是一次授权（安排），长期有效，直至项目审计完毕如遇特殊情况，审计署可根据具体情况变更授权（安排）。

各级审计机关根据上述安排，将国外贷援款项目列入年度审计项目计划。

（二）项目审计准备

根据审计任务安排及年度审计项目计划，审计机关应在实施项目审计前做好充分的审计准备。

1. 组成审计组

实施项目审计前，需要选择一定数量有相当业务水平、能够胜任审计任务的人员组成审计组,并指定审计组组长。由于国外贷援款项目审计一般持续若干年,而且每一类项目甚至每一个项目都各具特色,因此每个审计项目一般都确定一个审计人员担任主审或者审计组组长,并保持一定的连续性。

2. 审前调查

审计组在实施审计之前应该进行审计调查,了解被审计项目单位的基本情况,以便明确审计目标,突出审计重点,并培训相关审计人员。由于国外贷援款项目审计是分年度进行的,而且对于同一个项目经过连续若干年的审计,审计人员一般对项目情况和审计技术内容比较熟悉,首次审计之后的年度审计中,可以根据情况简化这一部分工作内容。

为了解国外贷援款项目基本情况,需要调查以下内容:(1)项目背景情况,包括贷款(赠款)协定、项目协议、转贷协议、项目评估报告、与国外贷援款方的往来信函(包括支付信)、与项目执行有关的备忘录、国家有关部门批准立项的有关文件等。(2)项目管理情况,包括项目的管理体制、组织结构、控制环境、会计系统和财务管理办法、会计核算方法等管理制度的健全与运行情况。(3)项目建设情况,包括审计年度项目建设的主要内容和目标、项目建设的进度和成果、项目资金到位情况、重大项目活动的内容等。(4)上一年度接受审计的情况,如果不是首次审计,审计组应调阅以前的审计档案,关注审计结果和内容,比如审计师意见类型、审计发现的主要问题、违规事项及审计处罚的落实情况等。(5)其他重要情况,包括项目接受其他监督检查情况及其结论、重大事件等与审计相关的事项。

审计人员可以根据自己的专业判断,结合审计目标来决定扩大调查的范围。审前调查以一定的格式记录,并形成一些工作底稿,也可以设计一些调查问卷,要求被审计单位按照要求填报,审计人员对其所填报的内容进行审核。

获取有关项目审前调查的资料后,应该对有关资料执行分析性程序。在国外贷援款项目审计准备阶段,实施分析性程序的精细程度和范围,要视项目的规模和复杂程度、资料的可靠性和完整性以及审计人员的专业判断而定。一般情况下,审计组应对项目报表进行横向分析。对项目资金实际到位情况、项目进度和计划进行比较分析,对项目投资完成额与项目形象进度进行对比分析,以确定各种资料之间的一致性水平和项目异常变化情况,对审计重点作出初步判断。

对于国外贷援款项目重要性水平判断需要考虑的因素包括:上一年度审计确定的重要性水平、有关法规和项目协议条款的要求、项目建设的规模和内容、内部控制制度健全程度、财务报告使用者对报表项目的敏感度、有问题事项的性质和金额等国外贷援款项目审计通常是对特定目的财务报告发表意见,因此可以从财务报表及账户两个层次评估项目重要性水平,特定目的财务报表重要性水平因项目不同而异,应针对项目具体情况,充分利用审计人员的专业判断。对于世界银行贷款项目,一般情况下重要性水平可按项目投资完成额的3%~5%确定。在确定各账户层次的重要性水平时,应考虑各账户或各类业务的性质及错报或漏报的可能性,对于重要的账户或业务,要从严制定重要性水平。对于评估重要性水平的程序和结果也要进行记录,形成审计工作底稿，作为编制审计方案的依据之一。

为将审计风险控制在适当的水平，在准备阶段应对审计风险进行分析，以便制定合理的审计方案。分析审计风险主要包括确定可接受的审计风险、评估重大错报风险、利用风险模型计算检查风险水平。对于世界银行贷款项目，《世行贷款审计手册》建议的可接受审计风险为 5%~10%。对于国外贷援款项目重大错报风险的评估，应分别确定报表层次和报表项目认定层次的重大错报风险。在确定可接受的审计风险、评估重大错报风险之后，对于报表层次的重大错报风险，应采取诸如向项目组成员强调保持职业怀疑的重要性、指派富有经验的审计人员、加强对项目组成员的督导等总体应对措施。利用"审计风险 = 重大错报风险 × 检查风险"模型，计算检查风险水平，确定检查风险水平的目的在于针对报表项目设计进一步审计程序的性质、时间和范围。如果相关项目或业务的检查风险高，则应重点进行控制测试和分析性程序，反之则应重点进行账户余额的细节测试。

3. 编制审计实施方案

审计组具体承办国外贷援款单个项目审计时，应当编制审计实施方案。国外贷援款项目的审计实施方案与其他类别政府审计差别不大。国外贷援款项目审计实施方案主要内容和编制要求如下：

（1）编制依据。国外贷援款项目审计实施方案编制依据包括《中华人民共和国国家审计准则》、审计授权书、上级审计机关或本级审计机关审计项目计划、审计工作方案等。

（2）项目基本情况。根据审前调查了解的情况，简要介绍被审计单位和项目的基本情况。

（3）审计目标。总体而言，国外贷援款项目审计目标包括对项目财务收支真实性、合法性和效益性，以及财务报告真实性、一致性和公允性的审查。具体包括发现和揭露被审计单位在项目执行过程中存在的违反国家法规及项目协定问题，揭示内部控制中存在的重大缺陷，合理保证会计报表没有重大误报；促进被审计单位加强管理，合理有效利用外资，提高资金使用效益和保证外债偿还能力。

（4）审计依据。除了我国财经法规和审计规定以外，国外贷援款项目审计依据还包括我国相关机构与国外贷援款方所签订的项目协定、有关备忘录，也包括国际审计准则和国际会计准则。

（5）审计范围、内容和重点。审计范围和内容一般为前一年度项目相关的经济活动。根据具体情况，有些审计事项可以追溯到以前年度，也可以对审计内容和审计对象进行延伸；审计重点应该根据既定审计目标、审计项目具体情况、重要性水平和审计风险的评估情况来确定。

（6）重要性水平的确定及审计风险的评估。要明确重要性水平及审计风险评估的结果、依据和理由，以及对审计程序和内容的影响。

（7）控制测试。如果审前调查的结果认为内部控制是可以信赖的，必须进行控制测试，检查内部控制运行的有效性；反之，则没有必要进行控制测试，直接进行实质性测试。

(8) 实质性测试。在控制测试的基础上，列明实质性测试的内容和步骤。

(9) 审计工作进度及时间安排。应根据审前调查了解的情况和预计审计工作量的大小，对完成审计工作所需时间进行估计，对于较大的项目应分步骤分阶段进行。

(10) 审计组组长、审计组成员及其分工。审计工作的分配既不能遗漏必查项目，又要突出重点，每项工作都要明确并具体到人。人员分工要合理体现工作配合和审计质量内部控制需要。

(11) 其他事项。比如对其他审计成果的利用，包括利用或者部分利用以前年度本审计机关的审计结果，利用或者部分利用其他审计机关的审计结果，利用或者部分利用会计师事务所或者内部审计机构的审计成果等。这些都应该在审计实施方案中予以体现。

4. 发送审计通知书

实施审计前，审计机关必须向被审计单位发送审计通知书。审计通知书一般应至少在审计组进点前3天送达。如果同一个审计机关需要对同一个项目执行单位所执行的多个国外贷援款项目在同一年度内同时或者连续进行审计，可以合并只发一个审计通知书。

5. 项目审计实施

根据审计通知书和审计项目实施方案，审计组实施项目审计，其核心程序包括控制测试和实质性测试。

(1) 控制测试。

控制测试，是通过一定的审计方法测试被审计单位内部控制运行的有效性。控制测试一般是按照业务循环采用抽样方法进行。下面以世界银行贷款项目审计为例介绍国外贷援款项目符合性测试程序和内容。世界银行贷款项目业务循环一般分为五类，即提款报账业务循环、采购与付款业务循环、存货业务循环、项目建设业务循环、项目资金收支业务循环。本节以提款报账业务循环为例说明世界银行贷款项目业务循环的内部控制测试。

世界银行贷款与一般商业银行贷款不同，项目贷款协定生效后，贷款资金并不立即转由借款人直接支配，而是采取报账的方式在规定的项目执行期内逐步提取。为保证贷款用于规定的用途，贷款协定生效后，世界银行以借款人的名义在本行为该项目开设一个账户，并将贷款资金记入该账户的贷方，借款人使用贷款资金时必须按规定程序以合格单据进行报账，待审查合格后，世界银行才将资金支付给借款人，并记入上述账户的借方。

(2) 实质性测试。

实质性测试是在控制测试的基础上，运用检查、监盘、观察、查询及函证、计算、分析性程序等方法，对国外贷援款项目单位财务报告各项目金额进行的测试。实质性测试可以按业务循环、报表项目或两者结合起来进行。鉴于世界银行贷款项目的特点，两者结合测试效果较好。

实质性测试程序、方法和抽样的规模取决于相关业务循环控制测试的结果和审计人员的专业判断，通过实质性测试确定报表项目及会计科目审定后的金额，同时将审计过程中发现的违反国内法律、法规和项目协定及国外贷援款方有关规定的问题记录清楚，最后作出审计结论。对于由外部取得的审计证据，还应注明资料的来源。针对实质性测试的过程和结果应该进行记录并形成工作底稿。

一般说来，国外援贷款项目审计实质性测试的目标和内容包括：一是完整性，即财务报告和有关账簿中是否全面记录和反映项目的资金活动和资产负债情况，有无遗漏；二是真实性，即财务资料和财务报告所记录和反映的数据和内容是否符合项目实际，有无虚假；三是一致性，即财务报告、财务账簿、记账凭证和原始凭证之间是否一致，有无差异；四是表达和披露的合理性，即是否按照会计准则和项目管理的要求，将有关项目资金活动情况在财务报表（包括财务报表说明）中进行了恰当合理的分类和充分的说明及披露；五是合法合规性，即项目活动、资金使用等是否符合项目协议、管理要求、国家有关规定和法律法规；六是项目特定审计目标，国外贷援款项目大部分是对财务报告发表意见，但是有些项目对审计有特殊要求，在审计中应该满足。比如，有些项目要求对项目绩效发表审计意见，有些项目要求对项目技术内容和合理性发表审计意见，还有一些项目要求单独对采购程序发表审计意见等。

不同的国外贷援款项目，其财务报表组成、报表中的科目构成会有所不同，审计人员应该根据项目实际对有关科目进行实质性测试。关于具体科目的实质性测试程序和方法，无论是国外贷援款项目之间还是与其他项目相比都相同，在此不再一一介绍。

（3）国外贷援款项目财务报表审计。

①国外贷援款项目财务报表。国外贷援款项目财务报表分为两类，即被审计单位财务报表和特定目的财务报表。有些国外贷援款项目包括这两类财务报表，而有些项目只包括特定目的财务报表。比如世界银行、亚洲开发银行贷款营利性项目的财务报表既包括项目单位财务报表又包括特定目的财务报表，而非营利性国外贷款项目和国外援助项目一般都只包括特定目的财务报表。对于项目单位财务报表审计并非国外贷援款项目审计特色，在此仅对特定目的财务报表审计进行介绍。一般说来，国外贷款项目特定目的的财务报表由资金平衡表、项目进度表、贷款（信贷）协定执行情况表、专用账户报表以及财务报表说明组成，国外援助项目不包括贷款（信贷）协定执行情况表。当然，个别国外贷援款项目，其特定目的的财务报表稍有差异，比如有些援助项目其财务报表还要求包括设备物资分配表。

②财务报表审计目标。国外贷援款项目财务报表总体审计是在财务报表科目实质性测试的基础上，对财务报表本身的格式、构成、内容编排等内容的合法合规性、公允性和一致性所进行的审计。财务报表的合法合规性是指项目单位按照国家法律法规、会计准则、相关会计制度及国外机构的有关规定编制财务报表，并在财务报表说明中对有关事项进行披露，报表结构、项目和内容符合规定。财务报表的公允性是指财务报表在所有重要方面均公允地反映了项目财务状况、项目进度和项目资金收支情况。财务报表自身的一致性是指各财务报表之间、报表内各项目之间对应关系清晰，勾稽

关系相符，表中有关数据一致没有差错。

③财务报表审计内容。除了对报表科目进行实质性测试之外，财务报表总体审计的主要内容是，根据有关法律法规、会计准则、相关会计制度和项目管理有关要求审核：报表种类是否齐全，格式是否规范，内容是否完整，填制方法是否合规，是否符合国外贷援款方的要求；表内数据计算和表间勾稽关系是否正确、相符，表与账簿记录是否一致；结合对项目账务处理的审计，审查主要会计政策、重要报表科目和需要解释的经济事项是否在财务报表说明中进行了恰当、充分的披露，主要报表编制原则和会计政策前后期是否一致。

国外贷援款项目财务报表说明是财务报表的组成部分之一，因此对财务报表说明的审计也是财务报表审计的重要内容之一。对财务报表说明的审计内容主要包括：（1）财务报表说明的完整性和充分性。财务报表说明通常包括以下内容：项目整体情况简介、资金构成和来源、会计期间、会计政策、财务报表期间财务收支和项目进展总体情况、特殊事项和重大事项说明以及其他为帮助报表使用者理解财务报表所进行的说明。审查这些内容是否都包括在说明中，以及对每一事项披露的充分性。（2）财务报表说明的一致性。审核财务报表说明中有关数字与财务报表以及账簿的一致性，审查财务报表说明中会计政策、会计期间及重大事项与财务记录和有关文件资料的一致性，以及有关内容和政策的历史连续性等。

6. 项目审计终结

国外贷援款项目审计终结阶段工作程序和内容与其他类型审计基本没有差异，即将审计准备和实施阶段取得的大量分散的审计证据、资料和审计工作底稿进行汇总整理、分析判断，最终形成审计结论并出具审计报告。审计终结阶段的具体工作内容和程序包括：整理审计工作底稿；分析问题，形成处理意见；与被审计单位初步交换意见；审计工作小结；编制审计报告初稿；就审计报告征求被审计单位意见；将被审计单位反馈意见以及有关资料报审计组所在部门复核后出具正式的审计报告；下达审计决定书（如果有必要）；整理审计工作资料，立卷归档。需要说明的是，审计机关出具的国外贷援款项目审计报告，应该由被审计单位而不是审计机关送交国外机构等报告使用者，审计机关负责将正式审计报告送达被审计项目单位并应取得回执。

四、国外贷援款项目审计报告

外资审计报告的形式根据其履行职能的不同而不同。当外资审计不履行其公证职能时，与其他类型政府审计一样，按照国家审计准则和规范编制审计报告。当外资审计同时履行监督和公证职能时，审计报告的编制不仅要遵循国家审计准则，同时还需遵循国际通用审计准则，其审计报告的形式则有其特殊性。以下介绍外资审计履行公证职能时所出具的国外贷援款项目审计报告的内容及其构成。

（一）国外贷援款项目审计报告的编制和报送程序

国外贷援款项目审计报告的编制步骤分为"编写—审核—征求被审计单位意见复核—审定"五个步骤，即由主审人员编写审计报告初稿，审计组组长对报告进行审核，将审计报告初稿提交给被审计单位征求意见,审计组派出机构指定复核人员对审计报告进行复核,最后,由审计机关审定后以审计报告的形式向被审计单位出具,由被审计单位将审计报告提交给其相应的贷援款机构或国家。地方审计机关和审计署驻地方特派员办事处第一年进行审计并出具国外贷援款项目审计报告,以及任何年度出具保留意见报告、否定意见报告、拒绝表示意见报告时,须经审计署外资司审定后才能出具。

(二) 审计报告的内容

1. 审计师的意见

对所审计财务报告在所有重要方面的公允性发表意见;项目执行单位的财务报告是否真实反映其财务状况;项目执行单位的财务报告是否真实反映其经营成果和现金流量情况;项目收支是否同资金来源与运用表所列一致;项目贷款提取额和项目支出是否与贷款(信贷、捐赠)协定执行情况表一致;审计期末资金余额以及从项目开始累计支出是否同贷援款方的记录相一致;通过费用支出表的提款报账是否合理等。

审计师意见至少包括以下项目:意见类型;收件人;范围段(审计财务报表的名称和会计期间);说明段(说明所适用的审计准则、审计范围、方法等);意见段和对审计意见或审计报告分发方面的限制;发表意见的日期;审计机构的地址、签章。

2. 经审计后的财务报表和财务报表说明

就营利性项目而言,一般包括项目单位的财务报表(如资产负债表、利润表、现金流量表)、项目特定目的财务报表(如项目资金平衡表、项目进度表、贷款协定执行情况表或赠款协定执行情况表、专用账户收支表)以及财务报表说明。而就非营利性项目而言,一般只包括项目特定目的财务报表(如项目资金平衡表、项目进度表、贷款协定执行情况表或信贷协定执行情况表、专用账户收支表)以及财务报表说明。赠援款项目与非营利性项目类似,只要求提供项目特定目的财务报表以及财务报表说明。

3. 有问题支出汇总表及其说明

审计机关根据审计结果,将项目执行过程中存在的按照贷款(信贷、赠款)协定的规定应为不合理支出或证据不足支出,确定为与国外贷款有关的"有问题支出"。如果存在有问题支出,世界银行贷款项目要求审计报告中包括"有问题支出汇总表"内容,将这些支出编制成"有问题支出汇总表"并加以说明。其中,"不合理支出"通常包括违反贷款协定(信贷、赠款)规定、违反贷援款方关于资金支付相关规定的支出;"证据不足支出"是指审计师在审计时不能取得足够的、有说服力的或相关的证据来说明其合理性、合规性、适当性的支出。

4. 法规、贷款(信贷、赠款)协定执行情况和内部控制制度评价意见

在该部分,审计师向贷援款机构或政府报告项目单位遵循国家法规、贷款(信贷、赠款)协定条款和项目内部控制制度的情况,确定项目执行过程中存在的违反国家法规、与协定条款不符合的事项以及内部控制中存在的缺陷。如整体内部控制制度设计是否恰当,是否可以合理保障准确记录、处理和汇总业务,能否保证贷援款业务按照协定和相关的采购指南、支付指南、专家聘请指南等的规定执行;是否有与相应的控

制目标一致的适当的职责分工；财务报告框架、会计核算方法的重大改变、其他违规情况和其他关注事项等。对这些问题或缺陷，审计师应根据重要性原则进行取舍，对选择予以披露的问题或缺陷，要描述审计中发现的事实，指出违反了什么规定，分析产生的原因，揭示造成的影响，提出改进的意见或建议，并说明被审计单位采纳建议或采取措施的情况。

案例拓展 10-1：

江苏省审计厅关于亚洲开发银行贷款江苏盐城湿地保护项目
2017 年度财务收支和项目执行情况的审计结果

根据《中华人民共和国审计法》和审计署授权，2018 年 3 月 23 日至 4 月 27 日，江苏省审计厅对江苏省亚行贷款盐城湿地保护项目办公室、盐城国家级珍禽自然保护区管理处、大丰麋鹿国家级自然保护区管理处（以下分别简称"省项目办""珍禽项目办""麋鹿项目办"）、盐城林场、大丰林场和省财政厅等相关单位执行的亚洲开发银行贷款江苏盐城湿地保护项目 2017 年度财务收支和项目执行情况进行了审计。现将审计结果公告如下：

一、审计师意见

本次审计了亚洲开发银行贷款江苏盐城湿地保护项目 2017 年 12 月 31 日的资金平衡表，以及截至该日同年度的项目进度表、贷款协定执行情况表和专用账户报表等特定目的财务报表及财务报表附注。

审计认为，第一段所列财务报表在所有重大方面按照中国的会计准则、会计制度和本项目贷款协定的要求编制，公允反映了亚洲开发银行贷款江苏盐城湿地保护项目 2017 年 12 月 31 日的财务状况及截至该日同年度的财务收支、项目执行和专用账户收支情况。同时，还审查了本期内由省财政厅报送给亚洲开发银行的第 12、13 号提款申请书和 GEF 赠款的第 02 至 06 号提款申请书以及所附资料。我们认为，这些资料均符合贷款协议的要求，可以作为申请提款的依据。

二、审计发现的问题及建议

审计中关注了项目执行过程中相关单位国家法规和项目贷款协定遵守情况、内部控制和项目管理情况及上年度审计建议整改落实情况。发现存在如下问题：

1. 盐城林场未扣罚违约设计费用。2012 年 11 月，盐城林场与江苏省建筑园林设计院有限公司、江苏省交通规划设计院有限公司订立总价为人民币 130 万元的《亚行贷款盐城林场海滨生态林项目勘察设计合同》，其中第 6.2.10 条约定："设计单位方负责编制工程量清单与竣工结算时实际工程量误差超过 2%，则甲方将扣除该阶段设计费用 10% 作为处罚"。但两家单位设计的"防火道路一般路基处理"子项目的工程量清单为 1.21 万立方米，而施工时图纸工程量却高达 21.05 万立方米，是设计工程量的 17.4 倍，与实际情况存在明显误差。对此，盐城林场未扣罚相应的违约设计费用。

上述行为违反双方合同约定。对此，审计要求省项目办核查相关事项执行的规范性，督促盐城林场按合同规定扣回相应设计费。

2. 盐城林场防火道路工程违规多报账提款约8万元。2017年盐城林场实施防火道路工程（合同号YCCW-02），该工程由中佳环境建设集团有限公司实施，江苏伟业项目管理公司监理。审计发现，合同中"清杂及原有路面拆除"子项目已按13.60万立方米的工程量报账提款10.47万元，但经测算实际工程量约为3.24万立方米，多报工程量约10.36万立方米，并导致多报账提款约人民币7.97万元。

上述行为违反财政部《建设工程价款结算暂行办法》（财建〔2004〕369号）第十三条的规定。对此，审计要求省项目办查明原因，收回多报账提款资金。

3. 盐城林场种植的柳杉大部分处于濒死状态。2016年至2017年，盐城林场实施海滨生态林苗圃建设项目（合同号YCCW-05-1，合同总价人民币2 853.16万元），先后种植价值人民币132.76万元的柳杉38 433株。经审计人员现场查看发现，大部分柳杉生长不良，叶色黄化，濒临死亡。审计要求省项目办尽快查明原因，采取有效措施，保证项目顺利完成。

三、本年度审计发现问题的整改情况

截至审计公告日，针对盐城林场未扣罚违约设计费用问题，江苏省建筑园林设计院有限公司已于7月18日缴回5.2万元违约款；针对盐城林场防火道路工程违规多报账提款问题，省项目办经核实多报账提款7.75万元，将在该工程下次报账款中扣减；针对盐城林场种植的柳杉大部分处于濒死状态问题，经江苏省林科院和盐城市林业局专门组成的专家组现场查看后认为，盐城沿海区域的土壤气候等条件不适合大面积栽植柳杉。省项目办已确定整改方案，目前正在实施相应整改工作。

案例来源：江苏省审计厅2018年第5号公告。

复习思考题

1. 我国外资审计的概念和内容是什么？
2. 不同外资审计项目的审计主体是谁？
3. 外资审计业务流程包括哪些？

第十一章

经济责任审计

学习目标
1. 了解经济责任审计的概念、对象、特点、内容和审计程序。
2. 掌握经济责任审计的步骤和方法,并准确把握经济责任审计的定位。
3. 掌握审计评价的有关原则,合理界定领导干部的经济责任。

重要概念: 经济责任;经济责任审计;经济责任审计程序;经济责任审计评价;经济责任审计结果

第一节 经济责任审计概述

一、经济责任审计的概念

(一)经济责任审计产生的基础——公共受托经济责任关系

公共受托经济责任,是指受托经营公共财产的机构或人员有责任汇报对这些财产的经济管理情况,并负有财政管理和计划项目方面的责任。公共受托经济责任关系是社会经济关系的重要表现形态之一,它的存在取决于对履行责任的控制和解除责任的鉴证,这种不可或缺的控制和鉴证活动被人们称为审计。社会经济活动的历史已经证明,没有受托责任就没有审计,没有审计也就谈不上权力的控制和责任的鉴证。作为一种近乎普遍的真理,凡存在审计的地方必然存在一种受托责任关系,受托责任关系是审计存在的重要条件,审计是一种确保受托责任有效履行的社会控制机制。

在我国社会主义制度下,人民的公共财产是由通过各级人民代表大会委托给人民选举出来的各级人民政府去管理,各级政府也可以将公共财产委托给国有企事业单位的受托经营管理者去经营和管理。此时,各级人民代表大会与其同级人民政府之间便产生了公共财产的委托和受托关系。根据权责相统一的基本原理,经济权力决定经济责任,也就是说,有什么样的经济权力,就有什么样的经济责任与之相匹配。各级政府和政府公职人员作为受托人理应承担遵守法律法规的规定,以最经济、最有效的办法管理和使用公共资源,使公共资源的配置和运用最大限度地满足预定目的的需要。而各级政府及其受托责任人是否切实地履行了公共受托经济责任,就必须由政府审计机关通过审计对其履行公共受托经济责任做出鉴证和评价,进而确定或解除其所负的受托经济责任。所以说,公共受托经济责任履行的控制、鉴证和评价才是政府审计特别是领导干部经济责任审计的出发点和归宿点。

(二) 经济责任的内涵

所谓经济责任,是指领导干部在任职期间因其所任职务,依法对本地区、本部门(系统)或者本单位的财政收支、财务收支以及有关经济活动应当履行的职责和义务。准确理解和把握"经济责任"的内涵,是研究经济责任审计理论和进行经济责任审计实践的重要基础。关于经济责任的内涵,要注意从以下三个方面来加以理解和把握:

(1) 经济责任审计中"经济责任"是基于被审计人所担任的特定职务。被审计人所担任的特定职务是确定"经济责任"的前提和基础。对被审计人进行审计的时间范围是其担任特定职务期间而不是其他时间;空间范围是其担任的特定职务,其经济责任的确定与被审计人所担任的特定的职务直接关联。所谓特定职务,即经济责任审计拟审计的职务,而不是兼任的其他的职务或者具有的专业技术职称或头衔。做好经济责任审计工作的前提是明确"经济责任",要明确"经济责任",则首先必须明确被审计人所担任的特定职务及其任职期间。

(2) "经济责任"的科学含义是被审计人基于所担任的特定职务而应履行的职责、义务,而不是被审计人对其在履行职责中所产生的问题应当承担的法律后果,这正是"经济责任"科学内涵的关键所在。正确理解"经济责任"的这一科学内涵,才能够正确理解和认识经济责任审计,才能够正确掌握经济责任审计的审计内容、审计评价和责任界定,才能够正确把握经济责任审计的重要意义。

(3) "经济责任"是与经济相关的职责、义务,即与被审计人担任的特定职务对本地区、本部门(系统)或者本单位的财政收支、财务收支及有关经济活动有影响的职责、义务,而不是与政治、道德活动相关的职责、义务。因此,掌握这一点,注意把握经济责任审计与干部管理监督部门对领导干部进行考核评价的区别,这也是经济责任审计的本质特点所在。

(三) 经济责任审计的内涵

经济责任审计,是指审计机关依法依规对党政主要领导干部和国有企业领导人员经济责任履行情况进行监督、评价和鉴证的行为。

领导干部履行经济责任的情况,应当依法接受审计监督。这是被审计对象的法定义务。根据干部管理监督的需要,经济责任审计可以在领导干部任职期间进行任中审计,也可以在领导干部任职期满时进行离任审计。

二、经济责任审计的对象

经济责任审计的对象既包括由组织部门和国有资产监督管理部门管理的领导干部,也包括单位内部管理的领导干部,既包括由国家审计机关管辖和实施经济责任审计的党政主要领导干部和国有企业法定代表人,也包括由单位内部审计机构管辖并实施经济责任审计的党政主要领导干部和国有企业法定代表人。按照《党政主要领导干部和国有企业领导人员经济责任审计规定》第二条的规定,经济责任审计的对象范围主要包括党政主要领导干部和国有企业领导人员。

第一类：党政主要领导干部经济责任审计的对象。具体包括：

（1）省、自治区、直辖市和新疆生产建设兵团，自治州、设区的市，县、自治县、不设区的市、市辖区，以及乡、民族乡、镇的主要领导干部；

（2）行政公署、街道办事处、区公所等履行政府职能的政府派出机关的主要领导干部；

（3）政府设立的开发区、新区等的主要领导干部。

第二类：地方各级审判机关、检察机关主要领导干部，包括地方各级人民法院、人民检察院的党政主要领导干部。

第三类：党政工作部门、事业单位和人民团体等单位党政主要领导干部。具体包括：

（1）中央党政工作部门、事业单位和人民团体等单位的主要领导干部；

（2）地方各级党委和政府的工作部门、事业单位和人民团体等单位的主要领导干部；

（3）履行政府职能的政府派出机关的工作部门、事业单位、人民团体等单位的主要领导干部；

（4）政府设立的开发区、新区等的工作部门、事业单位、人民团体等单位的主要领导干部；

（5）上级领导干部兼任有关部门、单位的正职领导干部，且不实际履行经济责任时，实际负责本部门、本单位常务工作的副职领导干部；

（6）党委、政府设立的超过一年以上有独立经济活动的临时机构的主要领导干部。

第四类：国有企业领导人员。包括国有和国有资本占控股地位或者主导地位的企业（含金融企业，下同）的法定代表人。

根据党委和政府、干部管理监督部门的要求，审计机关可以对上述企业中不担任法定代表人但实际行使相应职权的董事长、总经理、党委书记等企业主要领导人员进行经济责任审计。

第五类：村党组织和村民委员会、社区党组织和社区居民委员会的主要负责人。

根据地方党委、政府的要求，审计机关可以对村党组织和村民委员会、社区党组织和社区居民委员会的主要负责人进行经济责任审计。

村党组织和村民委员会主要负责人经济责任审计的内容，应当依照《中华人民共和国村民委员会组织法》第三十五条的规定，结合当地实际情况确定。

社区党组织和社区居民委员会主要负责人经济责任审计的内容，可以参照本细则的相关规定确定。

三、经济责任审计的主体及管理机构

（一）经济责任审计的主体

实施经济责任审计监督的主体，包括审计机关和内部审计机构审计机关与内部审计机构之间、审计机构之间管辖权的划分，按照干部管理权限确定：

（1）由各级组织部门和国有资产监督管理部门等干部管理部门任命和管理的党政

领导干部和国有企业领导人员,由各级审计机关负责实施经济责任审计,但地方审计机关主要领导干部的经济责任审计,由同级党委与上一级审计机关协商后,由上一级审计机关组织实施;审计署审计长的经济责任审计,报请国务院总理批准后实施。

(2) 由部门、单位内部任命和管理的党政领导干部和国有企业领导人员,由部门、单位内部审计机构负责实施经济责任审计。

(3) 领导干部的经济责任审计管辖权依照干部管理权限确定,当审计机关经济责任审计的管辖权与财务收支的管辖权发生冲突时,实施经济责任审计的,依照干部管理权限确定管辖权。这时,有经济责任审计管辖权的审计机关,可以自行组织实施审计,也可以统一组织下级审计机关组织实施审计,还可以授权下级审计机关实施审计。

(二) 经济责任审计工作的管理机构和机制

各级党委和政府为加强对经济责任审计工作的领导,建立了经济责任审计工作联席会议(以下简称联席会议)制度,作为经济责任审计工作的管理机构,联席会议一般由纪检、组织、审计、监察、人力资源社会保障和国有资产监督管理等部门组成。联席会议的主要职责是研究制定经济责任审计的有关政策和制度,监督检查、交流通报经济责任审计工作开展情况,协调解决工作中出现的问题。

联席会议下设办公室,是负责联席会议日常工作的办事机构,办公室设在审计机关,并与同级审计机关内设的经济责任审计机构合署办公,负责日常工作联席会议办公室的主要职责是研究起草经济责任审计的有关法规、制度和文件,研究提出年度经济责任审计计划草案,总结推广经济责任审计工作经验,督促落实联席会议的有关决定事项。

地方还成立了经济责任审计工作领导小组,一般由党委或者政府领导担任组长,领导小组的成员单位与联席会议成员单位基本相同。其主要职责是领导和管理经济责任审计工作。

四、经济责任审计的特点

2011年,时任审计长刘家义在美国审计署和审计学会上作专题演讲,系统阐述了"国家审计与国家治理"理论,认为国家审计是国家治理的重要组成部分,对完善国家治理具有重要作用,必须进一步加强审计监督,更好地推动和服务国家治理。在此理论框架下,对党政领导经济责任审计的作用、意义、目标范围、自身特征等方面的认识有所深化,与其他财务收支审计和专项审计相比,经济责任审计除了共有的批判性、建设性、服务性、宏观性等特征外,更具有个人性、综合性、专一性和高风险性等自身特色。

(一) 审计对象的个人性

与常规的审计不同,经济责任审计主要是针对领导干部本人,审计的目的是为准确评价领导干部的业绩和廉洁自律情况。合理界定所负有的经济责任,最终形成书面审计报告和个人鉴定材料,为相关部门考核任免干部提供合理、科学、可靠的参考依据。

（二）审计内容的综合性

经济责任审计是将财务收支审计对"事"的监督与直接对领导干部"人"的监督的有机结合。不仅要审计财政财务收支、国有资产的保值增值、债权债务的增减变动情况，还包括对被审计人的重大经济决策、经济管理状况及其个人的遵纪守法、廉洁自律行为进行审计监督，审计时间跨度一般较长。

（三）审计的专一性

相对于其他审计来说，经济责任审计仅在授权或委托范围内进行，这包括审计的时间范围和审计内容，即仅限于被审计人在履行经济责任过程中的决策管理情况。而非德能勤绩廉全面考核。同时，审计对象限于领导干部本人，而不涉及其他人员。

（四）审计的高风险性

由于审计权限、审计手段的局限，如果没有相关执法执纪部门的技术手段和强制措施的配合及支持，在目前领导干部个人财产报告和监督制度不健全的情况下，要准确评价领导干部个人廉洁自律状况非常困难，由此带来了审计评价的片面性，也具有较大的审计风险。

五、经济责任审计的目标、基础、重点及作用

目标：经济责任审计应当以促进领导干部推动本地区、本部门（系统）、本单位科学发展

基础：领导干部任职期间本地区、本部门（系统）、本单位财政收支、财务收支以及有关经济活动的真实、合法和效益

重点：领导干部守法、守纪、守规、尽责情况

作用：加强对领导干部行使权力的制约和监督；推进党风廉政建设和反腐败工作；推进国家治理体系和治理能力现代化。

第二节　经济责任审计的内容

《党政主要领导干部和国有企业领导人员经济责任审计规定》将"守法、守纪、守规、尽责"作为审计重点，其中的"守法、守纪、守规"可以概括为"守法"。因此，在经济责任审计中，要以被审计领导干部履行经济责任时是否做到了"守法"和"尽责"为核心来确定审计内容。同时，要以被审计领导干部所在单位或者原任职单位财政收支、财务收支以及有关经济活动的真实、合法、效益为基础来确定审计内容。审计内容不能超越审计机关的法定职权，有关部门和单位、地方党委和政府的主要领导干部由上级领导干部兼任，且实际履行经济责任的，对其进行经济责任审计时，审计内容仅限于该领导干部所兼任职务应当履行的经济责任。

一、地方各级党委领导干部经济责任审计的主要内容

（1）贯彻执行党和国家、上级党委和政府重大经济方针政策及决策部署情况；
（2）遵守有关法律法规和财经纪律情况；
（3）领导本地区经济工作，统筹本地区经济社会发展战略和规划，以及政策措施制定情况及效果；
（4）重大经济决策情况；
（5）本地区财政收支总量和结构、预算安排和重大调整等情况；
（6）地方政府性债务的举借、用途和风险管控等情况；
（7）自然资源资产开发利用和保护、生态环境保护以及民生改善等情况；
（8）政府投资和以政府投资为主的重大项目的研究决策情况；
（9）对党委有关工作部门管理和使用的重大专项资金的监管情况，以及厉行节约反对浪费情况；
（10）履行有关党风廉政建设第一责任人职责情况，以及本人遵守有关廉洁从政规定情况；
（11）对以往审计中发现问题的督促整改情况；
（12）机构设置、编制使用以及有关规定的执行情况；
（13）履行有关党风廉政建设第一责任人职责情况，以及本人遵守有关廉洁从政规定情况；
（14）对以往审计中发现问题的整改情况；
（15）其他需要审计的内容。

二、党政工作部门、审判机关、检察机关、事业单位和人民团体等单位主要领导干部经济责任审计的主要内容

（1）贯彻执行党和国家有关经济方针政策和决策部署，履行本部门（系统）、单位有关职责，推动本部门（系统）、单位事业科学发展情况；
（2）遵守有关法律法规和财经纪律情况；
（3）有关目标责任制完成情况；
（4）重大经济决策情况；
（5）本部门（系统）、单位预算执行和其他财政收支、财务收支的真实、合法和效益情况；
（6）国有资产的采购、管理、使用和处置情况；
（7）重要项目的投资、建设和管理情况；
（8）有关财务管理、业务管理、内部审计等内部管理制度的制定和执行情况，以及厉行节约反对浪费情况；
（9）机构设置、编制使用以及有关规定的执行情况；
（10）对下属单位有关经济活动的管理和监督情况；

(11) 履行有关党风廉政建设第一责任人职责情况，以及本人遵守有关廉洁从政规定情况；

(12) 对以往审计中发现问题的整改情况；

(13) 其他需要审计的内容。

三、国有企业领导人员经济责任审计的主要内容

(1) 贯彻执行党和国家有关经济方针政策和决策部署，推动企业可持续发展情况；

(2) 遵守有关法律法规和财经纪律情况；

(3) 企业发展战略的制定和执行情况及其效果；

(4) 有关目标责任制完成情况；

(5) 重大经济决策情况；

(6) 企业财务收支的真实、合法和效益情况，以及资产负债损益情况；

(7) 国有资本保值增值和收益上缴情况；

(8) 重要项目的投资、建设、管理及效益情况；

(9) 企业法人治理结构的健全和运转情况，以及财务管理、业务管理、风险管理、内部审计等内部管理制度的制定和执行情况，厉行节约反对浪费和职务消费等情况，对所属单位的监管情况；

(10) 履行有关党风廉政建设第一责任人职责情况，以及本人遵守有关廉洁从业规定情况；

(11) 对以往审计中发现问题的整改情况；

(12) 其他需要审计的内容。

案例拓展 11-1：

2012年10月，梧州市审计局根据年度审计计划的安排对梧州市某局局长开展经济责任审计。在审计中发现该局财务管理混乱，内部控制制度执行不到位，会计与出纳没有建立制约关系，导致该局财务账的银行存款支出与实际报销票据金额之间的差额累计高达301 870.50元。涉嫌贪污的李某等4人已被移送司法机关处理。

初步审计　发现蹊跷

审计组对梧州市某局进行了审前调查，看到该局的各项规章制度汇编成册，账簿和凭证装订整齐，得到的初步印象是该局的内控制度比较健全。根据情况，审计组将该项目的审计时段定为2009年1月1日至2012年9月30日，审计重点是该局局长任期内单位内部各方面决策、执行、控制制度的情况，收支管理的情况以及相关的经济往来事项。

审计人员在分析审前调查已掌握资料的基础上，通过计算机现场审计实施系统（AO）按所需科目筛选出目标数据，并结合传统的分析性复核、审阅法、核对法、查询法、监盘法等审计技术方法开展审计工作。由于该局从2004年9月挂牌成立后一直

没有接受过审计，财务收支情况缺乏严格的监督，审计人员初步审计就发现该局账面资金的使用虽然没有明显的异常情况，但是大额的资金流动较多，而且主要表现为现金支出，其中的一笔就高达 20 万元。这种不合常规的支付方式加大了审计人员核实资金流向的难度，同时也引起了审计人员的注意。

匿名举报　引来疑点

在审计人员对大量的现金流动产生疑问时，一封匿名举报信转到了审计人员手中。举报信反映，该局领导利用各种手段大肆侵吞公款，近年来办公场所的几项局部修整工程就出现多报的现象。举报信还提醒审计人员要查看报账金额较大、报账次数较多的几个人的账目。俗话说："无风不起浪"。审计人员顿时感到责任重大，希望根据举报信提供的线索，挖掘出该局存在问题，避免国有资产流失。

由于审计年份较长、资料较多，审计人员决定采取抽样检查的方法，先摸摸情况。审计人员在抽查凭证过程中不经意地发现了一个常被忽略的问题——会计凭证记账的金额居然与所附原始凭证标明的金额不符。为证实此种情况是否属于偶然，审计人员进一步扩大了该局支出报账数据的检查范围，发现该局机关记账凭证及其所附的现金支出报批单、差旅费报销单列示的金额与原始凭证标明的金额之间的差额共计 38 796.6 元，在抽查"暂付款"科目列支该局所辖县级分局的费用时也发现记账凭证列示金额与所附原始凭证标明金额相差共计 223 073.90 元。面对这大额的报账数大于实际支出数，审计人员判断这种情况绝非偶然，很有可能是一个财务"黑洞"。那么这个巨大差额 261 870.50 元究竟到哪里去了？

抓住线索　追踪到底

为揭示该局财务"黑洞"的真面目，审计人员决定从支出源头开始检查资金管理上存在的漏洞。在抽查会计凭证中，审计人员发现该局 2011 年 3 月的某日转账 30 000 元至某石油公司，无购物发票，也无领导审批手续，仅凭一张银行转账单就直接列作支出。后来，在这个月再次出现该局提取现金 30 000 元支付给某石油公司的情况。在一个月内，该局向某石油公司支付了 60 000 元货款，却只有 30 000 元的发票。

出于职业敏感，审计人员决定集中精力将所有会计凭证和原始凭证进行详细核查。他们发现在延伸审计的年度中也同样存在这种情况。面对新的线索，审计人员士气大振。在时间紧、任务重的情况下，审计组经过讨论决定兵分两路：两名同志继续整理汇总财务收支审计情况，另两名同志则到某石油公司开展延伸调查。

审计人员前往某石油公司要求调查该局的石油充值记录时，该公司主管人员却以涉及商业秘密的理由拒绝提供。审计人员向对方表示将严格遵守审计法有关保密的规定，调查该局的石油充值记录并非刻意打探某石油公司的商业秘密，而是追踪财政资金去向的实际需要。

在审计人员依法耐心的说服下，该公司主管人员只好配合审计工作。审计人员根据某石油公司提供的该局购油情况，查出该局 2009 年 7 月、2011 年 3 月在某石油公司只购买了 10 000 元、30 000 元的汽油，却共计报账 80 000 元，使用重复报账的方式套取了现金 40 000 元。

采用同样的审计方法，审计人员查出该局在其他年度也存在虚报支出套取现金的严重违法行为，金额超过 30 万元。

查明真相　移送处理

审计人员虽已解开购油等一系列谜团，但还不足以锁定违法犯罪分子。因此，审计人员找到了最清楚资金当时来龙去脉的出纳陈某。陈某辩解，李某当时是会计又是科长，自己只是按照上级的要求执行，并没有多问缘由；财务印鉴由出纳保管，财务公章、法人公章由办公室保管，每张支票必须盖上财务印鉴、财务公章、法人公章才有效，管公章的人从来都不问缘由就盖章了。

面对这种情况，审计人员判断该局的财务管理非常混乱，会计与出纳之间没有起到互相制约作用，出纳陈某取出的资金最终落到财务科长李某的手里，显然李某对虚报支出套取现金的行为脱不了关系。审计人员担心打草惊蛇，没有马上找李某谈话，而是将事项梳理清楚，写好取证记录，给李某亲自核对取证记录。面对一个个熟悉的数字，李某只好在每一张取证单上签字。次日，当审计人员拿着取证记录到该局办公室盖章时，心虚的李某再也坐不住了，主动向审计组和该局纪检组交代了其贪污的事实，表示愿意退赔。

随后，梧州市审计局出具移送处理书，将李某涉嫌贪污的线索移送市检察院处理。市检察院已将李某及该局下属某分局的 3 人立案侦查。

审计人员从常被忽略的会计凭证记账金额与所附原始凭证标明金额不符的问题入手，根据职业判断发现了重复报账线索的，给予审计人员一些审计工作上的启示：一是对审计工作每个部分都要同样重视，有些看似不起眼的账务处理也不能忽略审计，有时问题线索往往就在其中。二是对审计事项要有职业敏感，要敏锐地察觉到事情的蹊跷，将其作为审计重点，进一步查清事情的真相。三是要将内控薄弱环节作为审计的突破口，查清每一笔可疑收支的去向。四是对审计遇到的障碍要出其不意，善于依法审计，用法说道，以理服人，从而降低审计风险。

案例来源：梧州市审计局。

第三节　经济责任审计的程序

为规范经济责任审计业务的开展，规避和降低审计风险，提高审计工作质量，根据国家有关法律法规和学校有关规定制定本工作流程。

一、审计计划、立项

（1）每年年底，根据校党委组织部提出下一年度经济责任审计项目的初步意见，列入下一年度审计工作计划。

（2）审计部门根据组织部门下达的经济责任审计委托书进行立项。

二、审计准备阶段

（一）成立审计组

根据审计项目的审计工作量和实际工作需要，组成 2 人以上的审计组，指定审计组长，明确审计人员分工。审计项目实行主审负责制。

（二）进行审前调查

审计组编制审计项目实施方案前，应当进行审前调查，了解被审计领导干部所在部门、单位和被审计领导干部的基本情况。审前调查可以采取召开座谈会、实地考察、查阅档案、收集材料等多种方式进行。

（三）编制审计工作方案

审计工作方案是对具体审计项目的审计程序及其时间等所作出的详细安排，由项目主审在审计实施前编制完成，并报审计处负责人审批。批准后，应严格执行审计方案内容，无特殊原因不得修改。审计方案包括以下基本内容：

（1）审计项目名称、审计依据、审计目标、审计范围以及审计内容和重点、具体审计方法和程序；

（2）预定审计工作起止日期；

（3）审计组组长和审计组成员及分工；

（4）编制日期及其他内容。

（四）送达审计通知书

审计部门在实施审计 5 日前，向被审计领导干部所在单位送达审计通知书，并抄送财经处、资产处等相关部门和被审计领导干部个人。审计通知同时进行网上公示。

审计通知送达后，被审计领导干部所在单位及其本人应按照审计部门要求，及时如实提供相关资料，并于审计工作开始后 5 日内送达审计部门。具体包括：

（1）被审计领导干部任期目标责任书及任职期间履行经济管理职责情况书面材料；

（2）单位基本情况，包括内部机构设置、人员编制、职称学历结构、学科建设、学生构成等；

（3）审计期间有关的会计资料、统计资料；

（4）单位内部控制制度的建设及执行情况；

（5）重要财务收支和经济决策会议记录；

（6）纪检、监察、审计、组织等部门对本单位检查后提出的检查报告和处理意见；

（7）资产清查资料和债权、债务清理的资料；

（8）审计部门认为需要的其他资料；

（9）承诺书，被审计领导干部所在单位及其本人应对提供资料的真实性、完整性做出书面承诺。

（五）召开进点会

审计进点会一般由经济责任审计委托部门和审计部门联合召开，通报审计工作具体安排和要求。经济责任审计进点会议一般由下列人员参加：

（1）经济责任审计委托部门的有关人员和审计组成员；
（2）被审计的领导干部及相关的领导班子成员。如果被审计的领导干部已经离职，被审计单位的现任领导干部应参加进点会；
（3）被审计领导干部所在部门、单位内部相关部门负责人和财务人员；
（4）审计组或被审计领导干部认为需要参加会议的其他人员；进点会上被审计领导干部要进行述职，述职内容详见领导干部任职期间履行经济管理责任情况书面材料的主要内容说明。

三、审计实施阶段

（一）财务数据采集及使用管理

财务数据的采集工作由审计组专人负责。考虑到财务数据的保密性及重要性，审计人员在审计过程中按程序分析、整理审计项目的有关数据，对与审计项目无关的财务数据严禁查看。审计人员每天结束工作后，应及时取下加密软件，将审计资料保管妥当，严防财务数据的泄密。

（二）内部控制制度评审

审计部门通过对被审计领导所在单位的内部控制制度的调查了解、符合性测试，评价该单位的经济活动和财务管理的合法性、合规性、科学性和规范性，并以此确定实质性审计的范围、审计重点及采取的审计方法。

（三）实质性审计

实质性审计是指审计部门采取查账等手段，对被审单位的资产、负债、权益及财务收支情况等所开展的审计，以获取充分的审计证据。领导干部经济责任审计主要结合财务收支审计进行。

（四）审计调查

审计实施过程中，审计部门可以以书面、座谈等形式向有关单位和个人就被审计领导干部经济责任的有关问题进行审计调查。

（五）审计工作底稿的编制与复核

1. 审计底稿的编制

审计工作底稿包括以下记录：审计程序执行过程和结果的记录；获取的各种类型审计证据的记录；其他与审计事项有关的记录。审计人员应按照审计工作底稿的格式要求，认真填写，做到审计事项清晰，审计依据明确，审计结论准确、到位。

2. 审计底稿的复核

建立审计工作底稿的分级复核制度。复核人员如发现审计工作底稿存在问题，应在复核意见中加以说明，并要求相关人员补充或重编工作底稿。审计项目负责人应加强对工作底稿的现场复核。复核完毕，复核人员应签字确认。

四、审计报告阶段

（1）项目主审根据复核无误后的审计工作底稿撰写审计报告。审计报告内容包括审计项目名称、审计依据、审计时间、被审对象基本情况、审计范围及审计具体内容、审计中发现的问题、审计结论、审计意见及建议等。

(2) 复核。建立审计报告分级复核制度。审计报告初稿形成后，先经审计组长或审计组其他成员复核。复核应结合审计工作底稿进行，复核内容包括文字表述是否缜密、数字计算是否正确、勾稽关系是否明确、发现的问题是否属实、审计结论是否正确等。项目主审根据复核人员提出的合理意见修改审计报告。然后报审计部门负责人审定审计报告，并根据提出的修改意见修订审计报告。

(3) 征求审计意见。签发审计报告征求意见书，向被审计领导干部所在单位及其本人征求意见，时限为10天，并将书面意见及时返回审计处。在规定期限内没提出书面意见，视为无意见。若被审计对象提出意见，审计组应认真分析、研究、确定是否采纳。对于与财务核算有关的问题，应单独征求财务部门意见。

(4) 审计报告上报审签。将征求意见后的审计报告分别上报学校党政一把手审阅和审签意见。

(5) 出具正式审计报告。经济责任审计报告送达组织部门一份，审计存档一份，若有账务调整还应送达财务部门一份。

(6) 出具审计意见书。根据分管校领导对审计报告的批复，决定是否出具审计意见书，并送达被审计领导干部所在单位及其本人。

五、审计落实阶段

(一) 审计反馈

对审计报告或审计意见书中提出的审计意见、建议，被审计领导干部所在单位及其本人应将整改情况以书面形式及时反馈给审计处。

(二) 审计回访及后续审计

审计处定期进行审计回访，了解被审计领导干部所在单位及其本人对审计意见、建议的采纳情况，被审计领导干部所在单位按要求填写审计回访单。对重要审计事项，必要时进行后续审计，检查被审计单位对审计发现的问题所采取的纠正措施及效果。

六、审计档案管理

审计项目结束后，项目主审应及时建立审计档案。

第四节 经济责任审计评价

一、经济责任审计评价概述

(1) 评价依据的要求——审计机关应当依照法律法规、国家有关政策以及干部考核评价等规定，结合地区、部门（系统）、单位的实际情况，根据审计查证或者认定的事实，客观公正、实事求是地进行审计评价。

（2）评价证据的要求——审计评价应当有充分的审计证据支持，对审计中未涉及、审计证据不适当或者不充分的事项不作评价。

（3）与审计内容的关系——审计评价应当与审计内容相统一。一般包括领导干部任职期间履行经济责任的业绩、主要问题以及应当承担的责任。

（4）评价重点——审计评价应当重点关注经济、社会、事业发展的质量、效益和可持续性，关注与领导干部履行经济责任有关的管理和决策等活动的经济效益、社会效益和环境效益，关注任期内举借债务、自然资源资产管理、环境保护、民生改善、科技创新等重要事项，关注领导干部应承担直接责任的问题。

（5）评价方法要求——审计评价可以综合运用多种方法，包括进行纵向和横向的业绩比较、运用与领导干部履行经济责任有关的指标量化分析、将领导干部履行经济责任的行为或事项置于相关经济社会环境中加以分析等。

（6）具体评价依据：

①法律、法规、规章和规范性文件，中国共产党党内法规和规范性文件；

②各级人民代表大会审议通过的政府工作报告、年度国民经济和社会发展计划报告、年度财政预算报告等；

③中央和地方党委、政府有关经济方针政策和决策部署；

④有关发展规划、年度计划和责任制考核目标；

⑤领导干部所在单位的"三定"规定和有关领导的职责分工文件，有关会议记录、纪要、决议和决定，有关预算、决算和合同，有关内部管理制度和绩效目标；

⑥国家统一的财政财务管理制度；

⑦国家和行业的有关标准；

⑧有关职能部门、主管部门发布或者认可的统计数据、考核结果和评价意见；

⑨专业机构的意见；

⑩公认的业务惯例或者良好实务；

⑪其他依据。

审计评价可以综合运用多种方法，包括进行纵向和横向的业绩比较、运用与领导干部履行经济责任有关的指标量化分析、将领导干部履行经济责任的行为或事项置于相关经济社会环境中加以分析等。

审计机关可以根据审计内容和审计评价的需要，选择设定评价指标，将定性评价与定量指标相结合。评价指标应当简明实用、易于操作。

二、领导干部应承担的责任界定

对领导干部履行经济责任过程中存在的问题，审计机关应当按照权责一致原则，根据领导干部的职责分工，充分考虑相关事项的历史背景、决策程序等要求和实际决策过程，以及是否签批文件、是否分管、是否参与特定事项的管理等情况，依法依规认定其应当承担的直接责任、主管责任和领导责任。

（一）直接责任的界定

（1）本人或者与他人共同违反有关法律法规、国家有关规定、单位内部管理规定的；

（2）授意、指使、强令、纵容、包庇下属人员违反有关法律法规、国家有关规定和单位内部管理规定的

（3）未经民主决策、相关会议讨论或者文件传签等规定的程序，直接决定、批准、组织实施重大经济事项，并造成国家利益重大损失、公共资金或国有资产（资源）严重损失浪费、生态环境严重破坏以及严重损害公共利益等后果的；

（4）主持相关会议讨论或者以文件传签等其他方式研究，在多数人不同意的情况下，直接决定、批准、组织实施重大经济事项，由于决策不当或者决策失误造成国家利益重大损失、公共资金或国有资产（资源）严重损失浪费、生态环境严重破坏以及严重损害公共利益等后果的；

（5）有关法律法规和文件制度规定的被审计领导干部作为第一责任人（负总责）的事项、签订的有关目标责任事项或者应当履行的其他重要职责，由于授权（委托）其他领导干部决策且决策不当或者决策失误造成国家利益重大损失、公共资金或国有资产（资源）严重损失浪费、生态环境严重破坏以及严重损害公共利益等后果的；

（6）其他失职、渎职或者应当承担直接责任的。

（二）主管责任的界定

（1）除直接责任外，领导干部对其直接分管或者主管的工作，不履行或者不正确履行经济责任的；

（2）除直接责任外，主持相关会议讨论或者以文件传签等其他方式研究，并且在多数人同意的情况下，决定、批准、组织实施重大经济事项，由于决策不当或者决策失误造成国家利益损失、公共资金或国有资产（资源）损失浪费、生态环境破坏以及损害公共利益等后果的；

（3）疏于监管，致使所管辖地区、分管部门和单位发生重大违纪违法问题或者造成重大损失浪费等后果的；

（4）其他应当承担主管责任的情形。

（三）领导责任的界定

领导责任是指除直接责任和主管责任外，被审计领导干部对其职责范围内不履行或者不正确履行经济责任的其他行为应当承担的责任。

被审计领导干部以外的其他人员对有关问题应当承担的责任，审计机关可以以适当方式向干部管理监督部门等提供相关情况。

案例拓展 11-2：

一张未盖章的发票引出的秘密

受 D 县县委组织部的委托，D 县审计局 2017 年 3 月派出审计组按照法定程序对 N

局 L 局长开展任期经济责任审计。审计组采用 AO 筛查和定向核查的方法，对 N 局的专项资金管理使用和被审计领导干部的廉洁从政情况进行了重点审计。

审计人员从一张未盖章的发票入手，抓住该局内控关键点缺失这一问题，通过不懈努力共揭示了该局虚开发票套取资金等 17 个违纪行为，涉及违法违规金额 15 万元，管理不规范金额 5 000 万元，向纪检监察部门移交 3 个案件线索，向财政部门转交函 1 份。同时，D 县审计局还发挥了参谋助手的作用，对发现的问题进行归纳汇总，对共性问题进行了剖析，总结经验并根据本县实际，从人、财、事、管等方面形成 5 篇审计要情上报县委县政府，得到县主要领导的重视和批示。

未盖章的发票背后藏有秘密吗？

审计人员利用计算机辅助审计筛查 N 局会计凭证摘要时，发现 L 局长的报销记录多为培训和差旅支出，其中 2013 年 11 月一条摘要为"支出学习考察费 4 万元"的记录引起了审计人员的注意。按照经验，县级单位费用支出为整万元的情况很少，何况是如此大额的学习考察费。审计人员查阅对应会计凭证，发现后附的相关票据有 1 张某旅行社分社开具的"学习考察费"税务发票和崇左市某局转发的自治区人民政府的文件。文件反映，自治区人民政府定于 2013 年 8 月 15 日至 8 月 17 日组团参加第 24 届香港美食博览会，并同时举办第四届广西名特优农产品（香港）交易会，要求各市县人民政府和 N 局领导参加。文件载明了赴香港活动的时间安排和出行、食宿、交通指南，但未统一出行方式。既然上级部门未明确本次学习考察由旅行社带团出境，在中央八项规定出台后，N 局采用旅行社出行学习考察的方式是否违反规定？县人民政府又是如何批示的呢？审计人员继续查看 N 局的会计凭证资料。

资料显示，该县参加交易会的有县政府领导 1 名和 L 局长共 2 人，经费由县政府拨款 4 万元给 N 局安排支出。2013 年 8 月 12 日，L 局长从该单位借款 4 万元现金用于参加交易会经费；2013 年 11 月 5 日，L 局长在 N 局报销参加香港农产品交易会费用 4 万元，报销票据为广西某旅行社分社 2013 年 10 月 21 日开具的学习考察费发票 1 张，金额为 4 万元整，可发票未盖收款单位的发票章。审计人员上网查证，确定发票为真实发票。但 2 人 4 天行程费用 4 万元，平均每人每天花费 5 000 元，这标准是不是过高了呢？为了解事情的来龙去脉，审计人员经过分析，决定先找 N 局的计财股股长和办公室主任（兼出纳）谈话询问。该 2 人均表示，L 局长出行香港的行程，他们没有帮忙联系、办理交通、酒店或旅行社等事宜，他们也不知道 L 局长的出行方式。L 局长借款后，出行事宜由他本人自行安排。

审计人员要求计财股股长提供 N 局与旅行社的合同，计财股股长表示没有，当年 L 局长报销费用时他也要求局长提供，但没有得到回应。对此，审计人员打了个问号，公务出行一般都是由办公室或财务办理相关手续的，L 局长亲力亲为是为何呢？审计人员找 L 局长谈话，L 局长对这事倒是解释得很圆满：因为对香港不熟悉，所以崇左市几个县区的出行人员一起组团，由旅行社安排所有行程事宜，费用为每人 2 万元，他本人和县政府领导的费用由他现金缴款；旅行社是一团一合同，所以 N 局没有合同。为了证实 L 局长的说法，审计人员试图通过发票开具方的旅行社查阅当年签订的合同文本、缴款的金额和方式。但旅行社方面以合同年限超过3年已销毁为由没有提供，但提供了非L局长本人名字的4万元的现金缴款单。既然从旅行社找不到真相，审计人员向局领导汇报情况后，直接找当年一起出行的县人民政府领导了解情况。该县领导很热情的接待了审计人员并讲述了一个关键情况，当年赴香港参加活动时，经组织部门批准，他们增加了2天赴澳门的参观行程，赴澳门属私人行程，她本人已向L局长交清了私人行程费用，但具体数额她已记不清楚。

审计人员找县领导了解情况后的第二天，L局长自己找到审计组，提供了一份与旅行社签订的商务考察合同和行程安排。合同和安排表明，他们的香港之行有2天时间在澳门，属私人行程。但L局长也将私人费用计入考察费用报销。

对L局长涉嫌虚开发票套取资金的问题，D县审计局移送县纪检监察部门核查处理。L局长将违规报销的3.42万元费用上缴县纪委，县纪委对L局长进行了处理。

大量的劳务费发票背后藏有故事吗？

审计组从未盖章的旅行社发票顺利通过审核、报销这一情况，分析得出N局的资金支出审核把关不严，内控存在缺陷。如此看来，N局的其他专项资金支出也有可能存在问题。于是，审计人员利用AO审计系统对N局的费用支出结构进行对比，发现N局"劳务费"支出占比高、金额大，且报销经手人涉及该局及二层机构多数职工。审计人员抽查了部分劳务费开支的票据，发现支出的票据均为税务部门代开的务工发票，内容多为农业试验基地雇用人员的劳务费。N局支付劳务费的收款人绝大部分为N局的经手人，没有劳务合同，没有雇用人员的收款证明，没有使用劳务量的原始凭证。

审计人员讨论，N局会不会是以"劳务费"名义变相发放职工福利？如何核实劳务费支出的真假？虚假劳务费又有多少呢？经过讨论，一方面审计人员结合个人谈话，询问N局相关人员劳务费支出的内容、程序和方式。谈话结果反映，N局在项目实施过程中确有聘请劳务人员的需要和事实，劳务费支出有包干使用的情况，但没有具体的标准和制度规定。

另一方面，审计人员将N局2013年5月至2017年3月期间发生的所有劳务费按支出时间、劳务人员信息、劳务内容、经手人、金额等汇总整理，形成劳务费支出明细表。支出明细表显示，N局2013年5月至2017年3月期间，在实施项目中支出务工人员劳务费用金额共计83.90万元。劳务人员有多人多次出现的情况，但发票却只提供了劳务人员的名字和身份证号，没有地址和联系电话，给审计核查增加了难度。

审计人员没有气馁，把表格信息按人员、金额排序，将部分劳务人员身份证号提交县公安部门协查家庭地址，审计人员再入户走访了解其参与N局的务工情况。

审计人员分组多次辗转深入各乡镇、村屯寻找劳务人员进行走访谈话了解情况，掌握第一手资料。经抽查发现，N局在支出劳务费用过程中存在虚报务工人员套取劳务费，多报务工劳务标准套取劳务费，虚列劳务事项套取劳务费，未与务工人员签订劳务合同或签订虚假劳务合同等问题，问题金额占抽查金额的39.44%。

D县审计局认为，N局支出务工人员劳务费用时未能核实务工费支出原始单据，报销程序存在漏洞，存在虚报务工人员套取劳务费等问题，涉及N局职工人员多、务工人员多、项目资金多，关系农业专项资金的安全性和效益性以及农业惠民政策的落实力度。为此，将此问题移送纪委监察部门核查处理。目前，监察部门还在调查核实中。

印刷品的异地发票背后藏有隐情吗？

审计人员在进行N局费用支出结构对比中，发现"印刷费"支出金额不大，都是用于农业技术培训教材的印刷。但审计人员在查阅纸质凭证时，却发现有"印刷内容一致，印刷日期相近，印刷地点不同，支付方式不同"的情况。审计人员想，既然在本地都可以印刷材料，且价格明显低于外地的价格，被审计单位为什么还要舍近求远呢？是印刷品质量不一，还是虚构业务套取资金？

N局于2013年12月开支农业技术培训教材印刷费用2.78万元，报销使用的发票为增值税发票2张，发票开具单位为南宁市某物资有限责任公司。审计人员利用税务网络系统查询时，系统显示为"疑似假发票"。

审计人员与N局相关人员进行了谈话调查，财务人员对这个公司并无印象，经手人员也称时间太久记不清楚了。对当事人记不清楚的事，有必要通过外围了解真相。审计人员先收集了发票开具方南宁某公司的详细信息，想了解该公司此笔业务的真实性，但电话已无法联系。同时，因为该公司开具发票管理部门为南宁市，与D县为非属地关系，审计人员多方联系南宁市的国税部门，国税部门的推诿，让审计人员得不到确凿的答复。为此，审计人员亲赴南宁市进行实地考察，但该公司已查无踪迹。审计人员再亲赴南宁市某区国家税务局核查，查证上述2张增值税发票信息与税务部门的系统信息不符。该局多报销金额2.16万元。

对N局在开展农业技术培训工作中，涉嫌使用虚假发票报销印刷品费用套取资金的问题，D县审计局移送了县纪检监察部门核查处理。

程序一套套的政府采购背后藏有玄机吗？

政府采购事项一直是审计关注的重点。N局的专项资金大部分来源于上级拨款，主要用于救灾和扶持农业生产的化肥物资补助，化肥采购工作由N局实施。审计人员通过AO查询结果显示，N局2013~2016年期间多次采购化肥物资，且2个收款人出现次数较频繁，这引起了审计人员的注意。审计人员首先查阅了会计资料，会计凭证后附的材料表明，2013年至2016年，N局分别采用询价方式或竞争性谈判方式进行采购，但每次都是同样的三家公司进行报价或竞标。N局2014~2016年连续3年都是通过竞争性谈判方式采购化肥，并提供了2014、2015年的招投标文件。

审计人员拿出N局提供的2015年复合肥采购项目招投标文件，采购代理机构为H公司。一本厚厚的文本，从采购申请表到成交合同，各环节的材料很齐全完整。既然有代理机构，采购的程序和评标要求都应该没问题，所以审计关注的重点应该是投标方的资质、报价材料，是否存在串标、围标行为。

审计人员仔细翻阅投标材料。参与竞标的三家公司分别为：A公司（法人：莫某，男）、B公司（法人：黄某，女）、C供销社（法人：黄某某，男），三家公司地址都在Z市，资质材料齐全、报价文本有明确差异，报价金额没有规律性，没有围标的迹象。如果没有任何猫腻，那为什么总是那两家公司中标呢？

审计人员再次细看公司投标材料，发现A公司法人和B公司法人的身份证地址相同，连小区栋号、楼层号、房号都一样，那不意味着是一家人吗？审计人员根据两人年龄推测二人应为母子，那C供销社的法人黄某某，与B公司的法人黄某会不会是兄妹关系呢？如果审计人员的推断成立，那事实就显而易见了。为了核实三人身份和三家公司的关系，审计人员亲赴Z市公安部门、工商管理部门核查，很快证实了审计人员的推测。A、B公司法人为母子关系，且二人名下的公司，互有股份，互为股东；B公司的执行董事为黄某，监事为莫某。因B公司的法人黄某和C供销社的法人黄某某独立成户已久，公安部门没有能给出黄某和黄某某为兄妹关系的证明，但从两个户口迁出地为同一村屯的事实可推测，两人至少是相识的。

为了获得更充足的证据，审计人员继续查阅2014年的招投标材料，发现N局2014年复合肥采购项目的采购形式、参与竞标的三家公司如上述2015年项目一样。中标方为A公司，合同已履行完毕。

另外，N局2014年另行采用询价方式进行复合肥采购中，询价的三家公司为：A公司、B公司、F门市部（负责人零某为B公司的员工），中标方为B公司。

因审计手段有限，审计人员没能对N局相关人员与竞标人之间是否存在利益输送问题进行追查。经研究，D县审计局对N局在政府采购过程中对竞标人资格审查存在失察导致竞标人涉嫌串标的问题，转送县财政政府采购监督部门核查处理。

针对被审计单位存在的内控方面的问题，D县审计局落实"边审计边整改"的要求，分析其深层次原因，提出有针对性的审计建议，要求被审计单位建立完善的相关制度，堵塞管理漏洞。被审计单位采纳了审计建议，在原有内部控制制度的基础上，完善和健全了《单位物资入出库管理办法》《示范基地建设考核管理办法》等制度，对费用开支的预算、经办、审核、管理等方面进行了规范和约束。

回顾本次审计的全过程，审计人员总结了几点审计经验：一是要抓住被审计单位薄弱环节多加分析和关注，不放过任何小细节；二是巧用AO功能和数据库脚本语句分析出成果；三是数据分析支持外部调查，另外外调走访也很关键；四是充分运用审计结果提升审计影响力。

案例来源：广西壮族自治区审计厅。

第五节 经济责任审计报告与结果运用

一、经济责任审计报告

审计机关实施经济责任审计项目后，应当按照相关规定，出具经济责任审计报告和审计结果报告。

1. 经济责任审计报告概念

两办《规定》第二十七条所称审计组的审计报告，是指审计组具体实施经济责任审计后，向派出审计组的审计机关提交的审计报告。

2. 经济责任审计报告的出具

审计组的审计报告按照规定程序审批后，应当以审计机关的名义书面征求被审计领导干部及其所在单位的意见。根据工作需要可以征求本级党委、政府有关领导同志，以及本级经济责任审计工作领导小组（以下简称领导小组）或者经济责任审计工作联席会议（以下简称联席会议）有关成员单位的意见。

审计报告中涉及的重大经济案件调查等特殊事项，经审计机关主要负责人批准，可以不征求被审计领导干部及其所在单位的意见。

审计组应当针对被审计领导干部及其所在单位提出的书面意见，进一步核实情况，对审计组的审计报告作出必要的修改，连同被审计领导干部及其所在单位的书面意见一并报送审计机关。

审计机关按照规定程序对审计组的审计报告进行审定，经审计机关负责人签发后，向被审计领导干部及其所在单位出具审计机关的经济责任审计报告。

3. 经济责任审计报告的内容

（1）基本情况，包括审计依据、实施审计的基本情况、被审计领导干部所任职地区（部门或者单位）的基本情况、被审计领导干部的任职及分工情况等；

（2）被审计领导干部履行经济责任的主要情况，其中包括以往审计决定执行情况和审计建议采纳情况等；

（3）审计发现的主要问题和责任认定，其中包括审计发现问题的事实、定性、被审计领导干部应当承担的责任以及有关依据，审计期间被审计领导干部、被审计单位对审计发现问题已经整改的，可以包括有关整改情况；

（4）审计处理意见和建议；

（5）其他必要的内容。

审计发现的有关重大事项，可以直接报送本级党委、政府或者相关部门，不在审计报告中反映。

4. 经济责任审计结果报告

审计结果报告，是指审计机关在经济责任审计报告的基础上，精简提炼形成的提交干部管理监督部门的反映审计结果的报告。审计结果报告重点反映被审计领导干部履行经济责任的主要情况、审计发现的主要问题和责任认定、审计处理方式和建议。

审计机关可以根据实际情况，确定审计结果报告的主要内容。

审计机关应当将审计结果报告等经济责任审计结论性文书报送本级党委、政府主要负责同志；提交委托审计的组织部门；抄送领导小组（联席会议）有关成员单位；必要时，可以将涉及其他有关主管部门的情况抄送该部门。

二、审计结果运用

经济责任审计结果应当作为干部考核、任免和奖惩的重要依据。

各级领导小组（联席会议）和相关部门应当逐步健全经济责任审计情况通报、责任追究、整改落实、结果公告等制度。

（一）纪检监察机关在审计结果运用中的主要职责

（1）依纪依法受理审计移送的案件线索；

（2）依纪依法查处经济责任审计中发现的违纪违法行为；

（3）对审计结果反映的典型性、普遍性、倾向性问题适时进行研究；

（4）以适当方式将审计结果运用情况反馈审计机关。

（二）组织部门在审计结果运用中的主要职责

（1）根据干部管理工作的有关要求，将经济责任审计纳入干部管理监督体系；

（2）根据审计结果和有关规定对被审计领导干部及其他有关人员做出处理；

（3）将经济责任审计结果报告存入被审计领导干部本人档案，作为考核、任免、奖惩被审计领导干部的重要依据；

（4）要求被审计领导干部将经济责任履行情况和审计发现问题的整改情况，作为所在单位领导班子民主生活会和述职述廉的重要内容；

（5）对审计结果反映的典型性、普遍性、倾向性问题及时进行研究，并将其作为采取有关措施、完善有关制度规定的参考依据；

（6）以适当方式及时将审计结果运用情况反馈审计机关。

（三）审计机关在审计结果运用中的主要职责

（1）对审计中发现的相关单位违反国家规定的财政收支、财务收支行为，依法依规作出处理处罚；对审计中发现的需要移送处理的事项，应当区分情况依法依规移送有关部门处理处罚；

（2）根据干部管理监督部门、巡视机构等的要求，以适当方式向其提供审计结果以及与审计项目有关的其他情况；

（3）协助和配合干部管理监督等部门落实、查处与审计项目有关的问题和事项；

（4）按照有关规定，在一定范围内通报审计结果，或者以适当方式向社会公告审计结果；

（5）对审计发现问题的整改情况进行监督检查；

（6）对审计发现的典型性、普遍性、倾向性问题和有关建议，以综合报告、专题报告等形式报送本级党委、政府和上级审计机关，提交有关部门。

（四）人力资源社会保障部门在审计结果运用中的主要职责

（1）根据有关规定，在职责范围内办理对被审计领导干部和有关人员的考核、任免、奖惩等相关事宜；

（2）对审计结果反映的典型性、普遍性、倾向性问题及时进行研究，并将其作为采取有关措施、完善有关制度规定的参考依据；

（3）以适当方式及时将审计结果运用情况反馈审计机关。

（五）国有资产监督管理部门在审计结果运用中的主要职责

（1）根据国有企业领导人员管理的有关要求，将经济责任审计纳入国有企业领导人员管理监督体系；

（2）将审计结果作为企业经营业绩考评和被审计领导人员考核、奖惩、任免的重要依据；

（3）在对国有企业管理监督、国有企业改革和国有资产处置过程中，有效运用审计结果；

（4）督促有关企业落实审计决定和整改要求；

（5）对审计发现的典型性、普遍性、倾向性问题及时进行研究，并将其作为采取有关措施、完善有关制度规定的参考依据；

（6）以适当方式及时将审计结果运用情况反馈审计机关。

（六）有关主管部门在审计结果运用中的主要职责

（1）对审计移送的违法违规问题，在职责范围内依法依规做出处理处罚；

（2）督促有关部门、单位落实审计决定和整改要求，在对相关行业、单位管理和监督中有效运用审计结果；

（3）对审计结果反映的典型性、普遍性、倾向性问题及时进行研究，并将其作为采取有关措施、完善有关制度规定的参考依据；

（4）以适当方式及时将审计结果运用情况反馈审计机关。

（七）被审计领导干部及其所在单位根据审计结果，应当采取以下整改措施

（1）在党政领导班子或者董事会内部通报审计结果和整改要求，及时制定整改方案，认真进行整改，及时将整改结果书面报告审计机关和有关干部管理监督部门；

（2）按照有关要求公告整改结果；

（3）对审计处理、处罚决定，应当在法定期限内执行完毕，并将执行情况书面报告审计机关；

（4）根据审计结果反映出的问题，落实有关责任人员的责任，采取相应的处理措施；

（5）根据审计建议，采取措施，健全制度，加强管理。

案例拓展 11-3：

湖北省对 2013 年度省市级经济责任审计
查出问题问责追责的十起典型案例

黄石市重大经济事项决策不科学不规范的问题。 经查，黄石市招商引进一企业 4 年多，所收缴利税仅占向其奖励资金的 3.4%；对"磁湖新天地"项目指定承包经营，督促承包方履行合同不力；多个政府投资项目未公开进行招投标，采取直接指定或邀标方式确定承接方。黄石市原常务副市长朱中华涉嫌严重违纪问题，省纪委监察厅正在立案调查。黄石市副市长叶战平、黄石经济开发区管委会原主任胡超分别对上述部分问题负有主管责任，省纪委监察厅责令叶战平作出书面检查，对胡超诫勉谈话。黄石市城投公司原董事长何国有涉嫌严重违纪，黄石市纪委监察局正在立案调查。

新洲区违规出借财政资金和出让国有土地使用权的问题。 经查，新洲区多次向民营企业出借财政资金，部分资金逾期没有收回；多次以协议或会议方式确定受让方，以低于招拍挂价格向房地产企业出让国有土地使用权，违规为房地产企业减免或少收土地出让金、配套费，违规调增容积率和办理土地证。原区委书记王世益严重违纪被开除党籍、开除公职，并移送司法机关依法处理。原区长余世平对上述问题负有领导责任，省纪委监察厅对其诫勉谈话。武汉市纪委监察局对原常务副区长刘勤学、区国土局原局长张辉平、阳逻开发区建发公司原总经理李小平等严重违纪问题立案查处，并移送司法机关依法处理；对原副区长易晓、阳逻开发区管委会主任李俊诫勉谈话，责令原区委常委、副区长胡朝晖和副区长余凤生作出书面检查。区财政局局长张雷咏、区国土局局长姚胜明、副局长陶维仁受到诫勉谈话处理，区国土局副局长魏泽初、操文亮受到党内警告和行政警告处分。

丹江口市城市建设项目疏于管理的问题。 经查，丹江口市住建局对15个项目少收、免收、缓收城市基础设施配套费，违规办理建筑工程施工许可证；擅自调增部分项目建筑容积率，未按规定通知国土部门，造成少收土地出让金。丹江口市市长曾文华对上述问题负有领导责任，省纪委监察厅责令曾文华作出书面检查。十堰市纪委监察局责令负有主管责任的原丹江口市副市长任新华、张大勇作出书面检查。丹江口市纪委监察局给予有关责任人市住建局原局长曾利平党内严重警告、行政记大过处分，原副局长洪波留党察看一年、行政撤职处分，原建工科副科长马继波党内严重警告、行政记大过处分，规划科副科长洪涛党内警告处分。

长阳土家族自治县基本建设项目管理失职渎职的问题。 经查，长阳县部分基本建设项目违规采用直接发包、邀请招标的形式确定承接方，部分项目被违规分包转包和被个体包工头借用资质承揽。长阳县原县委书记马尚云、原县长赵吉雄分别对上述问题负有领导责任和主管责任，省纪委监察厅对马尚云诫勉谈话、责令赵吉雄作出书面检查。长阳县纪委监察局对有关责任人县政府办公室原副主任李晓萌严重违纪问题立案查处，并移送司法机关依法处理，对县经济开发区工委副书记、管委会副主任蔡金波和县城投公司原总经理袁亚军严重违纪问题立案调查，对县建设局先后两任原局长李书平、刘云鹏和县自来水公司原经理张中淼通报批评。

石首市违规使用财政资金的问题。 经查，石首市在未经充分评估测算投资和回报的情况下，签订3个项目30年特许经营权，并违背BOT协议向投资商拨付财政资金；数次向民营企业违规出借财政资金，有部分本金和占用费逾期未收回。原石首市委书记余红星涉嫌严重违纪问题，省纪委监察厅正在立案调查。荆州市纪委监察局分别对有关责任人石首市先后两任原常务副市长邓勇、夏光宏诫勉谈话。石首市纪委监察局对市财政局原局长梁新文诫勉谈话，责令现任局长杨建湘作出书面检查。

京山县委办公室、县政府办公室向县直单位违规收费的问题。 经查，京山县委办公室、县政府办公室以会务费、更换密码设备、招商引资等名义向县直单位收费，用于弥补办公经费不足。京山县纪委监察局给予有关责任人县委办公室原副主任高伟党内严重警告处分，县政府办公室副主任许昌军行政记过处分，县政府办公室副主任邓忠新、赵崎和县政府应急办副主任谢章福行政警告处分,并将违纪款收缴国库。

黄州火车站经济开发区污水处理厂建成后效益低下的问题。经查,黄州火车站经济开发区污水处理厂建成后未按期运营,没有发挥投资效益,开发区化工园区投产企业产生的污水没能经过污水处理厂二次处理直接排放,给周边环境造成污染。黄州区区长余友斌对此问题负有领导责任,省纪委监察厅责令余友斌作出书面检查。黄冈市纪委监察局对黄州火车站经济开发区管委会原主任李平安严重违纪问题立案调查,并移送司法机关依法处理。开发区党组两任副书记张丹、王振江受到诫勉谈话处理。

鹤峰县违规出让国有土地使用权的问题。经查,鹤峰县在出让"容阳半岛"等国有土地使用权中,违规实行定向挂牌或协议转让,擅自调增容积率。鹤峰县原县长苏勇对此问题负有领导责任,省纪委监察厅责令其作出书面检查。恩施州纪委监察局对有关责任人原常务副县长张远虚、副县长蔡文俊诫勉谈话。鹤峰县纪委监察局给予县国土局局长熊先进党内警告处分,县规划局原局长彭学龙行政警告处分,县国土局副局长李寿军、县规划局原规划股股长徐和平行政记过处分。

省消费者委员会和省商标协会向企业违规收费的问题。经查,省商标协会无依据收取省内21家企业商标专项资金;省消费者委员会在开展消费者满意企业、满意产品评比活动中,未报经价格主管部门审批,向获得称号的企业收费。省纪委监察厅责令省工商局领导班子专题研究整改措施,限期整改,给予工商局副局长王庆新党内警告处分。商标广告管理处原处长肖纯新因严重违纪被开除党籍,原副处长邓从锐、郭衍槐受到降职处理,省消委原秘书长贾民乡及6名工作人员被责令作出书面检查。

湖北美术学院新校区工程项目违规建设的问题。经查,湖北美术学院在藏龙岛校区建设中,超规模建设、超计划投资未报批,多个建设项目未实行公开招投标,直接向无资质企业发包工程项目,违规指定材料供应商,且财务收支管理混乱。原院党委书记刘刚严重违纪被开除党籍、开除公职,并移送司法机关依法处理。院长徐勇民、原院党委副书记官汉蒙分别对上述问题负有领导责任和主管责任,省纪委监察厅对徐勇民诫勉谈话、责令官汉蒙作出书面检查。新校区筹建办公室原主任艾真才,新校区建设指挥部原副指挥长梅智、工作人员胡世刚等被移送司法机关依法处理。

案例来源:《湖北日报》2014年9月13日。

复习思考题

1. 经济责任审计产生的基础和内涵是什么?
2. 经济责任审计的自身特征有哪些?
3. 目前我国党政领导干部经济责任审计工作主要包括哪些审计内容?
4. 如何界定直接责任、主管责任、领导责任?
5. 经济责任审计结果如何运用?

第十二章

资源环境审计

学习目标
1. 了解资源环境审计的概念。
2. 了解资源环境审计的内容。
3. 掌握资源环境审计的程序。

重要概念：资源环境审计；资源管理审计；环境治理审计；生态系统审计

第一节 资源环境审计概述

资源环境审计始于20世纪70年代，美国、英国、加拿大、澳大利亚等国家的政府环境审计都发展得很快，许多国家已经有较成熟的资源环境审计指南。我国于20世纪90年代初才开始这方面的研究，自从审计署在1998年设立农业与资源环保审计司之后，审计实践项目和研究成果逐年增多。2003年6月，审计署成立环境审计协调领导小组，标志着环境审计成为一项全署性的工作。

《审计署关于加强资源环境审计工作的意见》对资源环境审计工作进行了说明：（1）提出了资源环境审计的指导思想，即深入贯彻落实科学发展观，以促进贯彻落实节约资源和保护环境基本国策为目标，紧紧围绕我国资源环保工作的中心，积极开展资源环境审计，维护国家资源环境利益，防范资源环境风险，保障国家资源环境安全，充分发挥审计在促进资源开发利用管理和生态环境保护中的"免疫系统"功能。（2）提出了资源环境审计的三大任务，即检查资源环保政策法规的贯彻执行和战略规划的实施情况，分析政府履责绩效，促进落实和完善相关政策制度，规范资源开发利用管理和环境保护工作行为；检查资源环保资金的征收、分配、使用和管理情况，揭露存在的偷漏拖欠、挤占挪用、损失浪费等问题，分析评价资源环保资金使用绩效，促进规范资金管理，提高资金使用效益；检查资源环境相关项目的建设和运营效果，揭示和查处资源开发利用管理和环境保护工作中的浪费资源、破坏环境、资产流失等问题，加强资源环境管理，维护国家资源环境安全。（3）提出要不断创新资源环境审计方式与方法，包括积极开展合作审计、积极开展跟踪审计、积极运用信息技术与方法等。（4）提出要建立和完善资源环境审计工作制度，包括建立和完善审计机关内部组织协调机制；建立和完善审计机关与主管部门协调配合机制；建立和完善资源环境审计工作规范；建立和完善资源环境审计工作报告制度。

从实践方面看，审计的领域从生态环境审计逐步拓展到土地资源、矿产资源、水环境（如2009年开展"三河三湖一海"水污染防治审计）、大气污染、工程建设环保审计；学术探讨也逐步从资源环境审计的本质、职能扩展到研究假设、动因、逻辑起点、理论体系、审计方法、审计模式等方面。从对资源环境审计的职能和本质的认识上看，我国已经形成了"管理工具论""监督论""监督鉴证评价论""免疫系统论""国家治理论"等观点。近30年的资源环境审计，在监管资源环境规费收支、保全国有资源资产及其收益等方面发挥了重要作用，也对资源环境保护间接发挥了积极作用。

资源环境审计，是指为了服务生态文明建设和促进可持续发展，审计机关依法对政府及相关主管部门和相关企业、事业单位与资源环境有关的财政、财务收支及其相关管理活动的真实性、合法性和效益性，进行的审计监督。

审计署2008~2012年工作发展规划中明确指出：资源环境审计以落实节约资源和保护环境基本国策为目标。维护资源环境安全，发挥审计在促进节能减排措施落实以及在资源管理与环境保护中的积极作用。这一论述表明资源环境审计与传统财务收支审计、经济责任审计等在目的上有着明显区别。它已经超脱了审计原有的与"财务"紧密相关的特征，有着特有的目的。资源环境审计有时采用一些特有的方法，这些方法有着很强的目的性，更加突显了当前的科学发展和可持续发展的理念。

资源环境审计的目的是要尽早发现资源环境可能存在的重大问题。这决定了无论是对资金使用效益、制度和政策落实情况，还是项目取得的经济社会效益等的审计，单纯对书面资料进行审计是无法达到目的的。资源环境审计方法更着重于现场的检查、核对、分析和对比，只有通过现场取证、核查，才能对资源环境状况有直观的了解。

开展资源环境审计，不能仅仅局限于资源环境本身，要结合经济发展、产业结构等实际情况通盘研究，处理好经济发展与生态文明建设的关系。因此，在资源环境审计中，必须深入贯彻创新、协调、绿色、开放、共享的发展理念，着力推动各地区各有关部门按照五大发展理念的要求推动生态文明建设，为经济提质增效保驾护航。

习近平总书记指出，"我们既要绿水青山，也要金山银山。宁要绿水青山，不要金山银山，而且绿水青山就是金山银山。"新形势下，我国经济发展要抛弃传统粗放型的发展方式，不断追求"绿色GDP"。在这种情况下，资源环境审计需秉持五大发展理念，既要利用好传统审计方法，又要不断创新审计理论和技术手段，不断促进生态文明建设各项任务的落实。

第二节 资源环境审计的内容及作用

环境审计的内容主要包括对环境专项资金绩效的审计、对环境建设项目效益的审计、对环境保护部门（含生态环境建设主管部门）职责履行情况的审计、对环境政策法规落实情况的审计等。资源环境审计的对象是政府，包括市级政府、区县政府等。其内容主要包括资源开发、利用和保护，污染防治、保护环境及相关资金征管情况等方面的内容，如资源管理审计、环境治理审计、生态系统审计等。

一、资源管理审计

资源管理审计的目标是促进资源节约和循环利用，缓解资源趋紧状况，终极目标是帮助实现资源的可持续利用。开展资源管理审计应借鉴"循环经济"的理念。资源管理审计具体包括矿产资源审计、国土资源审计、渔业资源审计、林业资源审计、能源审计等领域。重点关注乱采（挖）滥伐、无序开发及侵占、围垦河湖等导致资源损失浪费和生态环境破坏的问题，以及非法出让、转让等导致国有资产流失和损害农民利益的问题。从生态文明建设的角度还需关注：节约环保与调整产业结构、污染防治与企业节约增效、发展节能环保产业与扩大内需、生态保护与优化生产力空间布局的结合情况；清洁生产的推行情况；传统产业的生态化改造情况；"两高一资（高能耗、高污染和资源性）"企业、低水平重复建设和产能过剩项目，关注节能、节水、节电等应用工程项目的专项投入、专项收费，揭示和制止挤占、挪用专项资金的问题，规范专项收费征缴、管理和使用情况等。

（一）矿产资源审计

矿产资源的采掘一般包括勘探、开发、采掘、加工、关闭和复垦几个阶段，每个阶段都会影响环境和生态系统，同时对经济和社会产生影响。矿产资源审计的目标是帮助实现矿产资源的可持续开采和利用。矿产资源审计主要关注资金的使用和管理、协议法规和政策的遵守情况及其效果、相关部门的管理绩效是否可计量、职责权限是否明晰。从"循环经济"的视角来看，不同环节审计的关注点也不同：资源开采环节，应重点关注资源综合开发和回收利用效率；资源消耗环节，应重点关注资源利用效率；废弃物产生环节应重点关注资源的综合利用和循环利用；在资源的社会消费环节应关注绿色消费情况。从生态文明建设的角度，还应关注资源产权制度、有偿使用制度、生态补偿制度、责任追究制度的建立完善情况，资源税改革情况等。

（二）国土资源审计

国土资源审计具体包括土地资源审计和海洋资源审计，其中海洋资源审计具体表现为渔业资源审计。土地资源审计的目的是帮助实现土地资源的集约和可持续经营。土地资源审计应重点关注土地政策的贯彻落实情况，土地管理的职责履行情况、土地整治情况、土地出让金和土地整治相关资金管理情况。其中土地政策重点关注耕地和基本农田保护政策、耕地占补平衡政策、保障性住房和产业性供地政策、城乡建设用地增减挂钩试点政策等，土地管理职责应围绕土地的征收、储备、供应、使用等管理职责；土地整治情况应关注项目的立项、建设资金使用管理、耕地补充的数量和质量等；土地出让金和土地整治相关资金管理情况应关注土地出让金、新增建设用地土地有偿使用费、耕地开垦费、土地复垦费等。从生态文明建设的角度来看，国土资源审计还需：审查国土空间开发格局顶层设计的科学性，关注人口资源环境相均衡、经济社会生态效益相统一原则的执行情况,重点关注城乡建设用地增减挂钩、低丘缓坡荒滩开发、工矿废弃地复垦等机制的运行效果,主体功能区战略的实施进度;关注推动各地区严格按照主体功能定位发展,推进构建科学合理的城市化格局、农业发展格局、生态安全格局。

(三) 渔业资源审计

渔业资源审计的目的是促进实现渔业资源的可持续捕捞。审计人员应重点关注渔业工程项目中公共财政资金的使用,如资金是否违规;是否得到了恰当的管理;是否能满足渔业管理要求,协定、法律的遵循,如政府部门是否遵循了国际公约和国内法规;相关法规公约是否存在冲突,是否得到有效实施和遵循;相关政策执行效果,如政策是否能应对渔业的主要威胁;相关政策目标和措施是否清晰明确;执行效果如何衡量;政府处理渔业威胁的绩效,如是否设定了绩效目标;绩效结果是否可靠;管理和监督渔业的制度是否完善和有效;数据和信息能否公开透明;渔业的研究与监督包括关于渔业保护的公众教育,如是否划拨了专项教育资金,使用效果如何?向其他机构和公众的报告,如报告需求是否满足;是否准确并经过第三方确认等。

(四) 林业资源审计

林业资源审计的目标是促进森林保护、环境改善和实现生物多样性。审计人员应该重点关注以下方面:相关法规是否有效地促进森林保护活动的开展?是否存在妨碍森林保护活动的风险因素?森林保护活动是否产生了预期效果?是否存在土地重叠覆盖和林地使用不合理的现象?林业部门开展工作是否有具体清晰的目标?生物多样性保护的管理体制是否合理?森林保护的效率效果性如何?森林火灾防御是否合规?在降低火灾发生频率上是否有效?国家公园、保护区、野生动物园、森林保护区以及其他保护地区是否存在非法砍伐树木的现象?在森林区域是否有植树计划?生态林建设对于改善周边气候环境和下游水环境是否有效?生态林对于护林部门收入的影响程度如何?审计人员还要评价政府、企业和护林部门对森林保护的职责履行情况、资金使用情况;评价林业部门的伐木计划及其是否能有效地管理森林,使之具备多种经济价值。

(五) 可持续能源审计

可持续能源审计旨在审查能源部门对有关法律法规和能源政策的执行情况,相关资金使用情况,对其在使用可持续能源过程中的经济性、效率性和效果性进行监督和评价,并提出有关发展和使用可持续能源的建议,推动可持续能源的健康发展。在进行可持续能源审计过程中,可以重点审计以下能源管理工具:直接财务支持,如对研发活动的支持、投资激励、节能奖励等;间接支持,如税收减免、政府采购等;对能源部门的监管,如制定保护性分类电价制度、严格市场准入等。

案例拓展 12-1:

审计署关于 1 724 宗矿业权的审计结果

根据《中华人民共和国审计法》的规定,2015 年,审计署对辽宁省、山东省、四川省、甘肃省、青海省和新疆维吾尔自治区(以下统称6省区)的煤炭、有色金属等矿业权及矿产资源相关资金管理情况进行了审计,重点抽查了6省区29 970宗有效探矿权、采矿权(以下统称矿业权)中的1 724宗,以及这些地区2013年至2014年矿业权价款和使用费等矿产资源资金收支情况,重要事项追溯到以前年度。总的来看,有关地方和部门重视矿产资源管理,能够贯彻落实矿业权有偿取得和矿产资源有偿使用相关法规制度,加强矿产资源规划管理和勘查开采监督,积极推动煤矿整顿关闭、矿产资源开发整合和矿业企业兼并重组,强化矿业权出(转)让交易和矿产资源相关资金征收管理,持续加大投入矿产资源勘查力度,取得了一定成效,资源保障程度和资源开发保护水平有所提高。但审计也发现,一些地方监管执法不严,有391宗矿业权在审批、出(转)让和开发管理中,存在违法违规损害国有资源资产和生态环境等问题。

一、矿业权审批和管理制度落实不到位,违规审批出让行为多发

抽查的矿业权中发现此类问题的有88宗。具体包括:在未经价款评估、储量评审等情况下,违规批准转让处置42宗矿业权;违规批准设立、延续未按规定缩减勘查范围或矿区重叠等不符合条件的25宗矿业权;未按规定履行"招拍挂"程序,以协议方式定向出让18宗矿业权;采取"化大为小、化整为零"等方式,超越或规避审批权限审批出让3宗矿业权。

审计还发现,2006~2014年,部分地方无序勘查开采,有的无证勘查开采或"圈而不探",有的未经批准违规擅自改变勘查矿种,有的矿山企业安全生产、采矿许可等证件不全、违规未批先建,有的违规越界开采或"以采代探"非法开采,还有的超核定生产能力开采。

二、违规转让或收购矿业权,造成国有权益损失或相关企业个人获取不正当利益

抽查的矿业权中发现此类问题的有92宗,主要是国有矿业企业与民营矿业主在矿业权及相关股权交易中,通过不评估、干预评估、"先定价、后评估"、在改制重组时隐匿涉矿资产等方式,操控价格低卖高买。有的国有企业在矿产品交易中通过增加中间环节向特定对象输送利益,还有5户国有企业在收购有关境外矿产资源中,尽职调查和风险防范措施不到位,甚至违规操作,面临重大损失风险。从矿业权评估机构执业情况看,现行评估准则选择性操作空间大,有的评估机构借机按事先约定价格出具评估报告,监管部门却无法追究其责任,抽查发现6宗矿业权交易中存在按照委托方授意,调整评估方法、开采规模和储量等关键参数的问题,涉及7家评估机构。

三、违规利用勘查资料获取或开发矿业权,造成国有权益损失或相关企业个人获取不正当利益

抽查的矿业权中发现此类问题的有104宗,主要是国有地勘单位改制前积累的地质勘查资料等成果未有效归集管理,改制后被少数内部人掌控,利用这些非公开信息介入矿业权申报或交易,从中牟取私利。有的国有地勘单位或个人利用掌握的地勘数据和内部信息,以个别领导及职工持股企业名义低价取得矿业权,将国有权益转为小团体利益;有的国有地勘单位取得相关矿业权后,以合作勘查等方式不经评估低价转

让给特定对象，涉嫌输送利益。从抽查情况分析看，地勘单位属性定位不清晰、改革不到位，一些地方由多部门分头管理，部门间权责界定不清、信息沟通不畅，监管缺位与过度干预并存，是违法违规问题多发的重要原因。目前，部分地方仍未制定矿产地清理制度或完成清理工作，国家出资探明矿产地的管理、登记、统计和报告制度尚未普遍建立和有效落实。

四、资源资产保护责任不落实，存在生态环境安全隐患

抽查的矿业权中发现此类问题的有107宗，主要是违反自然保护区管理等规定，违规批准在禁采区内设立63宗矿业权；有关自然保护区设立之前已经存在的44宗矿业权，在退出机制不健全的情况下，国土资源部门为其办理了延续审批手续。生态环境治理方面，2009年实施矿山地质环境治理恢复保证金制度以来，辽宁省和青海省保证金收缴管理不到位，有826户企业欠缴共12.75亿元；6省区还闲置滞留矿山地质环境治理等资金共24.31亿元。与此同时，由于配套资金不到位等原因，辽宁省、四川省、甘肃省至2014年底有12个矿山地质环境治理项目未如期开工或竣工。有的已实施项目还存在质量问题和安全隐患。

五、矿产资源收入征缴使用不规范问题仍然存在

收入征缴方面，至2014年底，6省区国土资源等主管部门欠征的矿产资源收入（不含矿山地质环境治理恢复保证金）共计29.53亿元。资金使用方面，2009～2015年，6省区未按规定用途使用和挤占挪用矿产资源相关资金6.28亿元，其中4.8亿元用于投资设立企业，0.6亿元违规出借给民营企业，0.88亿元用于人员经费等开支。

对上述问题，审计署已依法出具审计报告、下达审计决定。审计发现的涉嫌违法违纪问题线索，已经或正在依法移送有关部门进一步查处。

上述6省区正在按国土资源部统一部署，组织开展矿产资源领域专项整治行动，通过追缴、没收违法所得、按原渠道归还资金等措施，至2015年底，整改违法违规问题金额共计8.47亿元。下一步，审计署将继续跟踪整改情况。涉嫌违法违纪问题线索，待有关部门依法查处后再行公告。

案例来源：审计署审计结果2016年第2号公告。

二、环境治理审计

环境治理审计的目标是促进保护环境、实现人与自然的和谐，终极目标是促进实现天蓝、地绿、水净的人居环境。环境治理审计具体包括水环境审计、大气污染治理审计、废物管理审计、土壤污染防治审计等领域。审计将重点关注城乡居民饮用水源不达标、污水处理厂和垃圾处理场管理运营不善、重点流域断面水质不达标、城乡土壤严重污染、规划环评不到位、工业企业废气、废水、固废违法排污等影响人民群众身体健康的环境污染问题。

（一）水环境审计

水是生命之源，水环境审计是审计机关最早关注的领域。水环境审计的目标是促进水环境的改善。水环境审计主要关注水环境资金、水环境法规政策、水环境管理、

水环境项目等四个方面。其中：水环境资金要关注水污染防治专项资金、减排专项资金、排污费、污水处理费等的征收、分配和管理的真实性、合规性和效益性；水环境法规政策落实情况要关注相关法规政策执行情况及效果，废水环境政策的环境影响；水环境管理要关注各级政府及相关部门在水污染物排放控制、排污许可等方面的责任履行情况；水环境建设项目运行情况要关注工业污染防治项目、生活污染防治项目、农村面源污染防治项目、污水处理等项目的建设管理和运营绩效方面。另外，水环境审计还包括海洋倾废审计和海域使用情况审计。广义的水环境审计除上述内容外还应该包括水资源审计，水资源审计关注淡水资源的节约和有效使用，属于前述资源管理审计范畴。

（二）大气污染治理审计和气候变化应对审计

近年来，我国大范围的雾霾和极端气候时有发生，严重危害公民健康，并造成巨额经济损失。大气污染治理审计主要包括大气污染防治审计和大气环境审计，前者主要是看治理资金投入后，是否建设大气污染治理设施，设施是否正常运转，排放能否达标，其审计目标是促进大气排放达标；后者主要是审查污染防治资金的投入是否使影响区域的大气环境得到改善，其目标是促进大气环境质量好转。气候变化应对审计包括气候变化减缓审计和气候变化适应审计。气候变化减缓审计主要是指对温室气体减排目标的完成情况的审计；气候变化减缓审计主要针对为减少气候变化造成的灾害损失而制定的政策的执行情况的审计。

（三）废物管理审计

废物一般包括危险废物、固体废物和放射性废物。不恰当的废物处理或排放会造成水、土壤和空气的污染，进而影响公众健康（如中毒、传染病、致癌等）。废物管理审计的目标是帮助实现废物的合理处置和有效利用，降低公众健康风险。不同类型废物的管理模式不一样，审计人员在立项时应优先关注危险废物和放射性废物。废物管理审计应重点关注：废物管理相关政策是否存在？这些政策的遵循情况，废物风险管理情况、废物管理系统运行和效果，政府履行废物管理国际责任情况，废物管理的监督情况等。在废物管理审计中应考虑废物的产生、收集、运输、处理、回收等环节，分析各环节废物发生危害的可能性和严重性，进而确定审计重点。审计人员应熟知各行业企业可能产生的废物及其管理流程，采用行业为导向的废物管理审计模式。

（四）土壤污染防治审计

开展土壤污染防治审计既是保护土地资源的重要举措，更是环境治理审计的重要内容。土壤污染属于隐性污染，具有隐蔽性、滞后性、潜伏性和不可逆转性等特点。土壤污染一般源于工矿业的高危废物、农业生产中的化肥、农药、地膜、畜牧养殖等，另外，城镇居民生活垃圾、核工业的放射性物质等也是土壤污染的重要源头。土壤污染防治审计的目标是促进改善土壤质量，提高土壤修复效果。土壤污染防治审计的重点应结合相关行业、区域产业规划，关注高危土壤污染源的防治，如钢铁行业中的酸洗污泥污染，有色冶金行业的重金属污染、农业生产中的农药污染和城镇生活垃圾处理厂建设的效果性等。

案例拓展 12-2：

长江经济带生态环境保护审计结果公告

为深入贯彻党的十九大和十九届二中、三中全会精神，推动落实习近平总书记关于长江经济带发展的重要指示和国务院"十三五"生态环境保护规划，2017年12月至2018年3月，审计署对长江经济带11省市［包括云南省、四川省、贵州省、重庆市、湖北省、湖南省、江西省、安徽省、江苏省、浙江省、上海市，本报告对省级行政区统称为省份］（以下统称11省份）2016年至2017年生态环境保护相关政策措施落实和资金管理使用情况进行了审计，重点抽查了59个地级市（区）。现将审计情况公告如下：

一、基本情况和取得的主要成效

11省份面积约205万平方千米，其中：森林、湖泊湿地分别为96.7万平方千米和14.8万平方千米，共设立自然保护区、风景名胜区等自然保护地3 065处、面积38.7万平方千米；2017年水资源总量1.34万亿立方米，用水总量2 475.87亿立方米。各级政府加大生态环境保护力度，2016年和2017年投入相关财政资金共2 518.24亿元，其中中央财政1 722.12亿元、地方各级财政796.12亿元。

从审计情况看，11省份认真学习贯彻党中央、国务院关于长江经济带发展的方针政策和决策部署，积极采取各种措施保护生态环境，取得了一些成效。

（一）生态环境保护有序推进。2016年以来，11省份共召开相关会议152次，制定或修订制度等293项，15.99万名党政领导干部担任河长、湖长；开展各类专项行动665次，查处非法倾倒、偷排偷放、乱占滥用、乱砍滥伐等违法案件9.78万件，移送司法机关处理4 147件、2 635人，较好地遏制了生态环境破坏行为。

（二）污染防治能力有所增强。据相关部门数据反映，11省份污水和垃圾处理能力近两年分别增加8%和11%。水、大气等污染治理部分阶段性工作任务完成情况较好，各省份共取缔"十小"企业2 486户，占已公布取缔名单的99.84%，省级及以上工业集聚区约9成已建成污水集中处理设施。

（三）生态环境质量有所改善。据11省份提供的资料，2017年化学需氧量、氨氮、二氧化硫和氮氧化物等主要污染物排放总量比上年分别削减2.97%、4%、9.24%和3.97%；国家地表水环境质量监测考核断面的水质优良率为73.9%，比上年提高0.6个百分点，劣V类水质断面（3%）比上年下降约0.3个百分点。

二、审计发现的主要问题

（一）生态环境保护相关资金管理使用方面存在的问题。

一是截至2017年底，8省份有12.56亿元水污染防治、石漠化综合治理等专项资金结存在相关地方财政部门，有8.21亿元结存在项目主管部门及实施单位，均超过1年。

二是2013年12月至2018年1月，8个地方政府主管部门及所属单位违规使用生态环境保护相关资金2 580.49万元，主要用于弥补行政经费、其他项目支出等；5个县级地方政府重复申报退耕还林还草专项资金105.6万元。

三是 10 省份有 197 个污染治理和生态修复项目未按期开（完）工，5 省份有 19 个项目建成后效果不佳。

（二）资源开发和生态保护方面存在的问题。

一是截至 2017 年底，10 省份已建成小水电 2.41 万座，最小间距仅 100 米，开发强度较大。5 个省份"十二五"期间新增小水电超过规划装机容量，8 个省份有 930 座小水电未经环评即开工建设，6 个省在自然保护区划定后建设 78 座小水电，7 个省份有 426 座已报废停运电站未拆除拦河坝等建筑物，7 个省份建有生态泄流设施的 6 661 座小水电中有 86% 未实现生态流量在线监测。过度开发致使 333 条河流出现不同程度断流，断流河段总长 1 017 千米。

二是 7 个省份有关市县突破国家、省两级审批制度，自行设立开发区 249 个（其中 2016 年以来新设 8 个），占地 447 万亩，其中有 72 个设立 5 年以上但建成率不足 5 成，还有 10 个与基本农田重叠 2.77 万亩。有 62 个开发区位于重点生态功能区或与禁止开发区域重叠，其中 18 个是在全国主体功能区规划实施之后设立或扩建的。

三是 10 个省份有 501 家单位无证取水，60 家单位超量取水；截至 2017 年底，7 个省份有 667 个违规占用岸线项目尚未整改到位。

四是 2016 年以来，3 省份有 21 个新建或扩建的化工、造纸等项目，未履行环评或产能置换等审批手续。

五是网络非法销售电鱼机等问题缺乏监管，助长了非法电鱼行为。11 省份近 4 年共发生非法电鱼案件 3.46 万起，年均增长 8.8%，其中 149 起发生在珍稀鱼类保护区内，胭脂鱼等珍稀鱼类被电亡，还导致超过 30 人死亡。

（三）污染治理方面存在的问题。

一是长期持续整治的洞庭湖、鄱阳湖等 5 个国家重要湖泊，由于统筹治理不到位等原因，2017 年的水质仍为 Ⅳ 类及以下。

二是 75 个开发区未依法开展规划环境影响评价；106 个开发区未建设污水集中处理设施；70 个开发区虽建成污水集中处理设施，但未按规定安装在线监控装置或与环保部门联网；46 个开发区因管网不配套等，污水处理效果不佳。

三是截至 2017 年底，9 省份有 118 座敏感区域的城镇污水处理厂未按国家要求达到一级 A 排放标准。因污水处理能力不足、管网损坏等，6 个省份 2017 年有 2.24 亿吨污水未有效收集处理或直排入河。

四是截至 2017 年底，3 个省份的 9 个垃圾填埋场或焚烧厂超负荷运行；2 个省份 132 处无防渗措施的非正规垃圾堆放点未完成清理；5 个省份的 20 个垃圾填埋场或中转站产生的 285.75 万吨渗滤液排入城市管网或周边水体，还有 197 万吨渗滤液积存场内。7 个省份的 48 家单位未按规定存储、转运或处置危险废物，4 个省份的 6 家单位未按规定处置医疗废物。

五是截至 2017 年底，9 省份的 56 个饮用水水源地一级保护区内存在排污口、养殖场等建设项目；3 省份的 7 个城市饮用水水源地和 71 个乡镇饮用水源地断面水质超标。

六是截至 2017 年底，10 省份有 5.61 万个地下储油罐（占应改造总数的 52%）未更换为双层罐或进行防渗改造；3个省份有348台10蒸吨及以下燃煤小锅炉未淘汰；2个省份的个别市县还有8家小型造纸、电镀企业未关停；3个省份有46户禁养区内规模以上畜禽养殖场应关未关，3个省份有413家养殖场未建配套治污设施。

三、审计处理和初步整改情况

对以上审计查出的问题，审计署已依法出具审计报告，提出处理意见，并要求有关地方政府在整改期限截止后依法向社会公告整改结果。目前，有关部门正在组织对小水电过度开发问题进行专项整改，相关地方对违规占用岸线等问题已制定整改措施，淘汰10蒸吨以下（含）燃煤锅炉275台，关闭或拆除9个饮用水水源地保护区范围内的建设项目，有关单位已收回部分财政资金。审计署将继续跟踪检查后续整改情况，进一步督促审计发现问题整改到位。

案例来源：审计署2018年第3号审计结果公告。

三、生态系统审计

生态系统审计将重点关注水土流失严重、土地荒漠化和沙化扩展严重、生物多样性减少以及工程建设中存在的破坏生态环境等较为严重的问题。生态系统审计的目标是保障生态安全。生态系统审计主要关注森林、湿地和海洋三大生态系统。

生物多样性是生态系统稳定的保证，可以给人类提供海鲜、野味等食物，提供木材、草药，净化空气和水，降解固体废物，减缓极端气候带来的影响。生物多样性审计是开展生态系统审计的主要表现形式。生物多样性审计的目标是促进生物多样性，保护生态平衡。审计人员开展生物多样性审计时应充分识别威胁生物多样性的各种因素如栖息地的退化、外来物种的入侵、资源（包括森林、生物、渔业、能源等）的过度采伐和捕捞、水污染、气候变化、非法交易、生物技术等，了解政府的应对措施如建立公园、保护区、制定相关政策、利用财政工具、进行环境影响评估等。

生物多样性审计的重点一般包括国家生物多样性策略，保护区，濒危和入侵物种，生物栖息地，基因资源，国际合约履行情况等方面。生物多样性审计可以单独开展，也可以与水资源审计、森林资源审计、渔业资源审计等结合进行。上述审计业务是相互联系的，例如，开展矿产资源采掘活动时可能会带来森林的退化、生物多样性的缺失、温室气体和重金属的排放，同时带来废弃物处理和土壤污染等问题，因此，开展矿产资源审计时可以同时开展生物多样性审计、废物管理审计、土壤污染防治审计和大气污染治理审计等业务。

通过对资源环境审计的内容可以看出其主要的作用集中于三点：一是有利于促进资源环保资金征收、管理、分配、支出和使用的真实合规；二是有利于促进资源环保相关项目建设运行的规范有效；三是有利于促进资源环保政策法规制度的建立、健全、完善和有效执行；有利于促进政府及相关主管部门和相关企业、事业单位资源环保监管职责的有效履行。

案例拓展 12-3：

环渤海地区生态环境保护审计结果

为助力打赢污染防治攻坚战，围绕渤海综合治理，审计署近期对环渤海地区 5 省市（北京市、天津市、河北省、辽宁省和山东省）生态环境保护情况进行了审计。现将审计结果公告如下：

一、基本情况

2013 年以来，中央和 5 省市本级财政共投入渤海生态环境保护资金 1 650 亿元；渤海近岸海域一、二类水质点位比例从 63.2% 波动上升到 76.5%，三、四类水质点位比例从 30.7% 波动下降到 12.4%，赤潮发生次数减少 61.5%；审计抽查的 34 个城市污水处理能力增加 31.55%，污水处理率上升 4.6%。从审计情况看，渤海水质和污染防控能力总体上有所提升，但局部海域生态环境问题仍较为突出，锦州湾、莱州湾等渤海六大典型海洋生态系统仍处于亚健康状态，辽宁、山东渤海近岸海域劣于四类水质点位比例由 2016 年的 3.6% 升至 2018 年的 16.1%。

二、审计发现的主要问题

（一）农业面源污染防控还不到位。农药化肥减量工作仅对种植业作出要求，尚未将林业、牧业等纳入；减量任务也未逐级分解落实，抽查发现 2017 年有 126 个县区的农药或化肥使用量不降反升。5 省市有 1 439 家畜禽养殖场未按要求办理环评、建设粪便贮存处理设施、关闭搬迁等。全国海水养殖面积控制目标尚未细化分解，不利于防控近岸海域污染。

（二）重要领域工业点源污染防控存在薄弱环节。石化产业同质化竞争现象较为突出，有 12 个沿海城市提出建设石化产业基地，其中 6 个还明确提出建设世界级产业基地。抽查的 107 个化工园区中，有 58 个未按规定开展区域定量风险评估，73 个未建成危险废物处理设施。11 座港口 94 个污水处理设施的在线监测率仅为 21.28%，6 座港口建成投用的岸电设施使用率仅为 1.36%，5 家企业向 175 艘次船舶虚开 2 870 立方米污染物接收证明以应付检查。

（三）部分重要生态环境政策未有效落地。入海污染物总量控制推进较慢，5 省市相关试点城市至今未出台相关文件或实际执行。北京等 3 省市有 45 个专项规划或开发区未按规定完成规划环评。辽宁、河北有 188 个入河排污口未取得审批手续。5 省市有 81 户企业未按规定安装在线监测设备或实施水污染物排放监测。

（四）资源开发和生态环境修复治理还不够协调。渔业油补等政策虽有利于降低渔民捕捞成本，但客观上也刺激了捕捞行为，在一定程度上对冲了减船转产政策效果，不利于降低捕捞强度，破坏性强的拖网型海洋捕捞渔船功率不降反升。渔获物定点上岸制度尚未有效推开，影响限额捕捞政策落地。水资源开发方面，5 省市 2017 年的水资源开发利用率达 99%，约为全国平均水平的 5 倍。河北等 4 省市 3 248 户企业 6 年来违规取水 5.94 亿立方米。水污染防治方面，5 省市普遍存在污水管网渗漏、雨污混接、污水处理设施不足、已建成的处理设施超负荷运转等问题，涉及问题管网 901.89 千米。生态修复方面，截至2018年底，5省市51个蓝色海湾整治等污染防治和生态修复类项目进展缓慢，10.01亿元相关财政资金结存一年以上。营口等9市有752处侵占入海河道的违规点位未完成清理。辽宁等3省12个入海河流考核断面水质未达到阶段性目标，局部河段污染较为严重。

三、审计处理和初步整改情况

对以上审计查出的问题，审计署已依法出具审计报告，提出处理意见。相关部门和地方正在逐步组织实施问题整改。

案例来源：审计署2019年第9号公告。

第三节 资源环境审计的程序及方法

一、资源环境审计的程序

（一）明确审计目标

审计目标是审计之后所要达到的一种状态。资源审计的目标不外乎资源节约、资源的可持续发展；环境审计的目标就是天蓝、地绿、水净；生态系统审计的目标就是生态平衡。影响目标实现的各种因素构成各种威胁，这些威胁形成相关环境风险，进而产生公众健康风险，还会进一步发展为经济风险和社会风险。

（二）识别和评估人类行为带来的资源环境问题及相关风险

首先，审计人员应充分了解被审计领域相关背景知识和现状，并从中识别潜在的威胁。其次，分析这些威胁对短期、长期的环境、经济、社会、文化产生的影响。一般情况下，人类活动会带来资源约束趋紧、环境污染加剧、生态系统退化等问题，这些问题的影响构成相关风险。针对上述问题，审计人员要评估风险的严重程度，确定风险发生后损害的可恢复性，还要考虑风险发生的可能性。这是风险导向审计模式的最重要的一步。相关风险的识别和评估对于整个资源环境审计具有导向作用，也是审计工作的切入口。

（三）了解政府对风险的应对措施

主要参与者的角色和责任资源环境审计的实质不是对资源环境本身进行审计，而是对政府的环境风险管理进行审计。因此，在识别和评估风险的基础上，审计人员要了解政府缓解、预防和控制上述风险的机理；了解政府应对威胁的法规、政策和财政工具有哪些？关于资源环境问题的利益相关者有哪些？他们的角色和责任是怎样的？相应的公共开支的情况如何以帮助审计人员识别、选择审计评价标准，初步确定相关审计范围。

（四）评估政府应对风险的能力

选择审计主题或审计范围确定审计主题或重点是编制审计实施方案的基础工作。

基于以上几个步骤所获得的信息，审计人员应进一步评估政府及相关部门应对资源环境风险的能力，针对风险管理的薄弱环节，确定审计的主题或重点。这一步骤通常可以采用问题分析法完成，下述关键问题值得考虑：相关政策和财政工具是否存在，是否可行？是否遵守国家法律、符合国际环境公约？风险管理情况如何？风险管理系统的实施质量，行政内部控制情况如何？政府是否进行了有效监督？内部审计是否发挥作用？同时，我们还应该考虑：这些问题是否可审，是否有审计依据或评价标准？

（五）确定审计方法、步骤

基于第四步所做的选择，审计人员需要确定各个审计主题的审计目标、审计标准、审计子问题及其审计方法。在确定主题之后，要对每个审计主题进行分解，确定子问题，并通过一个矩阵表来选择和确定具体可行的审计评价标准和审计方法。每一个审计主题可以围绕以下方面分解：财务管理，协议，法律和政策（包括财政、金融、税收、技术创新、价格等）的遵从，绩效衡量和结果，资源产权，用途管制，生态补偿，公众教育，科学研究和政府监督等。这样就确定了审计实施方案的核心内容，具体包括：审计主题，审计目标和对象，审计实施框架包括绩效审计、合规审计的评价标准、审计子问题和相关审计方法，等等。经过审计取证和分析，审计人员最终出示一份包含审计目标、范围、标准、发现及建议等内容的审计报告。

二、资源环境审计的方法

资源环境审计涉及经济学、法学、管理学、社会学、统计学、工程学等多方面知识。审计手段不仅仅局限于传统的账目审计，还扩展到运用自然科学技术，比常规审计具有更高的科学技术含量。资源环境审计的人员不仅要具备财务、审计知识，还要具备一定的资源、环境、统计、工程等方面的知识，专业胜任能力和培训等方面的要求比常规审计更高、更严格。财务分析方法、统计方法、自然科学技术等各种方法都可能涉及。

一般将传统审计方法归为七大类：检查、监盘、观察、查询、函证、计算和分析性复核。随着审计技术的发展，一些新方法得到使用。新审计准则对审计方法进行了新的归纳，列举了八大类方法：检查记录或文件、检查有形资产、观察、询问、函证、重新计算、重新执行、分析程序，较之以前的方法内涵更加丰富，描述更加准确，其中几类审计方法对资源环境审计来说仍是必须和有效的。

（一）检查记录和文件

这是最传统的审计方法。在对资源开发利用、环境治理保护资金的筹集、管理、使用。特别是资金的流向审计，以及资源环境保护法规、制度的建立、健全性审计，还是有关资源环境开发、保护的决策情况审计，必须采用这种方法对有关账册、法规、文件、记录进行查阅

（二）检查有形资产

它与原来的"监盘"有着不同的内涵。它不仅要检查实物资产的数量，更要检查其存在状态。资源环境审计中，检查有形资产主要是检查用于开发、保护资源环境的

各种设施、设备数量上是否满足要求、运转是否良好。观察，就是现场观察资源环境状况是否良好，采取的有关措施、手段是否产生了效果。以及被审计单位从事资源环境工作的人员的业务活动或执行的程序是否符合相关规定

（三）询问

资源环境审计中应特别重视这一方法，主要采取调查问卷和座谈询问的方式。比如对环境保护情况的调查，向长期生活在该区域内的有关人员进行问卷或座谈了解，结果可能更真实、真切。

（四）重新执行

资源环境审计中，这一方法有重要作用，就是将有关资源环境保护的方法、措施。由审计人员（专业人员）再执行，对结果进行再检验。比如在对水环境质量进行审计时，不能只依赖环保部门提供的数据，应由审计人员现场取样后，在第三方重新执行检测程序，以查证水体质量

（五）分析程序

信息技术已在资源环境领域普遍使用，有关部门的业务数据库都能提供资金结算、能源消费、环保统计、在线监测等数据，审计人员可以研究各种数据之间，特别是财务数据与非财务数据之间的内在关系，进而对资源环境开发和保护情况作出评价。这一方法还包括调查识别出的与其他相关信息不一致或与预期数据严重偏离的波动和关系。

在资源环境审计取证方面是适用的。但由于资源环境审计的特殊性。其在审计分析方面则存在一定的局限性。因此资源环境审计必须探索一些新的审计分析方法。目前主要应推广以下一些方法：

（1）机会成本法。

环境资源的开发利用和保护相当于对多种互斥方案的选择，资源有限性决定了选择一种形式就要放弃其他形式，放弃方案中的最大经济效益为所选方案的机会成本。该法适用于因水资源短缺、废弃物占地等原因造成的经济损失计量。

（2）资产价值法。

环境条件的差别可以通过地价或宅价反映，据此推算环境资源的价值，常用回归分析法计算、测定环境条件对地价的贡献度，该贡献度可视为环境资源价值。该法适用于宅地周边的森林、草坪等绿色效益的计量。

（3）人力资本法。

专门用于评估计量环境污染影响人体健康的经济损失。该法将环境污染引起的人体健康损失分为医疗费、丧葬费等直接经济损失和护理费等间接经济损失，适用于对人身危害重大的重污染企业环境污染的计量。

（4）恢复费用法。

环境资源被破坏，改善的效益较难评价，可以估计恢复或防护一种资源不受污染所需的最低费用，就是恢复费用法。适用于消烟除尘、污水处理等治理费用的计量。

（5）防护费用法。

消除和减少环境污染的有害影响所愿意承担的费用来衡量环境污染的损失。适用于出现了噪声污染，需要安装消音或隔音装置。

（6）调查评价法。

咨询专家或环境利用者，当环境物品的供给数量或质量发生变化时，人们愿意支付或接受补偿的金额，按调查结果评价环境资源损失价值或保护措施效益，可运用于评价如洪水对农田、水利设施等造成的经济损失。

（7）决策和风险分析法。

一般来说资源环境开发和保护的措施或方案是多选择性的，并且部分资源环境项目难以用年度去体现。有的项目可当年完成，而有的却要跨年度甚至多年度才能完成；有的当时对资源环境没有影响或影响不大，而有的在几年后产生影响或有着长期影响。如何正确评价、预测项目的成本和效果是个难题，使用决策和风险分析法可以较科学的解决这个问题。

（8）在线监测法。

资源环境领域的监测网络目前正在完善之中，如卫星遥感数据接收系统、GPS 全球定位系统、空气监测系统、排污监测系统、GIS 地理信息系统等。资源环境审计应大胆利用这些在线监测设备和系统，审计期间进行定期和不定期的在线监测。目前在部分资源环境审计项目中已使用这一方法，如耕地保护情况、防护林保护工程审计中，审计人员尝试利用 GPS 系统进行了查证，取得了较好的效果。

资源环境审计是政府环境治理工具之一。财政部与其他部委联合印发《关于推进水污染防治领域政府和社会资本合作的实施意见》与《可再生能源发展专项资金管理暂行办法》，明确要求专项资金专门管理且需要进行项的绩效评价。环保部于 2015 年 3 月在甘肃省兰州市开展资源环境审计试点，积极探索和推动资源环境审计制度建设。资源环境审计的意义不仅仅是追踪检查公众反响强烈的环境问题及存在的重大环境风险和隐患项目，也不仅是为了追究渎职的政府官员，其终极目标是为了提高政府环境治理能力，改善环境质量。

党的十八大将生态文明建设提高到前所未有的高度，强调必须与经济建设、社会建设、文化建设和政治建设五位一体地系统推进，并着重从资源节约、环境保护、生态保育和空间优化等方面作了系统阐释。资源环境是生态文明建设成败的关键，开展资源环境审计可以为我国的生态文明建设提供强有力的制度保障，实现对自然资产的保护、保值和增值。

复习思考题

1. 简述资源环境审计的作用？
2. 简述资源环境审计的内容包含哪几个方面？
3. 简述生态系统审计意义及特点？
4. 简述资源环境审计的创新方法有哪些？

第十三章

计算机审计

学习目标
1. 了解计算机审计的定义。
2. 理解并掌握数据审计。
3. 理解并掌握大数据审计。
4. 理解并掌握信息系统审计。

重要概念：计算机审计；大数据审计；信息系统审计

第一节 计算机审计概述

一、计算机审计的含义及其特征

（一）计算机审计的产生

计算机技术被称为20世纪人类最重要的发明，自20世纪40年代出现至今，计算机已经渗透到了各行各业，并且改变了人们的工作甚至处理事情的方式。在许多企业，尤其是一些大型企业实现电算化会计方式之后，计算机审计也就应运而生了。可以说，计算机审计伴随电算化会计而出现。

（二）计算机审计的含义

与传统的审计形式比较，计算机审计是信息化环境下崭新的审计处理方式。那么，何谓计算机审计呢？有的人将计算机审计与信息系统审计两个概念等同起来。实际上，虽然这两个概念有重合之处，但并不完全相同。本书采用2007年版的审计师资格考试教材中的概念：广义的计算机审计是在信息技术环境下发展的审计技术方法的总称；狭义的计算机审计则仅包括对计算机产生的电子数据的审计以及对信息系统本身的审计。电子数据审计是以被审计单位信息系统产生的电子数据为审计对象的审计。信息系统审计是以被审计单位的信息系统本身为对象的审计，包括对信息系统内部控制的审计、对信息系统组成部分的审计、对信息系统运行情况的审计及对信息系统开发过程的审计等。可见，信息系统审计只是计算机审计的一部分，计算机审计应该是一个完整的概念。

（三）计算机审计的特征

计算机审计与传统审计相比，既有联系又有区别。我们可以通过比较的方式来理解计算机审计独有的特征。

1. 计算机审计与传统审计的联系

计算机审计是在传统审计理论的基础上发展起来的，因此两者在基本原理与方法及程序方面基本是一致的：两者都对审计师的独立性具有严格的要求；两者都是用询问、检查、分析、模拟、测试等审计方法；为实现审计目标，两者都需要具备审计计划、符合性测试与实质性测试、审计报告等审计程序。

2. 计算机审计与传统审计的区别

计算机审计是传统审计的发展。与传统审计相比计算机审计具有科学化、规范化、智能化。具体地说，计算机审计与传统审计有以下区别：

（1）计算机审计更侧重无形的审计对象。传统审计的审计客体是纸质的凭证、账簿和报表之类有形的审计对象，而计算机审计的对象除了要关注一些有形的相关东西之外，更要注意包括基础设施、软硬件管理、信息安全、网络管理等无形的方面。

（2）计算机审计具有比传统审计更多、更有效的审计方法与审计程序。计算机审计在审计软件的帮助下能够自动生成一些审计结果，使工作效率远高于传统审计，效率的提高使传统方式下无法进行的一些审计程序得以进行。有些方法和程序是传统审计中根本不需要的。例如在计算机审计中，一般需要进行安全性测试，如穿透性测试（模拟成黑客进行各种攻击以验证其安全性），以确保被审计内容的可靠性。

（3）计算机审计比传统审计具有更多的管理特征。为保证审计对象的可靠性、有效性，计算机审计更重视计算机整个系统的运行状况，在某些情况下甚至直接参与软件的开发或变更过程。而传统审计进行的是事后审计，对过程的关注相对较少。

（4）计算机审计对审计师的能力要求更高。从事计算机审计工作的审计师不仅要懂得审计知识，还要精通计算机知识，因为审计之外的计算机问题，如程序问题对审计结果的影响很大。

（5）计算机审计可以实现对各地审计小组审计过程的即时监控。联网审计软件可以使审计机关的领导者即时获得审计小组的审计情况，监督工作进度，进行即时决策。这在传统审计方式之下是难以做到的。

（四）常见计算机审计软件的类型

审计人员利用计算机进行审计时，为了避免影响被审计单位计算机系统正常运行，同时规避审计风险，一般不直接使用被审计单位的计算机信息系统进行查询、检查，而是将被审计单位的有关数据输入到审计人员的计算机上，利用审计软件进行查询、分析。为此，近年来，我国政府审计机关总结审计经验，自行开发了一些适合我国国情的审计软件。审计人员使用审计软件进行审计，使手工审计条件下无法做到的详细审查成为可能，并且提高了审计工作效率。另外，通过审计软件，审计人员在引入财务数据的同时，还能引入相关的管理数据，从而为审计人员发现被审计企业管理上的漏洞和舞弊行为提供了条件。

按不同的标准，可以对我们现有审计软件进行不同的分类：

1. 通用审计软件与专业审计软件

根据审计适用的专业领域不同,可以划分为:通用审计软件和专业审计软件。

通用软件是在大多数审计领域和行业都能够使用的软件。如审计署组织开发的"通用审计软件"系列。该软件可兼容目前市面上流行的大部分数据库产品,主要功能有数据转换、账表审计、快速编程、项目管理、审计资料等,可适用于银行、保险公司、资产管理公司、医院等行业。

专业审计软件是只能在特定的审计领域或行业发挥作用的软件。如基建工程预决算审计软件。该类审计软件有两种,一种审计软件可自动根据图纸计算各部分的工程量并自动查找存储在计算机内的定额指标,计算并汇总各部分的造价金额,再按规定的利润率和税率计算出工程预决算金额。另一种审计软件中包含了各种基建工程中常见结构的工程量计算公式,适用于计算机内没有工程设计图纸情况下的审计。

2. 非联网软件和联网软件

根据是否采用联网审计技术,可以划分为非联网审计软件和联网审计软件。

非联网审计软件就是传统的适用于单机作业情况下的审计软件。这种软件能够处理的数据量较小。联网审计是指审计人员利用网络资源的共享性、快捷性和广泛性的特点,在网络上对客户的相关信息进行采集、整理、查证、分析,进而得出审计结论的过程。联网审计软件包括局域网审计软件和广域网审计软件。局域网审计就是在审计现场构建审计局域网,采用多点分布处理数据、审计分析结果共享的作业模式。广域网审计即利用网络数据传输技术,审计人员不必亲临审计现场进行审计,极大地提高了审计覆盖面和审计工作效率。在局域网联网中,被审计单位不用担心信息安全问题,不牵扯数据泄密。现场审计结束时数据可以立即删除,而采用广域网联网则需要注意数据采集和传输等各种安全问题。

计算机技术的发展速度是惊人的,根据计算机界的摩尔定律,每18个月,计算机的性能就会提高一倍,而其价格将会下降一半。计算机技术的发展为审计软件的发展提供了条件,也提出了要求。事实上,现在随着计算机审计的发展,计算机审计已由最初的利用审计软件进行简单的查询和统计分析,发展到了建立审计分析模型的阶段了。而审计分析模型的应用对提高审计质量和效率、扩大审计成效都会起到很大作用。同时,这些软件还可以将科学的分析技术和优秀审计人员的宝贵经验固化到分析模型中,使之在较大范围内共享,能够统一审计作业标准,保证审计项目质量,从而充分发挥审计的职能作用。

二、计算机审计面临的问题与发展方向

(一) 计算机审计面临的问题

随着会计电算化的日益普及和发展,会计处理显得日益方便,但与之紧密联系的计算机审计显得颇为滞后,甚至成了制约审计工作顺利开展的一个"瓶颈",所以需要看到计算机审计发展所面临的问题,具体包括:

1. 审计线索的隐蔽性

计算机审计是随着会计电算化的发展而产生的，利用计算机技术进行的审计。在过去的手工会计核算系统中，从原始凭证到记账凭证，从登账到报表编制，每一步都有文字记载和经办人员签名，审计线索比较清晰。而在会计电算化信息系统中，由于数据存储介质的磁性化和数据处理过程的自动化，业务数据进入计算机系统之后，由计算机按程序自动生成会计报表，即使有篡改也不会留有痕迹，比起手工系统，电算化系统中的审计线索更隐蔽、更容易引发经济犯罪，对计算机审计的审查标准也就有更高的要求。

2. 审计范围和内容的广泛性

在电算化系统中，会计记录与核算是由计算机按程序自动完成的，不会出现手工系统中常有的笔误或疏忽等错误。但由于其操作是机械化地按程序进行处理，如果程序本身出错，那么会计处理结果也会同时出错。另外不能排除不法分子利用非法程序对会计事项进行篡改来达到经济犯罪的目的。因此计算机审计不仅要对各种会计资料及信息进行审计，还须审查计算机系统的处理和控制功能是否符合各项要求，是否符合相关的处理程序。

3. 内部控制的巨大局限性

现代审计的一大特征就是以测试被审计单位的内容控制为基础的抽样审计，内部控制制度的恰当与否直接影响会计信息的真实性和准确性。在手工会计系统中，内部控制主要从两个方面实施。一是从组织形式上按财务部门经济业务的性质分为几个不同的职能组，并且各职能组的人员只负责某一特定的业务领域；二是在会计账务处理组织程序上，除了要保证凭证、账簿、报表按一定程序分由不同人员记录、编制外，还要做到账账核对、账证核对、账实核对、账表核对，并保证其一致性。从而在很大程度上保证经济业务处理的合理性、合法性。但在电算化会计信息系统中，由于处理工具、信息载体、会计组织都发生了根本的变化，手工会计系统中原有的很多控制措施都已经无法满足现实的需求。电算化会计和手工会计相比，内部控制环境更复杂，甚至有些环境因素超过制度的有效控制能力；建立严格的内部控制的成本要高得多；对内部控制的评价更为困难。内部控制方面更大的局限性使计算机舞弊有机可乘，增加了计算机审计风险。

4. 系统数据的转换性

在审计中，计算机审计发展之所以滞后于会计电算化的重要原因在于会计软件各种各样，由此所形成的凭证、账簿、报表等的格式也是多样化的，给审计带来了很大的麻烦。在运用审计软件进行审计的时候，审计人员必须按审计软件的格式将会计核算系统中的输出信息重新输入到审计软件中，加重了审计人员的工作负担，也产生了两重操作可能带来的错误。而且，由于审计软件与会计软件的数据格式的不统一，会计输出数据不能直接输入到审计软件中，要达到目的，必须变换其格式，于是便存在这样的可能，使电算化会计系统中隐蔽的审计线索更加难以捉摸，计算机审计的风险进一步加大。

5. 审计技术的复杂性

不同单位的业务规模和性质不同，其电算化会计信息系统所采用的计算机设备不同、会计软件的获得途径不同、功能不同、程序处理的步骤和内容不同、数据存储的方式不同，等等。所有这些不同，都决定了审计技术的复杂性，都要求审计人员采用恰当的方法和技术。如果选择不恰当的方法和技术，就必然产生计算机审计风险。

（二）计算机审计的发展方向

我国《审计法》第三十二条明确规定："审计机关进行审计时，有权检查被审计单位的会计凭证、会计账簿、财务会计报告和运用电子计算机管理财政收支、财务收支电子数据的系统，以及其他与财政收支、财务收支有关的资料和资产，被审计单位不得拒绝。"这为我国实行计算机审计提供了法律依据。实际上，我国审计署从 1999 年已经开始实施的"金审工程"（详见本章案例）就是旨在促进我国计算机审计的重大举措。另外，我国审计署还在 2001 年 12 月正式加入最高审计机关国际组织计算机审计委员会（INTOSAI, Standing Committee on Electronic Data Processing Audit, 简称为 INTOSAI EDP Audit Committee）。

依据《审计署 2008 至 2012 年审计工作发展规划》，我国计算机审计工作的发展规划是完成金审工程二期建设，推进金审工程三期建设，大力提高审计工作的信息化水平。具体的措施包括：

（1）基本建成审计信息化网络系统。改造审计内网，建设审计专网，充实视频、数据、语音等网络传输应用，保障信息安全，促进信息共享。

（2）基本建成审计信息化数据库。制定数据规划，完善充实审计数据库，提升数据资源建设的规范化水平，为审计业务、审计管理和领导决策提供有效支持。

（3）全面提高计算机技术应用水平。进一步完善并推广审计管理系统和现场审计实施系统，积极探索联网审计和信息系统审计。

（4）加强审计信息化制度建设和规范建设。建立健全计算机审计标准规范，总结形成计算机审计方法体系和操作制度体系。

（5）创新审计方法的信息化实现方式。积极研究探索审计抽样、内控测评、风险评估等审计方法的信息化实现方式。

三、计算机审计的过程

计算机审计的审计程序与传统审计基本是相同的，也分为审计准备、审计实施、审计报告三个阶段。但在具体实施的过程中，计算机审计有其特殊且不同于传统审计之处。

（一）审计准备阶段

1. 计算机审计的准备

在计算机审计的准备阶段，审计机关应该了解企业基本情况，与企业的有关人员初步面谈并查阅其会计电算化系统的基本资料，归纳出被审计系统的特点和重点；然后组织审计人员和准备所需要的审计软件。根据被审计企业会计电算化系统的构成特点、复杂程度，审计机关可选择安排有计算机审计经验的审计人员担任项目负责人，组成审计小组，准备审计软件。如果对某审计项目需要特殊的审计软件，还必须组成一个专门小组预先开发好所需要的软件，以保障审计工作顺利开展。

2. 内部控制的初步审查

初步审查的目标是使审计人员了解计算机信息系统在会计工作中的应用程度，初步熟悉电算化会计系统的业务流程和内部控制的基本结构，包括从原始凭证的编制到各种会计报表输出的整个过程。

一般采用如下的检查：审阅上期的审计报告和管理建议书，初步了解上期系统的弱点；检查会计电算化系统的文档和系统使用手册，了解系统模块结构、名称、数据库以及相应的功能；检查输入数据的基本依据（电子数据和有关的原始凭证），初步了解企业会计原始数据产生的内部控制制度的基本情况；针对一些基本情况和上述检查发现的问题，与会计人员、系统开发和维护人员、程序员面谈，以便得到与问题相关的背景资料；初步审查数据处理流程图，了解原始数据的起点、文件名称和系统内的代码、数据经过的单位或部门、数据的终点和保管的措施，以及对产生和使用数据的单位的内部控制，并制作必要的简明数据流程图。

同时，审计人员还要对下列资料进行了解：系统安装日期、计算机硬件系统的型号、机房的基本管理设施、系统管理制度、系统的负荷量（数据处理量）；系统的组织结构、各级管理的职责，以及计算机系统的负责人和系统管理人员；系统内部应用子系统的控制类型和主要经济业务。

3. 初步审查结果的评价

初步审查后，审计人员必须从整个会计信息系统内部控制的角度出发，评价初步审查的结果，确定内部控制的可行性程度，并做出结论。

其结论可按以下三种方式之一做出：（1）退出审计，由于缺乏实施审计的技术或内部控制不可依赖等许多问题，审计人员可针对这些问题提出一些管理建议并退出审计；（2）对一般控制和应用控制进行进一步详细的审查，这一方式是在初步审查表明内部控制有可依赖性的情况下采取的，实质性测试可做一些简化；（3）决定不依赖于内部控制，做出这一决定可能有两种原因：一是直接进行实质性测试更容易达到预定的审计目标；二是因为计算机内部控制系统可能不完善，各应用系统的用户自己增加了一些必要的补充控制，对补偿控制进行测试更易于达到审计的目的。

初步审查是通过应用面谈、实地检查观察、阅读内控制度和有关系统分析设计的文档、填制内控制度调查表等方法取得初步审查结果，并对这些结果做出评价，为下一步应当怎样审计提供必要信息。

4. 内部控制的深入审查

与初步审查一样，审计人员要判断是否退出审计，或是依赖系统的内部控制进入下一阶段符合性测试，或是直接进入实质性测试过程。对于某些应用子系统，审计人员可决定依赖于其内部控制，也可采用其他更适宜的审计过程。

（二）审计实施阶段

1. 符合性测试阶段

符合性测试阶段的目标是寻找证据确定计算机系统的内部控制制度是否在发挥作用，以及实际存在的控制制度是否可信赖。除了在前面审查中所用手工搜集证据方法仍可用外，在这一步骤，审计人员基本上是用计算机辅助搜集证据和验证审计计划中已提出的各项控制制度是否可依赖。

2. 用户补偿控制的审查和测试

在某些情况下，审计人员可能决定不依赖计算机系统的内部控制，因为应用于系统的用户采用了一些补充控制来补充原控制制度的弱点。

3. 实质性测试

实质性测试阶段的目标是取得充分的证据，使审计人员能做出计算机系统在各重大方面是否偏离公允性或存在哪些弱点的最后判断。实质性测试可分为六类：出错处理的测试；数据质量的测试；数据一致性的测试；实物盘点与计算机系统中的数据比较测试；利用外部数据资源对系统内的数据进行的测试；分析性检查测试。

（三）审计报告阶段

1. 进行全面评价

通过上述的审计步骤，审计证据和对各项目的初步评价结果已经形成，但这些证据和初步评价的结果是比较分散的。全面评价的目的是将收集到的审计证据和初步评价结果进行综合，筛选出重要的证据和主要的问题，将这些问题和证据作为重点进行综合评价。评价的范围包括会计数据的公允性、内控制度的健全性和有效性，以及会计电算化系统的效率性和效益性。

2. 编制审计报告

在评价结果的基础上编制客观公正的审计报告和管理建议书。在报告提供给委托人之前，还应当征求被审计企业的意见，必要时对重大的问题进行追加审计，以保证审计报告和管理建议书有更高的可信度。编制审计报告和建议书的基本过程和方法都与传统审计一样。但应当注意的是，应用计算机进行审计，其审计结果汇总评价的许多方面可由计算机自动完成，甚至最终的审计报告也可由计算机辅助完成。

在这一阶段计算机审计人员要整理审计过程中所形成的原始数据、处理产生的中间结果数据和最后结果数据，筛选整理审计工作底稿，确认审计证据，并据以撰写、提交审计报告。在这一阶段需要注意，由于根据我国《审计法》的要求，政府审计的结果需要被审计单位的确认，因此，应将数据分析的结果具体化为纸质资料后交由被审计单位有关部门、人员征求意见，签章确认后作为审计证据归档。

案例拓展 13-1：

以案释法　以利再战——四个计算机审计 AO 技术应用案例解析

审计人在审计实践中有一个共同的心得，即应用计算机审计 AO 技术软件，再辅以人工延伸调查和甄别，实现"人机"合一，优势互补，相辅相成，就能使隐藏在海量财务数据背后、难以察觉、查证困难的违法违规或经济犯罪问题，得到及时、彻底和有效的发现和揭露，大大提高了被审计单位财务管理信息化条件下突破问题的能力、效率和成果。这方面的具体案例，不仅能帮助我们理解和丰富计算机审计理论，而且，更能发挥以案释法作用，帮助我们学习和掌握同类审计项目的计算机辅助审计操作原理和方法。下面，试举四例，来具体说明计算机审计 AO 技术软件的应用程序、方法和成效。

利用 AO 圈定查核范围，稿费里的"猫腻"原形毕露。 在某文化事业单位的经济责任审计中，笔者发现该单位前后 5 年支出的稿费高达 50 余万元，且每篇 8 元、10 元的小额稿费笔数较多。一笔笔核对，查清楚是否存在虚列支出问题，难度较大。而该单位又以资料未完整保存为由，拒绝提供用稿台账。我们遂通过 AO 现场审计实施系统，将 5 年"事业支出"电子账中，有稿费字样的记录全部导出到电子表格，然后按照 200 多条记录中所标明的凭证号，逐笔抽审稿费单据，看是否有用稿人姓名、稿件内容、作者单位、作者住址等信息。经过近 20 天的查核发现，一般 10 元、8 元一张的稿费单据，作者的基本信息齐全，但几百元、上千元一张的稿费单据却没有，且不符合起名的规则，涉嫌造假金额 35.7 万元。对方仍然咬定支出不假，审计责成其立即通知稿件作者、带身份证前来核对。一看事情要露馅，对方不得不承认，上述稿费确实虚假，如此走账是为了处理不合理开支。

利用 AO 梳理查核重点，违规运作互助金问题被一网打尽。 在农民互助合作社资金审计中，针对被审计单位达 23 家，时间紧，任务重，总体情况和突出问题难以厘清的实际，笔者将有关数据库整合成一个大的数据库，注册资本金、社员人数、吸纳金额、投放金额、年末余额、收入、支出、所有者权益、逾期金额、投放利率等 11 项指标很快被筛选出来，并专门建立 Excel 表格，在兼顾成立时间和分布区域两大因素的基础上，确定了需要抽查的八个重点单位。再把检查评估互助合作社资金的风险程度作为重要审计目标，一面收集和逐笔勾对所有银行对账单，查出相关互助社账外挤占挪用互助资金 3 437 万元；一面关注运作业务，违规吸纳、投放、担保、存放等一系列问题，也被计算机的强大筛选汇总功能一一清出。将曾经审计过的劳动局社保处和事保处业务数据库，进行无缝对接，发现有 3 188 万元的互助资金，被违规投放给 185 名机关事业单位人员。

利用 AO 查找信息系统漏洞，扒开埋藏很深的房管部门"内鬼"画皮。 在某房管部门审计中，笔者绘制出房产证办理和内控流程图，并采集了相关业务数据，确定了相关数据库的表格，并一一厘清了表间的勾稽关系，判明了一些应有的内控措施在数据表中对应位置。检查发现，该单位信息系统内控几近失效，突出表现在薄弱环节较多，各节点之间，缺乏相互监督制约，把关不严，契税税票信息应该录入却被人为地跳过。在梳理出办理房产证时，因内控失效，有可能导致的包括有不真实的税票等多种情形，并从办证档案入手，查出了一张假契税税费。经过循线追踪，再次将地税部门契税征收管理数据库与房产办证数据库相互比对、整合和业主姓名联表，终于查出了两年间有发房产证记录的却没有缴纳契税记录的房产一共有三十余份，涉及契税金额达六十余万元。经进一步与业主查证核实，查出该房管部门房证科副科长汪某，以代办房产证快速省钱为幌子，利用办证信息系统与缴税费系不兼容的漏洞，成功逃避各种审查，偷逃和侵占国家税费的案件。

利用 AO 理清审计头绪，截留五保户低保金的"黑手"伸手被捉。 在城乡低保金的专项审计调查中，利用 SQL 语句把经验想法通过计算机实现出来。笔者在采集财政局、民政局和县残联相关数据后，导入 AO2011，按照新的字段名生成各乡镇城镇低保参保信息表、各乡镇农村低保参保信息表、各乡镇集中供养五保户信息表、各乡镇分散供养五保户信息表、2008~2010 年死亡人口汇总审计表、2010 年民政福利企业残疾人名单等。通过身份证号码和集中供养五保户汇兑表比对，以姓名和镇村为关键字和城镇农村低保汇总审计表进行表间链接，筛选出重复享受低保的对象户、低保户在民政福利企业工作情况、死亡人员虚报冒领低保资金的数据。其后，兵分三路，对计算机筛选出的所有疑点进行了兜底核对，共走访了 16 个镇区的 159 个村，累计走访低保户近 500 家。查出了某镇民政办主任姜某，隐匿和私存 47 份五保老人低保存折的问题，涉案金额达 15 万多元。共追回问题资金上缴财政罚没专户款 34.07 万元，封存重复享受低保存折 52 本，清退不符合条件的城乡低保对象 1 371 人；移送案件线索 3 个，受到党纪处分 3 人。

案例来源：审计署 http：//www.audit.gov.cn/n6/n41/c91004/content.html。

第二节　数据审计与大数据审计

《审计法》第三十一条明确规定："审计机关有权要求被审计单位按照审计机关的规定提供预算或者财务收支计划、预算执行情况、决算、财务会计报告，运用电子计算机储存、处理的财政收支、财务收支电子数据和必要的电子计算机技术文档，在金融机构开立账户的情况，社会审计机构出具的审计报告，以及其他与财政收支或者财务收支有关的资料，被审计单位不得拒绝、拖延、谎报。被审计单位负责人对本单位提供的财务会计资料的真实性和完整性负责。"第三十二条更明确规定："审计机关进行审计时，有权检查被审计单位的会计凭证、会计账簿、财务会计报告和运用电子计算机管理财政收支、财务收支电子数据的系统，以及其他与财政收支、财务收支有关的资料和资产，被审计单位不得拒绝。"根据这两条法律，审计人员有权获得企业与审计目的相关的数据。

审计人员利用计算机对被审计单位计算机管理的数据进行检查，是审计机关履行审计职责的重要环节。它与传统审计方法相比，审计的过程和具体审计方法都有较大的改变。计算机审计条件下数据审计包括以下六个部分：数据采集、数据清理、数据转换、数据验证、创建中间表和数据分析。

一、数据采集

（一）数据采集的含义

数据采集是指根据审前调查所提出的数据需求，按照审计目标，采取一定的方法和工具对被审计单位数据库中的数据进行采集的工作。

（二）数据采集的要求

一般情况下，如果对被审计单位的业务了解得比较深入，则可以根据需要只采集审计人员关注的数据表即可。但是，如果审计人员是初次对此类业务进行审计或是对此业务不是很熟悉，建议审计人员采集被审计单位数据库中的所有表。这是因为，数据库系统中有些表虽然很小，但却是一些代码型的文件，这些代码表对整个业务系统是至关重要的，真正的业务数据表中的某些字段是需要通过查找这些代码表来确定其含义的。如在证券行业，营业部代码表、货币类型代码表、业务代码表等都是此类型的表文件。如果没有采集这些看似不重要的表，往往到用到的时候才发现工作难以进行，需要重新取数。

（三）数据采集的方式

根据目前财务软件系统的特点，数据采集大致有以下几种方法：

1. 直接拷贝数据库文件实现数据下载

经数据库管理员授权，由计算机审计人员直接进入被审计单位数据库系统提取数据。当被审计单位的数据库格式与审计人员所使用的审计软件数据库格式系统互相支持时，可以采用此方法。

2. 运用财务软件或专用会计软件中自带的数据导出功能实现数据下载

大多数的通用财务软件和专用会计软件都带有基本的数据导出功能，在软件的菜单中一般都能找到相应的按钮，运用相应功能，可以将查询到的批量数据直接导出成 EX－CEUACCESS 或 TXJ 等通用格式，然后在笔记本电脑上就可以直接进行分析处理。此方法简单易用，适用于一般的审计人员。

3. 运用"ODBC"技术实现跨系统、跨平台的数据采集

ODBCX（Open Data Base Connectivity）即开放式数据库互联，是 Microsoft 公司推出的一种异型数据库互联的解决方案，也成了目前流行的一种数据访问标准。采用 ODBC 方式能够和所有遵循 ODBC 标准并留有 ODBC 接口的数据库系统互联，目前大多数流行的关系型数据库管理系统都支持 ODBC 标准。ODBC 实际上是一个数据库访问库，它包含访问不同数据库所要求的 ODBC 驱动程序，应用程序要访问不同类型的数据库，只要调用 ODBC 所支持的函数，动态链接到相应的驱动程序上即可。ODBC 技术是数据采集的万能钥匙。

4. 利用嵌入审计模块采集数据

嵌入审计模块是写入被审计单位信息系统中的程序代码，能够对系统处理的每一笔业务数据进行即时采集。嵌入式审计软件是信息系统的一部分，隐蔽性、安全性和稳定性都比较强，但实施难度比较大。

5. 网上采集

利用固定的数据接口,提供数据采集工作站或审计数据服务器采集被审计单位联网的相关数据。

6. 文件传输

对于一些不符合财务软件标准接口的电子数据,可以在审计人员的监督下,由被审计单位人员将数据转化为审计人员制定格式的数据,再由审计人员将指定格式的文件转换到目的数据库。

(四) 数据采集的步骤

采集数据包括三个基本步骤:发出数据需求说明书、采集数据、数据验证。

现在以使用 SQL Server 数据库管理系统访问被审计单位小型机 UNIX 系统中 Sybase 数据库为例,介绍运用 ODBC 技术实现跨系统、跨平台访问大型网络数据库的操作步骤及方法。

1. 创建 ODBC DSN 文件

在创建数据库脚本之前,必须提供一个使应用程序定位、标识和与数据库通信的途径。数据库驱动程序使用 DSN(Data Source Name)来定位和标识特定的 ODBC 兼容数据库,将信息从应用程序传递给数据库。DSN 包含数据库配置、用户安全和定位等信息。通过 ODBC,可以选择希望创建的三种 DSN 类型:即用户 DSN、系统 DSN 或文件 DSN。其中用户和系统的 DSN 存储在 Windows 注册表中,并且系统 DSN 允许所有的用户登录到特定的服务器上去访问数据库,用户 DSN 使用适当的安全身份证明限制数据库到特定用户的连接,而文件 DSN 用于从文本文件中获取表格,提供了对多用户的访问,并且通过复制 DSN 文件,可以轻易地从一个服务器转移到另一个服务器,在此我们选用文件 DSN。

首先,要求被审计单位的技术人员,在审计组自带服务器或笔记本电脑上安装好 Sybase 的客户端软件(Sybase Client for NT)。然后,通过在 Windows 的"开始"菜单打开"控制面板",双击"ODBC"图标,然后选择"文件 DSN"属性页,单击"添加",选择数据库驱动程序,单击"下一步",再按照下面的提示配置适用于您的数据库软件的 DSN。

2. 配置 Sybase 数据库 DSN 文件

在"创建新数据源"对话框中,从列表框中选择"Sybase System",然后单击"下一步",键入 DSN 文件的名称"Sybase",再单击"下一步",最后单击"完成"创建数据源,在"Logon to Sybase"对话框中键入由被审计单位提供的 Sybase 服务器名称(含端口号)、用户名、用户密码和数据库名称,单击"OK"。如果上述操作均没有问题的话,系统就会在 Program^Common files\ODBC\Data Sources 目录中创建一个 Sybase.dsn 文件。

3. 下载数据

在本地 SQL Server 中选择导入数据,在"数据源"对话框中,从列表框选择"Sybase System",然后在"用户/系统 DSN"列表框选择上一步建立的 DSN Sybase,单击下一步,在"目的服务器"中选定"Local",然后在数据库中选择要导入的数据库名称,再进行数据导入。这样,被审计单位信息系统中的数据库就可以一次性地迁移到审计组服务器或笔记本电脑的 SQL Server 数据库管理系统中。

二、数据清理

(一)数据清理的含义

审计数据来源众多,这些来源于不同被审计单位的数据中可能存在方方面面的质量问题,具体表现为数据不清洁、不完整,甚至有些数据可能是不真实的、错误的。数据质量问题必然会影响数据分析的结果。为了有效开展审计,必须最大限度地消除这些数据质量问题以保证审计质量,这就要求在取得电子数据后对其质量进行清理后才可以使用。数据清理是对所采集到的被审计单位的原数据进行一系列的操作,使之规范化的过程。

(二)数据清理的原因

引起数据质量低下的原因比较多,常见的主要有以下几种:审计软件在系统开发方面存在固有缺陷;被审计单位信息系统存在缺陷;不当的数据下载转换,下载数据的过程中可能出现下载方法的不当和手工操作中的疏忽等情况,丢失或者遗漏部分数据;数据转换过程也会由于格式不一致等原因而丢失部分信息或对数据造成破坏;不当的数据合并,就是在审计工作中得到的电子数据大多是来自不同系统的,以财务系统为基础,涉及生产、销售等系统。各个系统大部分是分别开发的,未经选择、处理就将这些数据合并,会使合并后的数据出现扭曲。

数据清理的方法可以利用通用软件提供的功能进行清理,可以通过 SQL 语句进行清理,同时也可以利用审计及办公软件提供的功能进行清理。

(三)数据清理的过程

进行数据清理之前必须对被审计单位和审计机关的信息系统进行检查,尽量先排除系统问题。然后通过一定的方法,对冲突数据进行选择,对冗余数据进行清理,对缺失数据进行修补,使数据达到可用性和完整性。最后还要跟被审计单位的系统工作人员及会计人员进行交流,消除理解差异。

三、数据转换

(一)数据转换的含义

数据清理的结果消除了采集到的数据的缺陷,但可能还无法直接进行审计分析,这就需要进行数据转换。数据转换是指对数据清理后得到的数据利用专用软件、SQL语句或编写程序,对数据的存储格式、类型、值域和特殊值等进行转换,得到适合审计分析数据的过程。

(二)数据转换的方式

常见的数据变换操作包括:

(1)数据格式的转换。

根据审计软件的要求和审计人员对应用软件的要求，将不符合要求的数据库文件格式或数据表文件格式转换为审计软件和审计人员需求的格式。

（2）对大数据文件的分割。

当采集的数据库文件超过审计现有软件的处理能力时，可以对大数据文件根据审计人员便于使用的原则进行分割。

（3）对关系表的处理。

在被审计单位的数据库系统为了核算方便而将一个表中的所用字段分成几个表存放时，审计人员可以对这些表进行综合处理，使代码的含义在一个表中显现出来，达到数据完整、直观的要求。但如果代码很少或是审计人员熟悉就不需要做了。

（4）对字段类型的调整。

在有的数据库中某些金额、数量型的数据字段的类型被定义为字符型或其他类型，使审计软件无法识别，也不便于审计人员利用其他工具软件对数据进行核算。出现类似的情况后，为了方便正常审计中的操作，就需要我们调整某些字段的数据类型。

（5）说明型文件的补充。

对主要文件进行查看，看其是否有代码型字段，或是否有某些字段的内容不知其含义，对出现的字段，通过询问被审计单位相关人员或查看获取的数据库文件，查找其中是否有对这些字段的说明。一般情况下，类似情况都会有一个说明型文件。

（6）分析数据结构。

数据库表中的字段名称大多数是英文的，为了方便审计人员的使用需要将表字段名称转换为中文。在此过程中更要特别注意金额型字段，因为有很多字段的英文名称都很相似。

（7）解除数据加密措施。

被审计单位为了不让未经授权的人了解数据的真实含义，一般会对数据表名称和字段名称等进行加密，然后在伪称与真名之间建立数据映射，审计人员应该对伪称进行转换。

（三）数据转换的过程

数据转换前应考虑数据转换的格式和内容，格式关系到语法，内容关系到语义。确定数据转换的格式和内容之后，再确定转换的工具和方法。转换后再通过核对金额，使用会计勾稽关系或利用数据结构对数据进行验证。

四、数据验证

（一）数据验证的含义

数据验证是指在数据的采集、清理、转换等过程中，对数据进行检查，验证其真实性、准确性和完整性等目标的过程。数据验证不是一个独立的过程，与数据采集、数据清理、数据转换的过程密不可分。

（二）数据验证的目标

数据验证的目标就是要进一步核查清理、转换过程中数据的真实、准确、完整性。

（三）数据验证的方法

数据验证经常使用的方法包括：对比采集、清理、转换的数据与被审计单位原数据有无差别，有差别说明某一环节出现问题；或是利用会计的勾稽关系进行验证，正常情况下，审计机关得到的数据与被审计单位的原数据都应该存在勾稽关系，会计的勾稽关系会因为一个数据的变化而打破平衡，因而这种检验方法简单易行。

五、创建中间表

（一）中间表的含义

数据转换过程中经常使用审计中间表。审计中间表是指将清理、转换后的数据按照提高审计分析效率、实现审计目标的要求进一步选择、整合而形成的数据集合。

（二）审计中间表的特点

一是面向分析主题。审计中间表的构建要针对具体的审计项目。同样的数据库，如果审计目的不同，构建的中间表也不相同。在构建中间表的过程中，审计人员应该依据审计目标进行数据的选择、整合，构建出面向主题、满足审计目标的数据集合。二是面向历史，内容结构稳定。中间表是采集的被审计单位的历史数据，应该是一张立足于历史数据的加工表，而不是一种重起炉灶的新表。在对采集到的被审计单位数据进行清理、转换的过程中，只要审计目标不变，中间表的结构内容就不会改变。

（三）中间表的创建过程

中间表的创建不是一个独立的过程，创建中间表的过程就是数据清理、转换、验证的过程，在这些过程中有针对性地将数据创建成符合审计需要的数据表。

六、数据分析

（一）数据分析的含义

数据分析是指通过建立审计分析模型对数据进行核对、检查、复算、判断等操作，将被审计单位数据的现实状态与理想状态进行比较，从而发现审计线索，搜集审计证据的过程。数据分析模型依据的是业务数据的勾稽关系、业务逻辑、法律规定和审计人员的审计经验。

（二）数据分析的一般方法

计算机审计中的一般数据分析主要方法包括：

1. 重算

对某一数据，按照与被审计单位相同或相似的处理方法重新计算，可以验证被审计单位提供的数据的真实性、准确性，同时也能够验证审计机关转换后的资料是否被扭曲。

2. 检查

按照政策或法规，对某一项数据或处理进行检查，目的是检查政策与法规的执行情况。

3. 核对

将某些具有内在联系的数据，按照其勾稽关系，进行逐一核对与排查，目的是验证被审计单位信息系统处理流程的正确性和控制的有效性，有无人为非法干预等。

4. 抽样

依据抽样的原则与方法，按照审计人员的指令将审计人员感兴趣的或具有代表性的一部分数据挑选出来，目的是缩小审计范围，降低审计风险。

5. 推理

根据审计人员经验与规则，对已有数据进行分析与处理，给出所有可能的结论。

6. 职业判断

根据审计人员经验与规则，针对某个问题给出一个参考性结论，进行推理与判断，预见问题的类型与可能发生的环节。

案例拓展 13-2：

某地方税务部门税收征管情况计算机审计案例

地方税收收入是地方财政收入的主要来源。审计机关对地税部门税收征管情况进行审计，对促进地税部门依法治税，不断提高税收征管质量，保障地方财政收入持续、稳定增长具有重要的意义。为此，在每年的预算执行审计中，审计机关都投入大量的人力物力对地税部门的税收征管环节执行情况进行重点审查。由于税收工作政策性强、涉及面广、数据量大、资料零散，传统手工审计模式无法全面审视和宏观把握审计重点，因此使审计的覆盖面受到严重限制，以至于审计效果往往达不到预期目标。

近年，广西壮族自治区审计厅审计人员在开展税收征管情况的审计过程中，利用地税部门信息化程度较高、运行良好且全面启动金税工程、在税收征管的各个环节实现计算机管理的有利条件，对地税部门税收征管系统实施了计算机审计。审计人员根据税收征管业务的特点和数据关联的条件，充分利用计算机技术手段，在对税收征管系统数据进行全面分析的基础上，突出审计重点，努力提高审计效率，取得了良好的效果。

一、数据采集

（一）地税部门计算机系统简介

地税部门所使用的地税信息系统，在税务登记管理、税款申报征收等日常税收征管业务中使用，以 sybase 数据库作为后台数据库。

（二）采集数据表及字段

利用数据库的导入导出功能，首先将相关数据表从被审计单位数据库中以文本文件的形式导出，再将该文本文件导入审计计算机数据库。需采集的主要数据表有：

1. "税收申报征收表"

该表是审计中最主要的数据表，存储着每个纳税户申报及缴纳税款的详细记录，主要的数据字段有：纳税户代码、纳税申报时间、税种、税目、纳税金额、税款所属期间、入库时间、票类、票号号码、作废标志等。

2. "税务登记表"

该表存储的是纳税户的基本资料，主要字段有：纳税户代码、纳税户名称、税务登记时间、税务登记证号、经营范围等。

二、数据整理和转换

（一）作废数据剔除

根据税收申报征收表的"作废标志"的字段值，剔除作废数据，保留有效数据。

（二）数据验证

将数据表中的数据汇总，将汇总结果与税收会计报表进行核对，如果一致，说明所采集的数据是真实、完整的。

（三）代码转换

将数据表中的字段名称、数字代码转换为中文。

三、数据分析过程及审计结果

（一）应征未征税款分析

1. 审计思路

按照相关规定，持续经营中的企业，都要定期向主管地税部门申报纳税。如果在税收申报征收表中，企业没有纳税申报或纳税记录，就有可能存在偷漏税的情况。

2. 计算机分析方法

编写查询语句，将税务登记表中的企业代码和税收申报征收表中的纳税户代码进行对比分析，查找税务登记表中进行过税务登记，但在税收申报征收表中没有纳税申报记录的企业。查询后审计人员发现有4家企业在审计年度中没有纳税申报及纳税记录。经了解，这4家企业均是市级地税部门直接税务管辖的企业，并且未进行过税务变更登记或撤销登记，至今仍在经营当中。

3. 审计结果

根据审计线索，审计人员直接到这4家企业进行延伸调查，发现存在以下情况：

（1）1家企业自2004年成立以来，均未依法向地税部门申报纳税。地税部门的税收征管工作也存在着重大的漏洞，没有履行征税职责，以至于造成税款流失。

（2）3家企业原属城区地税部门管辖的纳税企业，撤地设市之后，这3家企业划归市地税局直接管辖，但城区地税局仍然继续对这3家企业征税，征收的税款直接缴入城区国库，造成税款"混库"问题。

（二）征收"过头税"情况分析

1. 审计思路

在没有出现重大经营环境变化的情况下，一般企业每个月的纳税额不会有较大的变化，但是地税部门在年末无法完成年度税收征收任务情况下，通常要求企业预缴下一年度税款，这样就造成了企业缴纳的12月份的税款入库量大量增加。

2. 计算机分析方法

编写查询语句，将税收申报征收表中每个纳税企业12月份的纳税额与11月份的纳税额进行对比分析，将纳税额有异常增长的企业查询出来作为审查的重点。根据查询结果，10家企业被审计人员列为重点审查对象。

3. 审计结果

审计人员查阅了该10家企业的纳税档案，然后直接到企业进行延伸调查，最终查实这10家企业中有7家企业存在着被征收"过头税"的问题。

四、审计的成效、经验和体会

（一）突破审计手段的限制，实现全面审计分析

采用传统手工方式对税收征管情况进行审计，一般是通过对税收征收报表的分析或是通过翻阅堆积如山的完税凭证、缴款书的方式来实现。这两种方式都存在着一定的缺陷：前者是面上分析，审计深度不够，不容易发现隐藏在报表后面的问题；后者虽然从最原始的单据上进行审核，但由于每个年度的单据数量巨大，且相互分离，审计人员只能采用抽查的方式进行审计，因单据与单据之间没有形成联系，在审查过程中无法形成整体的看法，因此发现的问题往往局限在某一张或几张单据上，很难发现具有规律性或普遍性的问题。而采用计算机审计方式，审计人员可以充分利用计算机查询分析方法，按照不同的需要和标准，对全部的税收征收数据进行全面分析，把符合相同条件、存在同样问题的数据全部筛选出来，突破了传统审计方式的局限性。

（二）突出审计重点，提升审计效率

以往对审计重点的选择，更多的是依靠审计人员的专业经验来判断并选择一些具有明显问题或较大的纳税户作为审计重点目标，这样容易形成一种固定的规律或模式，以至于年年审计发现的问题都是集中在几个纳税大户上的相同问题，而忽略了一些苗头性、潜在性的问题。在实施地税部门税收征管情况的审计中，审计人员从存在问题的直接特征和关系入手，不以纳税额大小这一简单、缺少针对性的指标作为分析判断标准，而是以纳税额异常增长、缺少纳税申报记录这类与问题具有直接联系的指标作为判断标准，从而更直接、准确地抓住了审计重点。同时，审计人员还利用计算机的超强计算分析能力，几分钟就能对一项指标分析一次，不仅方便快捷，而且分析的结果也更加科学准确。通过分析，审计人员发现具有问题特征的单位，使用计算机可以实现精确查找，避免了无效多余的调查工作，大大提升了审计效率。

（三）审计专业判断和计算机技术相结合

专业判断和计算机技术并不是相互排斥、相互对立的两个方面。专业判断对于运用计算机技术服务于审计工作具有重要的指导作用。有了专业判断，审计人员才知道用计算机技术来做什么，需要达到什么目的。同时，计算机技术又是实现审计人员专业判断的利器。有了计算机技术的辅助，审计人员才可以将原本无法验证的专业判断变为现实，把繁琐的工作简单化。只有将审计专业判断与计算机技术有机地结合起来，相互促进，计算机审计才能够取得良好的效果。

案例来源：铁岭市审计局http://www.tieling.gov.cn/tlsjj/lltt/xxhjs/391564/index.html。

第三节 信息系统审计

一、信息系统审计概述

（一）信息系统审计的含义

信息系统是一个由人、计算机软件、硬件和数据及其他相关配套措施组成，能够有效进行数据收集、加工、存储、传递的有机系统。针对信息系统进行的审计，所关注的内容不单纯是对电子数据的处理，更不仅仅是财务信息，而是对企业整个信息系统的可靠性、安全性进行了解和评价。实际上，信息系统审计是一项通过审查与评价信息系统的规划、开发、实施、运行和维护等一系列活动，以确定信息系统运行是否安全、可靠、有效，信息系统得出的数据是否可靠准确以及数据是否能有效存储的信息系统审查和监督的过程。

（二）信息系统审计的目标

信息系统审计的目标是发现并揭示计算机信息系统设计、运行、管理和维护中存在的问题与风险，明确置信程度，促使其安全有效运行，正确处理业务，提供可靠的财务会计信息。通过评价信息系统本身结构设计及运行过程的安全性、可靠性，从而保证对审计对象资产安全、完整、效率性的恰当评价。这个目标的实现既需要对系统内部控制进行检查，又需要对其实施过程进行监控。

二、信息系统审计的内容

信息系统审计可以分为两大部分：信息系统内部控制审计和信息系统实施控制审计。

（一）信息系统内部控制审计

计算机信息系统的内部控制一般包括：计算机信息系统的开发或取得的控制，计算机信息系统的处理控制，不相容职务的分离和安全控制。

1. 计算机信息系统开发或取得方式控制

计算机信息系统取得的方式可以是外部购入，也可以是内部开发，现在还有由使用企业提出要求，开发企业针对这些要求进行开发的情况。现在主要针对自行开发的情况进行说明。

计算机系统的开发一般分为系统调查、需求分析和初始设计、系统开发、系统实施和系统维护几个阶段。

（1）系统调查。该阶段的任务包括对系统开发可行性的研究和对系统功能需要的调查。控制要点包括：企业对系统的需求与系统开发的能力是否匹配；系统开发成本与给企业可能带来的收益是否相称。

（2）需求分析和初始设计。该阶段主要是搜集、整理企业对信息系统的使用要求。控制要求是配备能够达到设计要求的人员、设备及工作条件。

（3）系统开发。该阶段要根据需求进行软件开发。控制要点包括：系统使用者参与整个开发过程，以使开发过程不出现偏离，同时对使用者进行系统的使用培训；书面列出系统的具体要求；在编码之前对系统设计进行自行检查；在新系统投入使用之前进行处分测试。

（4）系统实施。该阶段是要把开发好的系统投入运行。控制要点包括：明确实施责任；建立执行标准；对初始运行进行有效控制；做好新旧系统转换；新系统投入使用应该由相关人员或部门的检验、认可。

（5）系统维护。系统维护开始于系统投入使用，包括日常对软硬件的维护以及为适应新情况对系统的修改。控制要点包括：建立修改、维护规范；确保所有的修改都经授权；明确修改授权制度；保证只有经过授权的修改才有效；应该有一套程序可以在异常情况下通知信息管理部门和最终用户。

2. 计算机信息系统的处理控制

计算机信息系统的处理控制主要涉及对信息系统处理资源的优化、控制和日常业务的处理。

（1）优化资源配置。优化资源配置即以最大的限度满足使用者目前及未来的使用。控制要点包括：明确系统性质和要求；建立内部管理报告制度；信息设计者与使用者定期沟通制度；定期检验制度；更新审批制度。

（2）日常信息控制。日常信息使用的控制也是处理控制的重要内容。控制要点包括：建立授权下正常活动的标准；对所有的信息处理功能建立操作规范，包括数据转换和输入规范、计划安排和控制规范、数据资源管理规范、计算机操作规范等；对信息系统日常使用情况的记录规范；对硬件、软件及存储介质的必要维护。

3. 不相容职务的分离和安全控制

由于计算机操作中不会留下笔迹等操作痕迹，因此不相容职务的管理在信息系统中更为重要。因此需要建立一套有效的组织控制结构，以保证不相容职务的恰当分离。

（1）需要分离的职务包括：信息系统使用者与系统开发、支持部门之间的分离；信息系统部门内部的角色分离；使用者内部角色的分离，常见的有授权与执行业务、记录与执行业务、保管与执行业务等。

（2）系统安全的控制包括：接近控制，在目前黑客攻击严重的情况下，需要严格控制接近系统的人员，信息接近控制主要目标是保证系统内信息不被滥用和破坏，常用的方法是加强用户密码和严格授权；物理安全控制，物理安全是要防止设备遭受外力攻击，主要方法就是选择合适的安全存放、管理制度；备份、恢复和紧急处理控制，系统在使用过程中可能会出现断电、设备损坏紧急情况出现，这就需要系统的使用者要随时备份，以恢复并继续正常工作。控制要点包括：强制定期备份要求；备份、恢复设施配备；备份、恢复制度定期检查。

（二）计算机信息系统的应用控制审计

计算机信息系统的应用控制审计包括输入控制审计、处理控制设计审计和输出控制设计审计以及保持必要的审计线索。

1. 输入控制审计

主要审计：输入数据是否已经过审查；数据输入准确性控制情况；审核措施的有效性；错误的更正措施及其有效性。

2. 处理控制设计审计

主要审计对处理控制的审计多采用计算机辅助的方法，如测试数据法、平行模拟法等逻辑检查。

3. 输出控制审计

主要审计对输出资料的处理、分发和保管制度控制审计。审计机关应建立登记、签收制度，确保资料的安全。

4. 保持必要的审计线索

审计线索对审计判断非常重要。由于计算机审计本身不容易显示审计线索，因此必须建立有效的控制程序来保证充分的业务处理线索。

常用的控制技术有：建立审计线索索引，按计划有序地存放审计线索；保留原始凭证副本；提供通过信息系统向前或向后追增数据的方法；记录资料的取得、保存过程；建立业务日记制度并严格执行；定期保存永久性副本；明确详细审查和分析数据等方法。

三、信息系统审计的效果

（一）提高信息系统的可靠性

实施信息系统审计，可以从如下几方面着手提高信息系统的可靠性：对信息系统的计划、开发、实施和运营各方面进行审计，可以提高信息系统的品质；通过信息系统审计，在早期发现信息系统的设计缺陷、程序错误等，最终防止系统死机或是用户误操作现象的发生；万一信息出现故障，通过信息系统审计可以使故障影响控制到最小，还能迅速地进行系统恢复。

（二）提高信息系统的安全性

实施信息系统审计，可以从如下几方面着手提高信息系统的安全性：对自然灾害及不可抗拒灾害的应对措施进行审核和评价，一旦发生时能使损失和影响降至最低；从安全方面对信息系统进行审核和评价、防止数据的外泄、破坏或修改、非法入侵等情况发生，保证企业机密不外泄。

（三）提高信息系统的效率性

实施信息系统审计，可以从如下几方面着手提高信息系统的效率：从信息系统的资源是否最大限度地被利用为落脚点进行核查、评价，实现信息系统在业务和负载方面的均衡；对信息系统的计划、开发、实施和运营各阶段的（费用/效果）指标进行定性或定量的核查、评价，确保信息系统利益最大化。

目前，中国政务信息化建设已进入全面推进、深化应用的新阶段，政务工作越来越依赖信息系统。在社会经济领域，信息系统已经成为金融、能源、电信、交通、海关、税务等关系国计民生重要行业的新型生产工具。针对这些被审计单位的信息系统，开展可靠性、安全性和经济性审计已经成为国家审计必不可少的基础性工作。今后应当认真贯彻《国务院关于加强审计工作的意见》，把信息系统审计和预算执行审计以及其他行业审计有机结合起来，在大的审计工作方案中一方面统一安排、统筹实施，另一方面单独编制方案、单独出具专题报告，发挥好信息系统审计对其他审计的基础性、前导性作用，有效防范数据审计风险。

复习思考题

1. 计算机审计的过程是什么？
2. 计算机辅助审计有哪些？
3. 计算机审计包含哪两个方面，具体是什么？
4. 计算机信息系统有什么特点？
5. 计算机信息系统的应用控制包含哪些方面？
6. 计算机审计的一般数据分析方法？
7. 信息系统审计包含哪几个方面内容？

参 考 文 献

[1] 张庆龙. 政府审计 [M]. 上海：上海人民出版社，2015.

[2] 陈汉文. 审计理论 [M]. 北京：机械工业出版社，2009.

[3] 尹平. 政府审计理论与实务 [M]. 北京：中国财政经济出版社，2013.

[4] 董大胜. 中国政府审计 [M]. 北京：中国时代经济出版社，2005.

[5] 刘三昌. 政府审计 [M]. 北京：中国经济出版社，2016.

[6] 李凤鸣. 审计学原理 [M]. 上海：复旦大学出版社，2001.

[7]《中华人民共和国审计法》（第十届全国人民代表大会常务委员会第二十次会议修正）2006 - 2 - 28.

[8]《中华人民共和国审计法实施条例》（国务院第 100 次常务会议修订通过）2010 - 2 - 2.

[9]《中华人民共和国国家审计准则》（中华人民共和国审计署令第 8 号）2011 - 1 - 1.

[10] 晏维龙，韩峰等. 新常态下的国家审计变革与发展 [J]. 审计与经济研究，2016（2）.

[11] 王兵，王长友等. 国家转型与国家审计的治理功用：基于嵌入理论的视角 [J]. 审计与经济研究，2014（4）.

[12] 刘家义. 中国特色社会主义审计理论研究 [M]. 北京：商务印书馆、中国时代经济出版社，2015.

[13] 晏维龙. 国家审计理论的几个基本问题研究——基于多学科的视角 [J]. 审计与经济研究，2015（1）.

[14] 王家新，晏维龙等.《关于完善审计制度若干重大问题的框架意见》学习笔谈纪要 [J]. 审计与经济研究，2016（1）.

[15] 刘家义. 中国特色社会主义审计理论研究 [M]. 北京：商务印书馆、中国时代经济出版社，2015.

[16] 宋常，黄文炳. 基于国家治理新动向的国家审计若干思考 [J]. 审计研究，2015（2）.

[17] 马亚男，周洪杰. 审计文化模式概说 [J]. 审计研究，2011（1）.

[18] 徐薇. 国家审计监督全覆盖的实现路径研究 [J]. 审计研究，2015（4）.

[19] 郑宁波. 论国家审计的国家治理功能——以国家审计的权利性质为视角 [J]. 西安财经学院学报，2014.27（5）.

［20］蔡春，蔡利. 国家审计理论研究的新发展——基于国家治理视角的初步思考［J］. 审计与经济研究，2012. 27（2）.

［21］时现，李善波，徐印. 审计的本质、职能与政府审计责任研究——基于"免疫系统"功能视角的分析［J］. 审计与经济研究，2009（3）.

［22］刘家义. 论国家治理与国家审计［J］. 中国社会科学，2012（6）.

［23］郑石桥，安杰，高文强. 建设性审计论纲——兼论中国特色社会主义政府审计［J］. 审计与经济研究，2013（4）.

［24］付忠伟，黄翠竹，张百平等. 审计"全覆盖"的工作机制探析［J］. 审计研究，2015（3）.

［25］张立民，许钊. 审计人员视角下的国家审计推动完善国家治理路径研究［J］. 审计研究，2014（1）.

［26］戚振东，姜德波，施平. 国家治理现代化建设中的国家审计发展创新——"国家审计与国家治理体系和治理现代化"论坛综述［J］. 经济研究，2015（1）.